Henry Barclay Swete

The Psalms In Greek According To The Septuagint

Henry Barclay Swete

The Psalms In Greek According To The Septuagint

ISBN/EAN: 9783337735470

Printed in Europe, USA, Canada, Australia, Japan

Cover: Foto ©Lupo / pixelio.de

More available books at **www.hansebooks.com**

𝕷𝖔𝖓𝖉𝖔𝖓 C. J. CLAY AND SONS
CAMBRIDGE UNIVERSITY PRESS WAREHOUSE
AVE MARIA LANE

𝕮𝖆𝖒𝖇𝖗𝖎𝖉𝖌𝖊 DEIGHTON BELL AND CO.
𝕷𝖊𝖎𝖕𝖟𝖎𝖌 F. A. BROCKHAUS

THE PSALMS

IN GREEK

ACCORDING TO THE SEPTUAGINT

*EDITED FOR THE
SYNDICS OF THE UNIVERSITY PRESS*

BY

HENRY BARCLAY SWETE D.D.
HONORARY FELLOW OF GONVILLE AND CAIUS COLLEGE

CAMBRIDGE
AT THE UNIVERSITY PRESS
1889

CAMBRIDGE
PRINTED BY C. J. CLAY M.A. AND SONS
AT THE UNIVERSITY PRESS

THE text and critical apparatus of this Psalter form a part of the second volume of the *Greek Old Testament according to the Septuagint* which is in the course of publication under the direction of the Syndics of the Cambridge University Press. It is hoped that a separate issue of the Psalter will meet the wants of some who may wish to possess a portable Greek text of the most widely read book of the Old Testament.

The purpose and general plan of the Cambridge Septuagint have been sufficiently unfolded in the Introduction to the first volume of the manual edition. It may suffice to repeat here so much of the information as belongs to all the books alike, adding a few details which relate to the Psalter only.

The text is that of the Vatican MS. (B), where that MS. is available; where it is defective, the lacuna is supplied from the Sinaitic MS. (ℵ), which in those parts of the Psalter that are extant in B seems to be more akin to B than the other uncial MSS. The textual notes contain (1) the more important clerical errors of the MS. which supplies the text and the rejected readings of its correctors; and (2) the variants of such other uncial MSS. of the Psalms as are at present accessible in comparatively trustworthy editions. There are four which have been thus employed, viz. the Psalter of the Codex Alexandrinus (A), the Verona and Zurich Psalters (R, T), and the papyrus fragments preserved at the British Museum (U). An Appendix records the unsubstantial variants, chiefly rejected spellings of no special interest.

The letter exterior to the first line of text on each page is the symbol of the MS. upon which the text of that page is based. When the text of a single page is supplied partly by one MS. partly by another, the symbols of both MSS. are placed in this position side by side but enclosed in separate pairs of brackets. Similarly, the letters exterior to the first line of textual notes on each page represent the MSS. from which variants have been collected for that page or a part of it. The point in the text at which any MS. begins or breaks off is marked by the sign § or ¶, which is repeated in the margin together with the symbol of the particular MS.

In distinguishing the 'hands' a 'superior'[1] has been used to denote corrections of the original scribe * by himself or by a contemporary not distinguishable from himself. The combination ^{ab} represents the testimony of the second hand confirmed by the third, whilst $^{a?b?}$ must be taken to mean that it is doubtful to which of the two the correction is to be assigned, and $^{a?b}$ implies that the correction is made certainly by the third hand, possibly also by the second. Of the two expressions $^{a(vid)}$, $^{a\,vid}$, the former is the symbol of a reading probably attributable to the second hand, the latter of one which is due to the second hand if it be a *bona fide* correction at all[1].

It is well known that the ninth and tenth Psalms of the Hebrew Bible form a single Psalm in the Greek of the Septuagint, and that this is also the case with the Hebrew Psalms cxiv., cxv. On the other hand each of the Hebrew Psalms cxvi., cxlvii., falls into two Psalms in the Greek. Consequently, there is a double numeration of the Psalms from ix. 22 to cxlvi. 11 (Gk); and in the particular Psalms which are differently divided, there is also to some extent a double numeration of the verses. In this edition the 'Hebrew' numbers are added to the 'Greek' and distinguished from the latter by being enclosed in brackets.

The Psalter has been broken up into its five books—a division which though not directly recognised in the Greek MSS. is sufficiently marked by the doxologies with which the first four conclude. The twenty-two stanzas of Psalm cxviii. (= cxix.) are parted by slight breaks in the type. A smaller type has been employed throughout the Psalms to distinguish the titles and the διάψαλμα.

In all the MSS. which have been used for this edition, excepting the London papyrus fragments, the Psalms are written 'stichometrically,' the στίχοι usually corresponding or being intended to correspond to the members of the Hebrew parallelisms. This arrangement has been followed in the text; the second line of each couplet (and where the parallelism forms a triplet, the third line) having been thrown slightly back to mark its subordination to the first. The several MSS. differ however both as to the number of the lines and occasionally also as to the grouping of the words. The variations have been recorded in the notes. The division of lines in the text is generally conformed to that in the MS. which it represents; but in Ps. cxviii. (=cxix.), where א throws the

---

[1] For an account of the principles upon which questions of orthography and accentuation have been dealt with in this edition see the Introduction to the *Old T. in Greek*, vol. i., p. xii. sqq.

vii

majority of the verses into single lines, it has been thought better to adhere to the usual division.

It remains to add a brief description of the MSS. The first three, being originally complete Bibles, have been described in the first volume of the *Greek Old Testament*, and the account which follows is chiefly a recapitulation; the rest are MSS. of the Psalter alone.

CODEX VATICANUS GR. 1209.

Written in an uncial hand of the fourth century on leaves of the finest vellum made up in quires of five. The lines, of which there are 42 in each column, are arranged in three columns throughout the prose books; but in the Psalms and other poetical books where the lines are written στιχηρῶς, the columns are only two. There are no initial letters, although the first letter of a section occasionally projects into the margin; no breathings or accents occur *prima manu*; punctuation by the first hand is rare and simple. Of the 759 leaves which compose the present quarto volume, 617 belong to the O. T. In the Psalms ten leaves of the original MS. have been lost; the missing portion (Ps. cv. 27—cxxxvii. 6) is supplied by a recent hand.

The Vatican Codex formed the basis of the Roman or Sixtine Septuagint of 1587. Its text was published in ordinary type by A. Mai (1857); a facsimile edition was soon afterwards commenced by C. Vercellone and J. Cozza. The third volume of this edition, containing the Book of Psalms followed by Proverbs, Ecclesiastes, Song of Songs, Job, the Wisdom of Solomon and the Wisdom of the Son of Sirach (Romae, 1871), and the sixth volume, containing the prolegomena and critical notes (*ib.* 1881)[1], have supplied the materials to which the present Psalter is indebted for the text and 'hands' of B. The second, third and fourth hands of the Roman editors are represented in this edition as B^a, B^b, B^c, respectively.

CODEX SINAITICUS.

Written in an uncial hand ascribed to the middle of the fourth century. The lines, of which there are 48 in each column, are arranged in four columns throughout the prose books, but in the Psalms and other poetical books two columns fill the page, as in Cod. Vaticanus. The leaves are unusually large and of a very fine vellum, made from the skin of the ass or the antelope; with two exceptions they are gathered into quires of four. There are no breathings or accents; and a single point is occasionally used. Of the earlier part of the O. T. fragments alone remain; the Psalms are entire.

The Psalms belong to that largest portion of the Codex Sinaiticus which was brought from S. Catharine's by Tischendorf in 1859 and presented to

[1] A photograph of Ps. i. 1—iv. 1 will be found at the end of vol. vi.

the Czar Alexander II. This portion of the MS. is preserved in the Imperial Library at S. Petersburg and has been published by the discoverer in facsimile type with prolegomena and critical notes[1]. The text and 'hands' of ℵ in the present text and apparatus have been derived from the third and fourth volumes of the facsimile edition.

According to Tischendorf the poetical books in ℵ are the work of the third of its four scribes, whom he distinguishes as C. Of the numerous correctors who have dealt with the text of ℵ, the second, ℵ$^{c.a}$, a hand of the seventh century, has been everywhere active in the Psalms. His corrections have not unfrequently been erased or otherwise set aside either by himself, or by a subsequent reviser, who is not identified. In the latter case the symbol ℵ$^{c.b}$ has been employed for the corrector of ℵ$^{c.a}$; but it is necessary to apprise the reader that Tischendorf has elsewhere employed this expression for another hand of the seventh century to which he denies any part in the correction of the poetical books[2].

CODEX ALEXANDRINUS, Brit. Mus. Royal MS. 1 D. v.—viii.

    Written in an uncial hand of the middle of the fifth century on vellum of fine texture, originally arranged in quires of eight leaves, two columns occupying a page; 50 or 51 lines usually compose a column, and there are 23 or 24 letters in a line. There are no breathings or accents added by the first hand; the punctuation, although more frequent than in B, is still confined to a single point. The three vols. which contain the O. T. now consist of 630 leaves; the third volume, comprehending the Psalms followed by Job, Proverbs, Ecclesiastes, Song of Songs, the Wisdom of Solomon and the Wisdom of the Son of Sirach, embraces 118 of these. Nine leaves of the Psalter are missing (Ps. xlix. 19—lxxix. 10). "The style of writing in vol. iii. is for the most part different from that of the other volumes[3]."

The variants of A have been obtained for this edition by a collation of the autotype facsimile published by the authorities of the British Museum (vol. iii. Lond., 1883). In discriminating the hands, it has been necessary to be content for the present with the somewhat unsatisfactory notes of Baber's *Psalterium Graecum e cod. MS. Alexandrino* (Lond., 1812) compared with those of his edition of the entire Codex (*Prolegomena et notae*, Lond., 1823). Baber's second hand is represented by A^a; his 'ancient' or 'very ancient' hand by A$^{a?}$; his third hand is our A^b.

The scribe of the third volume of the Codex Alexandrinus derived his text from a liturgical Psalter, and from it introduced into this great Bible

---

[1] *Bibliorum Codex Sinaiticus Petropolitanus*, Petrop. 1862 (tom. i.—iv.).

[2] *Prolegg. ad Cod. Sin. Petr.* p. 9*. "Libros vero versibus scriptos C^a maximam partem omnium solus et magna quidem cum diligentia tractavit, C^b plane non attigit."

[3] Mr E. M. Thompson, pref. to facsimile, vol. i. p. 9.

of the fifth century a quantity of foreign matter relating to the Psalms. They are preceded in A by the Epistle of S. Athanasius to Marcellinus (ff. 525 *r*—530 *r*)[1], the Argument of Eusebius Pamphili[2], a table of the contents of the Psalms, apparently due to the same author[3], and canons of the Psalms for day and night use (ff. 531 *r*—532 *v*)[4]. After the Psalms, to which the ψαλμὸs ἰδιόγραφοs is appended as the 151st, fourteen Canticles occur in the following order: Exod. xv. 1—19 (ᾠδὴ Μωυσέωs ἐν τῇ 'Εξόδῳ), Deut. xxxii. 1—43 (ᾠδὴ Μωυσέωs ἐν τῷ Δευτερονομίῳ), 1 Reg. ii. 1—10 (προσευχὴ Ἄννας μητρὸς Σαμουήλ), Esa. xxvi. 9—20 (προσευχὴ Ἐζεκίου [sic]), Ion. ii. 3—10 (προσευχὴ Ἰωνᾶ), Hab. iii. 1—19 (προσευχὴ Ἀμβακούμ), Esa. xxxviii. 10—20 (προσευχὴ Ἐζεκίου), the Prayer of Manasseh, Dan. iii. 23 [1—21, Tisch.] (προσευχὴ Ἀζαρίου), Dan. iii. 23 [28—65] (ὕμνος τῶν πατέρων ἡμῶν), *Magnificat* (προσευχὴ Μαρίας τῆs θεοτόκου), *Nunc dimittis* (προσευχὴ Συμεών), *Benedictus* (προσευχὴ Ζαχαρίου), the Morning Hymn (ὕμνος ἑωθινός); the subscription being ωΔΑΙ ΙΔ.

PSALTERIUM GRAECO-LATINUM VERONENSE.

A bilingual Psalter of Western origin and attributed to the 6th century[5], in quarto, exhibiting at each opening the Greek text in Latin letters on the left-hand page and on the right a Latin version which is in the main Old Latin[6]. The MS. is without punctuation, but written στιχηρῶs. A few portions of the Psalms (i. 1—ii. 7, lxv. 20—lxviii. 3, lxviii. 26—33) have been replaced or supplied by a hand of the tenth century, to which the corrections throughout the MS. are generally due. The ψαλμὸs ἰδιόγραφοs seems to have had no place in this Psalter *prima manu*: it is added in Greek and Latin by the later hand. The Canticles on the other hand appear to be in the first hand and are without correction[7]. Eight Canticles are given in the following order: Exod. xv. 1—21, Deut. xxxii. 1—44, 1 Reg. ii. 1—9, Esa. v. 1—9, Ion. ii. 3—10, Hab. iii. 1—19, *Magnificat*, Dan. iii. 23 [27—67].

This Psalter, which is the property of the Chapter of Verona, was published by Giuseppe Bianchini, a native and at one time a Canon of

---

[1] It is headed ΑΘΑΝΑCΙΟΥ ΑΡΧΙΕΠΙCΚΟΠΟΥ ΑΛΕΞΑΝΔΡΙΑC ΕΙC ΤΟΥC ΨΑΛΜΟΥC. The colophon is ΑΘΑΝΑCΙΟΥ ΑΡΧΙΕΠΙCΚΟΠΟΥ | ΑΛΕΞΑΝΔΡΙΑC ΕΠΙCΤΟΛΗ | ΠΡΟC ΜΑΡΚΕΛΛΙΝΟΝ.
[2] ΥΠΟΘΕCΕΙC (sic) ΕΥCΕΒΕΙΟΥ ΤΟΥ ΠΑΜΦΙΛΟΥ.
[3] ΠΕΡΙΟΧΑΙ ΕΙC ΤΟΥC ΨΑΛΜΟΥC. α΄. Προτροπὴ θεοσεβείας καὶ ἀποτροπὴ τοῦ ἐναντίου. β΄. Προφητία περὶ Χριστοῦ καὶ κλήσεως ἐθνῶν. κ.τ.λ. These περιοχαί, under the title of ὑποθέσεις, are pre-fixed to Eusebius's Commentary on the Psalms (Montfaucon, *Coll. nov. patr.* i. 2—6: Paris, 179), but "would seem to belong to some other work" (Lightfoot, *Eusebius of Caes.*, Dict. C. B. ii. p. 337).
[4] They may be seen in Mr Hotham's art. *Psalmody*, Dict. C. A. ii. p. 1748.
[5] Blanchini *Vindic.* i. (title to Psalter): "Psalterium duplex cum canticis...prodit ex insigni Codice Graeco-latino amplissimi Capituli Veronensis uncialibus characteribus ante septimum saeculum exarato." Cf. *Nouveau traité de diplomatique*, i.i. 142.
[6] Rönsch, *Itala u. Vulgata*, p. 19.
[7] Blanchini *Vindic.* i. pp. 238 n., 278.

Verona, in his *Vindiciae canonicarum scripturarum* (tom. i., Romae, 1740). A copper-plate facsimile of Ps. cxlii. 1—6 precedes his text, which is followed[1] by a too brief description of the MS. and of the editor's manner of dealing with its contents. A specimen of the handwriting may also be seen in the *Nouveau traité de diplomatique*[2].

In the use of this MS. the transliteration of the Greek text into Latin letters creates ambiguities in places, and these are increased by Bianchini's somewhat uncertain practice with regard to the orthography. If his facsimile may be trusted, he has not only according to his professed intentions[3] aspirated the *t*, *c*, and *f* which the scribe had used to represent θ, χ, and ϕ, but he has tacitly corrected the spelling in other cases, changing (e.g.) *etros* into *echthros* and *acediasen* into *ecediasen*. The Latin text appears to have undergone similar corrections; *praecem* has become *precem*, and *manum*, *manuum*. Bianchini's MS. copy of the Verona Psalter is still preserved at Munich[4], and might throw light on some of these doubts; but a collation or a facsimile edition of the Psalter itself is to be desired.

In the notes of this edition the later hand has been distinguished as R^a; where his work has undergone revision, the symbol R^b has been employed.

The Verona MS. was not used by Parsons[5], nor does it seem to have taken its place hitherto in the *apparatus criticus* of the Greek Psalms except that which is contained in Lagarde's *Specimen*, where it is used for Ps. i.—v. Its claims are however asserted by Tischendorf, who accords it a high place among the "egregia novae editionis subsidia[6]."

PSALTERIUM PURPUREUM TURICENSE.

A quarto volume bound in hog's skin, written in uncials on vellum of the thinnest sort dyed purple. The characters are of silver, gold and vermilion, silver being used for the text, gold for the numbers titles and initial letters of the Psalms, and vermilion for the Latin renderings of the first few words of each verse which are inscribed in the ample margin. There are no accents or breathings, but *compendia scribendi* are frequent, and some of them such as do not occur in the earliest MSS. There is no punctuation properly so called, but a double point resembling a semicolon is used to mark the commencement of a verse when it falls in the course of a line. When perfect this MS. contained the Psalms, followed by the Canticles. Of the 223 leaves which remain 209 are occupied by the Psalms; the quire marks shew that they originally filled 288. The following Psalms and portions of Psalms are missing: Pss. i.—xxv.; xxx. 2—xxxvi. 20; xli. 6—xliii. 3; lviii. 14—lix. 5; lix. 9—10; lix. 13—lx. 1; lxiv. 12—lxxi. 4; xcii. 3—xciii. 7; xcvi. 12—xcvii. 8. The Canticles have also suffered loss: the first five have entirely

---

[1] P. 278.
[2] iii. pl. xlii. (1) and l. c. The plate represents Ps. xcvi. 1, 2. A portion of it is reproduced in Westwood, *Palaeographia sacra pictoria*, pl. 10.
[3] Bianchini *Vindic.* l.c.
[4] Lagarde, *Nov. psalt. gr. edit. specimen*, p. 3, n.
[5] *Praef. ad libr. Psalmorum* (ad init.).
[6] *Prolegg. ad Vet. Test. Gr.* lviii.—lix.

xi

disappeared, with parts of the sixth. The remaining portion includes 1 Reg. ii. 6—10, (ς') *Magnificat*, (η') Esa. xxxviii. 10—20, (θ') the Prayer of Manasseh,· (ι') Dan. iii. 23 [2—21], (ια') *ib.* [28—33], (ιβ') *ib.* [34—67], (ιγ') *Benedictus*, (ιδ') *Nunc dimittis*. The 'Morning Hymn' follows on the last two pages, but it is imperfect through the loss of the lower part of the leaf.

This 'purple' Psalter is the pride of the municipal library of Zurich[1], where it has lain for at least two centuries. In a letter dated 1711 J. H. Hirzel deplores the neglect into which the MS. had fallen and of which there is still evidence in the loss of 7¾ quires at the beginning of the book, and in the numerous lacunae throughout the greater portion of the remainder. Attention was called to the importance of its text in a dissertation by J. J. Breitinger[2], published in 1748, and a collation was obtained by Parsons, the *continuator* of Holmes, who cites it as MS. 262[3]. Finally, the entire MS. was copied in 1856 by Tischendorf, who after comparing his copy with the original in the autumn of 1869 gave it to the world in the fourth volume of his *Monumenta sacra inedita* (Nov. Coll.)[4], adding prolegomena, and a coloured representation of Ps. cxxxvii. 6—cxxxviii. 2[5]. The collation of the Zurich Psalter for the present edition is based upon Tischendorf's reproduction.

The earlier history of this princely[6] MS. is unknown. But the employment of the Latin Vulgate by a contemporary hand in the margin of the Psalms and of certain of the Canticles[7] clearly indicates its Western origin. A peculiar division of Ps. cxviii. (=cxix.) connects it with the use of the Roman Church. The Psalm is made to fall into twelve sections beginning at vv. 1, 16, 33, 49, 65, 73, 81, 97, 113, 132, 145, 161. These sections generally correspond to the portions which were said severally under one *gloria* in the Gregorian Psalter[8]. With regard to the age

---

[1] Cf. H. Omont, *Catalogue des manuscrits grecs des Bibliothèques de Suisse* (Leipzig, 1886), pp. 57—59.
[2] *De antiquissimo Turicensis bibliothecae Graeco Psalmorum libro in membrana purpurea...epistola...perscripta a J. J. Breitinger, Ling. Graec. apud Turicenses Prof. &c.* Turici, 1748.
[3] *Praef. ad libr. Psalmorum* (sub num. 262).
[4] Pp. xi.—xix., 1—223.
[5] A facsimile of Ps. lx. 6—lxi. 2 is also given by Breitinger, who adds a convenient plate of the *compendia scribendi* and the initial letters.
[6] Cf. Mabillon *de re diplom.* p. 43: "hic scribendi modus principibus et magnatibus peculiaris erat, nec tamen promiscue ab istis usurpatus."
[7] The Canticles distinguished in this way are the Song of Hannah, *Magnificat*, the Prayer of Hezekiah, *Benedicite*, *Benedictus*, *Nunc dimittis*—all of which find place in the Western offices.
[8] In the Roman Breviary Ps. cxviii. is distributed into eleven sections, each under one *gloria*, two being said at prime, and three at terce sext and none respectively. The same arrangement existed in the Ambrosian Psalter, and in the Sarum (Procter and Wordsworth, pp. 44—68). Nine of these sections (1, 2, 3, 4, 6, 7, 8, 10, 11) are exactly reproduced in the Zurich MS. One, the fifth, is divided into two; another, the ninth, begins at v. 132 (*aspice*) instead of v. 129 (*mirabilia*). But the exceptions are easily explained. In each case the scribe has been led away from the Gregorian division by attending to the liturgical marks in his Greek archetype. The second *stasis* of the Psalm as sung in the Greek nocturns begins in the middle of the fifth Gregorian

of the MS., it appears to be determined within certain limits by the character of the uncials. The somewhat compressed forms of ε, θ, ο, c, and the shape of such crucial letters as Γ, Δ, Η and Π, justify Tischendorf's conclusion: "septimo...saeculo adscribentes vix errabimus[1]."

The Zurich Psalter is free from many of the blunders which disfigure earlier MSS. The most noticeable fault is an inveterate habit of writing the forms of the aorist conjunctive for those of the future indicative. Corrections are few, as might be expected in so sumptuous a book; those which occur seem to be due to the scribe or to his *diorthota*. The readings of this MS. are in frequent agreement with Codex Alexandrinus, and to a still more remarkable extent with the second corrector of Codex Sinaiticus.

FRAGMENTA PAPYRACEA LONDINENSIA, Brit. Mus. pap. xxxvii. (A, B, C).

Fragments of the Psalms written on 30 leaves of papyrus (8¾ × 7 inches), 12 to 19 lines filling a page. The handwriting, which is singularly fresh and black, slopes considerably, and wavers between uncials and minuscules; the letters Δ, Λ, Ε, Η, Μ, Υ frequently assume a cursive form. Breathings and accents are freely employed, the latter however with great irregularity both of form and of position. The words are not separated, and there is no break at the end of a Psalm. The titles of the Psalms are not distinguished from the text and the numbers are added in the margin only in two instances (κδ', λγ'), and possibly by another hand. A single point is occasionally used. Only two portions of this Psalter (x. 2—xviii. 6, xx. 14—xxxiv. 6) are preserved at the British Museum, but Tischendorf hints that other scraps may exist elsewhere in England. The London fragments (32 leaves, including two which are blank on both sides) are mounted and enclosed in glass frames, which fill three book-like cases; one of the leaves is exhibited to the public.

This papyrus was purchased in 1836 from Dr Hogg, who bought it at Thebes in Egypt where it had been "discovered among the rubbish of an ancient convent[2]." An account of the MS. was first given by Tischendorf in *Theol. Studien u. Kritiken* (1844). Cureton announced his intention of editing it, but other engagements having compelled him to relinquish the task, it was taken in hand by Tischendorf, and the text in uncial type with prolegomena and a facsimile appeared in the first volume of his *Monumenta sacra inedita* (Nov. Coll.), Lips., 1855[3].

section; the third *stasis*, at v. 132. In the margin of v. 132 the scribe of T has copied δοξ (i.e. δόξα), thus betraying the source of his departures from the Western distribution. Other Greek liturgical notes occur at the end of Pss. cxviii., cxxviii., cxxxiii., cxlii., cl., each of which seems to have closed a κάθισμα in the Psalter from which the Zurich book was copied.

[1] *Prolegg.* p. xiii. Thiersch (*de Pentateuchi vers. Alex.*, Erlangae, 1841, p. 87 n.) strangely places it before the Codex Alexandrinus.
[2] E. Hogg, M.D.: *Visit to Alexandria*, &c., Lond. 1835, ii. p. 310 sqq.
[3] Pp. xxxiii.—xxxviii., 219—278.

xiii

The age of this fragment has been very differently estimated. Notwithstanding the mixed character of the writing and the use of accents, Tischendorf assigned it a place among the very earliest of existing Biblical MSS.[1] On the strength of Tischendorf's judgement it was described in the plate and letterpress of the Palaeographical Society's publication[2] as a MS. of the 4th or 5th century. This view is however retracted in the Introduction to the facsimiles, and the London papyrus is there adjudged to the 6th or 7th century[3]. Dr V. Gardthausen on palaeographical grounds refuses to place it earlier than the 7th[4]. On the other hand Lagarde, who examined the MS. in 1852 or 1853, has recently expressed himself in terms which transcend Tischendorf's estimate[5].

This MS. is the work of a careless and illiterate scribe, but it presents a text of much value. Its readings are often unique, or agree with the Hebrew or the versions or patristic citations against all other known MSS. The corrections, which are few and appear to be *prima manu*, or the work of a contemporary, deal merely with clerical errors.

Nearly all the sheets of this Psalter were already in type, when the editor received through Dr Hort a proposal from Dr E. Nestle of Ulm to compare the notes with collations of the Zurich MS. and the London fragments which had been independently made by himself. This generous offer was subsequently extended to include a general revision of both text and notes, with especial reference in the latter to the use of the MSS. ATU. The result has been, beside the corrections of sundry errata, to add to the notes a considerable number of variants which had escaped observation. If the *apparatus criticus* may now be regarded as adequate so far at least as the three MSS. above-mentioned are concerned, this comparative completeness must be ascribed to the liberality and the vigilance of Dr Nestle.

The editor desires also to acknowledge the continued assistance of the Committee appointed by the Syndics of the University Press to superintend the preparation of the Cambridge Septuagint, and more especially of the Lady Margaret Professor of Divinity, to whose judgement in case of need he has been permitted to refer. Whilst personally responsible

---

[1] *Prolegg. ad vet. test.* p. lx.: "insigne hoc monumentum papyraceum, quo nullus codicum sacrorum antiquior videtur."
[2] *Facsimiles,* i. (Lond. 1873–83) pl. 38 (representing Ps. xxxii. 19—xxxiii. 2).
[3] The same view is taken in the *Catalogue of Ancient MSS. in the British Museum,* pt. 1 (Greek), Lond. 1881, which offers a photograph of Ps. xxiii. 10--xxiv.7.
[4] *Griechische Palaeographie* (Leipzig, 1879), pp. 163—4.
[5] *Psalterii spec.* (Göttingen, 1887) p. 4: "biblicorum omnium quos noverim antiquissimus."

for the execution of his task, he cannot refrain from stating his deep obligation to Professor Hort as well for help in the general arrangement of the edition as for his patient consideration of a large number of details.

To the officers and workmen, more especially the readers, of the University Press the book is largely indebted for the care and sagacity which go far to secure accuracy in works of this kind.

εὐθυμεῖ τις; ψαλλέτω.
διδάσκοντες καὶ νουθετοῦντες ἑαυτοὺς
ψαλμοῖς.

א = Codex Sinaiticus (= S, Lagarde, Nestle).
A = Codex Alexandrinus (= III, Parsons).
B = Codex Vaticanus (= II, Parsons).
R = Psalterium Graeco-Latinum Veronense.
T = Psalterium Turicense (= 262, Parsons).
U = Fragmenta papyracea Londinensia.

ΨΑΛΜΟΙ

Ι

I 1 ΜΑΚΑΡΙΟΣ ἀνὴρ ὃς οὐκ ἐπορεύθη ἐν βουλῇ ἀσεβῶν,   B
καὶ ἐν ὁδῷ ἁμαρτωλῶν οὐκ ἔστη,
καὶ ἐπὶ καθέδραν λοιμῶν οὐκ ἐκάθισεν·
2 ²ἀλλ' ἢ ἐν τῷ νόμῳ Κυρίου τὸ θέλημα αὐτοῦ,
καὶ ἐν τῷ νόμῳ αὐτοῦ μελετήσει ἡμέρας καὶ νυκτός.
3 ³καὶ ἔσται ὡς τὸ ξύλον τὸ πεφυτευμένον παρὰ τὰς διεξόδους
τῶν ὑδάτων,
ὃ τὸν καρπὸν αὐτοῦ δώσει ἐν καιρῷ αὐτοῦ,
καὶ τὸ φύλλον αὐτοῦ οὐκ ἀπορρυήσεται·
καὶ πάντα ὅσα ἂν ποιῇ κατευοδωθήσεται.
4 ⁴οὐχ οὕτως οἱ ἀσεβεῖς, οὐχ οὕτως,
ἀλλ' ἢ ὡς ὁ χνοῦς ὃν ἐκριπτεῖ ὁ ἄνεμος ἀπὸ προσώπου
τῆς γῆς.
5 ⁵διὰ τοῦτο οὐκ ἀναστήσονται οἱ ἀσεβεῖς ἐν κρίσει,
οὐδὲ ἁμαρτωλοὶ ἐν βουλῇ δικαίων·
6 ⁶ὅτι γινώσκει Κύριος ὁδὸν δικαίων,
καὶ ὁδὸς ἀσεβῶν ἀπολεῖται.

Β'

II 1 ¹ἵνα τί ἐφρύαξαν ἔθνη, καὶ λαοὶ ἐμελέτησαν κενά;
2 ²παρέστησαν οἱ βασιλεῖς τῆς γῆς
καὶ οἱ ἄρχοντες συνήχθησαν ἐπὶ τὸ αὐτὸ
κατὰ τοῦ κυρίου καὶ κατὰ τοῦ χριστοῦ αὐτοῦ.   διάψαλμα.

Inscr ψαλμοι B deest in ℵ ψαλτηριον A ψαλτηριον τω Δδ Rᵃ   I 1— ℵAR
II 7 μακαριος...ει συ Rᵃ (deest in R*)   1 εστη] εστιν Rᵃ | καθεδρα A
2 αλλ η] αλλα ην Aᵃ ᵛⁱᵈ   3 ποιηση A   4 ο ανεμος] om ο Rᵃ   5 οι
ασεβεις] om οι ℵ¹ARᵃ | αμαρτωλοι] pr οι A — Stich 15 BℵA 8 Rᵃ ᵛⁱᵈ
II 1 pr ψαλμος τω Δδ Rᵃ   2 διαψαλμα non inst Bᵇ (ita ubique) om Rᵃ

ΨΑΛΜΟΙ

B ³διαρρήξωμεν τοὺς δεσμοὺς αὐτῶν, 3
καὶ ἀπορρίψωμεν ἀφ' ἡμῶν τὸν ζυγὸν αὐτῶν.
⁴ὁ κατοικῶν ἐν οὐρανοῖς ἐκγελάσεται αὐτούς, 4
καὶ ὁ κύριος ἐκμυκτηριεῖ αὐτούς.
⁵τότε λαλήσει πρὸς αὐτοὺς ἐν ὀργῇ αὐτοῦ, 5
καὶ ἐν τῷ θυμῷ αὐτοῦ ταράξει αὐτούς.
⁶ἐγὼ δὲ κατεστάθην ὑπ' αὐτοῦ 6
ἐπὶ Σειὼν ὄρος τὸ ἅγιον αὐτοῦ,
⁷διαγγέλλων τὸ πρόσταγμα Κυρίου. 7
Κύριος εἶπεν πρὸς μέ Υἱός μου εἶ σύ,
ἐγὼ σήμερον γεγέννηκά σε·
⁸αἴτησαι παρ' ἐμοῦ, καὶ δώσω σοι ἔθνη τὴν κληρονομίαν σου, 8
καὶ τὴν κατάσχεσίν σου τὰ πέρατα τῆς γῆς·
⁹ποιμανεῖς αὐτοὺς ἐν ῥάβδῳ σιδηρᾷ, 9
ὡς σκεῦος κεραμέως συντρίψεις αὐτούς.
¹⁰καὶ νῦν, βασιλεῖς, σύνετε· 10
παιδεύθητε, πάντες οἱ κρίνοντες τὴν γῆν.
¹¹δουλεύσατε τῷ κυρίῳ ἐν φόβῳ, 11
καὶ ἀγαλλιᾶσθε αὐτῷ ἐν τρόμῳ.
¹²δράξασθε παιδείας, μή ποτε ὀργισθῇ Κύριος, 12
καὶ ἀπολεῖσθε ἐξ ὁδοῦ δικαίας,
ὅταν ἐκκαυθῇ ἐν τάχει ὁ θυμὸς αὐτοῦ.
μακάριοι πάντες οἱ πεποιθότες ἐπ' αὐτῷ.

Γ'

Ψαλμὸς τῷ Δαυείδ, ὁπότε ἀπεδίδρασκεν ἀπὸ III
προσώπου Ἀβεσσαλώμ τοῦ υἱοῦ αὐτοῦ.

²Κύριε, τί ἐπληθύνθησαν οἱ θλίβοντές με; 2
πολλοὶ ἐπανίστανται ἐπ' ἐμέ·
³πολλοὶ λέγουσιν τῇ ψυχῇ μου 3
Οὐκ ἔστιν σωτηρία ἐν τῷ θεῷ αὐτοῦ. διάψαλμα.

NAR   3 αποριψ. Rᵃ   4 ενγελασεται A | εκμυκτεριει A   5 post ταραξει
ras 1 lit (forte s) A¹ | αυτους 2°] s rescr Aᵃ ᵛⁱᵈ   6 κατεσταθην]+βασιλευς
ARᵇ   7 διαγγελων A | γεγεννκα A* (η superscr Aᵃ?)   8 περα A
9 ως] pr και A | σκευη ℵᶜ⁻ᵃ ARᵃ   12 δραξεσθε R* (-ασθε Rᵃ) | παιδειας]
παιδιας ℵ παιδειαν (?παιδιαν) R | Κυριος] pr ο R | ευκανθη Rᵃ | αυτω] αυτου
R — Stich 27 BℵA 19 Rᵛⁱᵈ   III 1 om ψαλμος A | οποτε] αποτε R*ᵛⁱᵈ |
απεδιδρασκε R   2 επανισταυνται] επανιστανυτο ℵᶜ⁻ᵃ επανεστησαν A   3 σω-
τηρια]+αυτω A+αυτου R

ΨΑΛΜΟΙ IV 9

4 ⁴σὺ δέ, Κύριε, ἀντιλήμπτωρ μου εἶ, B
δόξα μου καὶ ὑψῶν τὴν κεφαλήν μου.
5 ⁵φωνῇ μου πρὸς Κύριον ἐκέκραξα,
καὶ ἐπήκουσέν μου ἐξ ὄρους ἁγίου αὐτοῦ.   διάψαλμα.
6 ⁶ἐγὼ ἐκοιμήθην καὶ ὕπνωσα·
ἐξηγέρθην, ὅτι Κύριος ἀντιλήμψεταί μου.
7 ⁷οὐ φοβηθήσομαι ἀπὸ μυριάδων λαοῦ
τῶν κύκλῳ ἐπιτιθεμένων μοι.
8 ⁸ἀνάστα, Κύριε, σῶσόν με ὁ θεός μου·
ὅτι σὺ ἐπάταξας πάντας τοὺς ἐχθραίνοντάς μοι ματαίως,
ὀδόντας ἁμαρτωλῶν συνέτριψας.
9 ⁹τοῦ κυρίου ἡ σωτηρία, καὶ ἐπὶ τὸν λαόν σου ἡ εὐλογία σου.

Δ'

IV   Εἰς τὸ τέλος, ἐν ψαλμοῖς· ᾠδὴ τῷ Δαυείδ.

2 ²Ἐν τῷ ἐπικαλεῖσθαί με εἰσήκουσέν μου ὁ θεὸς τῆς δικαιο-
σύνης μου,
ἐν θλίψει ἐπλάτυνάς μοι·
οἰκτείρησόν με καὶ εἰσάκουσον τῆς προσευχῆς μου.
3 ³υἱοὶ ἀνθρώπων, ἕως πότε βαρυκάρδιοι;
ἵνα τί ἀγαπᾶτε ματαιότητα καὶ ζητεῖτε ψεῦδος;   διάψαλμα.
4 ⁴καὶ γνῶτε ὅτι ἐθαυμάστωσεν Κύριος τὸν ὅσιον αὐτοῦ·
Κύριος εἰσακούσεταί μου ἐν τῷ κεκραγέναι με πρὸς αὐτόν.
5 ⁵ὀργίζεσθε καὶ μὴ ἁμαρτάνετε·
ἃ λέγετε ἐν καρδίᾳ, ἐπὶ ταῖς κοίταις ὑμῶν κατανύγητε·
διάψαλμα.
6 ⁶θύσατε θυσίαν δικαιοσύνης, καὶ ἐλπίσατε ἐπὶ Κύριον.
7 ⁷πολλοὶ λέγουσιν Τίς δείξει ἡμῖν τὰ ἀγαθά;
ἐσημειώθη ἐφ' ἡμᾶς τὸ φῶς τοῦ προσώπου σου, Κύριε·
8 ⁸ἔδωκας εὐφροσύνην εἰς τὴν καρδίαν μου,
ἀπὸ καρποῦ σίτου καὶ οἴνου καὶ ἐλαίου αὐτῶν ἐπληθύνθησαν.
9 ⁹ἐν εἰρήνῃ ἐπὶ τὸ αὐτὸ κοιμηθήσομαι καὶ ὑπνώσω·
ὅτι σύ, Κύριε, κατὰ μόνας ἐπ' ἐλπίδι κατῴκισάς με.

4 om Κυριε A | υψων την κεφ.] ν την κε sup ras Aᵃ ᵛⁱᵈ   5 επηκουσεν] ℵAR
εισηκουσεν AR   6 εγω]+δε A | αντελαβετο ℵ* (αντιλημψ. ℵᶜ·ᵃ)   7 κυκ-
λων A | συνεπιτιθεμενων ℵAR   8 του (sic) εχθραινοντας (αν [ι sup ras] Aᵃ ᵛⁱᵈ)
A — Stich 16 B 15 ℵAR   IV 1 εν ψαλμοις] ψαλμος AR | om ωδη A ωδης
R | τω Δ.] του Δ. R   3 βαρυκαρδιοι] ν sup ras 2 forte litt Aᵃ | ματαιοτητας
A   5 καρδια] ταις καρδιαις υμων BᵃᵇℵAR | επι] pr και R | κατανοιγητε A
9 κοιμηθησομαι] ο sup ras Aᵃ | επι 2°] επ AR — Stich 16 BℵA 17 R

215

ΨΑΛΜΟΙ

Ε΄

Εἰς τὸ τέλος, ὑπὲρ τῆς κληρονομούσης·
ψαλμὸς τῷ Δαυείδ.

²Τὰ ῥήματά μου ἐνώτισαι, Κύριε,
σύνες τῆς κραυγῆς μου,
³πρόσχες τῇ φωνῇ τῆς δεήσεώς μου.
ὁ βασιλεύς μου καὶ ὁ θεός μου·
ὅτι πρὸς σὲ προσεύξομαι, Κύριε.
⁴τὸ πρωὶ εἰσακούσῃ τῆς φωνῆς μου·
τὸ πρωὶ παραστήσομαί σοι καὶ ἐπόψομαι.
⁵ὅτι οὐχὶ θεὸς θέλων ἀνομίαν σὺ εἶ·
οὐδὲ παροικήσει σοι πονηρευόμενος.
⁶οὐ διαμενοῦσιν παράνομοι κατέναντι τῶν ὀφθαλμῶν σου·
ἐμίσησας, Κύριε, πάντας τοὺς ἐργαζομένους τὴν ἀνομίαν.
⁷ἀπολεῖς πάντας τοὺς λαλοῦντας τὸ ψεῦδος·
ἄνδρα αἱμάτων καὶ δόλιον βδελύσσεται Κύριος.
⁸ἐγὼ δὲ ἐν τῷ πλήθει τοῦ ἐλέου σου εἰσελεύσομαι εἰς τὸν οἶ-
κόν σου,
προσκυνήσω πρὸς ναὸν ἅγιόν σου ἐν φόβῳ σου.
⁹Κύριε, ὁδήγησόν με ἐν τῇ δικαιοσύνῃ σου ἕνεκα τῶν ἐχθρῶν μου,
κατεύθυνον ἐνώπιόν σου τὴν ὁδόν μου.
¹⁰ὅτι οὐκ ἔστιν ἐν τῷ στόματι αὐτῶν ἀλήθεια,
ἡ καρδία αὐτῶν ματαία·
τάφος ἀνεῳγμένος ὁ λάρυγξ αὐτῶν,
ταῖς γλώσσαις αὐτῶν ἐδολιοῦσαν.
¹¹κρίνον αὐτούς, ὁ θεός·
ἀποπεσάτωσαν ἀπὸ τῶν διαβουλιῶν αὐτῶν·
κατὰ τὸ πλῆθος τῶν ἀσεβειῶν αὐτῶν
ἔξωσον αὐτούς, ὅτι παρεπίκρανάν σε, Κύριε.
¹²καὶ εὐφρανθήτωσαν ἐπὶ σοὶ πάντες οἱ ἐλπίζοντες ἐπὶ σέ·
εἰς αἰῶνα ἀγαλλιάσονται, καὶ κατασκηνώσεις ἐν αὐτοῖς.
καὶ καυχήσονται ἐπὶ σοὶ πάντες οἱ ἀγαπῶντες τὸ ὄνομά σου,

ℵAR   V 2 τη κραυγη A   3 τη φωνη AR   4 εποψομαι] εποψη ℵ^c.a
εποψη με AR^a   5 ουδε] ου ℵ^c.aR   6 ου] ουδε ℵ^c.aAR | om κε B¹ℵ
8 ελεου] ελαιους ℵ ελεους R   9 σου 1° Bℵ^c.aAR] μου ℵ* | μου 2°
Bℵ^c.aAR] σου ℵ*   10 τω στοματι] om τω ℵ* (hab ℵ^c.a) | λαρυξ A
11 διαβολιων R^a   12 om επι 1° ℵ^c.aR | σοι 1°] σε ℵ | αιωνα] pr τον R |
επι 3°] εν ℵAR | om παντες 2° ℵ

ΨΑΛΜΟΙ VII 2

13 ¹³ὅτι σὺ εὐλογεῖς δίκαιον. B
Κύριε, ὡς ὅπλῳ εὐδοκίας ἐστεφάνωσας ἡμᾶς.

S'

VI Εἰς τὸ τέλος, ἐν ὕμνοις, ὑπὲρ τῆς ὀγδόης·
ψαλμὸς τῷ Δαυείδ.

2 ²Κύριε, μὴ τῷ θυμῷ σου ἐλέγξῃς με,
μηδὲ τῇ ὀργῇ σου παιδεύσῃς με.
3 ³ἐλέησόν με, Κύριε, ὅτι ἀσθενής εἰμι·
ἴασαί με, ὅτι ἐταράχθη τὰ ὀστᾶ μου.
4 ⁴καὶ ἡ ψυχή μου ἐταράχθη σφόδρα·
καὶ σύ, Κύριε, ἕως πότε;
5 ⁵ἐπίστρεψον, Κύριε, ῥῦσαι τὴν ψυχήν μου,
σῶσόν με ἕνεκεν τοῦ ἐλέους σου.
6 ⁶ὅτι οὐκ ἔστιν ἐν τῷ θανάτῳ ὁ μνημονεύων σου·
ἐν δὲ τῷ ᾅδῃ τίς ἐξομολογήσεταί σοι;
7 ⁷ἐκοπίασα ἐν τῷ στεναγμῷ μου,
λούσω καθ' ἑκάστην νύκτα τὴν κλίνην μου,
ἐν δάκρυσίν μου τὴν στρωμνήν μου βρέξω.
8 ⁸ἐταράχθη ἀπὸ θυμοῦ ὁ ὀφθαλμός μου,
ἐπαλαιώθην ἐν πᾶσιν τοῖς ἐχθροῖς μου.
9 ⁹ἀπόστητε ἀπ' ἐμοῦ πάντες οἱ ἐργαζόμενοι τὴν ἀνομίαν,
ὅτι εἰσήκουσεν Κύριος τῆς φωνῆς τοῦ κλαυθμοῦ μου·
10 ¹⁰εἰσήκουσεν Κύριος τῆς δεήσεώς μου,
Κύριος τὴν προσευχήν μου προσεδέξατο.
11 ¹¹αἰσχυνθείησαν καὶ ταραχθείησαν σφόδρα πάντες οἱ ἐχθροί μου,
ἐπιστραφείησαν καὶ αἰσχυνθείησαν σφόδρα διὰ τάχους.

Z'

VII Ψαλμὸς τῷ Δαυείδ, ὃν ᾖσεν τῷ κυρίῳ
ὑπὲρ τῶν λόγων Χουσεὶ υἱοῦ Ἰεμενεί.

2 ²Κύριε ὁ θεός μου, ἐπὶ σοὶ ἤλπισα·
σῶσόν με ἐκ πάντων τῶν διωκόντων με καὶ ῥῦσαί με,

13 ευλογεις] ευλογησεις אR | δικαιον] pr τον R — Stich 30 BאA 29 R אAR
VI 1 om εν υμνοις A εν τω κυριου (sic) R^avid   3 με 2°]+κε אAR   8 πασι א|
εχθροις] χθρο : sup ras A¹   9—10 om της φωνης...Κυριος (3°) א* (hab א^c.a)
10 εισηκουσεν] ηκουσεν א^c.aA   11 αισχυνθειησαν 1°] αισχυνθητωσαν R |
ταραχθειησαν] εντραπετωσαν R | om σφοδρα 1° Bא^c.aR | επιστραφειησαν]
αποστραφειησαν (-φιησαν A) εις τα οπισω אA αποστραφετωσαν R | αισχυν-
θειησαν 2°] καταισχυνθειησαν א^c.aA (-θιησαν) καταισχυνθητωσαν R — Stich
21 BR 20 אA   VII 1 ησεν] ηνεσεν R^avid | Χουσι A | Ιεμενι A

217

ΨΑΛΜΟΙ

VII 3

³μή ποτε ἁρπάσῃ ὡς λέων τὴν ψυχήν μου,
μὴ ὄντος λυτρουμένου μηδὲ σώζοντος.
⁴Κύριε ὁ θεός μου, εἰ ἐποίησα τοῦτο,
εἰ ἔστιν ἀδικία ἐν χερσίν μου,
⁵εἰ ἀνταπέδωκα τοῖς ἀνταποδιδοῦσίν μοι κακά,
ἀποπέσοιμι ἄρα ἀπὸ τῶν ἐχθρῶν μου κενός·
⁶καταδιώξαι ἄρα ὁ ἐχθρὸς τὴν ψυχήν μου καὶ καταλάβοι,
καὶ καταπατήσαι εἰς γῆν τὴν ζωήν μου,
καὶ τὴν δόξαν μου εἰς χοῦν κατασκηνώσαι. διάψαλμα.
⁷ἀνάστηθι, Κύριε, ἐν ὀργῇ σου,
ὑψώθητι ἐν τοῖς πέρασι τῶν ἐχθρῶν μου·
ἐξεγέρθητι, Κύριε ὁ θεός μου, ἐν προστάγματι ᾧ ἐνετείλω.
⁸καὶ συναγωγὴ λαῶν κυκλώσει σε·
καὶ ὑπὲρ ταύτης εἰς ὕψος ἐπίστρεψον.
⁹Κύριος κρινεῖ λαούς·
κρῖνόν με, Κύριε, κατὰ τὴν δικαιοσύνην μου
καὶ κατὰ τὴν ἀκακίαν μου ἐπ' ἐμοί.
¹⁰συντελεσθήτω δὴ πονηρία ἁμαρτωλῶν,
καὶ κατευθυνεῖς δίκαιον·
ἐτάζων καρδίας καὶ νεφροὺς ὁ θεός.
¹¹δικαία ἡ βοήθειά μου παρὰ τοῦ θεοῦ
τοῦ σώζοντος τοὺς εὐθεῖς τῇ καρδίᾳ.
¹²ὁ θεὸς κριτὴς δίκαιος καὶ ἰσχυρὸς καὶ μακρόθυμος,
μὴ ὀργὴν ἐπάγων καθ' ἑκάστην ἡμέραν.
¹³ἐὰν μὴ ἐπιστραφῆτε, τὴν ῥομφαίαν αὐτοῦ στιλβώσει·
τὸ τόξον αὐτοῦ ἐνέτεινεν, καὶ ἡτοίμασεν αὐτό·
¹⁴καὶ ἐν αὐτῷ ἡτοίμασεν σκεύη θανάτου,
τὰ βέλη αὐτοῦ τοῖς καιομένοις ἐξειργάσατο.
¹⁵ἰδοὺ ὠδίνησεν ἀνομίαν,
συνέλαβεν πόνον καὶ ἔτεκεν ἀδικίαν·

ℵAR   3 μηντος B* (o superscr Bᵃᵇ)   5 ανταπεδωκας A | ανταποδιδοσιν A | κακα] πονηρα R | αποπεσοιμι Bᵃᵇℵᶜ⁻ᵃR] αποπεσοιμ B* αποπεσοιν ℵ*A | κενος] καινος A   6 καταλαβοι]+αυτην R | καταπατησε, κατασκηνωσε ℵᶜ·ᵃ (postea ipse forte del) καταπατησει, κατασκηνωσει Rᵛⁱᵈ   7 τοις περασιν A (οις ε retract Aᵇ) R | εχθρων μου] ν ου retract Aᵇ εχθρ. σου R | εξεγερθητι] pr και ℵᶜ·ᵃAR | om Κυριε ℵ° (hab π̅ε̅ ℵ¹)   9 με] μοι A | εμοι] εμε R   11 του θεου] κυριου R   12 μη] pr ς ℵᶜ·ᵃ (ras ℵᶜ·ᵇ¹)   13 εαν] ras aliq in ν B¹ | στιλβωσιν A   15 ανομιαν] αδικιαν ℵAR | συνελαβεν] συν sup ras Bᵃᵇ | αδικιαν] ανομιαν ℵAR

ΨΑΛΜΟΙ IX 2

16 ¹⁶λάκκον ὥρυξεν καὶ ἀνέσκαψεν αὐτόν,
 καὶ ἐνπεσεῖται εἰς βόθρον ὃν εἰργάσατο·
17 ¹⁷ἐπιστρέψει ὁ πόνος αὐτοῦ εἰς κεφαλὴν αὐτοῦ,
 καὶ ἐπὶ κορυφὴν αὐτοῦ ἡ ἀδικία αὐτοῦ καταβήσεται.
18 ¹⁸ἐξομολογήσομαι Κυρίῳ κατὰ τὴν δικαιοσύνην αὐτοῦ,
 καὶ ψαλῶ τῷ ὀνόματι Κυρίου τοῦ ὑψίστου.

Η΄

VIII   Εἰς τὸ τέλος, ὑπὲρ τῶν ληνῶν· ψαλμὸς τῷ Δαυείδ.

2 ²Κύριε ὁ κύριος ἡμῶν, ὡς θαυμαστὸν τὸ ὄνομά σου ἐν πάσῃ τῇ γῇ·
 ὅτι ἐπήρθη ἡ μεγαλοπρεπία σου ὑπεράνω τῶν οὐρανῶν.
3 ³ἐκ στόματος νηπίων καὶ θηλαζόντων κατηρτίσω αἶνον
 ἕνεκα τῶν ἐχθρῶν σου, τοῦ καταλῦσαι ἐχθρὸν καὶ ἐκδικητήν.
4 ⁴ὅτι ὄψομαι τοὺς οὐρανούς, ἔργα τῶν δακτύλων σου,
 σελήνην καὶ ἀστέρας ἃ σὺ ἐθεμελίωσας·
5 ⁵τί ἐστιν ἄνθρωπος ὅτι μιμνήσκῃ αὐτοῦ,
 ἢ υἱὸς ἀνθρώπου ὅτι ἐπισκέπτῃ αὐτόν;
6 ⁶ἠλάττωσας αὐτὸν βραχύ τι παρ᾽ ἀγγέλους,
 δόξῃ καὶ τιμῇ ἐστεφάνωσας αὐτόν.
7 ⁷καὶ κατέστησας αὐτὸν ἐπὶ τὰ ἔργα χειρῶν σου·
 πάντα ὑπέταξας ὑποκάτω τῶν ποδῶν αὐτοῦ,
8 ⁸πρόβατα καὶ βόας πάσας,
 ἔτι δὲ καὶ τὰ κτήνη τοῦ πεδίου,
9 ⁹τὰ πετεινὰ τοῦ οὐρανοῦ καὶ τοὺς ἰχθύας τῆς θαλάσσης,
 τὰ διαπορευόμενα τρίβους θαλασσῶν.
10 ¹⁰Κύριε ὁ κύριος ἡμῶν, ὡς θαυμαστὸν τὸ ὄνομά σου ἐν πάσῃ τῇ γῇ.

Θ΄

IX   Εἰς τὸ τέλος, ὑπὲρ τῶν κρυφίων τοῦ υἱοῦ·
 ψαλμὸς τῷ Δαυείδ.

2 ²Ἐξομολογήσομαί σοι, Κύριε, ἐν ὅλῃ καρδίᾳ μου,
 διηγήσομαι πάντα τὰ θαυμάσιά σου·

16 εμπεσειται B¹ℵA (στ. B*R)   18 Κυριω Bℵ^{c.a}] pr τω ℵ*AR ℵAR — Stich 38 B 37 ℵAR   VIII 2 μεγαλοπρεπεια B^{ab}   3 σου] σ sup ras A^a (μου A*)   4 α] ας R   5 τι] τις A   6 αγγελλους A* (ras λ 1° A?) | δοξαν R | τιμην AR   7 χειρων] pr των ℵAR   8 αγαπας ℵ^{c.a}AR   9 om και τους ιχθυας R* (hab R^a) — Stich 18 Bℵ AR   IX 1 om του υιου R   2 om διηγησομαι...σου ℵ* (hab ℵ^{c.a}) | τα θαυμασια] om τα R

ΨΑΛΜΟΙ IX 3

B ³εὐφρανθήσομαι καὶ ἀγαλλιάσομαι ἐν σοί, 3
ψαλῶ τῷ ὀνόματί σου, Ὕψιστε.
⁴ἐν τῷ ἀποστραφῆναι τὸν ἐχθρόν μου εἰς τὰ ὀπίσω, 4
ἀσθενήσουσιν καὶ ἀπολοῦνται ἀπὸ προσώπου σου.
⁵ὅτι ἐποίησας τὴν κρίσιν μου καὶ τὴν δίκην μου, 5
ἐκάθισας ἐπὶ θρόνου, ὁ κρίνων δικαιοσύνην.
⁶ἐπετίμησας ἔθνεσιν, καὶ ἀπώλετο ὁ ἀσεβής· 6
τὸ ὄνομα αὐτῶν ἐξήλειψας εἰς τὸν αἰῶνα καὶ εἰς τὸν αἰῶνα
τοῦ αἰῶνος.
⁷τοῦ ἐχθροῦ ἐξέλιπον αἱ ῥομφαῖαι εἰς τέλος, καὶ πόλεις καθεῖλες· 7
ἀπώλετο τὸ μνημόσυνον αὐτῶν μετ' ἠχοῦς·
⁸καὶ ὁ κύριος εἰς τὸν αἰῶνα μένει· 8
ἡτοίμασεν ἐν κρίσει τὸν θρόνον αὐτοῦ.
⁹καὶ αὐτὸς κρινεῖ τὴν οἰκουμένην ἐν δικαιοσύνῃ, 9
κρινεῖ λαοὺς ἐν εὐθύτητι.
¹⁰καὶ ἐγένετο Κύριος καταφυγὴ τῷ πένητι, 10
βοηθὸς ἐν εὐκαιρίαις ἐν θλίψει.
¹¹καὶ ἐλπισάτωσαν ἐπὶ σὲ οἱ γινώσκοντες τὸ ὄνομά σου, 11
ὅτι οὐκ ἐνκατέλιπες τοὺς ἐκζητοῦντάς σε, Κύριε.
¹²ψάλατε τῷ κυρίῳ τῷ κατοικοῦντι ἐν Σιών, 12
ἀναγγείλατε ἐν τοῖς ἔθνεσιν τὰ ἐπιτηδεύματα αὐτοῦ·
¹³ὅτι ἐκζητῶν τὰ αἵματα αὐτῶν ἐμνήσθη, 13
οὐκ ἐπελάθετο τῆς δεήσεως τῶν πενήτων.
¹⁴ἐλέησόν με, Κύριε· ἴδε τὴν ταπείνωσίν μου ἐκ τῶν ἐχθρῶν μου, 14
ὁ ὑψῶν με ἐκ τῶν πυλῶν τοῦ θανάτου,
¹⁵ὅπως ἂν ἐξαγγείλω πάσας τὰς αἰνέσεις σου 15
ἐν ταῖς πύλαις τῆς θυγατρὸς Σιών·
ἀγαλλιάσομαι ἐπὶ τῷ σωτηρίῳ σου.
¹⁶ἐνεπάγησαν ἔθνη ἐν διαφθορᾷ ᾗ ἐποίησαν, 16
ἐν παγίδι ταύτῃ ᾗ ἔκρυψαν συνελήμφθη ὁ ποὺς αὐτῶν.
¹⁷γινώσκεται Κύριος κρίματα ποιῶν, 17

NAR 4 προσωπου] pr του R   6 αυτων] αυτου ℵ^{c.a} σου A   7 εξελειπον A | καθειλας ℵ^{c.a} R | ηχου B^{b vid}   9 δικαιοσυνη] ευθυτητι R | ευθυτητι] δικαιοσυνη R* (ευθ. R^a)   10 θλιψεσι ℵ θλιψεσιν R   11 σε 1°] σοι A | αι γιν.] pr παντες A | εγκατελιπες B^υℵ*A (εγκαταιλ.) εγκατελιπας ℵ^{c.a} R (ενκ.)   13 εκζητων] pr ο ℵ^{c.a} (ras ℵ^{c.b ?}) | δεησεως] κραυγης ℵR φωνης A   14 ειδε A   15 αγαλλιασομαι] θα superscr ℵ^{c.a} (ras ℵ^{c.b ?}) αγαλλιασομεθα R^a | επι] εν A | τω σωτηριω] το σωτηριον R   16 εποιησαν] a sup ras A^a | παγιδι ταυτη] τη παγ. R* τη π. ταυτη R^a | η 2° sup ras A^a

ΨΑΛΜΟΙ IX 30

ἐν τοῖς ἔργοις τῶν χειρῶν αὐτοῦ συνελήμφθη ὁ ἁμαρτωλός. Β.
ᾠδὴ διαψάλματος.

18 ¹⁸ἀποστραφήτωσαν οἱ ἁμαρτωλοὶ εἰς τὸν ᾅδην,
πάντα τὰ ἔθνη τὰ ἐπιλανθανόμενα τοῦ θεοῦ.
19 ¹⁹ὅτι οὐκ εἰς τέλος ἐπιλησθήσεται ὁ πτωχός,
ἡ ὑπομονὴ τῶν πενήτων οὐκ ἀπολεῖται εἰς τὸν αἰῶνα.
20 ²⁰ἀνάστηθι, Κύριε, μὴ κραταιούσθω ἄνθρωπος,
κριθήτωσαν ἔθνη ἐνώπιόν σου.
21 ²¹κατάστησον, Κύριε, νομοθέτην ἐπ' αὐτούς,
γνώτωσαν ἔθνη ὅτι οἱ ἄνθρωποί εἰσιν. διάψαλμα.
(X) (1) 22 ²²ἵνα τί, Κύριε, ἀφέστηκας μακρόθεν;
ὑπερορᾷς ἐν εὐκαιρίαις ἐν θλίψει;
(2) 23 ²³ἐν τῷ ὑπερηφανεύεσθαι τὸν ἀσεβῆ ἐνπυρίζεται ὁ πτωχός·
συνλαμβάνονται ἐν διαβουλίοις οἷς διαλογίζονται.
(3) 24 ²⁴ὅτι ἐπαινεῖται ὁ ἁμαρτωλὸς ἐν ταῖς ἐπιθυμίαις τῆς ψυχῆς
αὐτοῦ,
καὶ ὁ ἀδικῶν ἐνευλογεῖται.
(4) 25 ²⁵παρώξυνεν τὸν Κύριον ὁ ἁμαρτωλός,
κατὰ τὸ πλῆθος τῆς ὀργῆς αὐτοῦ οὐκ ἐκζητήσει·
οὐκ ἔστιν ὁ θεὸς ἐνώπιον αὐτοῦ.
(5) 26 ²⁶βεβηλοῦνται αἱ ὁδοὶ αὐτοῦ ἐν παντὶ καιρῷ·
ἀνταναιρεῖται τὰ κρίματά σου ἀπὸ προσώπου αὐτοῦ,
πάντων τῶν ἐχθρῶν αὐτοῦ κατακυριεύσει.
(6) 27 ²⁷εἶπεν γὰρ ἐν καρδίᾳ αὐτοῦ Οὐ μὴ σαλευθῶ ἀπὸ γενεᾶς εἰς
γενεὰν ἄνευ κακοῦ.
(7) 28 ²⁸οὗ ἀρᾶς τὸ στόμα αὐτοῦ γέμει καὶ πικρίας καὶ δόλου,
ὑπὸ τὴν γλῶσσαν αὐτοῦ κόπος καὶ πόνος.
(8) 29 ²⁹ἐνκάθηται ἐνέδρᾳ μετὰ πλουσίων
ἐν ἀποκρύφοις ἀποκτεῖναι ἀθῷον·
οἱ ὀφθαλμοὶ αὐτοῦ εἰς τὸν πένητα ἀποβλέπουσιν.
(9) 30 ³⁰ἐνεδρεύει ἐν ἀποκρύφῳ, ὡς λέων ἐν τῇ μάνδρᾳ αὐτοῦ·
ἐνεδρεύει τοῦ ἁρπάσαι πτωχόν,

17 αμαρτωλος] αμαρτω sup ras 8 circ litt Aᵃ | ωδη διαψ. non inst Bᵇ ℵAR
18 επιστραφητωσαν Rˢ (αποστρ. Rᵃ) 19 επιλησθησεται] επιλισθη-
σεται (επιλισ sup ras) Aᵃ | τον αιωνα] τελος ℵᶜ⁻ᵃA 20 απαστα R
21 γνωτωσαν] pr του R | οι ανθρ.] om οι ℵAR 22 θλιψεσιν ℵR
23 ασεβην A | εμπυριζεται Bᵃᵇ | συλλαμβ. Bᵇℵ A | διαλογιζονται] α 1° sup
ras Aᵃ 24 εν] εστι ℵˢ (εν ℵᶜ⁻ᵃ) 26 σου] αυτου R 29 εγκα-
θηται Bᵃᵇ 30 om εν αποκρυφω...ενεδρευει 2° A

IX 31 ΨΑΛΜΟΙ

B ἁρπάσαι πτωχὸν ἐν τῷ ἑλκύσαι αὐτόν·
ἐν τῇ παγίδι αὐτοῦ ³¹ταπεινώσει αὐτόν· 31 (10)
κύψει καὶ πεσεῖται ἐν τῷ αὐτὸν κατακυριεῦσαι τῶν
πενήτων.
³²εἶπεν γὰρ ἐν τῇ καρδίᾳ αὐτοῦ Ἐπιλέληται ὁ θεός, 32 (11)
ἀπέστρεψεν τὸ πρόσωπον αὐτοῦ τοῦ μὴ βλέπειν εἰς τέλος.
³³ἀνάστηθι, Κύριε ὁ θεός, ὑψωθήτω ἡ χείρ σου· 33 (12)
μὴ ἐπιλάθῃ τῶν πενήτων.
³⁴ἕνεκεν τίνος παρώξυνεν ὁ ἀσεβὴς τὸν θεόν; 34 (13)
εἶπεν γὰρ ἐν καρδίᾳ αὐτοῦ Οὐ ζητήσει.
³⁵βλέπεις, ὅτι σὺ πόνον καὶ θυμὸν κατανοήσεις, 35 (14)
τοῦ παραδοῦναι αὐτοὺς εἰς χεῖράς σου.
σοὶ οὖν ἐνκαταλέλειπται ὁ πτωχός,
ὀρφανῷ σὺ ἦσθα βοηθός.
³⁶σύντριψον τὸν βραχίονα τοῦ ἁμαρτωλοῦ καὶ πονηροῦ· 36 (15)
ζητηθήσεται ἡ ἁμαρτία αὐτοῦ, καὶ οὐ μὴ εὑρεθῇ δι' αὐτήν.
³⁷βασιλεύσει Κύριος εἰς τὸν αἰῶνα καὶ εἰς τὸν αἰῶνα τοῦ αἰῶνος· 37 (16)
ἀπολεῖσθε, ἔθνη, ἐκ τῆς γῆς αὐτοῦ.
³⁸τὴν ἐπιθυμίαν τῶν πενήτων εἰσήκουσεν Κύριος, 38 (17)
τὴν ἑτοιμασίαν τῆς καρδίας αὐτῶν προσέσχεν τὸ οὖς σου,
³⁹κρῖναι ὀρφανῷ καὶ ταπεινῷ, 39 (18)
ἵνα μὴ προσθῇ ἔτι μεγαλαυχεῖν ἄνθρωπος ἐπὶ τῆς γῆς.

I'

Εἰς τὸ τέλος· τῷ Δαυεὶδ ψαλμός. X (XI)

Ἐπὶ τῷ κυρίῳ πέποιθα· πῶς ἐρεῖτε τῇ ψυχῇ μου 1
Μεταναστεύου ἐπὶ τὰ ὄρη ὡς στρουθίον;
²ὅτι ἰδοὺ οἱ ἁμαρτωλοὶ ἐνέτειναν τόξον, 2
U ἡτοίμασαν βέλη ¹εἰς φαρέτραν,

ℵARU 31· αυτον 2°] ν sup ras Aᵃ ᵛⁱᵈ 32 τη καρδια] om τη ℵAR
33 θεος]+μου ℵᶜ·ᵃAR | επιλαθης A | πενητων]+εις τελος R 34 παρωξυνεν]
παρωργισεν ℵ | ου ζητησει] ουκ εκζητησει ℵAR 35 πονον] κοπον AR |
κατανοησεις] καταροεις BᶜℵAR | αυτους] αυτον ℵᶜ·ᵃ | σοι] συ A | om ουν
ℵᶜ·ᵃ R | εγκατελελ. Bᵇ | βοηθος Bℵᶜ·ᵃRᵃ] βοηθων ℵ*AR* 36 om δι
αυτην ℵᶜ·ᵃ δι αυτον R 37 κ̅ς̅ βασιλευσει ℵ | απολεισθαι Bᵃ*A (-σθε
BᵃᵇℵRᵛⁱᵈ) 38 εισηκουσεν Κυριος] εισηκουσας κ̅ε̅ ℵᶜ·ᵃ | σου] αυτου A
39 κρῖναι] αι sup ras 3 circ litt Aᵃ¹ | μεγαλαυχειν] pr του ℵA | ανθρωπος
BℵA¹Rᵃ] ανθρωπον A*R* — Stich 81 B 80 ℵA 83 R X 1 ψαλμος τω Δ.
ℵA | αρειτε B | την ψυχην μου (ψυχη μ sup ras Aᵃ¹) A 2 inc [ε]ις
φαρετραν U

ΨΑΛΜΟΙ ΧΙ 6

τοῦ κατατοξεῦσαι ἐν σκοτομήνῃ τοὺς εὐθεῖς τῇ καρδίᾳ. Β.
3 ³ὅτι ἃ κατηρτίσω καθεῖλον·
ὁ δὲ δίκαιος τί ἐποίησεν;
4 ⁴Κύριος ἐν ναῷ ἁγίῳ αὐτοῦ·
Κύριος, ἐν οὐρανῷ ὁ θρόνος αὐτοῦ.
οἱ ὀφθαλμοὶ αὐτοῦ εἰς τὸν πένητα ἀποβλέπουσιν,
τὰ βλέφαρα αὐτοῦ ἐξετάζει τοὺς υἱοὺς τῶν ἀνθρώπων.
5 ⁵Κύριος ἐξετάζει τὸν δίκαιον καὶ τὸν ἀσεβῆ·
ὁ δὲ ἀγαπῶν ἀδικίαν μισεῖ τὴν ἑαυτοῦ ψυχήν.
6 ⁶ἐπιβρέξει ἐπὶ ἁμαρτωλοὺς παγίδας·
πῦρ καὶ θεῖον καὶ πνεῦμα καταιγίδος ἡ μερὶς τοῦ ποτηρίου
αὐτῶν.
7 ⁷ὅτι δίκαιος Κύριος καὶ δικαιοσύνας ἠγάπησεν,
εὐθύτητα εἶδεν τὸ πρόσωπον αὐτοῦ.

ΙΑ´
ΧΙ
(ΧΙΙ) Εἰς τὸ τέλος, ὑπὲρ τῆς ὀγδόης· ψαλμὸς τῷ Δαυείδ.
2 ²Σῶσόν με, Κύριε· ὅτι ἐκλέλοιπεν ὅσιος,
ὅτι ὠλιγώθησαν αἱ ἀλήθειαι ἀπὸ τῶν υἱῶν τῶν ἀνθρώπων.
3 ³μάταια ἐλάλησεν ἕκαστος πρὸς τὸν πλησίον αὐτοῦ,
χείλη δόλια ἐν καρδίᾳ, καὶ ἐν καρδίᾳ ἐλάλησαν.
4 ⁴ἐξολεθρεύσαι Κύριος πάντα τὰ χείλη τὰ δόλια καὶ γλῶσσαν
μεγαλορήμονα,
5 ⁵τοὺς εἰπόντας Τὴν γλῶσσαν ἡμῶν μεγαλυνοῦμεν,
τὰ χείλη ἡμῶν παρ' ἡμῶν ἐστίν· τίς ἡμῶν κύριός ἐστιν;
6 ⁶ἀπὸ τῆς ταλαιπωρίας τῶν πτωχῶν καὶ ἀπὸ τοῦ στεναγμοῦ
τῶν πενήτων
νῦν ἀναστήσομαι, λέγει Κύριος·
θήσομαι ἐν σωτηρίᾳ, παρρησιάσομαι ἐν αὐτῷ.

2 σκοτομενη B* (σκοτομηνη B^a(vid) b) σκοτωμε|νη A ...|[τ]ομη U | τη καρ· ΝΑΚU
διαι A   3 a]+συ Ν^c.aA | καθειλον] pr αυτοι Ν^c.aA καθειλαν R^a   4 τον
πενητα] την οικουμενην U   5 ασεβην A | αδικιαν] pr την Ν^c.bARU | ψυχη
U   6 πακιδας Ν* παγιδα Ν^c.a(vid) (postea παγιδας) A | θιον BAU | η μερις]
om η R   7 Κυριος] pr ο U | δικαιοσυνην Ν* (-νας Ν^c.a) U^vid | ηγαπησεν
B* η|γαπησεν B^b [ευθυητας Ν^c.aA | om αυτου R* (hab R^a) — Stich 17
BNA 16 R   ΧΙ 1 ψ. τω Δ. υπερ της ογδ. A   2 ολιγωθησαν U |
των υιον U   3 ελαλησαν Ν | το πλησιον U | bis scr και εν καρδια A*
(impr 1° A^b) | ελαλησαν (-σεν U)]+κακα Ν^c.a (ras Ν^c.b?) A+τονηρα R
4 εξολοθρευσαι B^b εξολεθρευσει AU (-σι) εξολοθρευσει R | om και Ν^c.a | μεγα-
λορημονων R   5 τις inc stich in BΝ   6 απο 1°] ενεκεν Ν^c.aR | om
απο 2° Ν^c.aRU | σωτηριω Ν^c.aAR^a | παρρησιασομαι B^abA

223

B ⁷τὰ λόγια Κυρίου λόγια ἁγνά, 7
ἀργύριον πεπυρωμένον, δοκίμιον τῇ γῇ,
κεκαθαρισμένον ἑπταπλασίως.
⁸σύ, Κύριε, φυλάξεις ἡμᾶς, 8
καὶ διατηρήσεις ἡμᾶς ἀπὸ τῆς γενεᾶς ταύτης καὶ εἰς τὸν
αἰῶνα.
⁹κύκλῳ οἱ ἀσεβεῖς περιπατοῦσιν· 9
κατὰ τὸ ὕψος σου ἐπολυώρησας τοὺς υἱοὺς τῶν ἀνθρώπων.

IB′

Εἰς τὸ τέλος· ψαλμὸς τῷ Δαυείδ.   XII
                                   (XIII)

¹Ἕως πότε, Κύριε, ἐπιλήσῃ μου εἰς τέλος; 2
ἕως πότε ἀποστρέψεις τὸ πρόσωπόν σου ἀπ' ἐμοῦ;
³ἕως τίνος θήσομαι βουλὰς ἐν ψυχῇ μου, 3
ὀδύνας ἐν καρδίᾳ μου ἡμέρας;
ἕως πότε ὑψωθήσεται ὁ ἐχθρός μου ἐπ' ἐμέ;
⁴ἐπίβλεψον, εἰσάκουσόν μου, Κύριε ὁ θεός μου· 4
φώτισον τοὺς ὀφθαλμούς, μή ποτε ὑπνώσω εἰς θάνατον,
⁵μή ποτε εἴπῃ ὁ ἐχθρός μου Ἴσχυσα πρὸς αὐτόν· 5
οἱ θλίβοντές με ἀγαλλιάσονται ἐὰν σαλευθῶ.
⁶ἐγὼ δὲ ἐπὶ τῷ ἐλέει σου ἤλπισα· 6
ἀγαλλιάσεται ἡ καρδία μου ἐν τῷ σωτηρίῳ σου·
ᾄσω τῷ κυρίῳ τῷ εὐεργετήσαντί με,
καὶ ψαλῶ τῷ ὀνόματι Κυρίου τοῦ ὑψίστου.

ΙΓ′

Εἰς τὸ τέλος· ψαλμὸς τῷ Δαυείδ.   XIII
                                   (XIV)

Εἶπεν ἄφρων ἐν καρδίᾳ αὐτοῦ Οὐκ ἔστιν θεός. 1
διέφθειραν καὶ ἐβδελύχθησαν ἐν ἐπιτηδεύμασιν,

ℵARU   7 τη γη] pr εν U | κεκαθερισμενον A κεκαρισμενον U | om επταπλα-
σιως R* (hab Rᵃ)   8 συ]+δε U | διατη|ρησης A   9 τους υιους] pr
ταυτας A — Stich 17 B 18 ℵ 19 AR   XII 2 αποστρεψεις BℵU (απο-
στρεψις)] αποστρεφεις AR | εμουν U   3 ημερας]+ς νυκτος ℵᶜᵃ + και
νυκτος A   4 επιβλεψον]...στρεψον U | εισακουσον] pr και R | om μου
1° ℵ | οφθαλμους]+μου ℵARU   6 εν] επι ℵARU | τω σωτηριω]
το σωτηριον R | ευεογητωσαντι U | με] μοι R — Stich 13 Bℵ*R 14 A
XIII 1 τω Δ. ψαλμος ℵ | καρδια] pr τη U | διεφθειραν Bℵ*U] διεφθαρησαν
ℵᶜᵃAR

ΨΑΛΜΟΙ XIII 7

οὐκ ἔστιν ποιῶν χρηστότητα, οὐκ ἔστιν ἕως ἑνός.
2 ²Κύριος ἐκ τοῦ οὐρανοῦ διέκυψεν ἐπὶ τοὺς υἱοὺς τῶν ἀνθρώπων,
τοῦ ἰδεῖν εἰ ἔστιν συνίων ἢ ἐκζητῶν τὸν θεόν.
3 ³πάντες ἐξέκλιναν, ἅμα ἠχρεώθησαν,
οὐκ ἔστιν ποιῶν χρηστότητα, οὐκ ἔστιν ἕως ἑνός.
τάφος ἀνεῳγμένος ὁ λάρυγξ αὐτῶν,
ταῖς γλώσσαις αὐτῶν ἐδολιοῦσαν·
ἰὸς ἀσπίδων ὑπὸ τὰ χείλη αὐτῶν,
ὧν τὸ στόμα ἀρᾶς καὶ πικρίας γέμει·
ὀξεῖς οἱ πόδες αὐτῶν ἐκχέαι αἷμα·
σύντριμμα καὶ ταλαιπωρία ἐν ταῖς ὁδοῖς αὐτῶν,
καὶ ὁδὸν εἰρήνης οὐκ ἔγνωσαν·
οὐκ ἔστιν φόβος θεοῦ ἀπέναντι τῶν ὀφθαλμῶν αὐτῶν.
4 ⁴οὐχὶ γνώσονται πάντες οἱ ἐργαζόμενοι τὴν ἀδικίαν,
οἱ κατέσθοντες τὸν λαόν μου βρώσει ἄρτου; τὸν κύριον
οὐκ ἐπεκαλέσαντο.
5 ⁵ἐκεῖ ἐδειλίασαν φόβῳ οὗ οὐκ ἦν φόβος·
ὅτι ὁ θεὸς ἐν γενεᾷ δικαίᾳ.
6 ⁶βουλὴν πτωχοῦ κατῃσχύνατε,
ὅτι Κύριος ἐλπὶς αὐτοῦ ἐστιν.
7 ⁷τίς δώσει ἐκ Σιὼν τὸ σωτήριον τοῦ Ἰσραήλ;
ἐν τῷ ἐπιστρέψαι Κύριον τὴν αἰχμαλωσίαν τοῦ λαοῦ αὐτοῦ
ἀγαλλιάσθω Ἰακὼβ καὶ εὐφρανθήτω Ἰσραήλ.

1 χρηστοτητα] αγαθον R 1—3 om ουκ εστιν εως ενος (1°) ...ηχρε- ΝARU
ωθησαν A* (hab Aᵃ ʳᵉᵍ ˢᵘᵖ ᵉᵗ ⁱⁿᶠ) 2 Κυριος] pr o U [υιον B* (υιους Bᵃᵇ)
η] και U | εξη[των] U* (ες. U¹ᵛⁱᵈ) | των θν̄ U 3 ηχρειωθ. Bᵃᵇ R | ποιων]
pr o Ν* (om Νᶜ·ᵃ) U | χρηστοτητα] αγαθον R | om ταφος...οφθαλμων αυτων
Νᶜ·ᵃ (uncis incl) A | λαρυξ U* (γ superscr U¹) | om ταις γλωσσαις αυτων
U | ασπιδος U | ων το στομα] ων το στοματ αυτων Rᵛⁱᵈ | om αρας R | και|και
τ. U | γεμει και πικριας R | οξοις Rᵛⁱᵈ | εκχεαι] εις εκκεχηεναι (? -χειεναι)
Rᵛⁱᵈ | αιμα] pr το R 4 αδικιαν] ανομιαν ΝAU | κατεσθοντες] εσθιοντες
Ν κατεσθιοντες AU | βρωσει] pr εν A 5 φοβω BΝᶜ·ᵃ AU] φοβον Ν* R | ου]
ω A οπου U | ο θεος] pr κς̄ Νᶜ·ᵃ | εν γενεα] εις γενεαν R | δικαια] δικαιων
Νᶜ·ᵃ AU δικαιαν R 6 κατῃσχυνετε U | οτι] ο δε Νᶜ·ᵃ U | Κυριος] ο θς̄ R*
(Κυριος Rᵃᵛⁱᵈ) | ελπις] pr η R 7 τω σωιτηριον U | Κυριον] κς̄ U | αγαλ
λιασθω] αγαλλιασεται ΝAU | ευφρανθητω] ευφρανθησεται ΝAU — Stich 24
BΝ 14 A* (17 Aᵃ) 25 R

B

ΨΑΛΜΟΙ

ΙΔ´

Ψαλμὸς τῷ Δαυείδ.

Κύριε, τίς παροικήσει ἐν τῷ σκηνώματί σου;
καὶ τίς κατασκηνώσει ἐν τῷ ὄρει τῷ ἁγίῳ σου;
²πορευόμενος ἄμωμος καὶ ἐργαζόμενος δικαιοσύνην,
λαλῶν ἀλήθειαν ἐν καρδίᾳ αὐτοῦ·
³ὃς οὐκ ἐδόλωσεν ἐν γλώσσῃ αὐτοῦ,
οὐδὲ ἐποίησεν τῷ πλησίον αὐτοῦ κακόν,
καὶ ὀνειδισμὸν οὐκ ἔλαβεν ἐπὶ τοὺς ἔγγιστα αὐτοῦ·
⁴ἐξουδένωται ἐνώπιον αὐτοῦ πονηρευόμενος,
τοὺς δὲ φοβουμένους Κύριον δοξάζει·
ὁ ὀμνύων τῷ πλησίον αὐτοῦ καὶ οὐκ ἀθετῶν·
⁵τὸ ἀργύριον αὐτοῦ οὐκ ἔδωκεν ἐπὶ τόκῳ,
καὶ δῶρα ἐπ᾽ ἀθῴοις οὐκ ἔλαβεν·
ὁ ποιῶν ταῦτα οὐ σαλευθήσεται εἰς τὸν αἰῶνα.

ΙΕ´

Στηλογραφία τῷ Δαυείδ.

Φύλαξόν με, Κύριε, ὅτι ἐπὶ σοὶ ἤλπισα.
²εἶπα τῷ κυρίῳ Κύριός μου εἶ σύ.
³τοῖς ἁγίοις τοῖς ἐν τῇ γῇ αὐτοῦ
ἐθαυμάστωσεν πάντα τὰ θελήματα αὐτοῦ ἐν αὐτοῖς.
⁴ἐπληθύνθησαν αἱ ἀσθένειαι αὐτῶν,
μετὰ ταῦτα ἐτάχυναν·
οὐ μὴ συναγάγω τὰς συναγωγὰς αὐτῶν ἐξ αἱμάτων,
οὐδὲ μὴ μνησθῶ τῶν ὀνομάτων αὐτῶν διὰ χειλέων μου.
⁵Κύριος ἡ μερὶς τῆς κληρονομίας μου καὶ τοῦ ποτηρίου μου·
σὺ εἶ ὁ ἀποκαθιστῶν τὴν κληρονομίαν μου ἐμοί.

ℵARU XIV 1 και] η ℵ^{c.a}ARU | κατασκηνωσει] καταπαυσει U | τω ορει τω αγιω] ορει αγιω ℵ^{c.a}R ορι τω αγιω A   3 ος] και R | εδολιωσεν U | γλωσση] pr τη U | ουδε] κ ουκ ℵ^{c.a} και ουκ R | om κακον ℵ* (hab ℵ^{c.a(mg)}) | εγγιστας A   4 εξουδενωθη R | πονηρευομενος] pr πας AU | Κυριον] pr τον RU | δοξασει R | om αυτου 2° ℵ* (hab ℵ^{c.a})   5 αθοοις B* (αθωοις B^{ab}) | ου] +μη R* (om R^a) — Stich 13 BℵAR   XV 1 Κυριε] ο θϲ ℵ^{c.a} (κε ℵ^{c.a}) ηλπισα] πεποιθα U   2 Κυριος] θϲ ℵ* (κϲ ℵ^{c.a}) | ει συ]+οτι των αγαθων μου ου χριαν (χρειαν R) εχεις ℵAR+οτι τ. αγ. μ. χρειαν ουκ εχεις U   3 θελημα A   4 αυτων 1°] εν αυτοις U | ουδε] ουδ ου AU | ονομα B* (ονοματων [των superscr] B^{ab})   5 η μερις] om η ℵ^{c.a}U | του ποτηριον U

ΨΑΛΜΟΙ XVI 4

6 ⁶σχοινία ἐπέπεσάν μοι ἐν τοῖς κρατίστοις, B
καὶ γὰρ ἡ κληρονομία μου κρατίστη μοί ἐστιν.
7 ⁷εὐλογήσω τὸν κύριον τὸν συνετίσαντά με·
ἔτι δὲ καὶ ἕως νυκτὸς ἐπαίδευσάν με οἱ νεφροί μου.
8 ⁸προορώμην τὸν κύριον ἐνώπιόν μου διὰ παντός,
ὅτι ἐκ δεξιῶν μού ἐστιν, ἵνα μὴ σαλευθῶ.
9 ⁹διὰ τοῦτο ηὐφράνθη ἡ καρδία μου
καὶ ἠγαλλιάσατο ἡ γλῶσσά μου,
ἔτι δὲ καὶ ἡ σάρξ μου κατασκηνώσει ἐπ' ἐλπίδι.
10 ¹⁰ὅτι οὐκ ἐνκαταλείψεις τὴν ψυχήν μου εἰς ᾅδην,
οὐδὲ δώσεις τὸν ὅσιόν σου ἰδεῖν διαφθοράν.
11 ¹¹ἐγνώρισάς μοι ὁδοὺς ζωῆς·
πληρώσεις με εὐφροσύνης μετὰ τοῦ προσώπου σου·
τερπνότητες ἐν τῇ δεξιᾷ σου εἰς τέλος.

IϚ'

XVI
(XVII)   Προσευχὴ τοῦ Δαυείδ.

1 Εἰσάκουσον, Κύριε, τῆς δικαιοσύνης μου,
πρόσχες τῇ δεήσει μου·
ἐνώτισαι τῆς προσευχῆς μου οὐκ ἐν χείλεσιν δολίοις.
2 ²ἐκ προσώπου σου τὸ κρίμα μου ἐξέλθοι,
οἱ ὀφθαλμοί μου ἰδέτωσαν εὐθύτητας.
3 ³ἐδοκίμασας τὴν καρδίαν μου, ἐπεσκέψω νυκτός·
ἐπύρωσάς με, καὶ οὐχ εὑρέθη ἐν ἐμοὶ ἀδικία.
4 ⁴ὅπως ἂν μὴ λαλήσῃ τὸ στόμα μου ⁽⁴⁾τὰ ἔργα τῶν ἀνθρώπων,
διὰ τοὺς λόγους τῶν χειλέων σου ἐφύλαξα ὁδοὺς σκληράς.

6 επεπεσαν] επεσαν א | μοι 1°] με U | κρατιστοις]+μου R | η κληρονομια] אARU
ε (sic) κληρονομιαν U | μοι 2°] εμοι R   8 προωρωμην B^{ab} | εστι R
9 ευφρανθη א | η σαρξ...ελπ.] rescr א¹   10 ενκαταλειψεις A (-λιψ. Bא)]
εγκαταλιψεις B^{ab} εγκαταλειψης U ενκαταλειπεις R^{vid} | αδην] pr τον א*
(om א^{c.a}) U αδου A   11 ευφροσυνην AR* (-νης R^{a vid}) | τερπνοτης
א^{c.c(vid)}ARU | εις τελος] pr εως R — Stich 24 Bא R 23 A   XVI 1 του
Δ.] om του R* τω Δ. R^a | Κυριε] ο θεος R | της δικ.] om της א^{c.a} | της
δεησεως U | την προσευχην B^{ab}אAR | χειλεσι U   2 μου 1°] μοι א*
(μου א^{c.a}) | om οι οφθαλμοι...ευθ. א* (hab א^{c.a}) | ειδετωσαν A | ευθυτητας
Bא^{c.a}AR*] ευθυτητα R*U   3 την καρδια U | επεσκεψω] pr και
RU | ουχ ευρεθη (κ ευρε sup ras A^{a?}) A ου ευρεθη R ουκ ευρες
U | αδικιαν U   4 λαλησαν U | εφυλαξα] pr εγω ARU

227   P 2

ΨΑΛΜΟΙ

B ⁵καταρτισαι τὰ διαβήματά μου ἐν ταῖς τρίβοις σου,   5
ἵνα μὴ σαλευθῇ τὰ διαβήματά μου.
⁶ἐγὼ ἐκέκραξα, ὅτι ἐπήκουσάς μου, ὁ θεός·   6
κλῖνον τὸ οὖς σου ἐμοὶ καὶ εἰσάκουσον τῶν ῥημάτων μου.
⁷θαυμάστωσον τὰ ἐλέη σου,   7
ὁ σῴζων τοὺς ἐλπίζοντας ἐπὶ σὲ
ἐκ τῶν ἀνθεστηκότων τῇ δεξιᾷ σου.
⁸φύλαξόν με ὡς κόραν ὀφθαλμοῦ·   8
ἐν σκέπῃ τῶν πτερύγων σου σκεπάσεις με
⁹ἀπὸ προσώπου ἀσεβῶν τῶν ταλαιπωρησάντων με.   9
οἱ ἐχθροί μου τὴν ψυχήν μου περιέσχον,
¹⁰τὸ στέαρ αὐτῶν συνέκλεισαν,   10
τὸ στόμα αὐτῶν ἐλάλησεν ὑπερηφανίαν·
¹¹ἐκβάλλοντές με νυνὶ περιεκύκλωσάν με,   11
τοὺς ὀφθαλμοὺς αὐτῶν ἔθεντο ἐκκλῖναι ἐν τῇ γῇ·
¹²ὑπέλαβόν με ὡσεὶ λέων ἕτοιμος εἰς θήραν,   12
καὶ ὡσεὶ σκύμνος οἰκῶν ἐν ἀποκρύφοις.
¹³ἀνάστηθι, Κύριε, πρόφθασον αὐτοὺς καὶ ὑποσκέλισον αὐτούς,   13
ῥῦσαι τὴν ψυχήν μου ἀπὸ ἀσεβοῦς,
ῥομφαίαν σου ¹⁴ἀπὸ ἐχθρῶν τῆς χειρός σου·   14
Κύριε ἀπολύων ἀπὸ γῆς,
διαμέρισον αὐτοὺς ἐν τῇ ζωῇ αὐτῶν·
καὶ τῶν κεκρυμμένων σου ἐπλήσθη ἡ γαστὴρ αὐτῶν,
ἐχορτάσθησαν ὑέων
καὶ ἀφῆκαν τὰ κατάλοιπα τοῖς νηπίοις αὐτῶν.
¹⁵ἐγὼ δὲ ἐν δικαιοσύνῃ ὀφθήσομαι τῷ προσώπῳ σου,   15
χορτασθήσομαι ἐν τῷ ὀφθῆναι τὴν δόξαν σου.

ℵARU   5 καταρτισαι] κατηρτισα U | σαλευθη] σαλενθωσιν ℵAR | om τα δια-
βηματα μου R* (hab Rᵃ) | μου 2°]+εν ταις τριβοις σου A* (ras A⁷)
6 επηκουσας Bℵᶜ·ᵃR] εισηκουσας ℵ*U εισηκουσεν A   7 θαυμασ-
τωσαν U | του ελπιζοντας U | τη δεξια] pr ρυσαι με U   8 με 1°]
+κε ℵᶜ·ᵃ | κορην Bᵃᵇℵᶜ·ᵃARU   9 ασεβους A | ταλαιπωρισαντων
ℵ* (-ρησ. ℵᶜ·ᵃ)   10 συνεκλεισα R* (-σαν Rᵃ)   11 εκβαλλοντες]
εκβαλοντες ℵᶜ·ᵃ βαλλοντες R | νυνι] νυν R | εκλειναι A   12 υπελαβον]
υπεβαλον U | ως (2°) ℵ* (ωσει ℵᶜ·ᵃ) | αποκυφοις U   13 ρομφαιας ℵᶜ·ᵃ |
om σου U   14 εχθρων απο U | απολυων] απο ολιγων Bᵃᵐᵍ (non inst Bᵇ)
ℵAR απολαυων U | κεκρυμενων Bᵉᵈⁱᵗ | επλησθη] εμπ\ησθητω U | υειων
Bℵ] υιων A υων U [? R]   15 δικαιοσυνη]+σου R | τω προσωπου B*
(τω προσωπω Bᵃᵇ) A | οφθηναι]+μοι ℵᶜ·ᵃAR* οφθή|σομαι U — Stich 36 B
34 ℵA 31 R

ΨΑΛΜΟΙ   XVII 11

ΙΖ´

XVII
(XVIII)

Εἰς τὸ τέλος· τῷ παιδὶ Κυρίου τῷ Δαυείδ, ἃ
ἐλάλησεν τῷ κυρίῳ τοὺς λόγους τῆς ᾠδῆς ταύτης
ἐν ἡμέρᾳ ᾗ ἐρύσατο αὐτὸν Κύριος ἐκ χειρὸς
πάντων τῶν ἐχθρῶν αὐτοῦ καὶ ἐκ χειρὸς Σαούλ·
²καὶ εἶπεν·

Ἀγαπήσω σε, Κύριε ἰσχύς μου.

3 ³Κύριος στερέωμά μου καὶ καταφυγή μου καὶ ῥύστης μου·
ὁ θεός μου βοηθός, καὶ ἐλπιῶ ἐπ' αὐτόν·
ὑπερασπιστής μου καὶ κέρας σωτηρίας, ἀντιλήμπτωρ μου.

4 ⁴αἰνῶν ἐπικαλέσομαι Κύριον, καὶ ἐκ τῶν ἐχθρῶν μου σωθήσομαι.

5 ⁵περιέσχον με ὠδῖνες θανάτου,
καὶ χείμαρροι ἀνομίας ἐξετάραξάν με·

6 ⁶ὠδῖνες ᾅδου περιεκύκλωσάν με,
προέφθασάν με παγίδες θανάτου.

7 ⁷καὶ ἐν τῷ θλίβεσθαί με ἐπεκαλεσάμην τὸν κύριον,
καὶ πρὸς τὸν θεόν μου ἐκέκραξα·
ἤκουσεν ἐκ ναοῦ ἁγίου αὐτοῦ φωνῆς μου,
καὶ ἡ κραυγή μου ἐνώπιον αὐτοῦ εἰσελεύσεται εἰς τὰ ὦτα
αὐτοῦ.

8 ⁸καὶ ἐσαλεύθη καὶ ἔντρομος ἐγενήθη ἡ γῆ,
καὶ τὰ θεμέλια τῶν ὀρέων ἐταράχθησαν
καὶ ἐσαλεύθησαν, ὅτι ὠργίσθη αὐτοῖς ὁ θεός.

9 ⁹ἀνέβη καπνὸς ἐν ὀργῇ αὐτοῦ,
καὶ πῦρ ἐναντίον αὐτοῦ κατεφλόγισεν,
ἄνθρακες ἀνήφθησαν ἀπ' αὐτοῦ.

10 ¹⁰καὶ ἔκλινεν οὐρανὸν καὶ κατέβη,
καὶ γνόφος ὑπὸ τοὺς πόδας αὐτοῦ.

11 ¹¹καὶ ἐπέβη ἐπὶ χερουβεὶν καὶ ἐπετάσθη,
ἐπετάσθη ἐπὶ πτερύγων ἀνέμων.

XVII 1 om a U | om η R | ερρυσατο BᵃᵇℵU   2 ισχυς] pr η ℵARU ℵARU
3 Κυριος] κυριε R | βοηθος]+μου ℵARU | om και 3° U | σωτηριας]+μου
ℵARU | αντιλημπτωρ] pr και ℵᶜ·ᵃ αντιληπτωρ R   4 επικαλεσομαι]
επικαλεσωμοι Rᵛⁱᵈ | Κυριαν] pr τον ℵᶜ·ᵃRU   6 περιεκυκλωσαν] περι-
εσχον U | πακιδες ℵ* (παγ. ℵᶜ·ᵃ)   7 om και 1° U | τω θλιβεσθαι με] τη
θλιψει μου R | ηκουσεν] και εισηκουσεν R | φωνης] pr της RU | εις] ες U
8 om και 1°, 3° U | οργισθη U   9 εναντιον] απο προσωπου ℵARU |
κατεφλογισεν] καταφλεγησεται ℵᶜ·ᵃRᵃ (-γωσεται R*)   10 ουρανον] ου-
ρανους ℵᶜ·ᵃ τον ουνον (sic) U   11 επεβη] ανεβη U | χερουβειν] χερουβ ℵ*
χερουβιν ℵᶜ·ᵃ | επετασθη 2°] pr και ℵ* (om ℵᶜ·ᵃ)

229

ΨΑΛΜΟΙ

B ¹²καὶ ἔθετο σκότος ἀποκρυφὴν αὐτοῦ,
κύκλῳ αὐτοῦ ἡ σκηνὴ αὐτοῦ,
σκοτινὸν ὕδωρ ἐν νεφέλαις ἀέρων.
¹³ἀπὸ τῆς τηλαυγήσεως ἐνώπιον αὐτοῦ αἱ νεφέλαι διῆλθον,
χάλαζα καὶ ἄνθρακες πυρός.
¹⁴καὶ ἐβρόντησεν ἐξ οὐρανοῦ Κύριος,
καὶ ὁ ὕψιστος ἔδωκεν φωνὴν αὐτοῦ·
¹⁵καὶ ἐξαπέστειλεν βέλη καὶ ἐσκόρπισεν αὐτούς,
καὶ ἀστραπὰς ἐπλήθυνεν καὶ συνετάραξεν αὐτούς.
¹⁶καὶ ὤφθησαν αἱ πηγαὶ τῶν ὑδάτων,
καὶ ἀνεκαλύφθη τὰ θεμέλια τῆς οἰκουμένης
ἀπὸ ἐπιτιμήσεώς σου, Κύριε,
ἀπὸ ἐνπνεύσεως πνεύματος ὀργῆς σου.
¹⁷ἐξαπέστειλεν ἐξ ὕψους καὶ ἔλαβέν με,
προσέλαβε ἐξ ὑδάτων πολλῶν.
¹⁸ῥύσεταί με ἐξ ἐχθρῶν μου δυνατῶν
καὶ ἐκ τῶν μισούντων με,
ὅτι ἐστερεώθησαν ὑπὲρ ἐμέ.
¹⁹προέφθασάν με ἐν ἡμέρᾳ κακώσεώς μου,
καὶ ἐγένετο Κύριος ἀντιστήριγμά μου,
²⁰καὶ ἐξήγαγέν με εἰς πλατυσμόν·
ῥύσεταί με, ὅτι ἠθέλησέν με.
²¹ῥύσεταί με ἐξ ἐχθρῶν μου δυνατῶν
καὶ ἐκ τῶν μισούντων με.
καὶ ἀνταποδώσει μοι Κύριος κατὰ τὴν δικαιοσύνην μου,
καὶ κατὰ τὴν καθαριότητα τῶν χειρῶν μου ἀνταποδώσει μοι.
²²ὅτι ἐφύλαξα τὰς ὁδοὺς Κυρίου,
καὶ οὐκ ἠσέβησα ἀπὸ τοῦ θεοῦ μου·
²³ὅτι πάντα τὰ κρίματα αὐτοῦ ἐνώπιόν μου,
καὶ τὰ δικαιώματα αὐτοῦ οὐκ ἀπέστησαν ἀπ᾽ ἐμοῦ.

ℵARU   12 om κυκλω...αυτου (3°) A* (hab A^a(mg)) | σκοτεινον B^a†b   14 εβροντησεν εν (sic) U | Κυριος] pr ο ℵ^c·a AU   15 om και 1° ℵ^c·a AU | συνε|ταραξεν B* συνε|ταρ. B^b συνεταραξεν U   16 ανεκαλυφθησαν AU | ενπνευσεως B*R] εμπν. B^bℵAU | οργησου U   17 προσελαβε] προσελαβετο με B^ab (superscr το με) ℵARU   18 υπερ] ετ R   19 εγενετο] εγενηθη U | Κυριος] pr ο R | μου 2°] μοι ℵ   20 πλατυασμον U | εθελησεν U   21 ρυσεται...δυνατων (...δικ. μου Tisch^comm) uncis incl ℵ^c·a | om και εκ των μισ. με ℵ | καθαριοτα U (item 25) | ανταποδωσει 2° Bℵ^c·a A] αποδωσει ℵ*RU   23 μου sup ras U¹ | απεστησαν] απεστη U

ΨΑΛΜΟΙ

24 ²⁴καὶ ἔσομαι ἄμωμος μετ' αὐτοῦ,   B
    καὶ φυλάξομαι ἀπὸ τῆς ἀνομίας μου.
25 ²⁵καὶ ἀνταποδώσει μοι Κύριος κατὰ τὴν δικαιοσύνην μου
    καὶ κατὰ τὴν καθαριότητα τῶν χειρῶν μου
    ἐνώπιον τῶν ὀφθαλμῶν αὐτοῦ.
26 ²⁶μετὰ ὁσίου ὁσιωθήσῃ,
    καὶ μετὰ ἀνδρὸς ἀθῴου ἀθῷος ἔσῃ,
27 ²⁷καὶ μετὰ ἐκλεκτοῦ ἐκλεκτὸς ἔσῃ,
    καὶ μετὰ στρεβλοῦ διαστρέψεις.
28 ²⁸ὅτι σὺ λαὸν ταπεινὸν σώσεις,
    καὶ ὀφθαλμοὺς ὑπερηφάνων ταπεινώσεις·
29 ²⁹ὅτι σὺ φωτιεῖς λύχνον μου, Κύριε·
    ὁ θεός μου, φωτιεῖς τὸ σκότος μου.
30 ³⁰ὅτι ἐν σοὶ ῥυσθήσομαι ἀπὸ πειρατηρίου,
    καὶ ἐν τῷ θεῷ μου ὑπερβήσομαι τεῖχος.
31 ³¹ὁ θεός μου, ἄμωμος ἡ ὁδὸς αὐτοῦ,
    τὰ λόγια Κυρίου πεπυρωμένα,
    ὑπερασπιστής ἐστιν πάντων τῶν ἐλπιζόντων ἐπ' αὐτόν.
32 ³²ὅτι τίς θεὸς πλὴν τοῦ κυρίου;
    καὶ τίς θεὸς πλὴν τοῦ θεοῦ ἡμῶν;
33 ³³ὁ θεὸς ὁ περιζωννύων με δύναμιν,
    καὶ ἔθετο ἄμωμον τὴν ὁδόν μου·
34 ³⁴ὁ καταρτιζόμενος τοὺς πόδας μου ὡς ἐλάφου,
    καὶ ἐπὶ τὰ ὑψηλὰ ἱστῶν με·
35 ³⁵διδάσκων χεῖράς μου εἰς πόλεμον,
    καὶ ἔθου τόξον χαλκοῦν τοὺς βραχίονάς μου·
36 ³⁶καὶ ἔδωκάς μοι ὑπερασπισμὸν σωτηρίας μου,
    καὶ ἡ δεξιά σου ἀντελάβετό μου·
    καὶ ἡ παιδία σου ἀνώρθωσέν με εἰς τέλος,

25 μου 2°]+ανταποδωσει μοι AR   26 μετα 1°] και τα U | οσιωθηση] ℵARU οσιος εση ℵ^{c.a}R | και μετα bis scr U | αθωος εση] αθωοθηση U   27 εκλεκτος] εκλεκτως U   28 λαον] pr τον U | σωσεις] υψωσεις U   30 συ B* (σοι B^{ab}) | ρυθησομαι U | τειχος] τιχον U   31 πεπυρωμενα] περιεργυρωμένα (sic) U   32 πλην 1°] παρεξ ℵU (παρξ) | om και τις θεος πλην του θεου U | και] η ℵ^{c.a} R   34 ο καταρτιζομενος] om ο ℵ ο καταρτιζων AU | ως] ωσει ℵ^{c.a}R | ελαφου] ελαφους AR^{avid} ελαφων U   35 διδασκων] pr ο RU | τοξον] pr εις U | βραχιονας] post α 1° ras 1 lit et χιο sup ras A^a βραχειωνας U   36 om μου 1° U | αντιλαβοιτο R^{vid} αντιλαβετο U | παιδεια (bis) B^{ab}U | ανωρθωσεν] αναρθωσεν R ανορθωσεν U | om εις τελος...διδαξει ℵ* (hab ℵ^{c.a})

ΧVII 37   ΨΑΛΜΟΙ

Ε   καὶ ἡ παιδία σου, αὐτή με διδάξει.

37 ἐπλάτυνας τὰ διαβήματά μου ὑποκάτω μου,   37
καὶ οὐκ ἠσθένησαν τὰ ἴχνη μου.

38 καταδιώξω τοὺς ἐχθρούς μου καὶ καταλήμψομαι αὐτούς,   38
καὶ οὐκ ἀποστραφήσομαι ἕως ἂν ἐκλίπωσιν·

39 ἐκθλίψω αὐτοὺς καὶ οὐ μὴ δύνωνται στῆναι,   39
πεσοῦνται ὑπὸ τοὺς πόδας μου.

40 καὶ περιέζωσάς με δύναμιν εἰς πόλεμον,   40
συνεπόδισας πάντας τοὺς ἐπανισταμένους ἐπ' ἐμὲ ὑποκάτω μου.

41 καὶ τοὺς ἐχθρούς μου ἔδωκάς μοι νῶτον,   41
καὶ τοὺς μισοῦντάς με ἐξωλέθρευσας.

42 ἐκέκραξαν, καὶ οὐκ ἦν ὁ σώζων·   42
πρὸς Κύριον, καὶ οὐκ εἰσήκουσεν αὐτῶν.

43 καὶ λεπτυνῶ αὐτοὺς ὡς χνοῦν κατὰ πρόσωπον ἀνέμου,   43
ὡς πηλὸν πλατειῶν λεανῶ αὐτούς.

44 ῥῦσαί με ἐξ ἀντιλογιῶν λαοῦ,   44
καταστήσεις με εἰς κεφαλὴν ἐθνῶν·
λαὸς ὃν οὐκ ἔγνων ἐδούλευσέν μοι,

45 εἰς ἀκοὴν ὠτίου ὑπήκουσέν μοι·   45
υἱοὶ ἀλλότριοι ἐψεύσαντό μοι,

46 υἱοὶ ἀλλότριοι ἐπαλαιώθησαν   46
καὶ ἐχώλαναν ἀπὸ τῶν τρίβων αὐτῶν.

47 ζῇ Κύριος, καὶ εὐλογητὸς ὁ θεός μου,   47
καὶ ὑψωθήτω ὁ θεὸς τῆς σωτηρίας μου·

48 ὁ θεὸς ὁ διδοὺς ἐκδικήσεις ἐμοί,   48
καὶ ὑποτάξας λαοὺς ὑπ' ἐμέ,

49 ὁ ῥύστης μου ἐξ ἐχθρῶν ὀργίλων·   49

ΜΑRU 38 καταδιωξω] pr και U | αποστρείφησονμαι U | om αν U | εκλειπωσιν AU 39 αυτους] αυτου U | στηναι] στηκαι R   40 εις πολεμον] εως πο|λεμον (sic) U | om ταυτας א* (hab א^{c.a}) | επανισταμενους B^h | υποκατων U   41 om και τους εχθρους μου εδωκας μοι U | εξωλοθρ. B¹   42 σω-ζων] ζωσω U | εισηκουεν (ras σ) א^{c.a} | αυτων] αυτους RU   43 ως 1°] ωσει AR   44 ρυσαι] ρυσαιτε A ρυσης RU | αντιλογιων] αντιλ sup ras B^{a1} αντιλογιας א^{c.a}R | λαου] λαων A+μου U | ω] ος A | εγνω R^{vid}   45 ακοην] υπακοην U^{vid} | ωτιου] ωτος U | υπηκουσεν Bא^{c.a}RU] υπηκουσαν א* επηκουσας A¹ | μοι 1°] μου א^{c.a}RU | υιοι] pr οι A | μοι 2°] με א^{c.a} μου U   46 εχωλαναν] εχωραναν U | απο] εκ A   47 om μου 1° א^{c.a}U   49 εχθρων]+μου ARU

ΨΑΛΜΟΙ XVIII 10

ἀπὸ τῶν ἐπανισταμένων ἐπ' ἐμὲ ὑψώσεις με, B
ἀπὸ ἀνδρὸς ἀδίκου ῥύσῃ με.
50 ⁵⁰διὰ τοῦτο ἐξομολογήσομαί σοι ἐν ἔθνεσιν, Κύριε,
καὶ τῷ ὀνόματί σου ψαλῶ·
51 ⁵¹μεγαλύνων τὰς σωτηρίας τοῦ βασιλέως αὐτοῦ,
καὶ ποιῶν ἔλεος τῷ χριστῷ αὐτοῦ,
τῷ Δαυεὶδ καὶ τῷ σπέρματι αὐτοῦ ἕως αἰῶνος.

IH'

XVIII
(XIX)   Εἰς τὸ τέλος· ψαλμὸς τῷ Δαυείδ.

2 ²Οἱ οὐρανοὶ διηγοῦνται δόξαν θεοῦ,
ποίησιν δὲ χειρῶν αὐτοῦ ἀναγγέλλει τὸ στερέωμα.
3 ³ἡμέρα τῇ ἡμέρᾳ ἐρεύγεται ῥῆμα,
καὶ νὺξ νυκτὶ ἀναγγέλλει γνῶσιν.
4 ⁴οὐκ εἰσὶν λαλιαὶ οὐδὲ λόγοι ὧν οὐχὶ ἀκούονται αἱ φωναὶ αὐτῶν·
5 ⁵εἰς πᾶσαν τὴν γῆν ἐξῆλθεν ὁ φθόγγος αὐτῶν,
καὶ εἰς τὰ πέρατα τῆς οἰκουμένης τὰ ῥήματα αὐτῶν.
6 ⁶ἐν τῷ ἡλίῳ ἔθετο τὸ σκήνωμα αὐτοῦ·
καὶ αὐτὸς ὡς νυμφίος ἐκπορευόμενος ἐκ παστοῦ αὐτοῦ,
ἀγαλλιάσεται ὡς γίγας δραμεῖν ὁδὸν αὐτοῦ.¶ ¶ U
7 ⁷ἀπ' ἄκρου τοῦ οὐρανοῦ ἡ ἔξοδος αὐτοῦ,
καὶ τὸ κατάντημα αὐτοῦ ἕως ἄκρου τοῦ οὐρανοῦ·
καὶ οὐκ ἔστιν ὃς ἀποκρυβήσεται τὴν θέρμην αὐτοῦ.
8 ⁸ὁ νόμος τοῦ κυρίου ἄμωμος, ἐπιστρέφων ψυχάς·
ἡ μαρτυρία Κυρίου πιστή, σοφίζουσα νήπια.
9 ⁹τὰ δικαιώματα Κυρίου εὐθεῖα, εὐφραίνοντα καρδίαν·
ἡ ἐντολὴ Κυρίου τηλαυγής, φωτίζουσα ὀφθαλμούς.
10 ¹⁰ὁ φόβος Κυρίου ἁγνός, διαμένων εἰς αἰῶνα αἰῶνος·
τὰ κρίματα Κυρίου ἀληθινά, δεδικαιωμένα ἐπὶ τὸ αὐτό,

49 απο 1°] pr και א* (om א^c·ᵃ) U | επανισταμενων (-νον U)] επανιστα- NARU
μενων BᵇA | ρυσαι א^c·ᵃ (ρυση א*c·ᵇ¹) A ρυσης U   50 εθνεσι U
51 μεγαλυνων] pr ο U | om αυτου 1° א^c·ᵃ | αινος B* (αιωνος Bᵃᵇ) — Stich
116 B 112 א 115 A 117 R   XVIII 2 ποιησιν δε] ποιησειν δε A και
ποιησεν U | αναγγελει AU | τω στερεωμα U   3 ημερα 1°] pr η אA |
αναγγελει AU   4 λαλιαι AU | ουδε] ο rescr A¹ | αι φωνη U | om αυτων
A* (hab Aᵃ)   6 ηλιω εθετο] ηλιηθετο U | εκπορευομενος] ορενο sup ras
Bᵃᵇ | γιγγας U | om αυτου 3° א^c·ᵃRcettdesunt in U usque XX 14   7 του
ουρανου 2°] om του א* (hab א^c·ᵃ)   8 του κυριου] om του A   9 ενθεα Bᵇ

ΨΑΛΜΟΙ

B ¹¹ἐπιθυμητὰ ὑπὲρ χρυσίον καὶ λίθον τίμιον πολὺν
καὶ γλυκύτερα ὑπὲρ μέλι καὶ κηρίον.
¹²καὶ γὰρ ὁ δοῦλός σου φυλάσσει αὐτά·
ἐν τῷ φυλάσσειν αὐτὰ ἀνταπόδοσις πολλή.
¹³παραπτώματα τίς συνήσει;
ἐκ τῶν κρυφίων μου καθάρισόν με,
¹⁴καὶ ἀπὸ ἀλλοτρίων φεῖσαι τοῦ δούλου σου·
ἐὰν μή μου κατακυριεύσουσιν, τότε ἄμωμος ἔσομαι
καὶ καθαρισθήσομαι ἀπὸ ἁμαρτίας μεγάλης.
¹⁵καὶ ἔσονται εἰς εὐδοκίαν τὰ λόγια τοῦ στόματός μου
καὶ ἡ μελέτη τῆς καρδίας μου ἐνώπιόν σου διὰ παντός,
Κύριε, βοηθέ μου καὶ λυτρωτά μου.

ΙΘ´

Εἰς τὸ τέλος· ψαλμὸς τῷ Δαυείδ.   XIX
²Ἐπακούσαι σου Κύριος ἐν ἡμέρᾳ θλίψεως,   (XX)
ὑπερασπίσαι σου τὸ ὄνομα τοῦ θεοῦ Ἰακώβ.   2
³ἐξαποστείλαι σοι βοήθειαν ἐξ ἁγίου,   3
καὶ ἐκ Σιὼν ἀντιλάβοιτό σου·
⁴μνησθείη πάσης θυσίας σου,   4
καὶ τὸ ὁλοκαύτωμά σου πιανάτω.   διάψαλμα.
⁵δῴη σοι κατὰ τὴν καρδίαν σου,   5
καὶ πᾶσαν τὴν βουλήν σου πληρώσαι.
⁶ἀγαλλιασώμεθα ἐν τῷ σωτηρίῳ σου,   6
καὶ ἐν ὀνόματι θεοῦ ἡμῶν μεγαλυνθησόμεθα.
πληρώσαι Κύριος πάντα τὰ αἰτήματά σου.
⁷νῦν ἔγνων ὅτι ἔσωσεν Κύριος τὸν χριστὸν αὐτοῦ·   7
ἐπακούσεται αὐτοῦ ἐξ οὐρανοῦ ἁγίου αὐτοῦ,
ἐν δυναστείαις ἡ σωτηρία τῆς δεξιᾶς αὐτοῦ.
⁸οὗτοι ἐν ἅρμασιν καὶ οὗτοι ἐν ἵπποις,   8
ἡμεῖς δὲ ἐν ὀνόματι Κυρίου θεοῦ ἡμῶν μεγαλυνθησόμεθα.
⁹αὐτοὶ συνεποδίσθησαν καὶ ἔπεσαν,   9

ℵAR   13 με]+Κυριε R   14 απο 1°] απ ℵ* (απο ℵc·ᵃ) | κατακυριευσωσιν ℵ
15 σου]+εστιν A — Stich 31 BℵR 30 A   XIX 8 Σειων A   4 θυσια
A* (ς superscr Aᵃ?) | ολοκαυστωμα R | διαψαλμα "praeter morem" inst Bᵇ
5 σοι]+κς ℵc·ᵃ AR | πληρωσει AR   6 αγαλλιασομεθα BᵃᵇℵA | εν 1°]
επι A | θεου] pr κῡ ℵR | πληρωσει Rᵛⁱᵈ   7 δυναστιαις B* (-τειαις Bᵃᵇ ℵA)
8 αρμασιν] ασμασιν R | om Κυριον A | μεγαλυνθησομεθα] αγαλλιασομεθα
ℵ* επικαλεσομεθα ℵc·ᵃ

ΨΑΛΜΟΙ

ἡμεῖς δὲ ἀνέστημεν καὶ ἀνωρθώθημεν. R
10 ¹⁰Κύριε, σῶσον τὸν βασιλέα σου,
καὶ ἐπάκουσον ἡμῶν ἐν ᾗ ἂν ἡμέρᾳ ἐπικαλεσώμεθά σε.

Κ'

XX
(XXI)   Εἰς τὸ τέλος· ψαλμὸς τῷ Δαυείδ.

2 ²Κύριε, ἐν τῇ δυνάμει σου εὐφρανθήσεται ὁ βασιλεύς,
καὶ ἐπὶ τῷ σωτηρίῳ σου ἀγαλλιάσεται σφόδρα.
3 ³τὴν ἐπιθυμίαν τῆς ψυχῆς αὐτοῦ ἔδωκας αὐτῷ,
καὶ τὴν δέησιν τῶν χειλέων αὐτοῦ οὐκ ἐστέρησας αὐτόν.
διάψαλμα.
4 ⁴ὅτι προέφθασας αὐτὸν ἐν εὐλογίαις χρηστότητος,
ἔθηκας ἐπὶ τὴν κεφαλὴν αὐτοῦ στέφανον ἐκ λίθου τιμίου.
5 ⁵ζωὴν ᾐτήσατό σε, καὶ ἔδωκας αὐτῷ,
μακρότητα ἡμερῶν εἰς αἰῶνα αἰῶνος.
6 ⁶μεγάλη ἡ δόξα αὐτοῦ ἐν τῷ σωτηρίῳ σου,
δόξαν καὶ μεγαλοπρέπειαν ἐπιθήσεις ἐπ' αὐτόν·
7 ⁷ὅτι δώσεις αὐτῷ εὐλογίαν εἰς αἰῶνα αἰῶνος,
εὐφρανεῖς αὐτὸν ἐν χαρᾷ μετὰ τοῦ προσώπου σου.
8 ⁸ὅτι ὁ βασιλεὺς ἐλπίζει ἐπὶ Κύριον,
καὶ ἐν τῷ ἐλέει τοῦ ὑψίστου οὐ μὴ σαλευθῇ.
9 ⁹εὑρεθείη ἡ χείρ σου πᾶσιν τοῖς ἐχθροῖς σου,
ἡ δεξιά σου εὕροι πάντας τοὺς μισοῦντάς σε.
10 ¹⁰θήσεις αὐτοὺς ὡς κλίβανον πυρὸς εἰς καιρὸν τοῦ προσώπου σου·
Κύριε, ἐν ὀργῇ σου συνταράξεις αὐτούς, καὶ καταφάγεται
αὐτοὺς πῦρ.
11 ¹¹τὸν καρπὸν αὐτῶν ἀπὸ γῆς ἀπολεῖς,
καὶ τὸ σπέρμα αὐτῶν ἀπὸ υἱῶν ἀνθρώπων.
12 ¹²ὅτι ἔκλιναν εἰς σὲ κακά,
διελογίσαντο βουλὴν ἣν οὐ μὴ δύνωνται στῆσαι.

9 ανορθωθημεν ℵA   10 om σου ℵᶜ·ᵃAR | ημων] ημας R — Stich ℵAR
20 Bℵ R 19 A   XX 2 τω σωτηριω] το σωτηριον R   3 ψυχης] καρδιας
ℵᶜ·ᵃ | δεησιν] θελησιν ℵᶜ·ᵃ R   4 τιμιου]+διαψαλμα Rᵃ   5 om σε R*
(hab Rᵃ) | αιωνος] pr και εις αιωνα του (superscr) Bᵃᵇ R pr και εις τον αιωνα
του ℵ* (om ℵᶜ·ᵃ)   6 μεγαλοπρεπιαν ℵA   7 αιωνα αιωνος Bℵᶜ·ᵃR]
τον αιωνα και εις τον αιωνα του αιωνος ℵ*   8 σαλευθω ℵ* (σαλευθη ℵᶜ·ᵃ)
9 πασι ℵ* R (πασιν Bℵᶜ·ᵃ)   10 θησεις] pr οτι ℵ* (om ℵᶜ·ᵃ) | Κυριε] κς
ℵᶜ·ᵃ R | σου 2°] αυτου ℵᶜ·ᵃ R | συνταραξει ℵᶜ·ᶜ(vid) R   11 απο της γης ℵᶜ·ᵃ
12 εκκλιναν A | βουλην ην] βουλας ας ℵᶜ·ᵃA | στησαι Bℵ*] στηναι ℵᶜ·ᵃAR

B ¹³ὅτι θήσεις αὐτοὺς νῶτον, 13
ἐν τοῖς περιλοίποις σου ἑτοιμάσεις τὸ πρόσωπον αὐτῶν.
¹⁴ὑψώθητι, Κύριε, ἐν τῇ δυνάμει σου, 14
⳨U ᾄσομεν καὶ ψαλοῦμεν ¹τὰς δυναστείας σου.

ΚΑ´

Εἰς τὸ τέλος, ὑπὲρ τῆς ἀντιλήμψεως τῆς ἑωθινῆς· XXI
ψαλμὸς τῷ Δαυείδ. (XXII)

²Ὁ θεὸς ὁ θεός μου, πρόσχες μοι· ἵνα τί ἐγκατέλιπές με; 2
μακρὰν ἀπὸ τῆς σωτηρίας μου οἱ λόγοι τῶν παραπτωμάτων
μου.
³ὁ θεός μου, κεκράξομαι ἡμέρας πρὸς σὲ καὶ οὐκ εἰσακούσῃ, 3
καὶ νυκτός, καὶ οὐκ εἰς ἄνοιαν ἐμοί.
⁴σὺ δὲ ἐν ἁγίοις κατοικεῖς, ὁ ἔπαινος Ἰσραήλ. 4
⁵ἐπὶ σοὶ ἤλπισαν οἱ πατέρες ἡμῶν, 5
ἤλπισαν καὶ ἐρύσω αὐτούς·
⁶πρὸς σὲ ἐκέκραξαν καὶ ἐσώθησαν, 6
ἐπὶ σοὶ ἤλπισαν καὶ οὐ κατῃσχύνθησαν.
⁷ἐγὼ δέ εἰμι σκώληξ καὶ οὐκ ἄνθρωπος, 7
ὄνειδος ἀνθρώπου καὶ ἐξουδένημα λαοῦ.
⁸πάντες οἱ θεωροῦντές με ἐξεμυκτήρισάν με, 8
ἐλάλησαν ἐν χείλεσιν, ἐκίνησαν κεφαλήν
⁹Ἤλπισεν ἐπὶ κύριον, ῥυσάσθω αὐτόν· 9
σωσάτω αὐτόν, ὅτι θέλει αὐτόν,
¹⁰ὅτι σὺ εἶ ὁ ἐκσπάσας με ἐκ γαστρός, 10
ἡ ἐλπίς μου ἀπὸ μαστῶν τῆς μητρός μου·
¹¹ἐπὶ σὲ ἐπερίφην ἐκ μήτρας, 11
ἐκ κοιλίας μητρός μου θεός μου εἶ σύ·

ℵARU 14 ψαλομεν R^vid | ταις δυναστειαις] inc εν ταις δυναστειαις U — Stich 26
Bℵ A 27 R   XXI 1 εις] ες U | om ψαλμος τω Δ. Α   2 προσχες]
προσθες R*vid | εγκατελειπες AU ευκατελιπες R   3 εκεκραξα R* (κεκρ.
Rᵃ) | ημερας προς σε] om ℵ^c.a προς σε ημερα R | εισακουση]+μου U
4 αγιοις] αγιω ℵ^c.a | κατηκεις U | Ισραηλ] pr του ℵ^c.a U   5 ερρυσω
B^abℵRU   6 σοι] σε R^vid | κατηχύθησαν B* (κατησχυνθ. B^ab) ...|χυν-
θησαν U   7 ουκ] ουχι Α | ανθρωπου] ανθρωπων ℵRU | εξουθενημα
ℵAR   8 παντες U | ελαλησαν] pr και ℵU | χειλεσι U | εκινησαν] pr και
U | κεφαλην]+και ℵAR   9 ηλπισαν B* (ηλπισεν B^ab) | αυτον 1°] αυτων
U | οτι θελει αυτον] εθελει αυτου U   10 εκπασας AR*U | μαστων B*
(μαστων B^ab) | της μητρος] om της U   11 επερριφην B^abRU | εκ κοιλιας]
απο γαστρος ℵ^c.a | θεος μου ει συ] συ ει ο θεος μου R ο θς̄ μου ει συ U

ΨΑΛΜΟΙ XXI 24

μὴ ἀποστῇς ἀπ' ἐμοῦ, ὅτι θλίψις ἐγγύς,   B
12 ¹²ὅτι οὐκ ἔστιν ὁ βοηθῶν.
13 ¹³περιεκύκλωσάν με μόσχοι πολλοί,
    ταῦροι πίονες περιέσχον με·
14 ¹⁴ἤνοιξαν ἐπ' ἐμὲ τὸ στόμα αὐτῶν,
    ὡς λέων ὁ ἁρπάζων καὶ ὠρυόμενος.
15 ¹⁵ὡσεὶ ὕδωρ ἐξεχύθην
    καὶ διεσκορπίσθη πάντα τὰ ὀστᾶ μου,
    ἐγενήθη ἡ καρδία μου ὡσεὶ κηρὸς τηκόμενος ἐν μέσῳ τῆς
        κοιλίας μου.
16 ¹⁶ἐξηράνθη ὡσεὶ ὄστρακον ἡ ἰσχύς μου,
    καὶ ἡ γλῶσσά μου κεκόλληται τῷ λάρυγγί μου,
    καὶ εἰς χοῦν θανάτου κατήγαγές με.
17 ¹⁷ὅτι ἐκύκλωσάν με κύνες πολλοί,
    συναγωγὴ πονηρευομένων περιέσχον με·
    ὤρυξαν χεῖράς μου καὶ πόδας.
18 ¹⁸ἐξηρίθμησαν πάντα τὰ ὀστᾶ μου·
    αὐτοὶ δὲ κατενόησαν καὶ ἐπεῖδόν με.
19 ¹⁹διεμερίσαντο τὰ ἱμάτιά μου ἑαυτοῖς,
    καὶ ἐπὶ τὸν ἱματισμόν μου ἔβαλον κλῆρον.
20 ²⁰σὺ δέ, Κύριε, μὴ μακρύνῃς τὴν βοήθειάν μου,
    εἰς τὴν ἀντίλημψίν μου πρόσχες.
21 ²¹ῥῦσαι ἀπὸ ῥομφαίας τὴν ψυχήν μου,
    καὶ ἐκ χειρὸς κυνὸς τὴν μονογενῆ μου·
22 ²²σῶσόν με ἐκ στόματος λέοντος,
    καὶ ἀπὸ κεράτων μονοκερώτων τὴν ταπείνωσίν μου.
23 ²³διηγήσομαι τὸ ὄνομά σου τοῖς ἀδελφοῖς μου,
    ἐν μέσῳ ἐκκλησίας ὑμνήσω σε.
24 ²⁴οἱ φοβούμενοι Κύριον, αἰνέσατε αὐτόν·
    ἅπαν τὸ σπέρμα Ἰακώβ, δοξάσατε αὐτόν,

11 εγγυς]+μου U   12 εστιν] εν U | βοηθων]+μοι ℵc.a (ras ℵc.b?) ℵARU
14 το στομα] om το U | αυτων] αυτω U | ο αρπαζων] om ο U   15 εξε-
χυθη ℵc.aR εξεχυνθην U | οστα] διαβηματα ℵ* (οστα ℵc.a)   16 ωσει] ως
ℵARU |η 1°] ην U | εις] ες U | θανατον U   17 ποδας]+μου ℵc.aRaU
+διηγησομαι παντα τα θαυμασιασσου (sic) U   18 εξηριθμηθησαν U |
επιδον A   19 διεμερισαν ℵ* (διεμερισαντο ℵc-a) | εαυτοις τα ιμ. μ. R
20 μου 1°] σου ℵ* σου απ εμου ℵc.aRU | προσχες] προσθες Rvid   21 την
ψ. μ. απο ρομφ. U | κυνων U | μονογενην A   22 μεκ B* (με εκ Bab) |
μονοκερατων U   24 Κυριον] pr τον ℵc.aRU | αινεσατε] αισατε R*vid
(αιν. Rª)

ΨΑΛΜΟΙ

φοβηθήτωσαν αὐτὸν ἅπαν τὸ σπέρμα Ἰσραήλ.
²⁵ὅτι οὐκ ἐξουδένωσεν οὐδὲ προσώχθισεν τῇ δεήσει τοῦ πτωχοῦ, 25
οὐδὲ ἀπέστρεψεν τὸ πρόσωπον αὐτοῦ ἀπ' ἐμοῦ,
καὶ ἐν τῷ κεκραγέναι με πρὸς αὐτὸν εἰσήκουσέν μου.
²⁶παρὰ σοῦ ὁ ἔπαινός μου ἐν ἐκκλησίᾳ μεγάλῃ, 26
τὰς εὐχάς μου ἀποδώσω ἐνώπιον τῶν φοβουμένων αὐτόν.
²⁷φάγονται πένητες καὶ ἐμπλησθήσονται, 27
καὶ αἰνέσουσιν Κύριον οἱ ἐκζητοῦντες αὐτόν·
ζήσονται αἱ καρδίαι αὐτῶν εἰς αἰῶνα αἰῶνος.
²⁸μνησθήσονται καὶ ἐπιστραφήσονται πρὸς Κύριον πάντα τὰ 28
πέρατα τῆς γῆς,
καὶ προσκυνήσουσιν ἐνώπιον αὐτοῦ πᾶσαι αἱ πατριαὶ τῶν
ἐθνῶν·
²⁹ὅτι τοῦ κυρίου ἡ βασιλεία, 29
καὶ αὐτὸς δεσπόζει τῶν ἐθνῶν.
³⁰ἔφαγον καὶ προσεκύνησαν πάντες οἱ πίονες τῆς γῆς, 30
ἐνώπιον αὐτοῦ προπεσοῦνται πάντες οἱ καταβαίνοντες εἰς
τὴν γῆν·
καὶ ἡ ψυχή μου αὐτῷ ζῇ.
³¹καὶ τὸ σπέρμα μου δουλεύσει αὐτῷ· 31
ἀναγγελήσεται τῷ κυρίῳ γενεὰ ἡ ἐρχομένη,
³²καὶ ἀναγγελοῦσιν τὴν δικαιοσύνην αὐτοῦ 32
λαῷ τῷ τεχθησομένῳ, ὃν ἐποίησεν ὁ κύριος.

ΚΒ´

Ψαλμὸς τῷ Δαυείδ.   XXII
                               (XXIII)

Κύριος ποιμαίνει με, καὶ οὐδέν με ὑστερήσει. 1
²εἰς τόπον χλόης, ἐκεῖ με κατεσκήνωσεν· 2
ἐπὶ ὕδατος ἀναπαύσεως ἐξέθρεψέν με·
³ τὴν ψυχήν μου ἐπέστρεψεν. 3

ℵARU   24 φοβηθητωσαν] φοβηθητω δη ℵ^{c-a} | αυτον] απ αυτου ℵ^{c-a}U   25 την δεησιν R | εισηκουσεν] επηκουσεν A   26 σου] σοι U | μεγαλη] + εξομολογησομαι σοι ℵ^{c-a} | αποδωσω] pr τω κω ℵ^{c-a} (ras ℵ^{c-b}) R | ενωπιον] εναντιον R | των φοβ.] pr παντων ARU   27 εμπλησθησονται] εμπλησ sup ras A^a εντλ. R | αινεσουσι U | Κυριον] pr τον U | ζησεται U | αι καρδιαι] η καρδια U 28 προς] τον U | περα A   29 om και U | των εθνων] pr παντων U 30 προσπεσουνται U | την γην] om την ℵ^{c-a} | η ψυχη] ε ψυχη U | ζη] ζων ℵ 31 μου] αυτου A   32 αναγγελουσι U | ο κυριος] om o ℵAR — Stich 68 B 65 ℵ 66 AR   XXII 1 ποιμαινει Bℵ^{c-a}RU] ποιμανει ℵ[*]A | με 2°] pr ου μη ℵU | υστερηση ℵ   2 επι] εφ U | εξεθρεψέ] B[*] εξεθρεψε με B^b (με B^{a vid})

ΨΑΛΜΟΙ   XXIII 7

ὡδήγησέν με ἐπὶ τρίβους δικαιοσύνης   B
ἕνεκεν τοῦ ὀνόματος αὐτοῦ.
4 ⁴ἐὰν γὰρ καὶ πορευθῶ ἐν μέσῳ σκιᾶς θανάτου,
οὐ φοβηθήσομαι κακά, ὅτι σὺ μετ' ἐμοῦ εἶ·
ἡ ῥάβδος σου καὶ ἡ βακτηρία σου, αὐταί με παρεκάλεσαν.
5 ⁵ἡτοίμασας ἐνώπιόν μου τράπεζαν ἐξ ἐναντίας τῶν θλιβόντων με·
ἐλίπανας ἐν ἐλαίῳ τὴν κεφαλήν μου,
καὶ τὸ ποτήριόν σου μεθύσκον ὡς κράτιστον.
6 ⁶καὶ τὸ ἔλεός σου καταδιώξεταί με πάσας τὰς ἡμέρας τῆς ζωῆς
μου,
καὶ τὸ κατοικεῖν με ἐν οἴκῳ Κυρίου εἰς μακρότητα ἡμερῶν.

ΚΓ'
XXIII   Ψαλμὸς τῷ Δαυείδ· τῆς μιᾶς σαββάτων.
(XXIV)
1 Τοῦ κυρίου ἡ γῆ καὶ τὸ πλήρωμα αὐτῆς,
ἡ οἰκουμένη καὶ πάντες οἱ κατοικοῦντες ἐν αὐτῇ.
2 ²αὐτὸς ἐπὶ θαλασσῶν ἐθεμελίωσεν αὐτήν,
καὶ ἐπὶ ποταμῶν ἡτοίμασεν αὐτήν.
3 ³τίς ἀναβήσεται εἰς τὸ ὄρος τοῦ κυρίου,
καὶ τίς στήσεται ἐν τόπῳ ἁγίῳ αὐτοῦ;
4 ⁴ἀθῷος χερσὶν καὶ καθαρὸς τῇ καρδίᾳ,
ὃς οὐκ ἔλαβεν ἐπὶ ματαίῳ τὴν ψυχὴν αὐτοῦ,
καὶ οὐκ ὤμοσεν ἐπὶ δόλῳ τῷ πλησίον αὐτοῦ.
5 ⁵οὗτος λήμψεται εὐλογίαν παρὰ Κυρίου,
καὶ ἐλεημοσύνην παρὰ θεοῦ σωτῆρος αὐτοῦ.
6 ⁶αὕτη ἡ γενεὰ ζητούντων αὐτόν,
ζητούντων τὸ πρόσωπον τοῦ θεοῦ Ἰακώβ.   διάψαλμα.
7 ⁷ἄρατε πύλας, οἱ ἄρχοντες ὑμῶν,
καὶ ἐπάρθητε, πύλαι αἰώνιοι,

---

4 κακα] πονηρα R | ραβδον A | βακτη|ριασσου U | αυται] αυτα A ℵARU
5 μεθυσκον]+ με ℵᶜ·ᵃ Rᵃ | ωη] ωσει ℵᶜ·ᵃ   6 καταδιωξει ℵᶜ·ᵃ | τας ημερας] τα
της ημ. U | και 2°] δια U — Stich 14 BAR 13 ℵ   XXIII 1 om της μιας
σαββατων ℵ μια σαββατου A τη μια των σαββατων U | η οικουμενη] οικου-
μενης U | om εν αυτη U   2 θαλασων U* (σ superscr U¹) | ητοιμασεν]
ητοιμασαι] εν A   3 αναβησεται] βη sup ras 3 ut vid litt Aᵃ (αναστησ. A*ᵛⁱᵈ) |
και] η ℵᶜ·ᵃU | αγιω] αγιασματος U   4 χερσι U | επι ματαιως A | 5 ελεη-
1°] μου A | και ουκ] ουδε U | om αυτου 2° ℵ* (hab ℵᶜ·ᵃ)   5 ελεη-
μοσυνη] ελεος U   6 η γενεα] η sup ras: item post γεν. ras ι lit Aᵃ |
ζητουντων 1°] ζ sup ras Aᵃ | αυτον] τον κν ℵᶜ·ᵃ (αυτον ℵᶜ·ᵇ¹) R των (sic) κν
U | το προσωπον] om το U | om διαψαλμα A   7 υμων] ημων R

239

ΨΑΛΜΟΙ

B καὶ εἰσελεύσεται ὁ βασιλεὺς τῆς δόξης.
⁸τίς ἐστιν οὗτος ὁ βασιλεὺς τῆς δόξης;   8
Κύριος κραταιὸς καὶ δυνατός,
Κύριος δυνατὸς ἐν πολέμῳ.
⁹ἄρατε πύλας, οἱ ἄρχοντες ὑμῶν,   9
καὶ ἐπάρθητε, πύλαι αἰώνιοι,
καὶ εἰσελεύσεται ὁ βασιλεὺς τῆς δόξης.
¹⁰τίς ἐστιν οὗτος ὁ βασιλεὺς τῆς δόξης;   10
Κύριος τῶν δυνάμεων, αὐτός ἐστιν
οὗτος ὁ βασιλεὺς τῆς δόξης.

ΚΔ'
Ψαλμὸς τῷ Δαυείδ.   XXIV (XXV)

Πρὸς σέ, Κύριε, ἦρα τὴν ψυχήν μου, *ὁ θεός μου·   1, 2
ἐπὶ σοὶ πέποιθα· μὴ καταισχυνθείην,
μηδὲ καταγελασάτωσάν μου οἱ ἐχθροί μου.
³καὶ γὰρ πάντες οἱ ὑπομένοντές σε οὐ μὴ καταισχυνθῶσιν·   3
αἰσχυνθήτωσαν οἱ ἀνομοῦντες διὰ κενῆς.
⁴τὰς ὁδούς σου, Κύριε, γνώρισόν μοι,   4
καὶ τὰς τρίβους σου δίδαξόν με·
⁵ὁδήγησόν με ἐπὶ τὴν ἀλήθειάν σου   5
καὶ δίδαξόν με, ὅτι σὺ εἶ ὁ θεὸς ὁ σωτήρ μου,
καὶ σὲ ὑπέμεινα ὅλην τὴν ἡμέραν.
⁶μνήσθητι τῶν οἰκτειρμῶν σου,   6
καὶ τὰ ἐλέη σου, ὅτι ἀπὸ τοῦ αἰῶνός εἰσιν.
⁷ἁμαρτίας νεότητός μου καὶ ἀγνοίας μὴ μνησθῇς·   7
κατὰ τὸ ἔλεός σου μνήσθητί μου
ἕνεκα τῆς χρηστότητός σου, Κύριε.

ℵARU   8 om τις εστιν...δοξης A* (hab Aa(mg)) | δυνατος και κραταιος U [εν] εξ Rvid | πολεμω] + διαψαλμα U   9 υμων] ημων R | επαρθη U   10 om τις εστιν...δοξης A* (hab Aa(mg)) | των δυναμεων] om των U | om ουτος 2° ℵc.aAR — Stich 24 Bℵ 22 A 23 R   XXIV 1 ψαλμος] pr εις το τελος RU 2 ο θεος μου cum seqq coniung R | πεποιθα μη· U | καταισχυνθειην] + εις τον αιωνα ℵc.a (ras ℵc.b†) Ra | καταγελατωσαν U   3 και γαρ] και γ sup ras A¹ (om γαρ A*) | αισχυνθητωσαν] αισχυνθειησαν U | οι ανομουντες] pr παντες Bab (postea ras Bb†) AR   4 γνωρισον μοι κε U | τριβουσον U* (s superscr U¹) 5 επι την αληθειαν Bℵc.a] εν τη αληθεια ℵ*A (αληθειαν) RU | αληθειασσου U | υπεμεινα] υπομενω U   6 σου 1°] + κε ℵARU | om οτι U | εισι U 7 post και ras aliq B† | αγνοιας] pr τας ℵ* (om ℵc.a) U + μου ℵc.aARU | ελεος] πληθος του ελεους U | μου 2°] + συ ℵc.a Ravid U | ενεκεν R

240

ΨΑΛΜΟΙ XXIV 22

8 ⁸χρηστὸς καὶ εὐθὴς ὁ κύριος·   B
   διὰ τοῦτο νομοθετήσει ἁμαρτάνοντας ἐν ὁδῷ.
9 ⁹ὁδηγήσει πραεῖς ἐν κρίσει,
   διδάξει πραεῖς ὁδοὺς αὐτοῦ.
10 ¹⁰πᾶσαι αἱ ὁδοὶ Κυρίου ἔλεος καὶ ἀλήθεια
   τοῖς ἐκζητοῦσιν τὴν διαθήκην αὐτοῦ καὶ τὰ μαρτύρια αὐτοῦ.
11 ¹¹ἕνεκα τοῦ ὀνόματός σου, Κύριε,
   καὶ ἱλάσῃ τῇ ἁμαρτίᾳ μου· πολλὴ γάρ ἐστιν.
12 ¹²τίς ἐστιν ἄνθρωπος ὁ φοβούμενος τὸν κύριον;
   νομοθετήσει αὐτῷ ἐν ὁδῷ ᾗ ᾑρετίσατο·
13 ¹³ἡ ψυχὴ αὐτοῦ ἐν ἀγαθοῖς αὐλισθήσεται,
   καὶ τὸ σπέρμα αὐτοῦ κληρονομήσει γῆν.
14 ¹⁴κραταίωμα Κύριος τῶν φοβουμένων αὐτόν, καὶ τὸ ὄνομα Κυρίου
   τῶν φοβουμένων αὐτόν,
   καὶ ἡ διαθήκη αὐτοῦ τοῦ δηλῶσαι αὐτοῖς·
15 ¹⁵οἱ ὀφθαλμοί μου διὰ παντὸς πρὸς τὸν κύριον,
   ὅτι αὐτὸς ἐκσπάσει ἐκ παγίδος τοὺς πόδας μου.
16 ¹⁶ἐπίβλεψον ἐπ' ἐμὲ καὶ ἐλέησόν με,
   ὅτι μονογενὴς καὶ πτωχός εἰμι ἐγώ.
17 ¹⁷αἱ θλίψεις τῆς καρδίας μου ἐπληθύνθησαν,
   ἐκ τῶν ἀναγκῶν μου ἐξάγαγέ με.
18 ¹⁸ἴδε τὴν ταπείνωσίν μου καὶ τὸν κόπον μου,
   καὶ ἄφες πάσας τὰς ἁμαρτίας μου.
19 ¹⁹ἴδε τοὺς ἐχθρούς μου, ὅτι ἐπληθύνθησαν,
   καὶ μῖσος ἄδικον ἐμίσησάν με.
20 ²⁰φύλαξον τὴν ψυχήν μου καὶ ῥῦσαί με·
   μὴ καταισχυνθείην, ὅτι ἤλπισα ἐπὶ σέ.
21 ²¹ἄκακοι καὶ εὐθεῖς ἐκολλῶντό μοι, ὅτι ὑπέμεινά σε, Κύριε.
22 ²²λύτρωσαι, ὁ θεός, τὸν Ἰσραὴλ ἐκ πασῶν τῶν θλίψεων αὐτοῦ.

8 ευθυς A   9 om διδαξει πραεις οδους αυτου B* hab B^(ab mg inf)ℵA (post ΝΑRU διδ. ras 1 lit [forte s] A¹) RU (ουδους)   10 εκζητουσι U   11 ενεκεν RU | ιλαση] ιλασθητι RU | ταις αμαρτιαις R* (τη αμαρτια R^a) | εστι U   13 γην] pr την U   14 των φοβου (1°) sup ras A¹ | om και το ονομα... αυτον B^(b vid) (non inst) ℵ | φοβουμενων 2°] επικαλουμενων A | του δηλωσαι] δηλωσει ℵ^(c.a) δηλωσαι U   15 εκπασει A | πακιδος ℵ   16 εγω ειμι R   17 επληθυνθησαν] επλατυνθησαν U | εξαγαγε] ρυσαι R   18 την ταπεινωσει U   19 επληθυνθησαν] επλατυνθησαν U   20 ελπισα U   21 εκολλωτο R* (εκολλωντο R^a) | om Κυριε ℵ   22 την Ἰηλ U
— Stich 44 BR 45 A 43 ℵ

ΨΑΛΜΟΙ

KE´

Τοῦ Δαυείδ.

1 Κρῖνόν με, Κύριε, ὅτι ἐγὼ ἐν ἀκακίᾳ μου ἐπορεύθην,
καὶ ἐπὶ τῷ κυρίῳ ἐλπίζων οὐ μὴ σαλευθῶ.
2 δοκίμασόν με, Κύριε, καὶ πείρασόν με,
πύρωσον τοὺς νεφρούς μου καὶ τὴν καρδίαν μου.
3 ὅτι τὸ ἔλεός σου κατέναντι τῶν ὀφθαλμῶν μού ἐστιν,
καὶ εὐηρέστησα ἐν τῇ ἀληθείᾳ σου.
4 οὐκ ἐκάθισα μετὰ συνεδρίου ματαιότητος,
καὶ μετὰ παρανομούντων οὐ μὴ εἰσέλθω·
5 ἐμίσησα ἐκκλησίαν πονηρευομένων,
καὶ μετὰ ἀσεβῶν οὐ μὴ καθίσω.
6 νίψομαι ἐν ἀθῴοις τὰς χεῖράς μου,
καὶ κυκλώσω τὸ θυσιαστήριόν σου·
7 τοῦ ἀκοῦσαι φωνὴν αἰνέσεως,
καὶ διηγήσασθαι πάντα τὰ θαυμάσιά σου.
8 Κύριε, ἠγάπησα εὐπρεπίαν οἴκου σου
καὶ τόπον σκηνώματος δόξης σου.
9 μὴ συναπολέσῃς μετὰ ἀσεβῶν τὴν ψυχήν μου,
καὶ μετὰ ἀνδρῶν αἱμάτων τὴν ζωήν μου·
10 ὧν ἐν χερσὶν ἀνομίαι,
ἡ δεξιὰ αὐτῶν ἐπλήσθη δώρων.
11 ἐγὼ δὲ ἐν ἀκακίᾳ μου ἐπορεύθην·
λύτρωσαί με καὶ ἐλέησόν με.
12 ὁ γὰρ πούς μου ἔστη ἐν εὐθύτητι·
ἐν ἐκκλησίαις εὐλογήσω σε, Κύριε.

ℵARU XXV 1 του Δ.] ψαλμος τω Δ. U | om μου R | σαλευθω] ασθενησω
ℵAR   2 om δοκιμασον...2° με ℵ* (hab δοκ. με κε και πιρασον με ℵc.a) |
πειρασον Bab (πιρ. Ba)] περασον U | καρδια U   3 μου] σου A | ευηρεστησα]
+σοι U   4 ματαιοτητας A | εισηλ|θω U   5 εκκλησια U   6 σου]
+κε ℵARU   7 φωνην] pr την ℵc.a (ras ℵc.b?) | αινεσεως] ενεως
σου U   8 ευπρεπειαν BabAU   9 συναπωλεσης U   10 ων] ω
U | ανομιαι] ανομια ℵ* αι (ε A) ανομιαι ℵc.aAR ανομιαρ U | η δεξια] pr και
R   11 ακακιαν U | με 1°]+κε ℵc.a A | με 2°]+Κυριε Ra   12 om
γαρ Ba (ras) ℵc.aR | ευλογησω σε] ευλογησωσει U — Stich 24 BR 23 ℵ
25 A

ΨΑΛΜΟΙ   XXVI 8

XXVI
(XXVII)   ΚΖ´
                     Τοῦ Δανείδ, πρὸ τοῦ χρισθῆναι.

1   ¹Κύριος φωτισμός μου καὶ σωτήρ μου, τίνα φοβηθήσομαι;
    Κύριος ὑπερασπιστὴς τῆς ζωῆς μου, ἀπὸ τίνος δειλιάσω;
2   ²ἐν τῷ ἐγγίζειν ἐπ᾽ ἐμὲ κακοῦντας τοῦ φαγεῖν τὰς σάρκας μου,
    οἱ θλίβοντές με καὶ οἱ ἐχθροί μου αὐτοὶ ἠσθένησαν καὶ
    ἔπεσαν.
3   ³ἐὰν παρατάξηται ἐπ᾽ ἐμὲ παρεμβολή, οὐ φοβηθήσεται ἡ καρδία
    μου·
    ἐὰν ἐπαναστῇ ἐπ᾽ ἐμὲ πόλεμος, ἐν ταύτῃ ἐγὼ ἐλπίζω.
4   ⁴μίαν ᾐτησάμην παρὰ Κυρίου, ταύτην ἐκζητήσω·
    τοῦ κατοικεῖν με ἐν οἴκῳ Κυρίου πάσας τὰς ἡμέρας τῆς
    ζωῆς μου,
    τοῦ θεωρεῖν με τὴν τερπνότητα τοῦ κυρίου
    καὶ ἐπισκέπτεσθαι τὸν ναὸν αὐτοῦ.
5   ⁵ὅτι ἔκρυψέν με ἐν σκηνῇ ἐν ἡμέρᾳ κακῶν μου·
    ἐσκέπασέν με ἐν ἀποκρύφῳ τῆς σκηνῆς αὐτοῦ,
    ἐν πέτρᾳ ὕψωσέν με.
6   ⁶καὶ νῦν ἰδοὺ ὕψωσεν τὴν κεφαλήν μου ἐπ᾽ ἐχθρούς μου·
    ἐκύκλωσα καὶ ἔθυσα ἐν τῇ σκηνῇ αὐτοῦ θυσίαν ἀλαλαγμοῦ,
    ᾄσομαι καὶ ψαλῶ τῷ κυρίῳ.
7   ⁷εἰσάκουσον, Κύριε, τῆς φωνῆς μου ἧς ἐκέκραξα·
8   ἐλέησόν με καὶ εἰσάκουσόν μου, ⁸σοὶ εἶπεν ἡ καρδία μου.
    ἐξεζήτησα τὸ πρόσωπόν σου·
    τὸ πρόσωπόν σου, Κύριε, ζητήσω.

XXVI 1 ψαλμος τω Δ. U | χρισθη ℵ χρισθη A | inc κ̅ς̅ φωτ. μου T (deest ℵARTU
tit ut vid) | ζωης] σωτηριας U   2 κακουντας] τους κακ. με U | οι εχθροι]
om οι U   3 εαν 1°] ην R εαν γαρ U | παραταξητε B* (-ται B^{ab}) | παρεμ-
βολην U | εαν 2°] pr και RU | επαναστη] επανεστη R επαναστησεται U | ελπιω
RU   4 εκζητησω] ras εκ B^c R^{a1} ζητησω T | το κατοικειν ℵ* (του κ. ℵ^{c.a})
A | οικω] pr τω R | Κυριου] pr του ℵ* (om ℵ^{c.a}) R | του κυριου] om του AT |
ναον] λαον ℵ* (ναον ℵ^{c.a}) U τον αγιον ν. AR   5 με εν (1°)] μεν A* (με εν
A^{a1}) | σκηνη]+αυτου ℵ^{c.a}ARTU | om μου RU | αποκρυφω] αποκροις R* (απο-
κρυφω R^a) αποκρυφων U   6 ιδου] ειου (forte ετου) U | υψωσεν] υψωσε B^c
+ κ̅ε̅ A | την κεφαλην] om την B^c ℵ^{c.a}T | αλαλαγμου] pr αινεσεως και ℵ^{c.a} (om
ℵ^{c.b}) T αινεσεως U | ασω ℵT   7 om μου 1° U | επεκραξα]+προς σε A
με]+κ̅ε̅ U   8 σοι] ο sup ras B^{a1} συ T | μου]+κ̅ν̅ ζητησω ℵ^{c.a} (om ℵ^{c.b})
T | εξεζητησα] εξητησον ℵ*U εξεζητησεν σε ℵ^{c.a}T εξητησα R* ζητησω R^a |
σου 1°] μου ℵT

243   Q 2

ΨΑΛΜΟΙ

B ⁹μὴ ἀποστρέψῃς τὸ πρόσωπόν σου ἀπ' ἐμοῦ,   9
μὴ ἐκκλίνῃς ἐν ὀργῇ ἀπὸ τοῦ δούλου σου·
βοηθός μου γενοῦ, μὴ ἐγκαταλίπῃς με
καὶ μὴ ὑπερίδῃς με, ὁ θεὸς ὁ σωτήρ μου.
¹⁰ὅτι ὁ πατήρ μου καὶ ἡ μήτηρ μου ἐγκατέλιπόν με,   10
ὁ δὲ κύριος προσελάβετό με.
¹¹νομοθέτησόν με, Κύριε, τῇ ὁδῷ σου,   11
καὶ ὁδήγησόν με ἐν τρίβῳ εὐθείᾳ ἕνεκα τῶν ἐχθρῶν μου.
¹²μὴ παραδῷς με εἰς ψυχὰς θλιβόντων με,   12
ὅτι ἐπανέστησάν μοι μάρτυρες ἄδικοι,
καὶ ἐψεύσατο ἡ ἀδικία ἑαυτῇ.
¹³πιστεύω τοῦ ἰδεῖν τὰ ἀγαθὰ Κυρίου ἐν γῇ ζώντων.   13
¹⁴ὑπόμεινον τὸν κύριον·   14
ἀνδρίζου, καὶ κραταιούσθω ἡ καρδία σου, καὶ ὑπόμεινον τὸν κύριον.

ΚΖ'

Τοῦ Δαυείδ.   XXVII (XXVIII)

Πρὸς σέ, Κύριε, ἐκέκραξα, ὁ θεός μου,   1
μὴ παρασιωπήσῃς ἐπ' ἐμοί·
μή ποτε παρασιωπήσῃς ἐπ' ἐμοὶ καὶ ὁμοιωθήσομαι τοῖς καταβαίνουσιν εἰς λάκκον.
²εἰσάκουσον τῆς φωνῆς τῆς δεήσεώς μου ἐν τῷ δέεσθαί με   2
πρὸς σέ,
ἐν τῷ με αἴρειν χεῖράς μου εἰς ναὸν ἅγιόν σου.
³μὴ συνελκύσῃς μετὰ ἁμαρτωλῶν τὴν ψυχήν μου,   3
καὶ μετὰ ἐργαζομένων ἀδικίαν μὴ συναπολέσῃς με.

ℵARTU   9 μη 2°] pr και ℵᶜ·ᵃ (om ℵᶜ·ᵇ) RT | δουλουσσου U | εγκαταλιπης B*A (εγκαταλειπ.) R (εκαταλιπ.)] αποσκορακισης B⁽ᵛⁱᵈ⁾ ℵᶜ·ᵃ TUⁱ (αποσκαρακ. U*ᵛⁱᵈ) | om υπεριδης...η μητηρ μου U | υπεριδης] ενκαταλιπης ℵᶜ·ᵃT (ενκαταλειπ.)   10 ενκατελειπον AT ενκατελιπον R εκκαταλειπον U   11 με 1°] μοι R | τη οδω] pr εν ℵᶜ·ᵃ Rᵃ TU | τριβων ευθειαν U   12 θλιβοντων] pr των U | επαναστησαν A | μοι] ετ εμε R | εαυτη] εαυτης A εαυτω Rᵃ αυτη U   13 πιστευω Bᵇ ARTU | Κυριου] pr του R | εν τη γη των ζωντων U   14 υπομεινον] υπομενω U | κραταιουθω B* (-σθω Bᵃᵇ) | σου] μου A — Stich 34 BℵR   33 A 39 T   XXVII 1 του Δ.] τω Δ. T ψαλμος τω Δ. U | εκεκραξα] κεκραξομαι ℵAT | ετ εμοι bis] απ εμου ℵARTU | παρασιωπησας (2°) 2 εισακουσον]+πε ℵᶜ·ᵃ | ℵᶜ·ᵇ) T | εν τω.δεεσθαι με] ης εκεκραξα A | επ 2°] pr και U | με αιρειν] om με ℵ* αιρειν με ℵᶜ·ᵃ ART | εις] προς ℵᶜ·ᵃ ARTU   3 συνελκυσης]+με ℵTU | om την ψυχην μου ℵT | εργαζομενων] pr ανδρων ℵ* (om ℵᶜ·ᵃ) | αδικιαν Bℵᶜ·ᵃ].την ανομιαν ℵ*RU .την (sic) A* (sign adpinx Aᵇ) | συναπωλεσης U

ΨΑΛΜΟΙ   XXVIII 3

τῶν λαλούντων εἰρήνην μετὰ τῶν πλησίον αὐτῶν,   B
κακὰ δὲ ἐν ταῖς καρδίαις αὐτῶν.
4 ⁴δὸς αὐτοῖς κατὰ τὰ ἔργα αὐτῶν
καὶ κατὰ τὴν πονηρίαν τῶν ἐπιτηδευμάτων αὐτῶν·
κατὰ τὰ ἔργα τῶν χειρῶν αὐτῶν δὸς αὐτοῖς,
ἀπόδος τὸ ἀνταπόδομα αὐτῶν αὐτοῖς.
5 ⁵ὅτι οὐ συνῆκαν εἰς τὰ ἔργα Κυρίου
καὶ εἰς τὰ ἔργα τῶν χειρῶν αὐτοῦ,
καθελεῖς αὐτοὺς καὶ οὐ μὴ οἰκοδομήσεις αὐτούς.
6 ⁶εὐλογητὸς Κύριος, ὅτι εἰσήκουσεν τῆς φωνῆς τῆς δεήσεώς μου.
7 ⁷Κύριος βοηθός μου καὶ ὑπερασπιστής μου·
ἐπ᾽ αὐτῷ ἤλπισεν ἡ καρδία μου, καὶ ἐβοηθήθην,
καὶ ἀνέθαλεν ἡ σάρξ μου·
καὶ ἐκ θελήματός μου ἐξομολογήσομαι αὐτῷ.
8 ⁸Κύριος κραταίωμα τοῦ λαοῦ αὐτοῦ,
καὶ ὑπερασπιστὴς τῶν σωτηρίων τοῦ χριστοῦ αὐτοῦ ἐστιν.
9 ⁹σῶσον τὸν λαόν σου καὶ εὐλόγησον τὴν κληρονομίαν σου,
καὶ ποίμανον αὐτοὺς καὶ ἔπαρον αὐτοὺς ἕως τοῦ αἰῶνος.

KH′

XXVIII
(XXIX)   Ψαλμὸς τῷ Δαυείδ· ἐξοδίου σκηνῆς.
1   Ἐνέγκατε τῷ κυρίῳ, υἱοὶ θεοῦ,
    ἐνέγκατε τῷ κυρίῳ υἱοὺς κριῶν·
    ἐνέγκατε τῷ κυρίῳ δόξαν καὶ τιμήν,
2   ²ἐνέγκατε τῷ κυρίῳ δόξαν ὀνόματι αὐτοῦ·
    προσκυνήσατε τῷ κυρίῳ ἐν αὐλῇ ἁγίᾳ αὐτοῦ.
3   ³φωνὴ Κυρίου ἐπὶ τῶν ὑδάτων,
    ὁ θεὸς τῆς δόξης ἐβρόντησεν,
    Κύριος ἐπὶ ὑδάτων πολλῶν.

3 αυτων 1°] αυτου R | κακα] πονηρα R   4 αυτοις 1°]+κε ℵ^{c.a} (om ℵ^{c.b}) ΝΑRTU
T | κατα 3°] pr και U | om αυτων 3° A᾽   5 ου 1°] o U | συνηκα A (improb
vid A^b) | om εις τα εργα Κυριου και εις U | οικοδομη......ους T   6 οτι
reser A¹ | της φ.] rescr τη A¹ | δεεσεως U   7 ηλπισεν] ηαλπ. ℵ* (ηλπ. ℵ¹)
ελπ. U | και εβοηθηθην] εφοβηθην U | ανεθαλλεν A | η σαρξ μου ανεθαλεν U
8 τω λαω T | αυτου 1°]+εισιν U | om εστιν R   9 των λαον U | σου]
+Κυριε R | του αιωνος] om του ℵ* (hab ℵ^{c.a}) — Stich 25 BA 24 ℵR 26 T
XXVIII 1 εξοδου TU (εξοδουσσκ.) | υιους] υιος U   2 om τω κυριω (1°)
T | ονοματι] pr τω U | om αγια αυτου R* (hab R^a)

245

XXVIII 4 ΨΑΛΜΟΙ

B ⁴φωνὴ Κυρίου ἐν ἰσχύι, 4
φωνὴ Κυρίου ἐν μεγαλοπρεπίᾳ.
⁵φωνὴ Κυρίου συντρίβοντος κέδρους· 5
συντρίψει Κύριος τὰς κέδρους τοῦ Λιβάνου,
⁶καὶ λεπτυνεῖ αὐτὰς ὡς τὸν μόσχον τὸν Λίβανον· 6
καὶ ὁ ἠγαπημένος ὡς υἱὸς μονοκερώτων.
⁷φωνὴ Κυρίου διακόπτοντος φλόγα πυρός. 7
⁸φωνὴ Κυρίου συνσείοντος ἔρημον, 8
συνσείσει Κύριος τὴν ἔρημον Καδής.
⁹φωνὴ Κυρίου καταρτιζομένου ἐλάφους, 9
καὶ ἀποκαλύψει δρυμούς·
καὶ ἐν τῷ ναῷ αὐτοῦ πᾶς τις λέγει δόξαν.
¹⁰Κύριος τὸν κατακλυσμὸν κατοικιεῖ· 10
καὶ καθιεῖται Κύριος βασιλεὺς εἰς τὸν αἰῶνα.
¹¹Κύριος ἰσχὺν τῷ λαῷ αὐτοῦ δώσει, 11
Κύριος εὐλογήσει τὸν λαὸν αὐτοῦ ἐν εἰρήνῃ.

ΚΘ´

Εἰς τὸ τέλος· ψαλμὸς ᾠδῆς τοῦ ἐνκαινισμοῦ   XXIX
τοῦ οἴκου, τοῦ Δαυείδ.   (XXX)

²Ὑψώσω σε, Κύριε, ὅτι ὑπέλαβές με, 2
καὶ οὐκ ηὔφρανας τοὺς ἐχθρούς μου ἐπ' ἐμέ.
³Κύριε ὁ θεός μου, ἐκέκραξα πρὸς σὲ καὶ ἰάσω με· 3
⁴Κύριε, ἀνήγαγες ἐξ ᾅδου τὴν ψυχήν μου, 4
ἔσωσάς με ἀπὸ τῶν καταβαινόντων εἰς λάκκον.
⁵ψάλατε τῷ κυρίῳ, οἱ ὅσιοι αὐτοῦ, 5
καὶ ἐξομολογεῖσθε τῇ μνήμῃ τῆς ἁγιωσύνης αὐτοῦ.
⁶ὅτι ὀργὴ ἐν τῷ θυμῷ αὐτοῦ, 6
καὶ ζωὴ ἐν τῷ θελήματι αὐτοῦ·

ᛞARTU   4 ισχυι] δυναμει R | μεγαλοπρεπεια BᵃᵇℵU   5 συντριψει] pr και ℵᶜ⁻ᵃTU
6 μονοκερωτος U   7 φλογαν A   8 συνσιοντ. B*T (συνσειοντ. BᵃℵU)
συσειοντ. A (σ 2° rescr A¹) συσσειοντ. Bᵇ | ερημον 1°] pr τη U | συνσισει B*ℵ
(? R) T συνσεισ. Bᵇ (? R) U (συνσειστε) συσσεισει BᵇA pr και ℵRT | τηρημον Rᵛⁱᵈ
9 καταρτιζομενου] καταρτιζομενη Bᵇ ᶠᵒʳᵗ (non inst ου) ℵᶜ⁻ᵃT | δοξαν] την δ. αυ-
του U   10 om και U* (hab U¹) | καθιεται B*ℵ*U (καθιειται Bᵃᵇℵᶜ⁻ᵃA
[·τε] RT) | βασιλευσει U   11 Κυριος 1°] και U | τον λαον] τον λαω U |
αυτουν U* (αυτ. εν U¹) | εν ειρηνη] εις τον αιωνα R — Stich 24 BℵT 23 AR
XXIX 1 om εις το τελος ℵAT | τωδης ℵ* (om τ ℵ¹ˀ) | εγκαινισμου BᵇℵU
ενκαινιασμου Rᵃ | του οικου] om του U | του Δ.] τω Δ. ℵA Δ. RU   2 ευ-
φρανας Bᵃᵇℵ | εμε] εμοι ℵA   4 απο] εκ ℵ* (απο ℵᶜ⁻ᵃ)   5 ψαλλατε
Bᵉᵈⁱᵗ | την μνημην U | αγιοσυνης T   6 τω θυμω] αυ|τω θ. U

246

ΨΑΛΜΟΙ XXX 4

τὸ ἑσπέρας αὐλισθήσεται κλαυθμός, B
καὶ εἰς τὸ πρωὶ ἀγαλλίασις.
7 ⁷ἐγὼ δὲ εἶπα ἐν τῇ εὐθηνίᾳ μου Οὐ μὴ σαλευθῶ εἰς τὸν αἰῶνα.
8 ⁸Κύριε, ἐν τῷ θελήματί σου παράσχου τῷ κάλλει μου δύναμιν·
ἀπέστρεψας δὲ τὸ πρόσωπόν σου, καὶ ἐγενήθην τεταραγμένος.
9 ⁹πρὸς σέ, Κύριε, κεκράξομαι,
καὶ πρὸς τὸν θεόν μου δεηθήσομαι.
10 ¹⁰τίς ὠφελία ἐν τῷ αἵματί μου, ἐν τῷ καταβῆναί με εἰς διαφθοράν;
μὴ ἐξομολογήσεταί σοι χοῦς,
ἢ ἀναγγελεῖ τὴν ἀλήθειάν σου;
11 ¹¹ἤκουσεν Κύριος καὶ ἠλέησέν με,
Κύριος ἐγενήθη βοηθός μου.
12 ¹²ἔστρεψας τὸν κοπετόν μου εἰς χαρὰν ἐμοί,
διέρρηξας τὸν σάκκον μου καὶ περιέζωσάς με εὐφροσύνην,
13 ¹³ὅπως ἂν ψάλῃ σοι ἡ δόξα μου, καὶ οὐ μὴ κατανυγῶ.
Κύριε ὁ θεός μου, εἰς τὸν αἰῶνα ἐξομολογήσομαί σοι.

Λ'

XXX
(XXXI) Εἰς τὸ τέλος· ψαλμὸς τῷ Δαυείδ, ἐκστάσεως.
2 ²'Επὶ σοί, Κύριε, ἤλπισα, μὴ καταισχυνθείην εἰς τὸν αἰῶνα·¶ ¶T
ἐν τῇ δικαιοσύνῃ σου ῥῦσαί με καὶ ἐξελοῦ με.
3 ³κλῖνον πρὸς μὲ τὸ οὖς σου,
τάχυνον τοῦ ἐξελέσθαι με·
γενοῦ μοι εἰς θεὸν ὑπερασπιστήν,
καὶ εἰς οἶκον καταφυγῆς τοῦ σῶσαί με.
4 ⁴ὅτι κραταίωμά μου καὶ καταφυγή μου εἶ σύ,
καὶ ἕνεκεν τοῦ ὀνόματός σου ὁδηγήσεις με καὶ διαθρέψεις με.

7 ειπον TU   8 τω θεληματι] λ sup ras A*¹ το θεληματι U | παρεσχου ℵARTU
TU | απεστρεψας] εστρεψας R | om δε R   9 κεκραξομαι] εκεκραξα
R* (κεκραξομαι Rᵃ) καικραξ. U | δεηθησομαι] εδεηθην R* (δεηθησ. Rᵃ)
10 ωφελεια BᵃᵇU | καταβηναι] καταβαινιν ℵᶜ·ᵃ | διαφθοραν] pr την U | οι U*
(σοι U¹) | η] μη U   11 Κυριος 2°] pr και ℵ* (om ℵᶜ·ᵃ) κε U
12 εστραψας U | μου 1°]+κε ℵᶜ·ᵃ   13 δοξα] δεξια U | εις] ει U — Stich
25 B 23 ℵAR 22 T   XXX 1 om εκστασεως U   2 ηλπισα κε U | εις]
ει U | εν τη δικ.] pr και ℵ* (om ℵᶜ·ᵃ) | om και εξελου με ℵ   3 του ους U |
εις 2°] οις A   4 κραταιωσις ℵAU | om μου 1° ℵU | καταφυγην U | om
και 2° U | ενεκεν U | σου] σ rescr A¹

247

XXX 5 ΨΑΛΜΟΙ

B ⁵ἐξάξεις με ἐκ παγίδος ταύτης ἧς ἔκρυψάν μοι, 5
ὅτι σὺ εἶ ὁ ὑπερασπιστής μου.
⁶εἰς χεῖράς σου παραθήσομαι τὸ πνεῦμά μου· 6
ἐλυτρώσω με, Κύριε ὁ θεὸς τῆς ἀληθείας.
⁷ἐμίσησας τοὺς φυλάσσοντας ματαιότητας διὰ κενῆς· 7
ἐγὼ δὲ ἐπὶ τῷ κυρίῳ ἤλπισα.
⁸ἀγαλλιάσομαι καὶ εὐφρανθήσομαι ἐπὶ τῷ ἐλέει σου, 8
ὅτι ἐπεῖδες τὴν ταπείνωσίν μου,
ἔσωσας ἐκ τῶν ἀναγκῶν τὴν ψυχήν μου·
⁹καὶ οὐ συνέκλεισάς με εἰς χεῖρας ἐχθροῦ, 9
ἔστησας ἐν εὐρυχώρῳ τοὺς πόδας μου.
¹⁰ἐλέησόν με, Κύριε, ὅτι θλίβομαι· 10
ἐταράχθη ἐν θυμῷ ὁ ὀφθαλμός μου,
ἡ ψυχή μου καὶ ἡ γαστήρ μου.
¹¹ὅτι ἐξέλιπεν ἐν ὀδύνῃ ἡ ζωή μου, 11
καὶ τὰ ἔτη μου ἐν στεναγμοῖς·
ἠσθένησεν ἐν πτωχίᾳ ἡ ἰσχύς μου,
καὶ τὰ ὀστᾶ μου ἐταράχθησαν.
¹²παρὰ πάντας τοὺς ἐχθρούς μου ἐγενήθην ὄνειδος, 12
καὶ τοῖς γείτοσίν μου σφόδρα,
καὶ φόβος τοῖς γνωστοῖς μου·
οἱ θεωροῦντές με ἔξω ἔφυγον ἀπ' ἐμοῦ·
¹³ἐπελήσθην ὡσεὶ νεκρὸς ἀπὸ καρδίας, 13
ἐγενήθην ὡσεὶ σκεῦος ἀπολωλός.
¹⁴ὅτι ἤκουσα ψόγον πολλῶν παροικούντων κυκλόθεν· 14
ἐν τῷ συναχθῆναι αὐτοὺς ἅμα ἐπ' ἐμὲ
τοῦ λαβεῖν τὴν ψυχήν μου ἐβουλεύσαντο.
¹⁵ἐγὼ δὲ ἐπὶ σὲ ἤλπισα, Κύριε· 15
εἶπα Σὺ εἶ ὁ θεός μου.
¹⁶ἐν ταῖς χερσίν σου οἱ κλῆροί μου· 16

NARU 5 πακιδος ℵ | μου 2°]+κε ℵ^{c.a}AR^a 7 εμμησας B* (εμισ. B^{ab}) | διαφυλασσοντας AU | ματαιοτητα ℵ^{c.a} 8 το ελεει U | επιδες ℵ εφειδες A pr συ U | εσωσας] pr και U 9 om και R* (hab R^a) | ου] ο U | εχθρων R | ευρυχω A 10 θλιβομαι U | εν θυμω] απο θυμου R εν τω θυμω σου U | η ψυχη] pr και U | om μου 2° R* (hab R^a) 11 om οτι U | εξελειπεν AU | εν 1°] ον A ε U | πτωχεια B^{ab}U | οστα μο sup ras A^{a?} 12 γνωστη U 13 επελησθην B^{ab}ℵA^{a?}R] επλησθην B*A* pr οτι U | απολωλοσ] απωλωλοσ A pr ει U 14 επισυνεχθηναι NARU 15 σε ℵ^aU] σα B* σοι B^{ab}ℵ^{c.a}AR | ηλπισα επι σε U | κε ηλπισα A | συ] pr οτι U

ΨΑΛΜΟΙ

ῥῦσαί με ἐκ χειρὸς ἐχθρῶν μου
καὶ ἐκ τῶν καταδιωκόντων με.
17 ¹⁷ἐπίφανον τὸ πρόσωπόν σου ἐπὶ τὸν δοῦλόν σου,
σῶσόν με ἐν τῷ ἐλέει σου.
18 ¹⁸Κύριε, μὴ καταισχυνθείην, ὅτι ἐπεκαλεσάμην σε·
αἰσχυνθείησαν οἱ ἀσεβεῖς καὶ καταχθείησαν εἰς ᾅδου.
19 ¹⁹ἄλαλα γενηθήτωσαν τὰ χείλη τὰ δόλια,
τὰ λαλοῦντα κατὰ τοῦ δικαίου ἀνομίαν
ἐν ὑπερηφανίᾳ καὶ ἐξουδενώσει.
20 ²⁰ὡς πολὺ τὸ πλῆθος τῆς χρηστότητός σου, Κύριε,
ἧς ἔκρυψας τοῖς φοβουμένοις σε·
ἐξειργάσω τοῖς ἐλπίζουσιν ἐπὶ σὲ
ἐναντίον τῶν υἱῶν τῶν ἀνθρώπων.
21 ²¹κατακρύψεις αὐτοὺς ἐν ἀποκρύφῳ τοῦ προσώπου σου
ἀπὸ ταραχῆς ἀνθρώπων·
σκεπάσεις αὐτοὺς ἐν σκηνῇ ἀπὸ ἀντιλογίας γλωσσῶν.
22 ²²εὐλογητὸς Κύριος, ὅτι ἐθαυμάστωσεν τὸ ἔλεος αὐτοῦ ἐν πόλει
περιοχῆς.
23 ²³ἐγὼ δὲ εἶπα ἐν τῇ ἐκστάσει μου
Ἀπέρριμμαι ἄρα ἀπὸ προσώπου τῶν ὀφθαλμῶν σου·
διὰ τοῦτο εἰσήκουσας, Κύριε, τῆς φωνῆς τῆς δεήσεώς μου
ἐν τῷ κεκραγέναι με πρὸς σέ.
24 ²⁴ἀγαπήσατε τὸν κύριον, πάντες οἱ ὅσιοι αὐτοῦ,
ὅτι ἀληθείας ἐκζητεῖ Κύριος,
καὶ ἀνταποδίδωσιν τοῖς περισσῶς ποιοῦσιν ὑπερηφανίαν.
25 ²⁵ἀνδρίζεσθε, καὶ κραταιούσθω ἡ καρδία ὑμῶν,
πάντες οἱ ἐλπίζοντες ἐπὶ Κύριον.

16 om εκ 2° U   17 τω προσωπον U* (το pr. U¹)   18 οι ασεβεις] ℵARU om οι ℵᶜ⁻ᵃA | αδου] των αδην U   19 γενηθητω ℵARU   20 τω πλ. U | om Κυριε ℵ | εξειργαζω U | σε 2°] σοι A   21 κατακρυψεις] pr και AU | αποκρυφοις ℵ* (-φω ℵᶜ·ᵃ) | ανθρωπων Bℵᶜ·ᵃRU (ανθρωπον)] αυ͞ου ℵ* | σκηνη] σκηπη Uᵉᵈⁱᵗ | αντιαντιλογιαν (sic) U* (s pro ν 3° U¹)   22 αυτου] + εστ εμε U   23 απερριμαι B*ℵ*U (απερριμμ. Bᶜ·ᵗℵᶜ·ᵃAR) | om αρα ℵᶜ·ᵃ | om προσωπου ℵ* (hab ℵᶜ·ᵃ) | σου] σ rescr A¹ (μου A*) | εισηκουσεν A¹ (-σας Aᵛⁱᵈ) | om Κυριε ℵAU | δεεσεως U   24 om οτι ℵ* (hab ℵᶜ·ᵃ) | Κυριος] pr ο A | ανταποδιδωσιν] δ 2° rescr A¹ ανταποδωσει U | υπερηφανια U   25 οιλπιζοντες U | Κυριον] pr τον ℵ — Stich 63 B 59 ℵR 62 A

ΨΑΛΜΟΙ

ΛΑ'
Συνέσεως τῷ Δανείδ.

1 Μακάριοι ὧν ἀφέθησαν αἱ ἀνομίαι,
καὶ ὧν ἐπεκαλύφθησαν αἱ ἁμαρτίαι.
2 μακάριος ἀνὴρ οὗ οὐ μὴ λογίσηται Κύριος ἁμαρτίαν,
οὐδέ ἐστιν ἐν τῷ στόματι αὐτοῦ δόλος.
3 ὅτι ἐσίγησα, ἐπαλαιώθη τὰ ὀστᾶ μου
ἀπὸ τοῦ κράζειν με ὅλην τὴν ἡμέραν.
4 ὅτι ἡμέρας καὶ νυκτὸς ἐβαρύνθη ἐπ' ἐμὲ ἡ χείρ σου,
ἐστράφην εἰς ταλαιπωρίαν ἐν τῷ ἐνπαγῆναι ἄκανθαν.
διάψαλμα.
5 τὴν ἁμαρτίαν μου ἐγνώρισα,
καὶ τὴν ἀνομίαν μου οὐκ ἐκάλυψα·
εἶπα Ἐξαγορεύσω κατ' ἐμοῦ τὴν ἁμαρτίαν μου τῷ κυρίῳ,
καὶ σὺ ἀφῆκας τὴν ἀσέβειαν τῆς καρδίας μου. διάψαλμα.
6 ὑπὲρ ταύτης προσεύξεται πᾶς ὅσιος πρὸς σὲ ἐν καιρῷ εὐθέτῳ·
πλὴν ἐν κατακλυσμῷ ὑδάτων πολλῶν πρὸς αὐτὸν οὐκ ἐγγιοῦσιν.
7 σύ μου εἶ καταφυγὴ ἀπὸ θλίψεως τῆς περιεχούσης με·
τὸ ἀγαλλίαμά μου, λύτρωσαί με ἀπὸ τῶν κυκλωσάντων με.
διάψαλμα.
8 συνετιῶ σε καὶ συνβιβῶ σε ἐν ὁδῷ ταύτῃ ᾗ πορεύσῃ,
ἐπιστηριῶ ἐπὶ σὲ τοὺς ὀφθαλμούς μου.
9 μὴ γίνεσθε ὡς ἵππος καὶ ἡμίονος, οἷς οὐκ ἔστιν σύνεσις·
ἐν χαλινῷ καὶ κημῷ τὰς σιαγόνας αὐτῶν ἄγξαι
τῶν μὴ ἐγγιζόντων πρὸς σέ.
10 πολλαὶ αἱ μάστιγες τοῦ ἁμαρτωλοῦ,
τὸν δὲ ἐλπίζοντα ἐπὶ Κύριον ἔλεος κυκλώσει.

ℵARU   XXXI 1 συνεσεως τω Δ.] τω Δ. συνεσεως ℵRU ψαλμος τω Δ. A | αφειθησαν ℵ αφθεισαν U | απεκαλυφθησαν U   2 ου 1°] ω ℵ$^{c.a}$ R^a | om ου 2° R   3 εσιγησα οτι U | απο του κρ.] εν τω κρ. U   4 ενπαγηναι B*R (εμπ. B^{ab}ℵU)] παγηναι A | ακανθαν] pr μοι A pr μου R pr με ως U | om διαψαλμα A   5 αμαρτιαν 1°] ανομιαν ℵ$^{c.a}$A [ανομιαν} αμαρτιαν ℵ$^{c.a}$A | εκαλυψα] εκρυψα U | την κατ εμου αμ. U | αμαρτιαν 2°] ανομιαν ℵAR   6 πας οσιος προς σε Bℵ$^{*c.b}$] προς σε πας οσιος ℵ$^{c.a}$ARU | αυτων U | εγγιουσιν (εγγ. B^a εγγ. B^b)] +διαψαλμα R   7 τον κυκλ. U   8 συμβιβω B^{ab}ℵ συμβιβασω U | ταυτην U   9 ημιονος] ως ημιονοσι (sic) U | χαλινω και κημω (κιμω B^b)] κημω και χαλινω ℵ$^{c.a}$A | αγξαι] αγξης ℵ$^{c.a}$R αγξις A | εγγιζοντων U   10 μαστιγγες U | τους αμαρτωλου U | επι κν bis scr A* (sign adpinx A^b)

ΨΑΛΜΟΙ XXXII 11

11 ""εὐφράνθητε ἐπὶ Κύριον καὶ ἀγαλλιᾶσθε, δίκαιοι· B
καὶ καυχᾶσθε, πάντες οἱ εὐθεῖς τῇ καρδίᾳ.

XXXII
(XXXIII)

ΛΒ´
Τῷ Δαυείδ.

1 Ἀγαλλιᾶσθε, δίκαιοι, ἐν τῷ κυρίῳ·
τοῖς εὐθέσι πρέπει αἴνεσις.
2 ²ἐξομολογεῖσθε τῷ κυρίῳ ἐν κιθάρᾳ,
ἐν ψαλτηρίῳ δεκαχόρδῳ ψάλατε αὐτῷ·
3 ³ᾄσατε αὐτῷ ᾆσμα καινόν,
καλῶς ψάλατε ἐν ἀλαλαγμῷ.
4 ⁴ὅτι εὐθὴς ὁ λόγος τοῦ κυρίου,
καὶ πάντα τὰ ἔργα αὐτοῦ ἐν πίστει·
5 ⁵ἀγαπᾷ ἐλεημοσύνην καὶ κρίσιν,
τοῦ ἐλέους Κυρίου πλήρης ἡ γῆ.
6 ⁶τῷ λόγῳ τοῦ κυρίου οἱ οὐρανοὶ ἐστερεώθησαν,
καὶ τῷ πνεύματι τοῦ στόματος αὐτοῦ πᾶσα ἡ δύναμις αὐτῶν·
7 ⁷συνάγων ὡς ἀσκὸν ὕδατα θαλάσσης,
τιθεὶς ἐν θησαυροῖς ἀβύσσους.
8 ⁸φοβηθήτω τὸν κύριον πᾶσα ἡ γῆ,
ἀπ' αὐτοῦ δὲ σαλευθήτωσαν πάντες οἱ κατοικοῦντες τὴν οἰ-
κουμένην.
9 ⁹ὅτι αὐτὸς εἶπεν, καὶ ἐγενήθησαν·
αὐτὸς ἐνετείλατο, καὶ ἐκτίσθησαν.
10 ¹⁰Κύριος διασκεδάζει βουλὰς ἐθνῶν,
ἀθετεῖ δὲ λογισμοὺς λαῶν,
καὶ ἀθετεῖ βουλὰς ἀρχόντων·
11 ¹¹ἡ δὲ βουλὴ τοῦ κυρίου εἰς τὸν αἰῶνα μένει,
λογισμοὶ τῆς καρδίας αὐτοῦ ἀπὸ γενεῶν εἰς γενεάς.

11 ευφραθησητε R*vid (ευφρανθητε Rᵃ) — Stich 25 Bא 26 A 24 R אARU
XXXII 1 τω Δ.]+ψαλμος ανεπιγραφος παρ Εβραιοις Rᵃ | εν τω κυριω] εν κω
אc.ᵃ των κυ U | πρεπει] pro ε 1° al lit coep B*   3 om ασατε αυτω ασμα
καινον R | ψαλατε]+αυτω אc.ᵃ (ras אc·ᵇ) RU   5 κρισιν]+ο κς אc.ᵃ (om אc·ᵇ)
A | Κυριου] pr του U   6 τω λογω] pr και U | του κυριου] om του אA αυτου
U | πασαι [αι δυ]ναμεις U   7 συναγων] pro U | ωσει אc.ᵃ (ως א*c·ᵇ) A |
ασκον] pr εις R | τιθεις] pr o U | αβυσσοις אc.ᵃA* (αβυσσους א*c·ᵇAʳ)
8 σαλευθητωσαν] σαλευθητω η|...πασα και U | την οικουμενην] εν αυτη U
10 διασκεδασει U | βουλας 1°] βουλην U | αθετει] αθετησει U (bis) | om και
αθετει βουλας αρχοντων א* (hab και αθετι β. αρχ. אc·ᵃ)   11 του κυριου]
om του U | απο γενεων εις γενεας] εις γενεας και γενεαν אc·ᵃAU εις τον
αιωνα του αιωνος R

B ¹²μακάριον τὸ ἔθνος οὗ ἐστιν Κύριος ὁ θεὸς αὐτοῦ,   12
   λαός ὃν ἐξελέξατο εἰς κληρονομίαν ἑαυτῷ.
  ¹³ἐξ οὐρανοῦ ἐπέβλεψεν ὁ κύριος,   13
   εἶδεν πάντας τοὺς υἱοὺς τῶν ἀνθρώπων·
  ¹⁴ἐξ ἑτοίμου κατοικητηρίου αὐτοῦ   14
   ἐπέβλεψεν ἐπὶ πάντας τοὺς κατοικοῦντας τὴν γῆν,
  ¹⁵ὁ πλάσας κατὰ μόνας τὰς καρδίας αὐτῶν,   15
   ὁ συνιεὶς πάντα τὰ ἔργα αὐτῶν.
  ¹⁶οὐ σώζεται βασιλεὺς διὰ πολλὴν δύναμιν,   16
   καὶ γίγας οὐ σωθήσεται ἐν πλήθει ἰσχύος αὐτοῦ·
  ¹⁷ψευδὴς ἵππος εἰς σωτηρίαν,   17
   ἐν δὲ πλήθει δυνάμεως αὐτοῦ οὐ σωθήσεται.
  ¹⁸ἰδοὺ οἱ ὀφθαλμοὶ Κυρίου ἐπὶ τοὺς φοβουμένους αὐτόν,   18
   τοὺς ἐλπίζοντας ἐπὶ τὸ ἔλεος αὐτοῦ,
  ¹⁹ῥύσασθαι ἐκ θανάτου τὰς ψυχὰς αὐτῶν,   19
   καὶ διαθρέψαι αὐτοὺς ἐν λιμῷ.
  ²⁰ἡ ψυχὴ ἡμῶν ὑπομένει τῷ κυρίῳ,   20
   ὅτι βοηθὸς καὶ ὑπερασπιστὴς ἡμῶν ἐστιν·
  ²¹ὅτι ἐν αὐτῷ εὐφρανθήσεται ἡ καρδία ἡμῶν,   21
   καὶ ἐν τῷ ὀνόματι τῷ ἁγίῳ αὐτοῦ ἠλπίσαμεν.
  ²²γένοιτο τὸ ἔλεός σου, Κύριε, ἐφ᾿ ἡμᾶς, καθάπερ ἠλπίσαμεν   22
   ἐπὶ σέ.

ΛΓ´

Τῷ Δαυείδ, ὁπότε ἠλλοίωσεν τὸ πρόσωπον   XXXIII
αὐτοῦ ἐναντίον 'Αβειμέλεχ, καὶ ἀπέλυσεν   (XXXIV)
αὐτόν, καὶ ἀπῆλθεν.

²Εὐλογήσω τὸν κύριον ἐν παντὶ καιρῷ,   2
διὰ παντὸς ἡ αἴνεσις αὐτοῦ ἐν τῷ στόματί μου.

ℵARU   12 μακαριος B* (μακαριον BᵃᵇℵAR) | τω εθνος U | αυτου] αυτων Rᵃ | εξελεξατο]+Κυριος RU | εαυτω] αυτω U   13 ειδεν] του ιδειν U   14 τους] του U   15 πλασας] πλασσων U | συνιεις B*ᵇℵAR] συνιων BᵃᵇU† | παντα] pr εις ℵᶜ·ᵃ (om ℵᶜ·ᵇ)   16 δυναμιν]+αν αυτου† U* (om αν 1° U†) γιγας σου U   17 εις] ες U | εν δε πλ.] εν τω πλ. U | δυναμεως] pr της U   18 τους ελπ.] pr και επι R   19 ρυσασθαι] pr του U | διαθρεψει R διαθλεψαι U   20 η δε ψ. ℵᶜ·ᵃ (om δε ℵᶜ·ᵇ) | τω κυριω] τον κυριον U | υπερασπης U | ημων 2°] υμων U   21 το αγιω U   22 γενοιτο] γενσθω (sic) R* (γενοιτο Rᵃ(ᵛⁱᵈ)) γενετο U | κε το ελεος σου ℵᶜ·ᵃ (ℵᶜ·ᵇ ut B) ARU | κε non inst Bᵇ | σε] σοι A — Stich 44 BA 42 ℵ 41 R   XXXIII 1 τω Δ.] pr ψαλμος RU | οποτε] αποτε R | το προσωπον] την οψιν U | εναντιον] απεναντι U | Αβιμελεχ A Αχειμελεχ U | αυτον] αυτων U

ΨΑΛΜΟΙ   XXXIII 16

3 ³ἐν τῷ κυρίῳ ἐπαινεσθήσεται ἡ ψυχή μου·   B
   ἀκουσάτωσαν πραεῖς καὶ εὐφρανθήτωσαν.
4 ⁴μεγαλύνατε τὸν κύριον σὺν ἐμοί,
   καὶ ὑψώσωμεν τὸ ὄνομα αὐτοῦ ἐπὶ τὸ αὐτό.
5 ⁵ἐξεζήτησα τὸν κύριον, καὶ ἐπήκουσέν μου
   καὶ ἐκ πασῶν τῶν παροικιῶν μου ἐρύσατό με.
6 ⁶προσέλθατε πρὸς αὐτὸν καὶ φωτίσθητε,
   καὶ τὰ πρόσωπα ὑμῶν οὐ μὴ καταισχυνθῇ.
7 ⁷οὗτος ὁ πτωχὸς ἐκέκραξεν, καὶ ὁ κύριος εἰσήκουσεν αὐτοῦ
   καὶ ἐκ πασῶν τῶν θλίψεων αὐτοῦ ἔσωσεν αὐτόν.
8 ⁸παρεμβαλεῖ ἄγγελος Κυρίου κύκλῳ τῶν φοβουμένων αὐτὸν καὶ
   ῥύσεται αὐτούς.
9 ⁹γεύσασθε καὶ ἴδετε ὅτι χρηστὸς ὁ κύριος·
   μακάριος ἀνὴρ ὃς ἐλπίζει ἐπ' αὐτόν.
10 ¹⁰φοβήθητε τὸν κύριον πάντες οἱ ἅγιοι αὐτοῦ,
   ὅτι οὐκ ἔστιν ὑστέρημα τοῖς φοβουμένοις αὐτόν.
11 ¹¹πλούσιοι ἐπτώχευσαν καὶ ἐπείνασαν,
   οἱ δὲ ἐκζητοῦντες τὸν κύριον οὐκ ἐλαττωθήσονται παντὸς
   ἀγαθοῦ.   διάψαλμα.
12 ¹²δεῦτε, τέκνα, ἀκούσατέ μου,
   φόβον Κυρίου διδάξω ὑμᾶς.
13 ¹³τίς ἐστιν ἄνθρωπος ὁ θέλων ζωήν,
   ἀγαπῶν ἰδεῖν ἡμέρας ἀγαθάς;
14 ¹⁴παῦσον τὴν γλῶσσάν σου ἀπὸ κακοῦ,
   καὶ χείλη τοῦ μὴ λαλῆσαι δόλον·
15 ¹⁵ἔκκλινον ἀπὸ κακοῦ καὶ ποίησον ἀγαθόν,
   ζήτησον εἰρήνην καὶ δίωξον αὐτήν.
16 ¹⁶ὅτι ὀφθαλμοὶ Κυρίου ἐπὶ δικαίους,
   καὶ ὦτα αὐτοῦ εἰς δέησιν αὐτῶν·

3 επαινεθησεται Bᵇℵᶜ·ᵃU (επεναιθ.)   4 εμου U | υψωσομεν A [υ]ψω- ℵARU
σατε U   5 εξεζητησα] pr εγω U | παροικιων] θλιψεων ℵᶜ·ᵃA (θλιψαιων) R |
ερρυσατο Bᵇ⁽ᵛⁱᵈ⁾ℵARU (ερ[ρυ]σ.)   6 προσηλθατε U   7 αυτου 1° Bℵᶜ·ᵃAU]
αυτων ℵ*R | εσωσεν] ερρυσατο U   8 αγγελος Κυριου] αγγ. αυτου A ο αγγ.
K. ℵᶜ·ᵃ (om ℵ*ᶜ·ᵇ) U ο αγγ. του K. R | αυτους] αυτον A   9 γευσατε R*
(γευσασθε Rᵃ) | ος ελπιζει] ο ελπιζων R ος ηλπιζε... U   10 om παντες
ℵ*ᶜ·ᵇ (hab ℵᶜ·ᵃ) U | αγιοι] οσιοι R   11 om διαψαλμα A* (hab Aᵃᵐᵍ)
13 αγαπων] pr και U | ημερας ιδειν ℵA (ημ. ειδειν) R   14 χειλη]+σου
ℵᶜ·ᵃAR τα χ. σου U | λαλησει R* (-σαι Rᵃ)   16 om οτι ℵᶜ·ᵃAR | οφθαλ-
μοι] pr οι U | ωτα] pr. τα RU | δεησιν] pr την U

B ¹⁷πρόσωπον δὲ Κυρίου ἐπὶ ποιοῦντας κακά,   17
   τοῦ ἐξολεθρεῦσαι ἐκ γῆς τὸ μνημόσυνον αὐτῶν.
   ¹⁸ἐκέκραξαν οἱ δίκαιοι, καὶ ὁ κύριος εἰσήκουσεν αὐτῶν   18
   καὶ ἐκ πασῶν τῶν θλίψεων αὐτῶν ἐρύσατο αὐτούς.
   ¹⁹ἐγγὺς Κύριος τοῖς συντετριμμένοις τὴν καρδίαν,   19
   καὶ τοὺς ταπεινοὺς τῷ πνεύματι σώσει.
   ²⁰πολλαὶ αἱ θλίψεις τῶν δικαίων,   20
   καὶ ἐκ πασῶν αὐτῶν ῥύσεται αὐτούς.
   ²¹Κύριος φυλάσσει πάντα τὰ ὀστᾶ αὐτῶν,   21
   ἓν ἐξ αὐτῶν οὐ συντριβήσεται.
   ²²θάνατος ἁμαρτωλῶν πονηρός,   22
   καὶ οἱ μισοῦντες τὸν δίκαιον πλημμελήσουσιν.
   ²³λυτρώσεται Κύριος ψυχὰς δούλων αὐτοῦ,   23
   καὶ οὐ μὴ πλημμελήσουσιν πάντες οἱ ἐλπίζοντες ἐπ' αὐτόν.

                         ΛΔ´
                       Τῷ Δαυείδ.   XXXIV
                                                        (XXXV)

¶ U   Δίκασον, Κύριε, τοὺς ἀδικοῦντάς¶ με,   1
       πολέμησον τοὺς πολεμοῦντάς με·
       ²ἐπιλαβοῦ ὅπλου καὶ θυρεοῦ, καὶ ἀνάστηθι εἰς βοήθειάν μου·   2
§ U   ³ἔκχεον ῥομφαίαν καὶ σύνκλεισον ἐξ ἐναντίας τῶν καταδιω-   3
       κόντων με·
       εἰπὸν τῇ ψυχῇ μου Σωτηρία σου ἐγώ εἰμι.
       ⁴αἰσχυνθείησαν καὶ ἐντραπείησαν οἱ ζητοῦντες τὴν ψυχήν μου,   4
       ἀποστραφείησαν εἰς τὰ ὀπίσω καὶ καταισχυνθείησαν οἱ
       λογιζόμενοί μοι κακά.

ℵARU   17 εξολοθρ. BᵃAR εξολευθρ. U | γης] pr της U   18 εκεκρ. οι δικαιοι]
διακαιοι εκεκρ. U | αυτων 1°] αυτους R | om αυτων 2° U | ερρυσατο Bᵇ⁽ᵛⁱᵈ⁾
ℵAR εσωσεν U | αυτους]+ο κ̅ς̅ ℵᶜ⁻ᵃ (om ο ℵᶜ⁻ᵇ)   19 τη καρδια U | των
πνι U   20 om αυτων U | αυτους]+ο κ̅ς̅ AU   21 φυλασσει κ̅ς̅ ℵᶜ⁻ᵃA
κ̅ς̅ φυλασσε...| ει Uᵛⁱᵈ | εν] pr και U   22 ο μισου[ντες] U | των δικαιον U
23 ψυχας δουλων] τας ψ. [των]| δουλων U | πλημμελησωσιν ℵ — Stich 43 B
42 ℵA 41 Rᵛⁱᵈ   XXXIV 1 τω Δ.] pr ψαλμος A του Δ. U   1—2 omnia
perier in U ab αδ[ικουντας] usque ||[εκχεον ρομφ]αιαν   2 βοηθειαν (-θιαν
ℵA)] pr την R   3 ρομφαιαν]+σου A | συγκλ. BᵃᵇU καταδιωκοντων] θλι-
βωντων U | την ψυχη U | σωτηρια] σωτηρ U | ειμι εγω AR   4 αισχυνθει-
ησαν] αισχυνθητωσαν ℵAU | εντραπειησαν] εντραπητωσαν ℵAU | οι ζητουντες]
pr παντες U | αποστραφειησαν] αποστραφητωσαν ℵAU | καταισχυνθειησαν]
καταισχυνθητωσαν ℵAU (κατε[σ]χυνθ.) | διαλογιζομενοι U

ΨΑΛΜΟΙ XXXIV 18

5 ⁵γενηθήτωσαν ώσεὶ χνοῦς κατὰ πρόσωπον ἀνέμου, B
  καὶ ἄγγελος Κυρίου ἐκθλίβων αὐτούς·
6 ⁶γενηθήτω ἡ ὁδὸς αὐτῶν σκότος καὶ ὀλίσθημα,
  καὶ ἄγγελος Κυρίου καταδιώκων αὐτούς. ¶ U
7 ⁷ὅτι δωρεὰν ἔκρυψάν μοι διαφθορὰν παγίδος αὐτῶν,
  μάτην ὠνείδισαν τὴν ψυχήν μου.
8 ⁸ἐλθέτω αὐτοῖς παγὶς ἣν οὐ γινώσκουσιν,
  καὶ ἡ θήρα ἣν ἔκρυψαν συλλαβέτω αὐτούς,
  καὶ ἐν τῇ παγίδι πεσοῦνται ἐν αὐτῇ.
9 ⁹ἡ δὲ ψυχή μου ἀγαλλιάσεται ἐπὶ τῷ κυρίῳ,
  τερφθήσεται ἐπὶ τῷ σωτηρίῳ αὐτοῦ.
10 ¹⁰πάντα τὰ ὀστᾶ μου ἐροῦσιν Κύριε, τίς ὅμοιός σοι;
   ῥυόμενος πτωχὸν ἐκ χειρὸς στερεωτέρων αὐτοῦ,
   καὶ πτωχὸν καὶ πένητα ἀπὸ τῶν διαρπαζόντων αὐτόν.
11 ¹¹ἀναστάντες μάρτυρες ἄδικοι ἃ οὐκ ἐγίνωσκον ἐπηρώτων με·
12 ¹²ἀνταπεδίδοσάν μοι πονηρὰ ἀντὶ καλῶν,
   καὶ ἀτεκνίαν τῇ ψυχῇ μου·
13 ¹³ἐγὼ δὲ ἐν τῷ αὐτοὺς παρενοχλεῖν μοι ἐνεδυόμην σάκκον,
   καὶ ἐταπείνουν ἐν νηστίᾳ τὴν ψυχήν μου,
   καὶ ἡ προσευχή μου εἰς κόλπον μου ἀποστραφήσεται.
14 ¹⁴ὡς πλησίον, ὡς ἀδελφὸν ἡμέτερον, οὕτως εὐηρέστουν·
   ὡς πενθῶν καὶ σκυθρωπάζων οὕτως ἐταπεινούμην.
15 ¹⁵καὶ κατ' ἐμοῦ ηὐφράνθησαν καὶ συνήχθησαν,
   συνήχθησαν ἐπ' ἐμὲ μάστιγες καὶ οὐκ ἔγνων,
   διεσχίσθησαν καὶ οὐ κατενύγησαν·
16 ¹⁶ἐπείρασάν με, ἐξεμυκτήρισάν με μυκτηρισμόν,
   ἔβρυξαν ἐπ' ἐμὲ τοὺς ὀδόντας αὐτῶν.
17 ¹⁷Κύριε, πότε ἐπόψῃ;
   ἀποκατάστησον τὴν ψυχήν μου ἀπὸ τῆς κακουργίας αὐτῶν,
   ἀπὸ λεόντων τὴν μονογενῆ μου.
18 ¹⁸ἐξομολογήσομαί σοι, Κύριε, ἐν ἐκκλησίᾳ πολλῇ,
   ἐν λαῷ βαρεῖ αἰνέσω σε.

5 Κυριου] pr ο ℵ   6 ολισθημα]+αυτοις U | καταδιωκ[ω]ν.. U ℵARU
7 πακιδος ℵ   8 ελθατω A | αυτοις] αυτω ℵᶜ·ᵃ | γινωσκει ℵᶜ·ᵃ (-σκι) Rᵃ|
εκρυψεν ℵᶜ·ᵃ | συνλαβ. AR | αυτους] αυτον ℵᶜ·ᵃ A | πακιδι ℵ | πεσειται
ℵᶜ·ᵃ (πεσιτ.) A   9 επι 1°] εν ℵᵃ (επι ℵᶜ·ᵃ)   10 Κυριε]+κε A |
ρυομενον A | om χειρος A   11 επηρωτων] ηρωτων ℵAR   12 ανταπο-
διδοσαν A | καλων] αγαθων AR   13 νηστεια BᵃᵇA | αποστραφησεται]
αποστραφητω (seq ras 1 lit) A   15 ευφρανθησαν ℵ   16 εξεμυκτηρισαν]
pr και R   17 μονογενην ℵᶜ·ᵃ (ras ⸱ 2° ℵᶜ·ᵇ) AR   18 om Κυριε ℵA

255

B ¹⁹μὴ ἐπιχαρείησάν μοι οἱ ἐχθραίνοντές μοι ματαίως,   19
οἱ μισοῦντές με δωρεὰν καὶ διανεύοντες ὀφθαλμοῖς.
²⁰ὅτι ἐμοὶ μὲν εἰρηνικὰ ἐλάλουν,   20
καὶ ἐπ' ὀργῇ δόλους διελογίζοντο·
²¹καὶ ἐπλάτυναν ἐπ' ἐμὲ τὸ στόμα αὐτῶν,   21
εἶπαν Εὖγε εὖγε, εἶδαν οἱ ὀφθαλμοὶ ἡμῶν.
²²εἶδες, Κύριε, μὴ παρασιωπήσῃς·   22
Κύριε, μὴ ἀποστῇς ἀπ' ἐμοῦ.
²³ἐξεγέρθητι, Κύριε, καὶ πρόσχες τῇ κρίσει μου,   23
ὁ θεός μου καὶ ὁ κύριός μου, εἰς τὴν δίκην μου.
²⁴κρῖνόν με, Κύριε, κατὰ τὴν δικαιοσύνην σου, Κύριε ὁ θεός μου, 24
καὶ μὴ ἐπιχαρείησάν μοι.
²⁵μὴ εἴπαισαν ἐν καρδίαις αὐτῶν Εὖγε εὖγε τῇ ψυχῇ ἡμῶν·   25
μηδὲ εἴπαισαν Κατεπίομεν αὐτόν.
²⁶αἰσχυνθείησαν καὶ ἐντραπείησαν ἅμα οἱ ἐπιχαίροντες τοῖς κα- 26
κοῖς μου·
ἐνδυσάσθωσαν αἰσχύνην καὶ ἐντροπὴν οἱ μεγαλορημονοῦντες
ἐπ' ἐμέ.
²⁷ἀγαλλιάσαιντο καὶ εὐφρανθείησαν οἱ θέλοντες τὴν δικαιοσύνην 27
μου,
καὶ εἰπάτωσαν διὰ παντός Μεγαλυνθείη ὁ κύριος,
οἱ θέλοντες τὴν εἰρήνην τοῦ δούλου αὐτοῦ.
²⁸καὶ ἡ γλῶσσά μου μελετήσει τὴν δικαιοσύνην σου,   28
ὅλην τὴν ἡμέραν τὸν ἔπαινόν σου.

ΛΕ´
Εἰς τὸ τέλος· τῷ δούλῳ Κυρίου τῷ Δαυείδ.   XXXV
(XXXVI)
²Φησὶν ὁ παράνομος τοῦ ἁμαρτάνειν ἐν ἑαυτῷ,   2
οὐκ ἔστιν φόβος θεοῦ ἀπέναντι τῶν ὀφθαλμῶν αὐτοῦ·

ℵAR 19 επιχαριησαν B*ℵA (επιχαρεινσ. B^ab) | ματαιως] αδικως ℵAR | om με A
20 οργην ℵAR 21 επλατυνα A | ειπον A | ειδαν] ιδον ℵ (?R) ειδον A (?R)
22 om Κυριε 2° A* (hab ℵ^c A¹(mg)) 23 om Κυριε ℵ^c.a | om και προσχες
R 24 με] μοι A | om Κυριε 1° ℵ | δικαιοσυνην] ελεημοσυνην ℵ* (δικ. ℵ^c.a) |
σου] μου R | επιχαριησαν B* (επιχαρεισ. B^abℵ επιχαρησαν [sic] A) | μοι]+
οι εχθροι μου ℵ* (om ℵ^c.a) R 25 ειπαισαν bis B^ab (ειπεσαν B*ℵ*)] ειποισαν
ℵ^c.a AR | τη ψυχη Bℵ*AR^a] η ψ. ℵ^c.a R* | καταπιομεν R 26 εντρα-
πιησαν B*ℵA (εντραπεισ. B^ab) | μεγαλορρημ. R 27 αγαλλιασουντο A |
ευφρανθεινσαν]+επι σοι A | μεγαλυνθητω ℵAR | ο κυριος] ο θς ℵ* (ο κς
ℵ^c.a) 28 τον επαινον Bℵ A^a¹ (ο επανος A*)] την αινεσιν R — Stich 59
BR 60 ℵ 64 A   XXXV 1 om τω δουλω Κυριου A | τω Δ.]+ψαλμος A

ΨΑΛΜΟΙ   XXXVI 1

3 ³ὅτι ἐδόλωσεν ἐνώπιον αὐτοῦ
τοῦ εὑρεῖν τὴν ἀνομίαν αὐτοῦ καὶ μισῆσαι.
4 ⁴τὰ ῥήματα τοῦ στόματος αὐτοῦ ἀνομία καὶ δόλος,
οὐκ ἐβουλήθη συνιέναι τοῦ ἀγαθῦναι.
5 ⁵ἀνομίαν ἐλογίσατο ἐπὶ τῆς κοίτης αὐτοῦ,
παρέστη πάσῃ ὁδῷ οὐκ ἀγαθῇ,
τῇ δὲ κακίᾳ οὐ προσώχθισεν.
6 ⁶Κύριε, ἐν τῷ οὐρανῷ τὸ ἔλεός σου,
καὶ ἡ ἀλήθειά σου ἕως τῶν νεφελῶν·
7 ⁷καὶ ἡ δικαιοσύνη ὡσεὶ ὄρη θεοῦ,
τὰ κρίματά σου ὡσεὶ ἄβυσσος πολλή·
ἀνθρώπους καὶ κτήνη σώσεις, Κύριε,
8 ⁸ὡς ἐπλήθυνας τὸ ἔλεός σου, ὁ θεός·
οἱ δὲ υἱοὶ τῶν ἀνθρώπων ἐν σκέπῃ τῶν πτερύγων σου
ἐλπιοῦσιν.
9 ⁹μεθυσθήσονται ἀπὸ πιότητος τοῦ οἴκου σου,
καὶ τὸν χειμάρρουν τῆς τρυφῆς σου ποτιεῖς αὐτούς·
10 ¹⁰ὅτι παρὰ σοὶ πηγὴ ζωῆς,
ἐν τῷ φωτί σου ὀψόμεθα φῶς.
11 ¹¹παράτεινον τὸ ἔλεός σου τοῖς γινώσκουσίν σε,
καὶ τὴν δικαιοσύνην σου τοῖς εὐθέσι τῇ καρδίᾳ.
12 ¹²μὴ ἐλθέτω μοι ποὺς ὑπερηφανίας,
καὶ χεὶρ ἁμαρτωλῶν μὴ σαλεύσαι με.
13 ¹³ἐκεῖ ἔπεσον πάντες οἱ ἐργαζόμενοι τὴν ἀνομίαν,
ἐξώσθησαν καὶ οὐ μὴ δύνωνται στῆναι.

ΛΓ΄

XXXVI
(XXXVII)   Τοῦ Δαυείδ.

1 Μὴ παραζήλου ἐν πονηρευομένοις,
μηδὲ ζήλου τοὺς ποιοῦντας τὴν ἀνομίαν·

4 συνιεναι] συνειναι ℵ* (συνεισαι ℵ^c.a)   5 ελογισατο] διελογισατο ℵAR | ℵAR τη δε κακια] κακια δε ℵ^c.a AR   7 om και 1° ℵ^ab AR | δικαιοσυνη] + σου ℵA | ωσει 1°] ως ℵ^c.a A | om ωσει 2° ℵAR   8 οι δε] οιδε οι A | εν σκεπη Bℵ^c.a AR] εις σκεπην ℵ*   9 πιοτητος] pr της R | του οικου] om του A | om σου 1° ℵ^c.a   12 ελθατω AR | αμαρτωλου ℵ^c.a A | μη σαλευσαι] μη σαλευσει ℵ^c.a (-σι) A ου σαλευσει R   13 επεσαν ℵ^c.a A | om παντες ℵ* (hab ℵ^c.a) — Stich 26 BℵAR   XXXVI 1 του Δ.] εις το τελος ψαλμος τω Δ. A τω Δ. R ^fort

SEPT. II.   257   R

ΨΑΛΜΟΙ

B ²ὅτι ὡσεὶ χόρτος ταχὺ ἀποξηρανθήσονται,　2
καὶ ὡσεὶ λάχανα χλόης ταχὺ ἀποπεσοῦνται.
³ἔλπισον ἐπὶ Κύριον καὶ ποίει χρηστότητα,　3
καὶ κατασκήνου τὴν γῆν
καὶ ποιμανθήσῃ ἐπὶ τῷ πλούτῳ αὐτῆς.
⁴κατατρύφησον τοῦ κυρίου, καὶ δώσει σοι τὰ αἰτήματα τῆς　4
καρδίας σου.
⁵ἀποκάλυψον πρὸς Κύριον τὴν ὁδόν σου　5
καὶ ἔλπισον ἐπ᾿ αὐτόν, καὶ αὐτὸς ποιήσει·
⁶καὶ ἐξοίσει ὡς φῶς τὴν δικαιοσύνην σου,　6
καὶ τὸ κρίμα σου ὡς μεσημβρίαν.
⁷ὑποτάγηθι τῷ κυρίῳ καὶ ἱκέτευσον αὐτόν·　7
μὴ παραζήλου ἐν τῷ κατευοδουμένῳ ἐν τῇ ζωῇ αὐτοῦ,
ἐν ἀνθρώπῳ ποιοῦντι παρανομίας.
⁸παῦσαι ἀπὸ ὀργῆς καὶ ἐνκατάλιπε θυμόν,　8
μὴ παραζήλου ὥστε πονηρεύεσθαι.
⁹ὅτι οἱ πονηρευόμενοι ἐξολοθρευθήσονται,　9
οἱ δὲ ὑπομένοντες τὸν κύριον αὐτοὶ κληρονομήσουσιν τὴν
γῆν.
¹⁰καὶ ἔτι ὀλίγον καὶ οὐ μὴ ὑπάρξῃ ἁμαρτωλός,　10
καὶ ζητήσεις τὸν τόπον αὐτοῦ καὶ οὐ μὴ εὕρῃς·
¹¹οἱ δὲ πραεῖς κληρονομήσουσιν γῆν,　11
καὶ κατατρυφήσουσιν ἐπὶ πλήθει εἰρήνης.
¹²παρατηρήσεται ὁ ἁμαρτωλὸς τὸν δίκαιον,　12
καὶ βρύξει ἐπ᾿ αὐτὸν τοὺς ὀδόντας αὐτοῦ·
¹³ὁ δὲ κύριος ἐκγελάσεται αὐτόν,　13
ὅτι προβλέπει ὅτι ἥξει ἡ ἡμέρα αὐτοῦ.
¹⁴ῥομφαίαν ἐσπάσαντο οἱ ἁμαρτωλοί,　14
ἐνέτειναν τόξον αὐτῶν,
τοῦ καταβαλεῖν πτωχὸν καὶ πένητα,
τοῦ σφάξαι τοὺς εὐθεῖς τῇ καρδίᾳ·

ℵAR   3 ελπισον] pr ϗ ℵ^{c.a} | ποιμανθησει A ποιμανθης R   4 κατατρυφησον] καταφρυτησον (sic) A | του κυριου] τω κυριω R | δωσει] δωη A   5 om και 1° ℵ* (hab ℵ^{c.a})   6 το κριμα σου ως sup ras A¹   7 ζωη] οδω ℵ^{c.a}R οδου A | παρανομιαν ℵ^{c.a}AR*   8 οργης] κακου R | εγκαταλιπε B^{ab} εγκαταλειτε A | ωστε] εν τω ℵ* (ωστε ℵ^{c.a})   9 εξολεθρευθησονται ℵA (ο 2° rescr A¹) | κληρονομησουσι ℵ | την γην] om την AR   10 om και 2° R | υπαρξει A | αμαρτωλος] pr ο ℵAR | om και 3° ℵ* (hab ϗ ℵ^{c.a}) | αυτου] ου sup ras A^{a?}   11 ειρηνης]+επ αυτης A   14 ανετειναν R | πενητα κ. πτωχον R

ΨΑΛΜΟΙ XXXVI 28

15 ¹⁵ἡ ῥομφαία αὐτῶν εἰσέλθοι εἰς τὴν καρδίαν αὐτῶν,   B
   καὶ τὰ τόξα αὐτῶν συντριβείησαν.
16 ¹⁶κρεῖσσον ὀλίγον τῷ δικαίῳ ὑπὲρ πλοῦτον ἁμαρτωλῶν πολύν.
17 ¹⁷ὅτι βραχίονες ἁμαρτωλῶν συντριβήσονται,
   ὑποστηρίζει δὲ τοὺς δικαίους Κύριος.
18 ¹⁸γινώσκει Κύριος τὰς ὁδοὺς τῶν ἀμώμων,
   καὶ ἡ κληρονομία αὐτῶν εἰς τὸν αἰῶνα ἔσται·
19 ¹⁹οὐ καταισχυνθήσονται ἐν καιρῷ πονηρῷ,
   καὶ ἐν ἡμέραις λιμοῦ χορτασθήσονται.
20 ²⁰ὅτι οἱ ἁμαρτωλοὶ ἀπολοῦνται,
   οἱ δὲ ἐχθροὶ τοῦ κυρίου ἅμα τῷ δοξασθῆναι αὐτοὺς καὶ
   ⁸ὑψωθῆναι   ⁸T
   ἐκλιπόντες ὡσεὶ καπνὸς ἐξέλιπον.
21 ²¹δανίζεται ὁ ἁμαρτωλὸς καὶ οὐκ ἀποτίσει,
   ὁ δὲ δίκαιος οἰκτείρει καὶ διδοῖ.
22 ²²ὅτι οἱ εὐλογοῦντες αὐτὸν κληρονομήσουσι γῆν,
   οἱ δὲ καταρώμενοι αὐτὸν ἐξολοθρευθήσονται.
23 ²³παρὰ Κυρίου τὰ διαβήματα ἀνθρώπου κατευθύνεται,
   καὶ τὴν ὁδὸν αὐτοῦ θελήσει·
24 ²⁴ὅταν πέσῃ οὐ καταραχθήσεται,
   ὅτι Κύριος ἀντιστηρίζει χεῖρα αὐτοῦ.
25 ²⁵νεώτερος ἐγενόμην καὶ γὰρ ἐγήρασα,
   καὶ οὐκ ἴδον δίκαιον ἐνκαταλελιμμένον
   οὐδὲ τὸ σπέρμα αὐτοῦ ζητοῦν ἄρτους.
26 ²⁶ὅλην τὴν ἡμέραν ἐλεᾷ καὶ δανίζει,
   καὶ τὸ σπέρμα αὐτοῦ εἰς εὐλογίαν ἔσται.
27 ²⁷ἔκκλινον ἀπὸ κακοῦ καὶ ποίησον ἀγαθόν,
   καὶ κατασκήνου εἰς αἰῶνα αἰῶνος.
28 ²⁸ὅτι Κύριος ἀγαπᾷ κρίσιν,
   καὶ οὐκ ἐνκαταλείψει τοὺς ὁσίους αὐτοῦ,

15 εισελθοι] εισελθατω R | την καρδιαν] ψυχην ℵ* τας καρδιας ℵᶜ·ᵃ | συν- ℵART τριβειη ℵᶜ·ᵃA (-βιη) R   17 Κυριος Bℵ*ᶜ·ᵇR*] pr ο ℵᶜ·ᵃARᵃ   18 τον αιωνα] om τον ℵᶜ·ᵃA   20 τω δοξασθηναι] του δοξ. R | εκλιποντες Bᵃᵇ(ᵛⁱᵈ)ℵ] εκλειποντες BᵃAT | εξελειπον AT   21 δανεῖ. Bᵃᵇ (item 26) | διδοι] διδωσιν ℵᶜ·ᵃ (διδοι ℵᶜ·ᵇ) AT   22 κληρονομησουσιν RT | εξολεθρ. ℵART   23 τα διαβ. ανθρωπου (ανου sic T) κατευθ.] κατευθ. τα διαβ. ανδρι ℵ* τα δ. ανδρι κατευθ. ℵᶜ·ᵃ | θελησει]+σφοδρα ART   24 πεσειται R   25 ειδον BᵃᵇA | εγκαταλελειμμ. Bᵃᵇ εγκαταλειμμ. A | ζητειν R   26 ελεει BᵃᵇA | δανιζει]+ο δικαιος AT   27 om αιωνος ℵ* (hab ℵᶜ·ᵃ)   28 εγκαταλειψ. BᵃᵇA

XXXVI 29 ΨΑΛΜΟΙ

B   εἰς τὸν αἰῶνα φυλαχθήσονται·
ἄμωμοι ἐκδικηθήσονται,
καὶ σπέρμα ἀσεβῶν ἐξολοθρευθήσεται.
²⁹δίκαιοι δὲ κληρονομήσουσι γῆν,   29
καὶ κατασκηνώσουσιν εἰς αἰῶνα αἰῶνος ἐπ' αὐτῆς.
³⁰στόμα δικαίου μελετήσει σοφίαν,   30
καὶ ἡ γλῶσσα αὐτοῦ λαλήσει κρίσιν·
³¹ὁ νόμος τοῦ θεοῦ αὐτοῦ ἐν καρδίᾳ αὐτοῦ,   31
καὶ οὐχ ὑποσκελισθήσεται τὰ διαβήματα αὐτοῦ.
³²κατανοήσει ὁ ἁμαρτωλὸς τὸν δίκαιον, καὶ ζητεῖ τοῦ θανατῶσαι   32
αὐτόν·
³³ὁ δὲ κύριος οὐ μὴ ἐνκαταλίπῃ αὐτὸν εἰς τὰς χεῖρας αὐτοῦ,   33
οὐδὲ μὴ καταδικάσῃ αὐτὸν ὅταν κρίνηται αὐτῷ.
³⁴ὑπόμεινον τὸν κύριον καὶ φύλαξον τὴν ὁδὸν αὐτοῦ,   34
καὶ ὑψώσει σε τοῦ κατακληρονομῆσαι τὴν γῆν,
ἐν τῷ ἐξολεθρεύεσθαι ἁμαρτωλοὺς ὄψῃ.
³⁵εἶδον ἀσεβῆ ὑπερυψούμενον   35
καὶ ἐπαιρόμενον ὡς τὰς κέδρους τοῦ Λιβάνου·
³⁶καὶ παρῆλθον, καὶ ἰδοὺ οὐκ ἦν·   36
καὶ ἐζήτησα αὐτόν, καὶ οὐχ εὑρέθη ὁ τόπος αὐτοῦ.
³⁷φύλασσε ἀκακίαν καὶ ἴδε εὐθύτητα,   37
ὅτι ἐστὶν ἐνκατάλιμμα ἀνθρώπῳ εἰρηνικῷ.
³⁸οἱ δὲ παράνομοι ἐξολεθρευθήσονται ἐπὶ τὸ αὐτό,   38
τὰ ἐνκαταλίμματα τῶν ἀσεβῶν ἐξολεθρευθήσονται.
³⁹σωτηρία δὲ τῶν δικαίων παρὰ Κυρίῳ,   39
καὶ ὑπερασπιστὴς αὐτῶν ἐστιν ἐν καιρῷ θλίψεως·
⁴⁰καὶ βοηθήσει αὐτοῖς Κύριος καὶ ῥύσεται αὐτούς,   40

ℵART   28 αιωνα] ν sup ras Aᵃ | φυλαχθησονται] φ sup ras Aᵃ | αμωμοι εκδικηθησονται] ανομοι δε εκδιωχθησονται ℵᶜ·ᵃ (ras ανομοι δε ℵᶜ·ᵇ) ART | εξολεθρ. ℵART   29 om δε ℵ* (hab ℵᶜ·ᵃ) | κληρονομησουσιν ART   30 μελετηση T | λαλησει] μελετησει ℵ* (λαλ. ℵᶜ·ᵃ)   31 υποσκελισθησονται R   32 κατανοει ℵART   33 εγκαταλιπη BᵃᵇℵRᵛⁱᵈ εγκαταλειπη A ενκαταλειπη T | ουδε] ουδ ου A | καταδικαση T (-σαι B)] καταδικασηται ℵARᵛⁱᵈ | om οταν A | κρινεται A   34 την οδον] τας οδους R | την γην] om την Bᵃᵇ ℵART | εξολεθρευεσθαι (εξολοθρ. B¹)] εξολεθρευσαι R | οψει Bᵃᵇ   35 ιδον T | ασεβη] pr τον ℵᶜ·ᵃ (ras ℵᶜ·ᵇ) AT   36 ηυρεθη T   37 ακακιαν T* | εγκαταλειμμα BᵃᵇA   38 εξωλεθρ. B* εξολοθρ. Bᵃᵇ (εξολεθρ. ℵART) bis | εγκαταλειμματα BᵃᵇA εγκαταλιμματα ℵ   39 Κυριω] κυ ℵᶜ·ᵃART | om εστιν ℵ* (hab ℵᶜ·ᵃ)   40 om και βοηθησει...αυτους (1°) ℵ* (hab κ βοηθησι αυτοις κς και ρυσεται αυτους ℵᶜ·ᵃ) | βοηθηση T | αυτοις] αυτους R | ρυσηται T
— Stich 88 B 86 ℵA 85 R

ΨΑΛΜΟΙ XXXVII 12

καὶ ἐξελεῖται αὐτοὺς ἐξ ἁμαρτωλῶν καὶ σώσει αὐτούς, ὅτι Β
ἤλπισαν ἐπ' αὐτόν.

ΛΖ'

(XXXVII
 XXVIII)   Ψαλμὸς τῷ Δαυείδ· εἰς ἀνάμνησιν περὶ σαββάτου.

2 ²Κύριε, μὴ τῷ θυμῷ σου ἐλέγξῃς με,
   μηδὲ τῇ ὀργῇ σου παιδεύσῃς με.
3 ³ὅτι τὰ βέλη σου ἐνεπάγησάν μοι,
   καὶ ἐπεστήρισας ἐπ' ἐμὲ τὴν χεῖρά σου·
4 ⁴καὶ οὐκ ἔστιν ἴασις ἐν τῇ σαρκί μου ἀπὸ προσώπου τῆς ὀργῆς
   σου,
   οὐκ ἔστιν εἰρήνη τοῖς ὀστέοις μου ἀπὸ προσώπου τῶν
   ἁμαρτιῶν μου.
5 ⁵ὅτι αἱ ἀνομίαι μου ὑπερῆραν τὴν κεφαλήν μου,
   ὡσεὶ φορτίον βαρὺ ἐβαρύνθησαν ἐπ' ἐμέ.
6 ⁶προσώζεσαν καὶ ἐσάπησαν οἱ μώλωπές μου
   ἀπὸ προσώπου τῆς ἀφροσύνης μου·
7 ⁷ἐταλαιπώρησα καὶ κατεκάμφθην ἕως τέλους,
   ὅλην τὴν ἡμέραν σκυθρωπάζων ἐπορευόμην·
8 ⁸ὅτι ἡ ψυχή μου ἐπλήσθη ἐνπαιγμῶν,
   καὶ οὐκ ἔστιν ἴασις ἐν τῇ σαρκί μου.
9 ⁹ἐκακώθην καὶ ἐταπεινώθην ἕως σφόδρα,
   ὠρυόμην ἀπὸ στεναγμοῦ τῆς καρδίας μου.
10 ¹⁰καὶ ἐναντίον σου πᾶσα ἡ ἐπιθυμία μου,
   καὶ ὁ στεναγμός μου οὐκ ἐκρύβη ἀπὸ σοῦ.
11 ¹¹ἡ καρδία μου ἐταράχθη,
   ἐνκατέλιπέν με ἡ ἰσχύς μου,
   καὶ τὸ φῶς τῶν ὀφθαλμῶν μου οὐκ ἔστιν μετ' ἐμοῦ.
12 ¹²οἱ φίλοι μου καὶ οἱ πλησίον μου ἐξ ἐναντίας μου ἤγγισαν καὶ
   ἔστησαν,
   καὶ οἱ ἔγγιστά μου μακρόθεν ἔστησαν·

XXXVII 1 om εις Rᵃ (hab Rᵃ) | αμνησιν A | σαββατου] pr του A ℵART
2 ελεγξεις A   3 επεστηριξας T | χειραν R   4 om και ℵART | om εν
ℵ* (hab ℵᶜ·ᵃ) | τοις οστεοις] pr εν AT   5 om βαρυ A   8 η ψυχη]
αι ψυχαι ℵᶜ·ᵃ αι ψυαι AT αι ψοαι R | επλησθησαν ℵᶜ·ᵃART | εμπαιγμων
Bᵃᵇℵ* εμπαιγματων ℵᶜ·ᵃT ενπεγματων A | om εν ℵ* (hab ℵᶜ·ᵃ)   9 ωρυ-
ομενον Rᵛⁱᵈ   10 και 1°] ⸌ε ℵAT om R | μου 1°] σου R | απο σου ουκ εκρυβη
ℵAR a. σ. ο. απεκρυβη T   11 εγκατελιπεν Bᵃᵇℵ εγκατελειπεν AT (εγκαγελ.
Tᵉᵈⁱᵗ) | μου 3°]+και αυτο ℵᶜ·ᵃAT   12 μακροθεν] pr απο ℵᶜ·ᵃAT

161

B ¹³καὶ ἐξεβιάσαντο οἱ ζητοῦντες τὴν ψυχήν μου,   13
   καὶ οἱ ζητοῦντες τὰ κακά μοι ἐλάλησαν ματαιότητας,
   καὶ δολιότητας ὅλην τὴν ἡμέραν ἐμελέτησαν.
¹⁴ἐγὼ δὲ ὡσεὶ κωφὸς οὐκ ἤκουον,   14
   καὶ ὡσεὶ ἄλαλος οὐκ ἀνοίγων τὸ στόμα αὐτοῦ·
¹⁵καὶ ἐγενόμην ὡσεὶ ἄνθρωπος οὐκ ἀκούων   15
   καὶ οὐκ ἔχων ἐν στόματι αὐτοῦ ἐλεγμούς.
¹⁶ὅτι ἐπὶ σοὶ ἤλπισα, Κύριε·   16
   σὺ εἰσακούσῃ, Κύριε ὁ θεός μου.
¹⁷ὅτι εἶπα Μή ποτε ἐπιχαρῶσίν μοι οἱ ἐχθροί μου,   17
   καὶ ἐν τῷ σαλευθῆναι πόδας μου ἐπ' ἐμὲ ἐμεγαλορημόνησαν.
¹⁸ὅτι ἐγὼ εἰς μάστιγας ἕτοιμος,   18
   καὶ ἡ ἀλγηδών μου ἐνώπιόν μου διὰ παντός.
¹⁹ὅτι τὴν ἀνομίαν μου ἀναγγελῶ,   19
   καὶ μεριμνήσω ὑπὲρ τῆς ἁμαρτίας μου.
²⁰οἱ δὲ ἐχθροί μου ζῶσιν καὶ κεκραταίωνται ὑπὲρ ἐμέ,   20
   καὶ ἐπληθύνθησαν οἱ μισοῦντές με ἀδίκως·
²¹οἱ ἀνταποδιδόντες κακὰ ἀντὶ ἀγαθῶν   21
   ἐνδιέβαλλόν με, ἐπεὶ κατεδίωκον δικαιοσύνην.
²²μὴ ἐνκαταλίπῃς με, Κύριε·   22
   ὁ θεός μου, μὴ ἀποστῇς ἀπ' ἐμοῦ·
²³πρόσχες εἰς τὴν βοήθειάν μου, Κύριε τῆς σωτηρίας μου.   23

ΛΗ'

Εἰς τὸ τέλος, τῷ Ἰδιθούν· ᾠδὴ τῷ Δαυείδ.   XXXVIII
(XXXIX)
ᵃΕἶπα Φυλάξω τὰς ὁδούς μου τοῦ μὴ ἁμαρτάνειν ἐν γλώσσῃ μου· 2
   ἐθέμην τῷ στόματί μου φυλακὴν
   ἐν τῷ συστῆναι τὸν ἁμαρτωλὸν ἐναντίον μου.

ℵART 13 εξεβιαζοντο ℵT | ματαιοτητα ℵ* (-τας ℵᶜ⁻ᵃ) | δολιοτητα ℵ* (-τας ℵᶜ⁻ᵃ) 15 εγενομην] εγενηθην R | στοματι] pr τω ℵᶜ⁻ᵃAT   16 om οτι ℵ* (hab ℵᶜ⁻ᵃ) | ηε ηλπισα ℵART | συ BᶜℵAT] σοι B*R   17 ειτα] ειτε R* (ειτα Rᵃ) ειτον T | μη ποτε bis scr A | επιχαρωσιν] επιχαρειησαν R | om οι εχθροι μου ℵ* (hab ℵᶜ⁻ᵃ)   18 μου 2°] + εστιν ℵᶜ⁻ᵃART   19 αναγγελω] αναγγελλω ℵ pr εγω ℵᶜ⁻ᵃ (om ℵᶜ⁻ᵇ) ART   20 οι δε] οιδε οι R | υπερ] επ R | om με A   21 ανταποδιδοντες] + μοι ℵᶜ⁻ᵃART | κακα] πονηρα R | επι B*AT (επει BᵃᵇℵRᵃ) om R* | δικαιοσυνην] αγαθωσυνην ℵᶜ⁻ᵃRᵃ + και απερριψαν με τον αγαπητον ωσει νεκρον εβδελυγμενον R   22 εγκαταλιπης Bᵃᵇℵ εγκαταλειπης AT (ενκ.) | Κυριε ο θεος μου coniung AR 23 προσχες] προσθες Rᵛⁱᵈ | βοηθιαν T — Stich 45 BT 42 ℵR 44 A XXXVIII 1 Ιδιθουμ ARᵛⁱᵈT   2 αμαρτανειν (-ταννειν A*ᵛⁱᵈ)] + με ℵᶜ⁻ᵃ (om ℵᶜ⁻ᵇ) ARᵃT | φυλακην] + εναντιον μου R

262

ΨΑΛΜΟΙ XXXVIII 14

3 ³ἐκωφώθην καὶ ἐταπεινώθην καὶ ἐσίγησα ἐξ ἀγαθῶν, B
καὶ τὸ ἄλγημά μου ἀνεκαινίσθη.
4 ⁴ἐθερμάνθη ἡ καρδία μου ἐντός μου,
καὶ ἐν τῇ μελέτῃ μου ἐκκαυθήσεται πῦρ·
5 ἐλάλησα ἐν γλώσσῃ μου ⁵Γνώρισόν μοι, Κύριε, τὸ πέρας μου,
καὶ τὸν ἀριθμὸν τῶν ἡμερῶν μου τίς ἐστιν,
ἵνα γνῶ τί ὑστερῶ ἐγώ.
6 ⁶ἰδοὺ παλαιὰς ἔθου τὰς ἡμέρας μου,
καὶ ἡ ὑπόστασίς μου ὡσεὶ οὐδὲν ἐνώπιόν σου·
πλὴν τὰ σύμπαντα ματαιότης, πᾶς ἄνθρωπος ζῶν. διάψαλμα.
7 ⁷μέντοι γε ἐν εἰκόνι διαπορεύεται ἄνθρωπος,
πλὴν μάτην ταράσσονται·
θησαυρίζει, καὶ οὐ γινώσκει τίνι συνάξει αὐτά.
8 ⁸καὶ νῦν τίς ἡ ὑπομονή μου; οὐχὶ ὁ κύριος;
καὶ ἡ ὑπόστασίς μου παρὰ σοῦ ἐστιν.
9 ⁹ἀπὸ πασῶν τῶν ἀνομιῶν μου ῥῦσαί με,
ὄνειδος ἄφρονι ἔδωκάς με.
10 ¹⁰ἐκωφώθην καὶ οὐκ ἤνοιξα τὸ στόμα μου, ὅτι σὺ εἶ ὁ ποιήσας με.
11 ¹¹ἀπόστησον ἀπ' ἐμοῦ τὰς μάστιγάς σου·
ἀπὸ τῆς ἰσχύος τῆς χειρός σου ἐγὼ ἐξέλιπον.
12 ¹²ἐν ἐλεγμοῖς ὑπὲρ ἀνομίας ἐπαίδευσας ἄνθρωπον,
καὶ ἐξέτηξας ὡς ἀράχνην τὴν ψυχὴν αὐτοῦ·
πλὴν μάτην ταράσσεται πᾶς ἄνθρωπος. διάψαλμα.
13 ¹³εἰσάκουσον τῆς προσευχῆς μου καὶ τῆς δεήσεώς μου,
ἐνώτισαι τῶν δακρύων μου.
μὴ παρασιωπήσῃς· ὅτι πάροικος ἐγώ εἰμι ἐν τῇ γῇ
καὶ παρεπίδημος, καθὼς πάντες οἱ πατέρες μου.
14 ¹⁴ἄνες μοι ἵνα ἀναψύξω
πρὸ τοῦ με ἀπελθεῖν καὶ οὐκέτι μὴ ὑπάρξω.

5 om μου 1° A   6 παλαιας B*א*R] παλαιστας Bᵃᵇאᶜ·ᵃ παλεστας AT | אART ουθεν אᶜ·ᵃART | συνπαντα אAR | om διαψαλμα T   7 διαπορευεται] post δ ras 1 lit A | ταρασσεται Bᵇאᶜ·ᵃRT | om ου R* (hab Rᵃ) | συναξει] συναγει (γ sup ras) Aᵃ   8 ο κυριος] om ο אᶜ·ᵃRT | σου] σοι Bᵇ   9 ρυσαι] καθαρισον א* (ρυσαι אᶜ·ᵃ)   10 οτι] ουχι R* (οτι Rᵃ) | ει ο ποιησας] εποιησας אᶜ·ᵃART | om με אᶜ·ᵃ ᵛⁱᵈ T   11 απο]+γαρ אᶜ·ᵃAT | εξελειπον AT   12 αυτου] μου R | om ταρασσεται אAT | ανθρωπος]+ζων R | om διαψαλμα AT   13 μου 1°]+κε אART | μου 2°]+ενωτισαι אᶜ·ᵃ (ipse rursus del) | των δακρυων] τα δακρυα R | παρασιωπησης (-πησησης א)]+απ εμου R | ειμι εγω א* (εγω ειμι אᶜ·ᵃ) | εν τη γη] παρα σοι אAT παρα σου R   14 μη] pr ου AT — Stich 32 BR 30 א 33 AT

263

ΧΧΧΙΧ 1   ΨΑΛΜΟΙ

ΛΘ´

Εἰς τὸ τέλος· τῷ Δαυεὶδ ψαλμός.

²Ὑπομένων ὑπέμεινα τὸν κύριον, καὶ προσέσχεν μοι
καὶ εἰσήκουσεν τῆς δεήσεώς μου·
³καὶ ἀνήγαγέν με ἐκ λάκκου ταλαιπωρίας
καὶ ἀπὸ πηλοῦ ἰλύος,
καὶ ἔστησεν ἐπὶ πέτραν τοὺς πόδας μου,
καὶ κατηύθυνεν τὰ διαβήματά μου·
⁴καὶ ἐνέβαλεν εἰς τὸ στόμα μου ᾆσμα καινόν,
ὕμνον τῷ θεῷ ἡμῶν·
ὄψονται πολλοὶ καὶ φοβηθήσονται, καὶ ἐλπιοῦσιν ἐπὶ Κύριον.
⁵μακάριος ἀνὴρ οὗ ἐστιν τὸ ὄνομα Κυρίου ἐλπὶς αὐτοῦ,
καὶ οὐκ ἐνέβλεψεν εἰς ματαιότητας καὶ μανίας ψευδεῖς.
⁶πολλὰ ἐποίησας σύ, Κύριε ὁ θεός μου, τὰ θαυμάσιά σου,
καὶ τοῖς διαλογισμοῖς σου οὐκ ἔστιν τίς ὁμοιωθήσεται·
ἀπήγγειλα καὶ ἐλάλησα, ἐπληθύνθησαν ὑπὲρ ἀριθμόν.
⁷θυσίαν καὶ προσφορὰν οὐκ ἠθέλησας,
σῶμα δὲ κατηρτίσω μοι·
ὁλοκαύτωμα καὶ περὶ ἁμαρτίας οὐκ ᾔτησας.
⁸τότε εἶπον Ἰδοὺ ἥκω,
ἐν κεφαλίδι βιβλίου γέγραπται περὶ ἐμοῦ·
⁹τοῦ ποιῆσαι τὸ θέλημά σου ὁ θεός μου ἐβουλήθην,
καὶ τὸν νόμον σου ἐν μέσῳ τῆς καρδίας μου.
¹⁰εὐηγγελισάμην δικαιοσύνην ἐν ἐκκλησίᾳ μεγάλῃ·
ἰδοὺ τὰ χείλη μου οὐ μὴ κωλύσω.
Κύριε, σὺ ἔγνως ¹¹τὴν δικαιοσύνην μου·
οὐκ ἔκρυψα ἐν τῇ καρδίᾳ μου τὴν ἀλήθειάν σου,
καὶ τὸ σωτήριόν σου εἶπα·
οὐκ ἔκρυψα τὸ ἔλεός σου καὶ τὴν ἀλήθειάν σου ἀπὸ συναγωγῆς πολλῆς.

ΝΑRT   XXXIX 1 ψαλμος τω Δ. Α   3 λακου T | απο] υπο A | υλεως] ιλυος B^{c(mg)} | κατευθυνεν ℵ   4 πολλοι] δικαιοι R   5 ελπις] pr η R | ενεβλεψεν B*^bA^b] επεβλεψεν B*ℵRT   6 ομοιωθησεται Bℵ AR*T] ομοιος R* + σοι RT
7 ολοκαυτωματα ART | ητησας] εξητησας ℵART   9 εβουληθην B*ℵR*T] ηβουληθην B^{ab}A εθελησα R* | καρδιας] κοιλιας ℵΑΤ   10 δικαιοσυνην] την δ. σου R.   11 την δικ. inc stich in ART | μου 1° B*^b] σου B*ℵ^{c.a}ART | την αληθειαν (1°) inc stich in ART | ειπα] ειπον T

264

ΨΑΛΜΟΙ   XL 3

12 ¹²σὺ δέ, Κύριε, μὴ μακρύνῃς τοὺς οἰκτιρμούς σου ἀπ' ἐμοῦ·   B
    τὸ ἔλεός σου καὶ ἡ ἀλήθειά σου διὰ παντὸς ἀντελάβοντό μου.
13 ¹³ὅτι περιέσχον με κακὰ ὧν οὐκ ἔστιν ἀριθμός,
    κατέλαβόν με αἱ ἀνομίαι μου, καὶ οὐκ ἠδυνάσθην τοῦ βλέπειν·
    ἐπληθύνθησαν ὑπὲρ τὰς τρίχας τῆς κεφαλῆς μου,
    καὶ ἡ καρδία μου ἐνκατέλιπέν με.
14 ¹⁴εὐδόκησον, Κύριε, τοῦ ῥύσασθαί με·
    Κύριε, εἰς τὸ βοηθῆσαί μοι πρόσχες.
15 ¹⁵καταισχυνθείησαν καὶ ἐντραπείησαν ἅμα οἱ ζητοῦντες τὴν ψυ-
    χήν μου τοῦ ἐξᾶραι αὐτήν·
    ἀποστραφείησαν εἰς τὰ ὀπίσω καὶ ἐντραπείησαν οἱ θέλοντές
    μοι κακά.
16 ¹⁶κομισάσθωσαν παραχρῆμα αἰσχύνην αὐτῶν οἱ λέγοντές μοι
    Εὖγε εὖγε.
17 ¹⁷ἀγαλλιάσαιντο καὶ εὐφρανθείησαν ἐπὶ σοὶ πάντες οἱ ζητοῦντές
    σε, Κύριε,
    καὶ εἰπάτωσαν διὰ παντὸς Μεγαλυνθήτω ὁ κύριος,
    οἱ ἀγαπῶντες τὸ σωτήριόν σου διὰ παντός.
18 ¹⁸ἐγὼ δὲ πτωχὸς καὶ πένης εἰμί, Κύριος φροντιεῖ μου·
    βοηθός μου καὶ ὑπερασπιστής μου σὺ εἶ, ὁ θεός μου, μὴ
    χρονίσῃς.

M'

XL   Εἰς τὸ τέλος· ψαλμὸς τῷ Δαυείδ.
(XLI)
2   ²Μακάριος ὁ συνίων ἐπὶ πτωχὸν καὶ πένητα,
    ἐν ἡμέρᾳ πονηρᾷ ῥύσεται αὐτὸν ὁ κύριος.
3   ³Κύριος φυλάξαι αὐτόν, καὶ μακαρίσαι αὐτὸν ἐν τῇ γῇ,
    καὶ μὴ παραδοῖ αὐτὸν εἰς χεῖρας ἐχθροῦ αὐτοῦ.

12 αντιλαβοιτο AR αττελαβοιτο (sic) T   13 ουκ ηδυνασθην B^ab (·θη ℵART
B*)] ουκ ηδυνηθην ℵAR^vid T ου μη δυνηθην (sic) R* | εγκατελιπεν H^ab ℵ
εγκατελειπεν A εκκατελειπεν T   14 προσχες] σκευος A Γ προσθες R^vid
15 αποστραφειησαν] αποστραφητωσαν R | εντραπειησαν 2°] καταισχυνθησαν
ℵ^c.a (στραπ. ℵ^c.b) (? R) καταισχυνθεισαν A (? R) T   16 κομισατωσαν R
17 αγαλλειασοιντο A αγαλλιασθωσαν T | σου] αυτον R | om δια παντος 2°
ℵART   18 ειμι και πενης AR (ειμι sup ras R^a) T | Κυριοις] pr ο AT | ει
συ ℵT ει σοι A | ο θεος μου] Κυριε R κ̅ε̅ T — Stich 43 B 42 ℵ 47 A 44 RT
XL 2 ο κυριος] om ο ℵR   3 φυλαξαι] διαφυλαξαι ℵART | αυτον
1°]+και ζησαι αυτον ℵART | παραδωη ℵAR παραδω T | εχθρου] εχθρων
ℵAT των εχθρων R

σδ5

B ⁴Κύριος βοηθήσαι αὐτῷ ἐπὶ κλίνης ὀδύνης αὐτοῦ, 4
ὅλην τὴν κοίτην αὐτοῦ ἔστρεψας ἐν τῇ ἀρρωστίᾳ αὐτοῦ.
⁵ἐγὼ εἶπα Κύριε, ἐλέησόν με· 5
ἴασαι τὴν ψυχήν μου, ὅτι ἥμαρτόν σοι.
⁶οἱ ἐχθροί μου εἶπαν κακά μοι 6
Πότε ἀποθανεῖται καὶ ἀπολεῖται τὸ ὄνομα αὐτοῦ;
⁷καὶ εἰ εἰσεπορεύετο τοῦ ἰδεῖν, μάτην ἐλάλει· 7
ἡ καρδία αὐτοῦ συνήγαγεν ἀνομίαν ἑαυτῷ,
ἐξεπορεύετο ἔξω καὶ ἐλάλει ⁸ἐπὶ τὸ αὐτὸ κατ' ἐμοῦ. 8
ἐψιθύριζον πάντες οἱ ἐχθροί μου κατ' ἐμοῦ·
ἐλογίζοντο κακά μοι·
⁹λόγον παράνομον κατέθεντο κατ' ἐμοῦ 9
Μὴ ὁ κοιμώμενος οὐχὶ προσθήσει τοῦ ἀναστῆναι;
¹⁰καὶ γὰρ ὁ ἄνθρωπος τῆς εἰρήνης μου, ἐφ' ὃν ἤλπισα, 10
ὁ ἐσθίων ἄρτους μου, ἐμεγάλυνεν ἐπ' ἐμὲ πτερνισμόν.
¹¹σὺ δέ, Κύριε, ἐλέησόν με καὶ ἀνάστησόν με, καὶ ἀνταποδώσω 11
αὐτοῖς.
¹²ἐν τούτῳ ἔγνων ὅτι τεθέληκάς με, 12
ὅτι οὐ μὴ ἐπιχαρῇ ὁ ἐχθρός μου ἐπ' ἐμέ.
¹³ἐμοῦ δὲ διὰ τὴν ἀκακίαν ἀντελάβου, 13
καὶ ἐβεβαίωσάς με ἐνώπιόν σου εἰς αἰῶνα.

¹⁴εὐλογητὸς Κύριος ὁ θεὸς Ἰσραὴλ 14
ἀπὸ τοῦ αἰῶνος καὶ εἰς τὸν αἰῶνα· γένοιτο, γένοιτο.

ℵART 4 βοηθησει AR βοηθηση T   6 ειπαν] ειπον T | κακα] πονηρα R   7 ει Bᵃᵇ (η B*) ℵ*] om ℵᶜ·ᵃART | om ματην ελαλει B* (hab Bᵃᵇ) | αυτου] αυτων R | συνηγαγον R | εαυτω] αυτω A εαυτοις R | εξεπορευετο] και εξεπορευοντο R | ελαλει R   8 επι το αυτο inc stich in AT | om κατ εμου 1° ℵ* (hab ℵᶜ·ᵃ) inc stich in AT | κακα μοι] μοι πονηρα R   10 ηλπισα] εσηλπισα R | ο εσθιων] οι εσθιων Rᵛⁱᵈ | αρτους] pr τους R   11 αναστησου|μαι B*ᵛⁱᵈ (αναστησον [Bᵃ] με Bᵃᵇ)   12 τεθεληκας] ηθελησας ℵ* (τεθ. ℵᶜ·ᵃ) | επιχαιρη Aᵗᵛⁱᵈ   13 ακακιαν]+μου R | αντελαβου] αντιλαβου (sic) μου R | εβεβαιωσας] στερεωσας R | αιωνα] pr τον ℵART   14 Ισραηλ] pr του R | εις τον αιωνα] εως του αιωνος R — Stich 26 BART 14 ℵ

ΨΑΛΜΟΙ

II

ΜΑ´

XLI
(XLII)

Εἰς τὸ τέλος· εἰς σύνεσιν τοῖς υἱοῖς Κόρε.

2 ²*Ὃν τρόπον ἐπιποθεῖ ἡ ἔλαφος ἐπὶ τὰς πηγὰς τῶν ὑδάτων,
οὕτως ἐπιποθεῖ ἡ ψυχή μου πρὸς σέ, ὁ θεός.
3 ³ἐδίψησεν ἡ ψυχή μου πρὸς τὸν θεὸν τὸν ζῶντα·
πότε ἥξω καὶ ὀφθήσομαι τῷ προσώπῳ τοῦ θεοῦ;
4 ⁴ἐγενήθη τὰ δάκρυά μου ἄρτος ἡμέρας καὶ νυκτός,
ἐν τῷ λέγεσθαί μοι καθ᾽ ἑκάστην ἡμέραν Ποῦ ἐστιν ὁ θεός
σου;
5 ⁵ταῦτα ἐμνήσθην, καὶ ἐξέχεα ἐπ᾽ ἐμὲ τὴν ψυχήν μου·
ὅτι διελεύσομαι ἐν τόπῳ σκηνῆς θαυμαστῆς ἕως τοῦ οἴκου
τοῦ θεοῦ,
ἐν φωνῇ ἀγαλλιάσεως καὶ ἐξομολογήσεως, ἤχου ἑορταζόντων.
6 ⁶ἵνα τί περίλυπος εἶ, ἡ ψυχή, καὶ ἵνα τί συνταράσσεις με; ¶ Τ
ἔλπισον ἐπὶ τὸν θεόν, ὅτι ἐξομολογήσομαι αὐτῷ·
σωτήριον τοῦ προσώπου μου ὁ θεός μου.
7 ⁷πρὸς ἐμαυτὸν ἡ ψυχή μου ἐταράχθη·
διὰ τοῦτο μνησθήσομαί σου ἐκ γῆς Ἰορδάνου καὶ Ἑρμω-
νιείμ, ἀπὸ ὄρους μικροῦ.
8 ⁸ἄβυσσος ἄβυσσον ἐπικαλεῖται εἰς φωνὴν τῶν καταρακτῶν σου·
πάντες οἱ μετεωρισμοί σου καὶ τὰ κύματά σου ἐπ᾽ ἐμὲ διῆλθον.
9 ⁹ἡμέρας ἐντελεῖται Κύριος τὸ ἔλεος αὐτοῦ, καὶ νυκτὸς δηλώσει·
παρ᾽ ἐμοὶ προσευχὴ τῷ θεῷ τῆς ζωῆς μου.
10 ¹⁰ἐρῶ τῷ θεῷ Ἀντιλήμπτωρ μου εἶ, διὰ τί μου ἐπελάθου;
ἵνα τί σκυθρωπάζων πορεύομαι ἐν τῷ ἐκθλίβειν τὸν ἐχ-
θρόν μου;

XLI 1 Κορε]+ψαλμος τω ͞δ͞α͞δ A ψαλμος RT   3 τον θεον]+τον ℵART
ισχυρον Bᶜℵᶜ·ᵃAT   4 εγενηθη]+μοι R | μου]+μοι ℵᶜ·ᵃ+εμοι AT
5 διελευσομαι] εισελευσομαι R | εν τοπω] εις τοπον R | σκηνης] σκηνωματος
R | θαυμαστων Rᵛⁱᵈ | ηχους ART | εορταζοντος ℵᶜ·ᵃART   6 ψυχη]+μου
ℵᶜ·ᵃART | τον θεον] Κυριον R | μου 1°] σου ℵ* (μου ℵᶜ·ᵃ) | ο θεος] pr και
ℵᶜ·ᵃAR   7 σου]+κε ℵ* (om ℵᶜ·ᵃ) AR | Ιορδαννου R | Ερμωμειν R*ᵛⁱᵈ
(Ερμωνιειμ sup ras Rᵃ)   8 φωνας R* (φωνην Rᵃ)   9 νυκτος] εν νυκτι
R | δηλωσει] ωδη αυτω ℵᶜ·ᵃ ω. αυτου A | om παρ εμοι ℵ* (hab ℵᶜ·ᵃ sed
ipse rursus del vid) c praec coniung A | εμοι] εμαυτου R   10 om
ει A | επελαθου]+ινα τι απωσω με R | ινα τι] pr και ℵᶜ·ᵃAR | om μου 3°
ℵᶜ·ᵃ

267

B ¹¹ἐν τῷ καταθλάσαι τὰ ὀστᾶ μου ὠνείδισάν με οἱ θλίβοντές με, 11
ἐν τῷ λέγειν αὐτούς μοι καθ' ἑκάστην ἡμέραν Ποῦ ἐστιν ὁ
θεός σου;
¹²ἵνα τί περίλυπος εἶ, ἡ ψυχή, καὶ ἵνα τί συνταράσσεις με; 12
ἔλπισον ἐπὶ τὸν θεόν, ὅτι ἐξομολογήσομαι αὐτῷ·
ἡ σωτηρία τοῦ προσώπου μου ὁ θεός μου.

ΜΒ΄

Ψαλμὸς τῷ Δαυείδ.   XLII (XLIII)

Κρῖνόν με, ὁ θεός, καὶ δίκασον τὴν δίκην μου ἐξ ἔθνους 1
οὐχ ὁσίου·
ἀπὸ ἀνθρώπου ἀδίκου καὶ δολίου ῥῦσαί με.
²ὅτι σὺ εἶ ὁ θεὸς κραταίωμά μου· 2
ἵνα τί ἀπώσω με;
καὶ ἵνα τί σκυθρωπάζων πορεύομαι ἐν τῷ ἐκθλίβειν τὸν
ἐχθρόν μου;
³ἐξαπόστειλον τὸ φῶς σου καὶ τὴν ἀλήθειάν σου· 3
αὐτά με ὡδήγησαν καὶ ἤγαγόν με εἰς ὄρος ἅγιόν σου
καὶ εἰς τὰ σκηνώματά σου.
⁴καὶ εἰσελεύσομαι πρὸς τὸ θυσιαστήριον τοῦ θεοῦ, 4
πρὸς τὸν θεὸν τὸν εὐφραίνοντα τὴν νεότητά μου·
ἐξομολογήσομαί σοι, Κύριε ὁ θεός μου, ἐν κιθάρᾳ.
⁵ἵνα τί περίλυπος εἶ, ψυχή, καὶ ἵνα τί συνταράσσεις με; 5
ἔλπισον ἐπὶ τὸν θεόν, ὅτι ἐξομολογήσομαι αὐτῷ·
σωτήριον τοῦ προσώπου μου ὁ θεός μου.

ΜΓ΄

Εἰς τὸ τέλος· τοῖς υἱοῖς Κόρε εἰς σύνεσιν ψαλμός.   XLIII (XLIV)

²Ὁ θεός, ἐν τοῖς ὠσὶν ἡμῶν ἠκούσαμεν, 2
οἱ πατέρες ἡμῶν ἀνήγγειλαν ἡμῖν,

AR 11 καταθλασθαι ℵ^c.ᵃ | ωνειδιζον ℵ^c.ᵃ A | με 1°] seq ras 2 litt in A | οι θλιβοντες με] οι εχθροι μου ℵ^c.ᵃ A | λεγεσθαι R | om αυτους R | μοι] μν (sic) Rᵃ | με Rᵃ ᵛⁱᵈ | καθεκαθεκαστην A | εστιν]+ων R   12 η ψυχη] om η Bᵃᵇ+μου AR | τον θεον] Κυριον R | η σωτηρια] σωτηριον ℵ^c.ᵃ AR | ο θεος] pr και ℵ^c.ᵃ AR — Stich 25 Bℵ 30 AR   XLII 1 ψαλμος τω Δ.] τω Δ. ψαλμος ℵ pr εις το τελος συνεσεως τοις υιοις Κορε A+ανεπιγραφος παρ Εβραιοις R | με 1°] μοι A   2 om ει ℵ^c.ᵃ | ο θεος]+μου ℵR | om και ℵᵇ (hab ℵ^c.ᵃ) | om μου 2ᵘ ℵ^c.ᵃ   4 om Κυριε ℵA | εν κιθαρα ο θς μου ℵᵃ A εν πιθ. ο θς ο θς μου ℵ^c.ᵃ ᵛⁱᵈ R   5 ψυχη] η ψ. μου AR | των θεον] Κυριον R | ο θεος] pr και ℵ^c.ᵃ AR — Stich 14 BA 13 ℵR   XLIII 1 om εις συνεσιν A (sign adpinx Aᵇ¹) | om ψαλμος ℵ

ΨΑΛΜΟΙ XLIII 14

ἔργον ὃ εἰργάσω ἐν ταῖς ἡμέραις αὐτῶν, ἐν ἡμέραις ἀρχαίαις. B
3 ³ἡ χείρ σου ἔθνη ¹ἐξωλόθρευσεν, καὶ κατεφύτευσας αὐτούς,   ‖ T
ἐκάκωσας λαοὺς καὶ ἐξέβαλες αὐτούς.
4 ⁴οὐ γὰρ ἐν τῇ ῥομφαίᾳ αὐτῶν ἐκληρονόμησαν γῆν,
καὶ ὁ βραχίων αὐτῶν οὐκ ἔσωσεν αὐτούς·
ἀλλ' ἡ δεξιά σου καὶ ὁ βραχίων σου καὶ ὁ φωτισμὸς τοῦ προσ-
ώπου σου,
ὅτι εὐδόκησας ἐν αὐτοῖς.
5 ⁵σὺ εἶ αὐτὸς ὁ βασιλεύς μου καὶ ὁ θεός μου,
ὁ ἐντελλόμενος τὰς σωτηρίας Ἰακώβ.
6 ⁶ἐν σοὶ τοὺς ἐχθροὺς ἡμῶν κερατιοῦμεν,
καὶ ἐν τῷ ὀνόματί σου ἐξουθενώσομεν τοὺς ἐπανιστανο-
μένους ἡμῖν.
7 ⁷οὐ γὰρ ἐπὶ τῷ τόξῳ μου ἐλπιῶ,
καὶ ἡ ῥομφαία μου οὐ σώσει με·
9 ⁹ἐν τῷ θεῷ ἐπαινεσθησόμεθα ὅλην τὴν ἡμέραν,
καὶ ἐν τῷ ὀνόματί σου ἐξομολογησόμεθα εἰς τὸν αἰῶνα.
διάψαλμα.
10 ¹⁰νυνὶ δὲ ἀπώσω καὶ κατῄσχυνας ἡμᾶς,
καὶ οὐκ ἐξελεύσῃ ἐν ταῖς δυνάμεσιν ἡμῶν.
11 ¹¹ἀπέστρεψας ἡμᾶς εἰς τὰ ὀπίσω παρὰ τοὺς ἐχθροὺς ἡμῶν,
καὶ οἱ μισοῦντες ἡμᾶς διήρπαζον ἑαυτοῖς·
12 ¹²ἔδωκας ἡμᾶς ὡς πρόβατα βρώσεως,
καὶ ἐν τοῖς ἔθνεσιν διέσπειρας ἡμᾶς·
13 ¹³ἀπέδου τὸν λαόν σου ἄνευ τιμῆς,
καὶ οὐκ ἦν πλῆθος ἐν τοῖς ἀλαλάγμασιν αὐτῶν·
14 ¹⁴ἔθου ἡμᾶς ὄνειδος τοῖς γείτοσιν ἡμῶν,
μυκτηρισμὸν καὶ καταγέλωτα τοῖς κύκλῳ ἡμῶν·

2 εργον ο] εργον ον R (nisi forte εργων ων)   3 εξωλοθρευσεν] εξωλεθρ. ΝΑRT
B¹ΝΑR^vid ...σεν T | εξεβαλας ΑRT   4 εκληρονομησαν] κληρονομησασιν
R | ηυδοκησαι T   5 ο εντελλ.] ει εντελλ. R   6 εξουθενωσομεν] εξου-
θενησομεν Ν* εξουδενωσομεν Ν^c.a A*^vid RT εξουδενωσομεν (ω 2° rescr) A¹ |
επανισταννομενους A* (ras ν 1° A?) επανισταμομενους R επανισταμενους B^cT
7 σωσει με]+(8) εσωσας γαρ ημας εκ των θλιβοντων ημας| και τους μισουντας
(μεισ. ΝT) ημας κατησχηνας (-σχυνας ΝΑRT) B^b(vid)ΝΑRT   9 επαι-
νεθησομεθα Ν^c.a A (επενεθ.) T | εξομολογησωμεθα T | om διαψαλμα ΑT
10 κατῃσχυνας] εξουδενωσας R | εξελευσῃ]+ο θ̄ Ν^c.aART   13 αυτων]
ημων Ν^c.a ART   14 ονειδος] pr εις A   14—15 om μυκτηρισμον...
εθνεσιν Ν* (hab Ν^c.a)   14 καταγελωτα] χλευασμον Ν^c.a ART | ημων 2°]
+ και οι εχθροι ημων εμυκτηρισαν ημας (sup ras) A^?1a?

B ¹⁵ἔθου ἡμᾶς εἰς παραβολὴν ἐν τοῖς ἔθνεσιν,   15
κίνησιν κεφαλῆς ἐν τοῖς λαοῖς.
¹⁶ὅλην τὴν ἡμέραν ἡ ἐντροπή μου κατεναντίον μού ἐστιν,   16
καὶ ἡ αἰσχύνη τοῦ προσώπου μου ἐκάλυψέν με,
¹⁷ἀπὸ φωνῆς ὀνειδίζοντος καὶ παραλαλοῦντος,   17
ἀπὸ προσώπου ἐχθροῦ καὶ ἐκδιώκοντος.
¹⁸ταῦτα πάντα ἦλθεν ἐφ᾽ ἡμᾶς, καὶ οὐκ ἐπελαθόμεθά σου,   18
καὶ οὐκ ἠδικήσαμεν ἐν διαθήκῃ σου·
¹⁹καὶ οὐκ ἀπέστη εἰς τὰ ὀπίσω ἡ καρδία ἡμῶν,   19
καὶ ἐξέκλινας τοὺς τρίβους ἡμῶν ἀπὸ τῆς ὁδοῦ σου.
²⁰ὅτι ἐταπείνωσας ἡμᾶς ἐν τόπῳ κακώσεως,   20
καὶ ἐπεκάλυψεν ἡμᾶς σκιὰ θανάτου.
²¹εἰ ἐπελαθόμεθα τοῦ ὀνόματος τοῦ θεοῦ ἡμῶν,   21
καὶ εἰ διεπετάσαμεν χεῖρας ἡμῶν πρὸς θεὸν ἀλλότριον,
²²οὐχὶ ὁ θεὸς ἐκζητήσει ταῦτα;   22
αὐτὸς γὰρ γινώσκει τὰ κρύφια τῆς καρδίας.
²³ὅτι ἕνεκα σοῦ θανατούμεθα ὅλην τὴν ἡμέραν,   23
ἐλογίσθημεν ὡς πρόβατα σφαγῆς.
²⁴ἐξεγέρθητι· ἵνα τί ὑπνοῖς, Κύριε;   24
ἀνάστηθι καὶ μὴ ἀπώσῃ εἰς τέλος.
²⁵ἵνα τί τὸ πρόσωπόν σου ἀποστρέφεις;   25
ἐπιλανθάνῃ τῆς πτωχίας ἡμῶν καὶ τῆς θλίψεως ἡμῶν;
²⁶ὅτι ἐταπεινώθη εἰς χοῦν ἡ ψυχὴ ἡμῶν,   26
ἐκολλήθη εἰς γῆν ἡ γαστὴρ ἡμῶν.
²⁷ἀνάστα, Κύριε, βοήθησον ἡμῖν   27
καὶ λύτρωσαι ἡμᾶς ἕνεκεν τοῦ ὀνόματός σου.

ΜΔ´

Εἰς τὸ τέλος, ὑπὲρ τῶν ἀλλοιωθησομένων· τοῖς υἱοῖς   XLIV
Κόρε εἰς σύνεσιν· ᾠδὴ ὑπὲρ τοῦ ἀγαπητοῦ.   (XLV)

²Ἐξηρεύξατο ἡ καρδία μου λόγον ἀγαθόν,   2
λέγω ἐγὼ τὰ ἔργα μου τῷ βασιλεῖ·
ἡ γλῶσσά μου κάλαμος γραμματέως ὀξυγράφου.

ℵART   15 κεφαλην Aᵃᵗ   16 κατεναντιον] κατενωπιον A   17 παραλαλουντος]
καταλαλ. ℵᶜ·ªAT | προσωπου] φοβου ℵ* (προσ. ℵᶜ·ª)   19 τας τριβους
BᵇᵛⁱᵈT   20 επεκαλυψεν] εκαλυψεν R   21 om του ονοματος A | χειρας]
pr τας R   23 ενεκεν ℵAT | προβατα ℵ   24 απωση] απωσης
ημας R   25 το προσ.] om το A | πτωχιας Bᵃᵇ   26 εις] ε sup ras
Aᵃᵗ — Stich 55 B 53 ℵ 57 A 54 R   XLIV 1 om εις το τελος...ωδη
A om ωδη R | υπερ του αγαπητου sup ras Aª pr Δαδ A

ΨΑΛΜΟΙ   XLIV 14

3 ³ὡραῖος κάλλει παρὰ τοὺς υἱοὺς τῶν ἀνθρώπων,   B
  ἐξεχύθη ἡ χάρις ἐν χείλεσίν σου·
  διὰ τοῦτο εὐλόγησέν σε ὁ θεὸς εἰς τὸν αἰῶνα.
4 ⁴περίζωσαι τὴν ῥομφαίαν σου ἐπὶ τὸν μηρόν σου, Δυνατέ,
  τῇ ὡραιότητί σου καὶ τῷ κάλλει σου,
5 ⁵καὶ ἔντεινον, καὶ κατευοδοῦ καὶ βασίλευε
  ἕνεκεν ἀληθείας καὶ πραΰτητος καὶ δικαιοσύνης,
  καὶ ὁδηγήσει σε θαυμαστῶς ἡ δεξιά σου.
6 ⁶τὰ βέλη σου ἠκονημένα, Δυνατέ·
  λαοὶ ὑποκάτω σου πεσοῦνται
  ἐν καρδίᾳ τῶν ἐχθρῶν τοῦ βασιλέως.
7 ⁷ὁ θρόνος σου, ὁ θεός, εἰς αἰῶνα αἰῶνος,
  ῥάβδος εὐθύτητος ἡ ῥάβδος τῆς βασιλείας σου.
8 ⁸ἠγάπησας δικαιοσύνην καὶ ἐμίσησας ἀνομίαν·
  διὰ τοῦτο ἔχρισέν σε ὁ θεὸς ὁ θεός σου
  ἔλαιον ἀγαλλιάσεως παρὰ τοὺς μετόχους σου.
9 ⁹σμύρνα καὶ στακτὴ καὶ κασία ἀπὸ τῶν ἱματίων σου,
  ἀπὸ βάρεων ἐλεφαντίνων, ἐξ ὧν ηὔφρανάν σε.
10 ¹⁰θυγατέρες βασιλέων ἐν τῇ τιμῇ σου·
  παρέστη ἡ βασίλισσα ἐκ δεξιῶν σου, ἐν ἱματισμῷ διαχρύσῳ
  περιβεβλημένη πεποικιλμένη.
11 ¹¹ἄκουσον, θύγατερ, καὶ ἴδε καὶ κλῖνον τὸ οὖς σου,
  καὶ ἐπιλάθου τοῦ λαοῦ σου καὶ τοῦ οἴκου τοῦ πατρός σου·
12 ¹²ὅτι ἐπεθύμησεν ὁ βασιλεὺς τοῦ κάλλους σου,
  ὅτι αὐτός ἐστιν ὁ κύριός σου.
13 ¹³καὶ προσκυνήσουσιν αὐτῷ θυγατέρες Τύρου ἐν δώροις,
  τὸ πρόσωπόν σου λιτανεύσουσιν οἱ πλούσιοι τοῦ λαοῦ τῆς
  γῆς.
14 ¹⁴πᾶσα ἡ δόξα αὐτῆς θυγατρὸς βασιλέως Ἐσεβών·
  ἐν κροσωτοῖς χρυσοῖς περιβεβλημένη πεποικιλμένη.

3 η χαρις] om η ℵc.ªAT   4 om σου 3° R   6 εν καρδια] ενωπιον R ℵART
7 αιωνα αιωνος] τον αιωνα του αιωνος ℵART   8 ανομιαν] αδικιαν A
9 σμυρναν κ. στακτην κ. κασιαν (κασσ. R) ℵc.ªRT   10 βασιλεως A |
πεποικιλμενοις ℵ   12 οτι επεθυμησεν] και επιθυμησει ℵc.ªAT | καλλουσου
A | ο κυριος] om ο ℵc.ªT ο θεος R   13 προσκυνησουσιν] προσκυνησις ℵc.ª
προσκυνησης T | αυτω] αυτων R | θυγατερες Τυρου] θυγατηρ Τυρου ℵ* και
θυγατηρ Τυρου ℵc.ª T om Τυρου A*vid (θυγα| Τυρου Aª) | λιτανευσωσιν T |
om της γης ℵART   14 αυτης θυγατρος B*ℵ* Rª] της θυγατρος Bᵇ (au non
inst) ℵc.ªAT αυτης θυγατερες R* | βασιλεως] pr του ℵc.ªAT βασιλεων R |
Εσεβων] εσωθεν Bᵃᵇℵc.ªART | κροσσωτοις ℵc.ª RT | πεποικιλμενοις ℵ* (-νη ℵc.ª)

271

B ¹⁵ἀπενεχθήσονται τῷ βασιλεῖ παρθένοι ὀπίσω αὐτῆς, 15
αἱ πλησίον αὐτῆς ἀπενεχθήσονταί σοι·
¹⁶ἀπενεχθήσονται ἐν εὐφροσύνῃ καὶ ἀγαλλιάσει, 16
ἀχθήσονται εἰς ναὸν βασιλέως.
¹⁷ἀντὶ τῶν πατέρων σου ἐγεννήθησάν σοι υἱοί· 17
καταστήσεις αὐτοὺς ἄρχοντας ἐπὶ πᾶσαν τὴν γῆν.
¹⁸μνησθήσονται τοῦ ὀνόματός σου ἐν πάσῃ γενεᾷ καὶ γενεᾷ· 18
διὰ τοῦτο λαοὶ ἐξομολογήσονταί σοι
εἰς τὸν αἰῶνα καὶ εἰς τὸν αἰῶνα τοῦ αἰῶνος.

ΜΕ´

Εἰς τὸ τέλος· ὑπὲρ τῶν υἱῶν Κόρε, ὑπὲρ τῶν   XLV
κρυφίων ψαλμός.   (XLVI)

²Ὁ θεὸς ἡμῶν καταφυγὴ καὶ δύναμις, 2
βοηθὸς ἐν θλίψεσιν ταῖς εὑρούσαις ἡμᾶς σφόδρα.
³διὰ τοῦτο οὐ φοβηθησόμεθα ἐν τῷ ταράσσεσθαι τὴν γῆν 3
καὶ μετατίθεσθαι ὄρη ἐν καρδίαις θαλασσῶν.
⁴ἤχησαν καὶ ἐταράχθησαν τὰ ὕδατα αὐτῶν, 4
ἐταράχθησαν τὰ ὄρη ἐν τῇ κραταιότητι αὐτοῦ.   διάψαλμα.
⁵τοῦ ποταμοῦ τὰ ὁρμήματα εὐφραίνουσιν τὴν πόλιν τοῦ θεοῦ· 5
ἡγίασεν τὸ σκήνωμα αὐτοῦ ὁ ὕψιστος.
⁶ὁ θεὸς ἐν μέσῳ αὐτῆς, οὐ σαλευθήσεται· 6
βοηθήσει αὐτῇ ὁ θεὸς τῷ προσώπῳ.
⁷ἐταράχθησαν ἔθνη, ἔκλιναν βασιλεῖαι· 7
ἔδωκεν φωνὴν αὐτοῦ, ἐσαλεύθη ἡ γῆ.
⁸Κύριος τῶν δυνάμεων μεθ᾽ ἡμῶν, 8
ἀντιλήμπτωρ ἡμῶν ὁ θεὸς Ἰακώβ.   διάψαλμα.

ℵART   15 αυτης 1°] αυτου A | αι πλησιον] οι πλ. A   17 εγεννηθησαν] εγενηθησαν
B^bAT εγενηθη ℵ | om σοι T | υιοι]+σου ℵ^{c.a}T | καταστησης T   18 μνη-
σθησονται] pr και ℵ*A μνησθησομαι ℵ^{c.a}RT | σου του ονοματος ℵ | om λαοι
A*^{vid} (δια τουτο λ. in mg et sup ras A^a) — Stich 41 BAT 39 ℵ 37 R
XLV 1 om εις το τελος...κρυφιων A | υιων Κορε υπερ των κρυφιων] κρ.
τοις υιοις K. ℵ | ψαλμος] pr του Δαδ A+τω Δαδ T   3 εν καρδιαις
θαλασσων c seqq coniung ℵ   4 υδατα αυτων] κυματα ℵ* (υδ. αυτ. ℵ^{c.a}) |
εταραχθησαν 2°] εταραχθη A | αυτου] αυτων ℵ* (αυτου ℵ^{c.a}) | om διαψαλμα T
6 ου] pr και ℵ^{c.a}T | βοηθησαι ℵ | τω προσωπω] το (τω ℵ^{c.a}) προς πρωι πρωι
B^bℵ^{c.a}AT πρωι πρωι R^a   7 εκλιναν] post ε ras 1 lit (forte ε) A¹ | αυτου]+
ο υψιστος ℵ^{c.a} (om ℵ^{c.b}) ART | εσαλευθη] pr και R   8 om διαψαλμα
A*^{vid} (hab διαψ A^{a (mg)}) T

ΨΑΛΜΟΙ XLVI 16

9 ⁹δεῦτε, ἴδετε τὰ ἔργα Κυρίου, B
  ἃ ἔθετο τέρατα ἐπὶ τῆς γῆς·
10 ¹⁰ἀνταναιρῶν πολέμους μέχρι τῶν περάτων τῆς γῆς,
  τόξον συντρίψει καὶ συνκλάσει ὅπλον,
  καὶ θυρεοὺς κατακαύσει ἐν πυρί.
11 ¹¹σχολάσατε, καὶ γνῶτε ὅτι ἐγώ εἰμι ὁ θεός·
  ὑψωθήσομαι ἐν τοῖς ἔθνεσιν, ὑψωθήσομαι ἐν τῇ γῇ.
12 ¹²Κύριος τῶν δυνάμεων μεθ' ἡμῶν,
  ἀντιλήμπτωρ ἡμῶν ὁ θεὸς Ἰακώβ.

ΜF΄

XLVI
(XLVII) Εἰς τὸ τέλος· ὑπὲρ τῶν υἱῶν Κόρε ψαλμός.

2 ²Πάντα τὰ ἔθνη κροτήσατε χεῖρας,
  ἀλαλάξατε τῷ θεῷ ἐν φωνῇ ἀγαλλιάσεως.
3 ³ὅτι Κύριος Ὕψιστος φοβερός,
  βασιλεὺς μέγας ἐπὶ πᾶσαν τὴν γῆν.
4 ⁴ὑπέταξεν λαοὺς ἡμῖν, καὶ ἔθνη ὑπὸ τοὺς πόδας ἡμῶν·
5 ⁵ἐξελέξατο ἡμῖν τὴν κληρονομίαν αὐτοῦ,
  τὴν καλλονὴν Ἰακώβ ἣν ἠγάπησεν.   διάψαλμα.
6 ⁶ἀνέβη ὁ θεὸς ἐν ἀλαλαγμῷ,
  Κύριος ἐν φωνῇ σάλπιγγος.
7 ⁷ψάλατε τῷ θεῷ ἡμῶν, ψάλατε·
  ψάλατε τῷ βασιλεῖ ἡμῶν, ψάλατε·
8 ⁸ὅτι βασιλεὺς πάσης τῆς γῆς ὁ θεός,
9 ψάλατε συνετῶς. ⁹ἐβασίλευσεν ὁ θεὸς ἐπὶ τὰ ἔθνη,
  ὁ θεὸς κάθηται ἐπὶ θρόνου ἁγίου αὐτοῦ.
10 ¹⁰ἄρχοντες λαῶν συνήχθησαν μετὰ τοῦ θεοῦ Ἀβραάμ,
  ὅτι τοῦ θεοῦ οἱ κραταιοὶ τῆς γῆς σφόδρα ἐπήρθησαν.

9 ιδετε] ιδατε A pr και ℵ^{c.a} ART | κυριου] του θῦ ℵ^{c.a} AT   10 ανταναι- ℵART
ρων (-νερων T)] αντανελων A | της γηης] om γης A | συνκλασει (συγκλ. B^{ab})]
συ[ν]θλασει T   11 θεος] κυριος R | υψωθησομαι 2°] pr και R   12 om
Κυριος A* (hab κ̅ς̅ A^{a1 (mg)}) Κυριος ο θεος ℵR — Stich 23 BAT 22 ℵ 20 R
XLVI 1 om εις το τελος R | om υπερ των υιων Κορε A τοις υιοις Κορε R |
ψαλμος]+τω δαδ ART   3 Κυριος] ο θεος R   4 υπεταξεν] υπαταξεν
A* επαταξεν A^{1 vid} | τας ποδας A   5 αυτου] εαυτου ℵART | om
διαψαλμα AT   6 αναλαγμω A   9 ο θεος (1°)] Κυριος R | τα εθνη] pr
παντα AR — Stich 16 BAT 17 ℵ 15 R

SEPT. II.   273   S

ΜΖ´

Ψαλμὸς ᾠδῆς τοῖς υἱοῖς Κόρε, δευτέρᾳ σαββάτου.

²Μέγας Κύριος καὶ αἰνετὸς σφόδρα
ἐν πόλει τοῦ θεοῦ ἡμῶν, ὄρει ἁγίῳ αὐτοῦ,
³εὐρίζῳ ἀγαλλιάματι πάσης τῆς γῆς·
ὄρη Σιών, τὰ πλευρὰ τοῦ βορρᾶ,
ἡ πόλις τοῦ βασιλέως τοῦ μεγάλου.
⁴ὁ θεὸς ἐν ταῖς βάρεσιν αὐτῆς γινώσκεται,
ὅταν ἀντιλαμβάνηται αὐτῆς.
⁵ὅτι ἰδοὺ οἱ βασιλεῖς συνήχθησαν, ἤλθοσαν ἐπὶ τὸ αὐτό·
⁶αὐτοὶ ἰδόντες οὕτως ἐθαύμασαν,
ἐταράχθησαν, ἐσαλεύθησαν· ⁷τρόμος ἐπελάβετο αὐτῶν,
ἐκεῖ ὠδῖνες ὡς τικτούσης.
⁸ἐν πνεύματι βιαίῳ συντρίψεις πλοῖα Θαρσείς.
⁹καθάπερ ἠκούσαμεν, οὕτως εἴδομεν
ἐν πόλει Κυρίου τῶν δυνάμεων,
ἐν πόλει τοῦ θεοῦ ἡμῶν·
ὁ θεὸς ἐθεμελίωσεν αὐτὴν εἰς τὸν αἰῶνα.   διάψαλμα.
¹⁰ὑπελάβομεν, ὁ θεός, τὸ ἔλεός σου ἐν μέσῳ τοῦ λαοῦ σου.
¹¹κατὰ τὸ ὄνομά σου, ὁ θεός, οὕτως καὶ ἡ αἴνεσίς σου ἐπὶ τὰ
πέρατα τῆς γῆς·
δικαιοσύνης πλήρης ἡ δεξιά σου.
¹²εὐφρανθήτω τὸ ὄρος Σιών,
ἀγαλλιάσθωσαν αἱ θυγατέρες τῆς Ἰουδαίας
ἕνεκα τῶν κριμάτων σου, Κύριε.
¹³κυκλώσατε Σιὼν καὶ περιβάλετε αὐτήν,
διηγήσασθε ἐν τοῖς πύργοις αὐτῆς·

ℵART XLVII 1 ψαλμος...σαββατου] εις το τελος ψαλμος τω Δαδ A | ψαλμος ωδης] ωδη ψαλμου ℵT   2 αινετοσφοδρα A | ορει] pr εν ℵ^{c.a vid} (ras εν ℵ^{c.b}) RT   3 ευριζω B^{a vid}] ευριζων B^{*b}ℵART | πασης της γης] πασα (sic) τη γη A | ορη] ορος R | Σειων ℵT   4 αντιλαμβανεται A   5 βασιλεις]+της γης AR | ηλθοσαν] διηλθοσαν ℵA^{a¹}RT pr και R   6 αυτοι] αυτο ℵ | ιδοντες] ιδοτες A   7 υπελαβετο A | αυτων] αυτους R   8 συντριψει A   9 ειδομεν] ιδαμεν A^{a mg}R^{vid}T pr και ℵ^{c.a}RT | εν πολει (ι°)...εις τον αιωνα sup ras A^a | του θεου sup ras A^{a vid} | om διαψαλμα AT   11 επι] εις R | πληρεις B^* (-ρης B^{ab})   12 το ορος] om το RT | Σειων T (item 13) | αγαλλιασθωσαν] pr και ℵ^{c.a}ART | Ιουδαιας] Ιουδαις R^{*vid} Ιουδαιας R^a | ενεκεν ℵART | om Κυριε ℵ^* (hab κε ℵ^{c.a})   13 περιβαλετε] περιλαβετε B^bℵART

274

ΨΑΛΜΟΙ XLVIII 12

14 ¹⁴θέσθε τὰς καρδίας ὑμῶν εἰς τὴν δύναμιν αὐτῆς, B
   καὶ καταδιέλεσθε τὰς βάρεις αὐτῆς,
   ὅπως ἂν διηγήσησθε εἰς γενεὰν ἑτέραν.
15 ¹⁵ὅτι οὗτός ἐστιν ὁ θεὸς ἡμῶν
   εἰς τὸν αἰῶνα καὶ εἰς τὸν αἰῶνα τοῦ αἰῶνος.

MH'

XLVIII   Εἰς τὸ τέλος· τοῖς υἱοῖς Κόρε ψαλμός.
(XLIX)
2 ²Ἀκούσατε ταῦτα, πάντα τὰ ἔθνη,
   ἐνωτίσασθε, πάντες οἱ κατοικοῦντες τὴν οἰκουμένην,
3 ³οἵ τε γηγενεῖς καὶ οἱ υἱοὶ τῶν ἀνθρώπων,
   ἐπὶ τὸ αὐτὸ πλούσιος καὶ πένης.
4 ⁴τὸ στόμα μου λαλήσει σοφίαν,
   καὶ ἡ μελέτη τῆς καρδίας μου σύνεσιν.
5 ⁵κλινῶ εἰς παραβολὴν τὸ οὖς μου,
   ἀνοίξω ἐν ψαλτηρίῳ τὸ πρόβλημά μου.
6 ⁶ἵνα τί φοβοῦμαι ἐν ἡμέρᾳ πονηρᾷ;
   ἡ ἀνομία τῆς πτέρνης μου κυκλώσει με,
7 ⁷οἱ πεποιθότες ἐπὶ τῇ δυνάμει αὐτῶν
   καὶ ἐπὶ τῷ πλήθει τοῦ πλούτου αὐτῶν καυχώμενοι.
8 ⁸ἀδελφὸς οὐ λυτροῦται· λυτρώσεται ἄνθρωπος;
   οὐ δώσει τῷ θεῷ ἐξίλασμα αὐτοῦ,
9 ⁹καὶ τὴν τιμὴν τῆς λυτρώσεως τῆς ψυχῆς αὐτοῦ·
10 καὶ ἐκοπίασεν εἰς τὸν αἰῶνα, ¹⁰καὶ ζήσεται εἰς τέλος,
11 ὅτι οὐκ ὄψεται καταφθοράν, ¹¹ὅταν ἴδῃ σοφοὺς ἀποθνή-
   σκοντας.
   ἐπὶ τὸ αὐτὸ ἄνους καὶ ἄφρων ἀπολοῦνται,
   καὶ καταλείψουσιν ἀλλοτρίοις τὸν πλοῦτον αὐτῶν.
12 ¹²καὶ οἱ τάφοι αὐτῶν οἰκίαι αὐτῶν εἰς τὸν αἰῶνα,
   σκηνώματα αὐτῶν εἰς γενεὰν καὶ γενεάν·
   ἐπεκαλέσαντο τὰ ὀνόματα αὐτῶν ἐπὶ τῶν γαιῶν αὐτῶν·

14 om και καταδιελεσθε τας β. αυτης ℵ* (hab κ. καταδιελεσθαι τ. β. αυτ. ℵART
ℵᶜ·ᵃ) | διηγησεσθαι A   15 αιωνος] + αυτος ποιμανει ημας εις τον
αιωνα ℵ + αυτος π. ηκ εις τους αιωνας ART — Stich 28 BA 29 ℵ 30 RT
XLVIII 1 om εις το τελος...Κορε A | ψαλμος] om RT + τω Δαδ A   2 τα
εθνη] α εθνη sup ras Aᵃ   3 οι υιοι] om οι RT   4 λαλησῃ T | συνεσεις Bᵃ
(-σιν B*ᵇ)   6 κυκλωση T   7 αυτων 1°] αυτου A*ᵛⁱᵈ (αυτῷ [ω sup ras] Aᵃ)
8 λυτρουται] λυτρωται A | λυτρωσεται] λυτρωσηται T | αυτου] εαυτω R εαυτου
T   10 om οτι ℵᶜ·ᵃ A* (hab Aᵃ⁽ᵐᵍ⁾) T   11 αφρων και ανους ℵART |
καταλιψουσιν ℵA καταλειψωσιν T   12 om αυτων 5° ℵᶜ·ᵃ T

275   S 2

ΨΑΛΜΟΙ XLVIII 13

B ¹³καὶ ἄνθρωπος ἐν τιμῇ ὢν οὐ συνῆκεν· 13
   παρασυνεβλήθη τοῖς κτήνεσιν τοῖς ἀνοήτοις καὶ ὡμοιώθη
   αὐτοῖς.
¹⁴αὕτη ἡ ὁδὸς αὐτῶν σκάνδαλον αὐτοῖς, 14
   καὶ μετὰ ταῦτα ἐν τῷ στόματι αὐτῶν εὐλογήσουσιν.
   διάψαλμα.
¹⁵ὡς πρόβατα ἐν ᾅδῃ ἔθεντο, θάνατος ποιμαίνει αὐτούς· 15
   καὶ κατακυριεύσουσιν αὐτῶν οἱ εὐθεῖς τὸ πρωί,
   καὶ ἡ βοήθεια αὐτῶν παλαιωθήσεται ἐν τῷ ᾅδῃ ἐκ τῆς δόξης
   αὐτῶν.
¹⁶πλὴν ὁ θεὸς λυτρώσεται τὴν ψυχήν μου ἐκ χειρὸς ᾅδου, ὅταν 16
   λαμβάνῃ με.   διάψαλμα.
¹⁷μὴ φοβοῦ ὅταν πλουτήσῃ ἄνθρωπος, 17
   καὶ ὅταν πληθυνθῇ ἡ δόξα τοῦ οἴκου αὐτοῦ·
¹⁸ὅτι οὐκ ἐν τῷ ἀποθνήσκειν αὐτὸν λήμψεται τὰ πάντα, 18
   οὐδὲ συνκαταβήσεται αὐτῷ ἡ δόξα αὐτοῦ.
¹⁹ὅτι ἡ ψυχὴ αὐτοῦ ἐν τῇ ζωῇ αὐτοῦ εὐλογηθήσεται, 19
   ἐξομολογήσεταί σοι ὅταν ἀγαθύνῃς αὐτῷ.
²⁰εἰσελεύσεται ἕως γενεᾶς πατέρων αὐτοῦ, 20
   ἕως αἰῶνος οὐκ ὄψεται φῶς.
²¹ἄνθρωπος ἐν τιμῇ ὢν οὐ συνῆκεν, 21
   παρασυνεβλήθη τοῖς κτήνεσιν τοῖς ἀνοήτοις καὶ ὡμοιώθη
   αὐτοῖς.

ΜΘ´
Ψαλμὸς τῷ Ἀσάφ.

XLIX (L)

Θεὸς θεῶν Κύριος ἐλάλησεν καὶ ἐκάλεσεν τὴν γῆν 1
ἀπὸ ἀνατολῶν ἡλίου καὶ μέχρι δυσμῶν·

ℵART   13 παρεσυνεβληθη ℵ^(c.a)AT | κτηνεσι ℵT   14 σκανδαλον αυτοις sup ras et in mg A^(a1) | ευλογησουσιν] ευδοκησουσιν ℵ^(c.a)ART | om διαψαλμα A* (hab A^(a(mg)))   15 εθετο ℵ | ποιμανει B^(ab)ℵART | κατακυριευσωσιν A | βοηθια T | επαλαιωθη ℵ* (παλαιωθησεται ℵ^(c.a)) | εκ της δοξης inc stich in A | αυτων 3°] + εξωσθησαν ℵ^(c.a)AT   16 λυτρωσηται T | λαμβανει R^(vid)T | om διαψαλμα A   17 πλουτησει A | ανθρωπος] pr o R | και] η ℵ^(c.a)AT   18 om οτι ουκ...η δοξα αυτου ℵ* (hab ℵ^(c.a)) | ληψεται T | συγκαταβ. B^(ab) | αυτω] μετ αυτου R | αυτου] pr του οικου ℵ^(c.a)R   19 εξομολογηθησεται ℵ* (-γησεται ℵ¹) | αυτω] αυτον R   20 αιωνος] pr του R   21 ανθρωπος] pr και ℵAT pr o R | παρεσυνεβληθη AT | κτηνεσι RT — Stich 40 B 38 ℵ 42 AR
43 T   XLIX 1 ψαλμος] pr εις το τελος A | Ασαφ] Δαδ AR | απο] απ ℵ | om και 2° ℵ^(c.a)RT

276

ΨΑΛΜΟΙ XLIX 16

2 ²ἐκ Σιὼν ἡ εὐπρεπία τῆς ὡραιότητος αὐτοῦ. B
3 ³ὁ θεὸς ἐμφανῶς ἥξει, ὁ θεὸς ἡμῶν, καὶ οὐ παρασιωπήσεται·
πῦρ ἐναντίον αὐτοῦ καυθήσεται,
καὶ κύκλῳ αὐτοῦ καταιγὶς σφόδρα.
4 ⁴προσκαλέσεται· τὸν οὐρανὸν ἄνω
καὶ τὴν γῆν, διακρῖναι τὸν λαὸν αὐτοῦ.
5 ⁵συναγάγετε αὐτῷ τοὺς ὁσίους αὐτοῦ,
τοὺς διατιθεμένους τὴν διαθήκην αὐτοῦ ἐπὶ θυσίαις.
6 ⁶καὶ ἀναγγελοῦσιν οἱ οὐρανοὶ τὴν δικαιοσύνην αὐτοῦ,
ὅτι θεὸς κριτής ἐστιν. διάψαλμα.
7 ⁷ἄκουσον, λαός μου, καὶ λαλήσω σοι·
Ἰσραήλ, καὶ διαμαρτύρομαί σοι·
ὁ θεὸς ὁ θεός σού εἰμι ἐγώ.
8 ⁸οὐκ ἐπὶ ταῖς θυσίαις σου ἐλέγξω σε,
τὰ δὲ ὁλοκαυτώματά σου ἐνώπιόν μού ἐστιν διὰ παντός·
9 ⁹οὐ δέξομαι ἐκ τοῦ οἴκου σου μόσχους,
οὐδὲ ἐκ τῶν ποιμνίων σου χιμάρους.
10 ¹⁰ὅτι ἐμά ἐστιν πάντα τὰ θηρία τοῦ δρυμοῦ,
κτήνη ἐν τοῖς ὄρεσιν καὶ βόες·
11 ¹¹ἔγνωκα πάντα τὰ πετεινὰ τοῦ οὐρανοῦ,
καὶ ὡραιότης ἀγροῦ μετ' ἐμοῦ ἐστιν.
12 ¹²ἐὰν πεινάσω, οὐ μή σοι εἴπω·
ἐμὴ γάρ ἐστιν ἡ οἰκουμένη καὶ τὸ πλήρωμα αὐτῆς.
13 ¹³μὴ φάγομαι κρέα ταύρων;
ἢ αἷμα τράγων πίομαι;
14 ¹⁴θῦσον τῷ θεῷ θυσίαν αἰνέσεως,
καὶ ἀπόδος τῷ ὑψίστῳ τὰς εὐχάς σου·
15 ¹⁵καὶ ἐπικάλεσαί με ἐν ἡμέρᾳ θλίψεως, καὶ ἐξελοῦμαί σε, καὶ
δοξάσεις με. διάψαλμα.
16 ¹⁶τῷ δὲ ἁμαρτωλῷ εἶπεν ὁ θεός
Ἵνα τί σὺ διηγῇ τὰ δικαιώματά μου,

2 Σειων T | ευπρεπεια Bᵃᵇא   3 ενφανως AR | εναντιον] ενωπιον אART
RT | καταιγισφοδρα A   4 προσκαλεσηται T | διακριναι] pr του אᶜ·ᵃ ART
6 αυτου] + διαψ Aᵃ⁽ᵐᵍ⁾ | θεος] pr o אRT | om διαψαλμα AT   7 om σοι
1° Rᵃ (hab Rᵃ) | Ισραηλ] Ιηδ (sic) A | διαμαρτυρουμαι אᶜ·ᵃ T | ο θεος ο θεος
σου] οτι θϛ θϛ σου אᶜ·ᵃ   10 δρυμου Bא*ᶜ·ᵇRT] αγρου אᶜ·ᵃ A   13 φαγου-
μαι A | πιωμαι A   15 θλιψεως] +σου אᶜ·ᵃ AR (θλιψεωσου) T | om δια-
ψαλμα A   16 ο θεος] + διαψ Aᵃ⁽ᵐᵍ⁾ | διηγη Bא*ᶜ·ᵇR] εκδιηγη
אᶜ·ᵃ AT.

B καὶ ἀναλαμβάνεις τὴν διαθήκην μου διὰ στόματός σου;
¹⁷σὺ δὲ ἐμίσησας παιδίαν,   17
  καὶ ἐξέβαλλες τοὺς λόγους μου εἰς τὰ ὀπίσω.
¹⁸εἰ ἐθεώρεις κλέπτην, συνέτρεχες αὐτῷ,   18
  καὶ μετὰ μοιχῶν τὴν μερίδα σου ἐτίθεις·
¹⁹τὸ στόμα σου ἐπλεόνασεν κακίαν,   19
¶ A καὶ ἡ γλῶσσά σου περιέπλεκεν δολιότητα·¶
²⁰καθήμενος κατὰ τοῦ ἀδελφοῦ σου κατελάλεις,   20
  καὶ κατὰ τοῦ υἱοῦ τῆς μητρός σου ἐτίθεις σκάνδαλον.
²¹ταῦτα ἐποίησας καὶ ἐσίγησα,   21
  ὑπέλαβες ἀνομίαν ὅτι ἔσομαί σοι ὅμοιος·
  ἐλέγξω σε καὶ παραστήσω κατὰ πρόσωπόν σου.
²²σύνετε δὴ ταῦτα, οἱ ἐπιλανθανόμενοι τοῦ θεοῦ,   22
  μή ποτε ἁρπάσῃ, καὶ μὴ ᾖ ὁ ῥυόμενος.
²³θυσία αἰνέσεως δοξάσει με,   23
  καὶ ἐκεῖ ὁδὸς ᾗ δείξω αὐτῷ τὸ σωτήριον τοῦ θεοῦ.

N′

Εἰς τὸ τέλος· ψαλμὸς τῷ Δαυείδ, ²ἐν τῷ ἐλθεῖν   L
πρὸς αὐτὸν Ναθὰν τὸν προφήτην, ἡνίκα εἰσῆλθεν   (LI)
πρὸς Βηρσάβεε.

³Ἐλέησόν με, ὁ θεός, κατὰ τὸ μέγα ἔλεός σου,   3
  καὶ κατὰ τὸ πλῆθος τῶν οἰκτιρμῶν σου ἐξάλειψον τὸ ἀνό-
  μημά μου·
⁴ἐπὶ πλεῖον πλῦνόν με ἀπὸ τῆς ἀνομίας μου,   4
  καὶ ἀπὸ τῆς ἁμαρτίας μου καθάρισόν με.
⁵ὅτι τὴν ἀνομίαν μου ἐγὼ γινώσκω,   5
  καὶ ἡ ἁμαρτία μου ἐνώπιόν μού ἐστιν διὰ παντός.
⁶σοὶ μόνῳ ἥμαρτον, καὶ τὸ πονηρὸν ἐνώπιον σοῦ ἐποίησα·   6
  ὅπως ἂν δικαιωθῇς ἐν τοῖς λόγοις σου,
  καὶ νικήσῃς ἐν τῷ κρίνεσθαί σε.

ℵART   16 αναλανβανεις R^vid   17 παιδειαν B^ab | εξεβαλλες] εξεβαλες ℵ
εξεβαλας ART | τας λογους A   18 μοιχου T   19 δολιοτητα] δολιο-
τητας ℵ^c.aR^a hiat A usque LXXIX 10   20 κατελαλεις R^a | της μητρος]
s 1° non inst B^b   21 ανομιαν] ανομε ℵ* (ανομιαν vel forte ανομειαν ℵ^c.a) |
προσωπον] του προσωπου R | σου] + τας αμαρτιας σου B^c ℵ^c.a (om ℵ^c.b) T
22 αρπαση]+ ως λεων R | μη 2°] pr ου ℵ^c.a RT | om η R   23 δοξαση T | η]
ην ℵ^c.a T | του θεου Bℵ*^c.b R] μου ℵ^c.a T — Stich 48 BR 46 ℵ 49 T   L 1 Να-
θαμ R | Βηρσαβεε Bℵ R^a T (-βεαι)] Βηθσαβεε R*   3 οικτειρμων ℵ

ΨΑΛΜΟΙ L 21

7 ⁷ἰδοὺ γὰρ ἐν ἀνομίαις συνελήμφθην, B
  καὶ ἐν ἁμαρτίαις ἐκίσσησέν με ἡ μήτηρ μου.
8 ⁸ἰδοὺ γὰρ ἀλήθειαν ἠγάπησας,
  τὰ ἄδηλα καὶ τὰ κρύφια τῆς σοφίας σου ἐδήλωσάς μοι.
9 ⁹ῥαντιεῖς με ὑσσώπῳ καὶ καθαρισθήσομαι,
  πλυνεῖς με καὶ ὑπὲρ χιόνα λευκανθήσομαι.
10 ¹⁰ἀκουτιεῖς με ἀγαλλίασιν καὶ εὐφροσύνην·
  ἀγαλλιάσονται ὀστᾶ τεταπεινωμένα.
11 ¹¹ἀπόστρεψον τὸ πρόσωπόν σου ἀπὸ τῶν ἁμαρτιῶν μου,
  καὶ πάσας τὰς ἀνομίας μου ἐξάλειψον.
12 ¹²καρδίαν καθαρὰν κτίσον ἐν ἐμοί, ὁ θεός,
  καὶ πνεῦμα εὐθὲς ἐνκαίνισον ἐν τοῖς ἐγκάτοις μου.
13 ¹³μὴ ἀπορρίψῃς με ἀπὸ τοῦ προσώπου σου,
  καὶ τὸ πνεῦμα τὸ ἅγιόν σου μὴ ἀντανέλῃς ἀπ' ἐμοῦ.
14 ¹⁴ἀπόδος μοι τὴν ἀγαλλίασιν τοῦ σωτηρίου σου,
  καὶ πνεύματι ἡγεμονικῷ στήρισόν με.
15 ¹⁵διδάξω ἀνόμους τὰς ὁδούς σου,
  καὶ ἀσεβεῖς ἐπὶ σὲ ἐπιστρέψουσιν.
16 ¹⁶ῥῦσαί με ἐξ αἱμάτων, ὁ θεὸς ὁ θεὸς τῆς σωτηρίας μου·
17 ἀγαλλιάσεται ἡ γλῶσσά μου τὴν δικαιοσύνην σου, ¹⁷Κύριε.
  τὰ χείλη μου ἀνοίξεις, καὶ τὸ στόμα μου ἀναγγελεῖ τὴν αἴ-
  νεσίν σου.
18 ¹⁸ὅτι εἰ ἠθέλησας θυσίαν, ἔδωκα ἄν·
  ὁλοκαυτώματα οὐκ εὐδοκήσεις.
19 ¹⁹θυσία τῷ θεῷ πνεῦμα συντετριμμένον,
  καρδίαν συντετριμμένην καὶ τεταπεινωμένην ὁ θεὸς οὐκ ἐξ-
  ουθενώσει.
20 ²⁰ἀγάθυνον, Κύριε, ἐν τῇ εὐδοκίᾳ σου τὴν Σιών,
  καὶ οἰκοδομηθήτω τὰ τείχη Ἰερουσαλήμ.
21 ²¹τότε εὐδοκήσεις θυσίαν δικαιοσύνης,
  ἀναφορὰν καὶ ὁλοκαυτώματα·
  τότε ἀνοίσουσιν ἐπὶ τὸ θυσιαστήριόν σου μόσχους.

7 εκισησεν R   9 υσωπω R | λευκανθησομαι] ras aliq in ⲣ et ante θ B! ℵRT
10 οστεα ℵᶜ·ᵃ T   12 εγκαινισον Bᵃᵇℵ | ενκατοις RT   13 αποριψῃς
T | σου το αγιον ℵᶜ·ᵃ (το αγ. σου ℵ*ᶜ·ᵇ) T   14 στηριξον RT   17 Κυριε
cum seqq coniung RT   18 θυσιατ R*ᵛⁱᵈ (θυσιαν Rᵃ) | ευδοκησης T
19 εξουδενωσει ℵRT   20 om Κυριε ℵ* (hab κε ℵᶜ·ᵃ) | Σειων T   21 ευ-
δοκησῃς T | ανοισωσιν T — Stich 39 Bℵ R 40 Tᵛⁱᵈ

ΝΑ'

Εἰς τὸ τέλος· συνέσεως τῷ Δαυείδ, ²ἐν τῷ ἐλθεῖν Δωὴκ τὸν Ἰδουμαῖον καὶ ἀναγγεῖλαι τῷ Σαοὺλ καὶ εἰπεῖν αὐτῷ *Ηλθεν Δαυεὶδ εἰς τὸν οἶκον Ἀβιμέλεχ.

(LI)

³Τί ἐνκαυχᾷ ἐν κακίᾳ, ὁ δυνατός, 3
ἀνομίαν ὅλην τὴν ἡμέραν;
⁴ἀδικίαν ἐλογίσατο ἡ γλῶσσά σου· 4
ὡσεὶ ξυρὸν ἐξηκονημένον ἐποίησας δόλον.
⁵ἠγάπησας κακίαν ὑπὲρ ἀγαθωσύνην, 5
ἀδικίαν ὑπὲρ τὸ λαλῆσαι δικαιοσύνην. διάψαλμα.
⁶ἠγάπησας πάντα τὰ ῥήματα καταποντισμοῦ, γλῶσσαν δολίαν. 6
⁷διὰ τοῦτο ὁ θεὸς καθελεῖ σε εἰς τέλος· 7
ἐκτίλαι σε καὶ μεταναστεύσαι σε ἀπὸ σκηνώματος,
καὶ τὸ ῥίζωμά σου ἐκ γῆς ζώντων. διάψαλμα.
⁸καὶ ὄψονται δίκαιοι καὶ φοβηθήσονται, 8
καὶ ἐπ' αὐτὸν γελάσονται καὶ ἐροῦσιν
⁹Ἰδοὺ ἄνθρωπος ὃς οὐκ ἔθετο τὸν θεὸν βοηθὸν αὐτοῦ, 9
ἀλλὰ ἐπήλπισεν ἐπὶ τὸ πλῆθος τοῦ πλούτου αὐτοῦ,
καὶ ἐδυναμώθη ἐπὶ τῇ ματαιότητι αὐτοῦ.
¹⁰ἐγὼ δὲ ὡσεὶ ἐλαία κατάκαρπος ἐν τῷ οἴκῳ τοῦ θεοῦ· 10
ἤλπισα ἐπὶ τὸ ἔλεος τοῦ θεοῦ εἰς τὸν αἰῶνα καὶ εἰς τὸν
αἰῶνα τοῦ αἰῶνος·
¹¹ἐξομολογήσομαί σοι εἰς τὸν αἰῶνα, ὅτι ἐποίησας· 11
καὶ ὑπομενῶ τὸ ὄνομά σου, ὅτι χρηστὸν ἐναντίον τῶν
ὁσίων σου.

ΝΒ'

Εἰς τὸ τέλος, ὑπὲρ μαελέθ· συνέσεως τῷ Δαυείδ.

(LII)
(LIII)

²Εἶπεν ἄφρων ἐν καρδίᾳ αὐτοῦ 2
Οὐκ ἔστιν θεός.
διέφθειραν καὶ ἐβδελύχθησαν ἐν ἀνομίαις,
οὐκ ἔστιν ὁ ποιῶν ἀγαθόν.

ℵRT LI 1 συνεσεως] ψαλμος R   2 ειπεν Rᵃ (ειπεν Rᵃ) | om αυτω R | Αβειμελεχ ℵ   3 εγκαυχα Bᵃᵇ   4 εξηκονημενον] ηκονημενον Bᵇ ᵛⁱᵈ ℵᶜ·ᵃ T ηκονωμενον R   5 αγαθοσυνην T   6 τα ρηματα] om τα ℵᶜ·ᵃ T   7 καθελει σε ο θεος R | καθελοι Bᶜ ᵛⁱᵈ | εκτειλαι Bℵ | μεταναστευσει Rᵛⁱᵈ | σκηνωματος] pr του ℵᶜ·ᵃ + σου RT   8 om και 1° ℵT   9 αλλα] αλλ RT | εφηλπισεν T | το πληθος] τω πληθει ℵᶜ·ᵃ (-θι) T | εδυναμωθη] ενεδυναμωθη Bᵃᵇ ℵᶜ·ᵃ Rᵃ T | επι 2°] εν T   10 θεου 1°] κυριου R   11 εποιησας Bℵᶜ·ᵃ RT] επηκουσας μου ℵᵃ —
Stich 19 B 20 ℵ 17 R 21 T   LII 2 διεφθειραν Bℵ*ᶜ·ᵇ] διεφθαρησαν ℵᶜ·ᵃ RT | ανομιαις] επιτηδευμασιν R | ο ποιων] om ο ℵRT | αγαθον] + ουκ εστιν εως ενος R

ΨΑΛΜΟΙ LIII 8

3 ³ὁ θεὸς ἐκ τοῦ οὐρανοῦ διέκυψεν ἐπὶ τοὺς υἱοὺς τῶν ἀνθρώπων, B
τοῦ ἰδεῖν εἰ ἔστιν συνίων ἢ ἐκζητῶν τὸν θεόν.
4 ⁴πάντες ἐξέκλιναν, ἅμα ἠχρεώθησαν,
οὐκ ἔστιν ποιῶν ἀγαθόν, οὐκ ἔστιν ἕως ἑνός.
5 ⁵οὐχὶ γνώσονται πάντες οἱ ἐργαζόμενοι τὴν ἀνομίαν,
οἱ ἔσθοντες τὸν λαόν μου βρώσει ἄρτου; τὸν θεὸν οὐκ ἐπε-
καλέσαντο.
6 ⁶ἐκεῖ φοβηθήσονται φόβον οὗ οὐκ ἦν φόβος,
ὅτι ὁ θεὸς διεσκόρπισεν ὀστᾶ ἀνθρωπαρίσκων·
κατῃσχύνθησαν, ὅτι ὁ θεὸς ἐξουδένωσεν αὐτούς.
7 ⁷τίς δώσει ἐκ Σιὼν τὸ σωτήριον τοῦ Ἰσραήλ;
ἐν τῷ ἀποστρέψαι Κύριον τὴν αἰχμαλωσίαν τοῦ λαοῦ αὐτοῦ
ἀγαλλιάσεται Ἰακὼβ καὶ εὐφρανθήσεται Ἰσραήλ.

ΝΓ´

LIII
(LIV)

Εἰς τὸ τέλος, ἐν ὕμνοις· συνέσεως τῷ Δαυείδ, ²ἐν
τῷ ἐλθεῖν τοὺς Ζειφαίους· καὶ εἶπεν τῷ Σαοὺλ
Οὐκ ἰδοὺ Δαυεὶδ κέκρυπται παρ' ἡμῖν;

3 ³Ὁ θεός, ἐν τῷ ὀνόματί σου σῶσόν με,
καὶ ἐν τῇ δυνάμει σου κρῖνόν με.
4 ⁴ὁ θεός, εἰσάκουσον τῆς προσευχῆς μου,
ἐνώτισαι τὰ ῥήματα τοῦ στόματός μου.
5 ⁵ὅτι ἀλλότριοι ἐπανέστησαν ἐπ' ἐμέ,
καὶ κραταιοὶ ἐζήτησαν τὴν ψυχήν μου·
οὐ προέθεντο τὸν θεὸν ἐνώπιον αὐτῶν.   διάψαλμα.
6 ⁶ἰδοὺ γὰρ ὁ θεὸς βοηθεῖ μοι,
καὶ ὁ κύριος ἀντιλήμπτωρ τῆς ψυχῆς μου.
7 ⁷ἀποστρέψει τὰ κακὰ τοῖς ἐχθροῖς μου·
ἐν τῇ ἀληθείᾳ σου ἐξολόθρευσον αὐτούς.
8 ⁸ἑκουσίως θύσω σοι,

4 αμα Bℵ^(c.a) RT] επι το αυτο ℵ* | ηχρειωθησαν B^(ab)T (ηχριωθ.) | αγαθον ℵRT
Bℵ^(c.a) RT] χρηστοτητα ℵ*   5 εσθοντες Bℵ*^(c.b)] κατεσθοντες ℵ^(c.a) κατεσθι-
οντες RT (καταισθ.) | βρωσει] pr εν T | θεον Bℵ^(c.a)] κυριον ℵ* R   6 φο-
βηθησονται Bℵ*^(c.b)] εφοβηθησαν ℵ^(c.a) T εδειλιασαν R | φοβον] φοβω ℵ^(c.a) T |
ου] ω T   7 Σειων T | αποστρεψαι] επιστρεψαι B^b ℵ R^a (επιστρεψεν [sic]
R*) T | Κυριον] τον θν ℵ^(c.a) R^a T — Stich 15 Bℵ 17 R 16 T   LIII 2 Ζι-
φεους T | ειπειν B^(ab) ℵRT   3 κρινον] κρινεις ℵ^(c.a) (κρεωις) T | με 2°] μοι T
4 την προσευχην R   5 ου] pr και ℵ^(c.a) (om ℵ^(c.b)) RT   7 τα κακα]
πονηρα R | τοις εχθροις] pr εν R | εξολεθρευσον ℵRT

281.

B ἐξομολογήσομαι τῷ ὀνόματί σου, ὅτι ἀγαθόν·
⁹ὅτι ἐκ πάσης θλίψεως ἐρύσω με, 9
καὶ ἐν τοῖς ἐχθροῖς μου ἐπεῖδεν ὁ ὀφθαλμός μου.

ΝΔ´

Εἰς τὸ τέλος, ἐν ὕμνοις συνέσεως τῷ Δαυείδ.   LIV (LV)

²¹Ἐνώτισαι, ὁ θεός, τὴν προσευχήν μου, 2
καὶ μὴ ὑπερίδῃς τὴν δέησίν μου,
³πρόσχες μοι καὶ εἰσάκουσόν μου. 3
ἐλυπήθην ἐν τῇ ἀδολεσχίᾳ μου, καὶ ἐταράχθην
⁴ἀπὸ φωνῆς ἐχθροῦ καὶ ἀπὸ θλίψεως ἁμαρτωλοῦ· 4
ὅτι ἐξέκλιναν ἐπ᾽ ἐμὲ ἀνομίαν, καὶ ἐν ὀργῇ ἐνεκότουν μοι.
⁵ἡ καρδία μου ἐταράχθη ἐν ἐμοί, καὶ δειλία θανάτου ἐπέπεσεν 5
ἐπ᾽ ἐμέ·
⁷καὶ εἶπα Τίς δώσει μοι πτέρυγας ὡσεὶ περιστερᾶς, καὶ 7
πετασθήσομαι καὶ καταπαύσω;
⁸ἰδοὺ ἐμάκρυνα φυγαδεύων, καὶ ηὐλίσθην ἐν τῇ ἐρήμῳ. 8
διάψαλμα.
⁹προσεδεχόμην τὸν σῴζοντά με ἀπὸ ὀλιγοψυχίας καὶ καταιγίδος. 9
¹⁰καταπόντισον, Κύριε, καὶ καταδίελε τὰς γλώσσας αὐτῶν, 10
ὅτι εἶδον ἀνομίαν καὶ ἀντιλογίαν ἐν τῇ πόλει.
¹¹ἡμέρας καὶ νυκτὸς κυκλώσει αὐτὴν ἐπὶ τὰ τείχη αὐτῆς, 11
ἀνομία καὶ πόνος ἐν μέσῳ αὐτῆς ¹²καὶ ἀδικία, 12
καὶ οὐκ ἐξέλιπεν ἐκ τῶν πλατειῶν αὐτῆς κόπος καὶ δόλος.
¹³ὅτι εἰ ἐχθρὸς ὠνείδισέν με, ὑπήνεγκα ἄν, 13
καὶ εἰ ὁ μισῶν ἐπ᾽ ἐμὲ ἐμεγαλορημόνησεν, ἐκρύβην ἂν
ἀπ᾽ αὐτοῦ.
¹⁴σὺ δέ, ἄνθρωπε ἰσόψυχε, ἡγεμών μου καὶ γνωστέ μου· 14
¹⁵ὃς ἐπὶ τὸ αὐτὸ ἐγλύκανας ἐδέσματα, 15
ἐν τῷ οἴκῳ τοῦ θεοῦ ἐπορεύθημεν ἐν ὁμονοίᾳ.

ℵRT 8 εξομολογησομαι] pr και R | σου]+κε ℵRT 9 ερρυσω BᵇℵR | επειδεν] εφ'ιδεν T — Stich 15 BℵT 16 R LIV 3 αδολεσχεια Bᵃᵇ 4 ανομιαι ℵᶜ·ᵃT 5 εμε]+(6) φοβος και τρομος ηλθεν επ εμε και εκαλυψεν (εκαλυψε Bᵃᵗ ᵇ¹) με σκοτος Bᵃᵗ ᵇ¹ⁱⁿᵍ ⁱⁿᶠℵRT 7 ειπα] ειπον T | ως ℵ* (ωσει ℵᶜ·ᵃ) 8 εμακρυνου R 9 τον σωζοντα] pr τον θν ℵᶜ·ᵃT | καταιγιδος] pr απο ℵᶜ·ᵃT 10 ιδον ℵT | πολει] γη ℵ* (πολι ℵᶜ·ᵃ) 11 κυκλωση T | αυτης 1°] σαυτης Bᵃᵇ (αυτ. Bᵃᵇ) | ανομια] pr και ℵᶜ·ᵃT | πονος] κοπος ℵRT 12 εξελειπεν T | κοπος] τοκος ℵᶜ·ᵃRT 13 μισων]+με RT 14 γνωστα ℵᶜ·ᵃRT 15 εγλυκανας] pr μοι ℵ*R+μοι ℵᶜ·ᵃT | θεου] κυριου R

ΨΑΛΜΟΙ LV 2

16 ¹⁶ἐλθέτω θάνατος ἐπ' αὐτούς, καὶ καταβήτωσαν εἰς ᾅδου ζῶντες· B
ὅτι πονηρίαι ἐν ταῖς παροικίαις αὐτῶν ἐν μέσῳ αὐτῶν.
17 ¹⁷ἐγὼ πρὸς τὸν θεὸν ἐκέκραξα, καὶ ὁ κύριος εἰσήκουσέν μου.
18 ¹⁸ἑσπέρας καὶ πρωὶ καὶ μεσημβρίας διηγήσομαι·
ἀπαγγελῶ, καὶ εἰσακούσεται τῆς φωνῆς μου.
19 ¹⁹λυτρώσεται ἐν εἰρήνῃ τὴν ψυχήν μου ἀπὸ τῶν ἐγγιζόντων μοι,
ὅτι ἐν πολλοῖς ἦσαν σὺν ἐμοί.
20 ²⁰εἰσακούσεται ὁ θεὸς καὶ ταπεινώσει αὐτοὺς ὁ ὑπάρχων πρὸ
τῶν αἰώνων. διάψαλμα.
οὐ γάρ ἐστιν αὐτοῖς ἀντάλλαγμα,
καὶ οὐκ ἐφοβήθησαν τὸν θεόν.
21 ²¹ἐξέτεινεν τὴν χεῖρα αὐτοῦ ἐν τῷ ἀποδιδόναι·
ἐβεβήλωσαν τὴν διαθήκην αὐτοῦ,
22 ²²διεμερίσθησαν ἀπὸ ὀργῆς τοῦ προσώπου αὐτοῦ, καὶ ἤγγισεν
ἡ καρδία αὐτοῦ·
ἡπαλύνθησαν οἱ λόγοι αὐτοῦ ὑπὲρ ἔλαιον, καὶ αὐτοί εἰσιν
βολίδες.
23 ²³ἐπίριψον ἐπὶ Κύριον τὴν μέριμνάν σου, καὶ αὐτός σε διαθρέψει·
οὐ δώσει εἰς τὸν αἰῶνα σάλον τῷ δικαίῳ.
24 ²⁴σὺ δέ, ὁ θεός, κατάξεις αὐτοὺς εἰς φρέαρ διαφθορᾶς·
ἄνδρες αἱμάτων καὶ δολιότητος οὐ μὴ ἡμισεύσωσιν τὰς
ἡμέρας αὐτῶν·
ἐγὼ δὲ ἐλπιῶ ἐπὶ σέ, Κύριε.

ΝΕ´

I.V   Εἰς τὸ τέλος, ὑπὲρ τοῦ λαοῦ τοῦ ἀπὸ τῶν ἁγίων
(LVI)   μεμακρυμμένου· τῷ Δαυεὶδ εἰς στηλογραφίαν, ὁπότε
ἐκράτησαν αὐτὸν οἱ ἀλλόφυλοι ἐν Γέθ.
2 ²Ἐλέησόν με, Κύριε, ὅτι κατεπάτησέν με ἄνθρωπος,
ὅλην τὴν ἡμέραν πολεμῶν ἔθλιψέν με.

16 ελθατω ℵT+δη T | καταβηωσαν R | πονηρια R   17 εγω]+δε ℵ* ℵRT
(om ℵc.ᵃ) R   18 απαγγελω] pr και ℵc.ᵃRT | εισακουσεται]+Κυριος R
20 εισακουσεται]+με R | ο θεος] Κυριος R | om διαψαλμα T | και 2°] οτι T
21 om εξετεινεν την χειρα αυτου ℵ* (hab εξετινεν την χ. α. ℵc.ᵃ) | om
εβεβηλωσαν την δ. αυτου ℵ* (hab ℵc.ᵃ)   22 διεμερισθησαν] pr και ℵ |
ηγγισαν αι καρδιαι T | αυτου 2°, 3° Bℵ*c.bR] αυτων ℵc.ᵃT   23 επιρριψον
Bᵃᵇ R | διαθρεψη T   24 καταξης T | ημισευσουσιν R | ελπιω επι σε
Κυριε] π̅ε̅ ελπιω επι σοι ℵc.ᵃ επι σε ελπιω Κυριε ℵ*c.ᵇR ελπιω επι σοι
π̅ε̅ T — Stich 40 B 42 ℵ 46 R 53 T   LV 2 Κυριε] ο θ̅ς̅ ℵRT

LV 3 ΨΑΛΜΟΙ

B ³κατεπάτησάν με οἱ ἐχθροί μου ὅλην τὴν ἡμέραν ἀπὸ ὕψους 3
ἡμέρας·
ὅτι πολλοὶ οἱ πολεμοῦντές με ⁴φοβηθήσονται, 4
ἐγὼ δὲ ἐπὶ σοὶ ἐλπιῶ.
⁵ἐν τῷ θεῷ ἐπαινέσω τοὺς λόγους μου ὅλην τὴν ἡμέραν· 5
ἐν τῷ θεῷ ἤλπισα, οὐ φοβηθήσομαι τί ποιήσει μοι σάρξ.
⁶ὅλην τὴν ἡμέραν τοὺς λόγους μου ἐβδελύσσοντο, 6
κατ' ἐμοῦ πάντες οἱ διαλογισμοὶ αὐτῶν εἰς κακόν.
⁷παροικήσουσιν καὶ κατακρύψουσιν· 7
αὐτοὶ τὴν πτέρναν μου φυλάξουσιν, καθάπερ ὑπέμεινα τῇ
ψυχῇ μου·
⁸ὑπὲρ τοῦ μηθενὸς σώσεις αὐτούς, 8
ἐν ὀργῇ λαοὺς κατάξεις.
ὁ θεός, ⁹τὴν ζωήν μου ἐξήγγειλά σοι, 9
ἔθου τὰ δάκρυά μου ἐνώπιόν σου ὡς καὶ ἐν τῇ ἐπαγγελίᾳ
σου.
¹⁰ἐπιστρέψουσιν οἱ ἐχθροί μου εἰς τὰ ὀπίσω, 10
ἐν ᾗ ἂν ἡμέρᾳ ἐπικαλέσωμαί σε
ἰδοὺ ἔγνων ὅτι θεός μου εἶ σύ.
¹¹ἐπὶ τῷ κυρίῳ αἰνέσω ῥῆμα, 11
ἐπὶ τῷ κυρίῳ αἰνέσω λόγον.
¹²ἐπὶ τῷ θεῷ ἤλπισα, οὐ φοβηθήσομαι τί ποιήσει μοι ἄνθρωπος. 12
¹³ἐν ἐμοί, ὁ θεός, αἱ εὐχαὶ ἃς ἀποδώσω αἰνέσεως· 13
¹⁴ὅτι ἐρύσω τὴν ψυχήν μου ἐκ θανάτου, 14
καὶ τοὺς πόδας μου ἐξ ὀλισθήματος,
τοῦ εὐαρεστῆσαι ἐνώπιον τοῦ θεοῦ ἐν φωτὶ ζώντων.

ℵRT 3 οτι πολλοι οι πολ. με απο υψους ημερας ℵ^c.a T (distinx ante απο T)
4 φοβηθησονται] ου φοβηθησομαι ℵ^c.a T | επι σοι ελπιω] επι σε ελπ. ℵ
ελπ. επι σοι T+Κυριε R   5 εν 1°] επι R | om ολην την ημεραν ℵT | εν
2°] επι ℵRT | θεω 2°] κω ℵ* (θω ℵ^c.a)   6 κατ εμου] pr και R | κακον
Bℵ*c.b RT] κακα ℵ^c.a   7 υπεμειναν ℵ^c.a RT | την ψυχην ℵ^c.a RT
8 μηθενος R | σωσοις R^vid | μηθενοσωσης T | καταξης T   9 om μου 1°
R* (hab R^a)   10 επιστρεψουσιν] pr τοτε ℵ^c.a (om ℵ^c.b) επιστρεψωσιν
T | θεος μου ει συ] συ ει ο θεος μου R   11 κυριω 1°] θω ℵRT | κυριω 2°]
θεω R   12 θεω Bℵ^c.a RT] κω ℵ*   13 αι ευχαι] om αι R | αινεσεως]+σοι
ℵRT   14 ερρυσω B^b ℵR | θανατου]+τους οφθαλμους μου απο δακρυων
B^b(vid) mg inf ℵ^c.a (ras ℵ^c.b) RT | εξ] απο ℵ^c.a RT | του ευαρεστησαι] ευαρεστησω
ℵ^c.a T | του θεου Bℵ*c.b] κυ θυ ℵ^c.a Κυριου RT — Stich 26 B 25 ℵ
27 RT

ΨΑΛΜΟΙ LVI 11

ΝΖ΄ B

LVI
(LVII)

Εἰς τὸ τέλος· μὴ διαφθείρῃς· τῷ Δαυεὶδ εἰς στηλο-
γραφίαν, ἐν τῷ αὐτὸν ἀποδιδράσκειν ἀπὸ προσώπου
Σαοὺλ εἰς τὸ σπήλαιον.

2 ²'Ελέησόν με, ὁ θεός, ἐλέησόν με·
ὅτι ἐπὶ σοὶ πέποιθεν ἡ ψυχή μου,
καὶ ἐν τῇ σκιᾷ τῶν πτερύγων σου ἐλπιῶ
ἕως οὗ παρέλθῃ ἡ ἀνομία.

3 ³κεκράξομαι πρὸς τὸν θεὸν τὸν ὕψιστον,
τὸν θεὸν τὸν εὐεργετήσαντά με.   διάψαλμα.

4 ⁴ἐξαπέστειλεν ἐξ οὐρανοῦ καὶ ἔσωσέν με,
ἔδωκεν εἰς ὄνειδος τοὺς καταπατοῦντάς με·
ἐξαπέστειλεν ὁ θεὸς τὸ ἔλεος αὐτοῦ καὶ τὴν ἀλήθειαν αὐτοῦ,

5 ⁵καὶ ἐρύσατο τὴν ψυχήν μου ἐκ μέσου σκύμνων.
ἐκοιμήθην τεταραγμένος·
υἱοὶ ἀνθρώπων, οἱ ὀδόντες αὐτῶν ὅπλον καὶ βέλη,
καὶ ἡ γλῶσσα αὐτῶν μάχαιρα ὀξεῖα.

6 ⁶ὑψώθητι ἐπὶ τοὺς οὐρανούς, ὁ θεός,
καὶ ἐπὶ πᾶσαν τὴν γῆν ἡ δόξα σου.

7 ⁷παγίδας ἡτοίμασαν τοῖς ποσίν μου,
καὶ κατέκαμψαν τὴν ψυχήν μου·
ὤρυξαν πρὸ προσώπου μου βόθρον,
καὶ ἐνέπεσαν εἰς αὐτόν.   διάψαλμα.

8 ⁸ἑτοίμη ἡ καρδία μου, ὁ θεός,
ἑτοίμη ἡ καρδία μου, ᾄσομαι καὶ ψαλῶ.

9 ⁹ἐξεγέρθητι ἡ δόξα μου,
ἐξεγέρθητι, ψαλτήριον καὶ κιθάρα·
ἐξεγερθήσομαι ὄρθρου.

10 ¹⁰ἐξομολογήσομαί σοι ἐν λαοῖς, Κύριε,
ψαλῶ σοι ἐν ἔθνεσιν·

11 ¹¹ὅτι ἐμεγαλύνθη ἕως τῶν οὐρανῶν τὸ ἔλεός σου,
καὶ ἕως τῶν νεφελῶν ἡ ἀλήθειά σου.

LVI 1 αποδιδρασκειν αυτον R   2 η ψυχην ℵ | τη σκια] σκεπη ℵ* (τη ℵRT
σκια Rᵃ)   3 τον υψιστον] om τον R | om διαψαλμα ℵ   4 του κατα-
πατουντας ℵ* (τους καταπ. ℵ^c.ᵃ) | με 2°]+διαψαλμα ℵ   5 ερρυσατο
BᵇℵR (καιρρυσατο) | οπλον] Bℵ*^c.ᵇ] οπλα ℵ^c.ᵃ RT   7 παγιδας (πακιδας
ℵ*)] παγιδα Bᵗ (ras s) ℵ^c.ᵃ RT | τοις ποσιν] την ψυχην ℵ | om διαψαλμα T
8 ασωμαι T | ψαλω]+σοι εν τη δοξη μου ℵ* (om σοι ℵ^c.ᵃ)   9 κιθαρα] κιρα-
ραμ Rᵛⁱᵈ   11 η αληθεια σου εως των νεφελων ℵ — Stich 30 Bℵ 26 R 29 T

285

B ¹²ὑψώθητι ἐπὶ τοὺς οὐρανούς, ὁ θεός,
καὶ ἐπὶ πᾶσαν τὴν γῆν ἡ δόξα σου.

NZ´

Εἰς τὸ τέλος· μὴ διαφθείρῃς· τῷ Δαυειδ   LVII
εἰς στηλογραφίαν.   (LVIII)

²Εἰ ἀληθῶς ἄρα δικαιοσύνην λαλεῖτε;
εὐθεῖα κρίνετε, οἱ υἱοὶ τῶν ἀνθρώπων;
³καὶ γὰρ ἐν καρδίᾳ ἀνομίας ἐργάζεσθε ἐν τῇ γῇ,
ἀδικίαν αἱ χεῖρες ὑμῶν συνπλέκουσιν.
⁴ἀπηλλοτριώθησαν οἱ ἁμαρτωλοὶ ἀπὸ μήτρας,
ἐπλανήθησαν ἀπὸ γαστρός, ἐλάλησαν ψεύδη.
⁵θυμὸς αὐτοῖς κατὰ τὴν ὁμοίωσιν τοῦ ὄφεως,
ὡσεὶ ἀσπίδος κωφῆς καὶ βυούσης τὰ ὦτα αὐτῆς,
⁶ἥτις οὐκ εἰσακούσεται φωνὴν ἐπᾳδόντων
φαρμάκου τε φαρμακευομένου παρὰ σοφοῦ.
⁷ὁ θεὸς συνέτριψεν τοὺς ὀδόντας αὐτῶν ἐν τῷ στόματι αὐτῶν,
τὰς μύλας τῶν λεόντων συνέθλασεν Κύριος.
⁸ἐξουδενωθήσονται ὡς ὕδωρ διαπορευόμενον,
ἐντενεῖ τὸ τόξον αὐτοῦ ἕως οὗ ἀσθενήσουσιν.
⁹ὡσεὶ κηρὸς ὁ τακεὶς ἀνταναιρεθήσονται·
ἐπέπεσε πῦρ, καὶ οὐκ εἶδον τὸν ἥλιον.
¹⁰πρὸ τοῦ συνεῖναι τὰς ἀκάνθας ὑμῶν
τὴν ῥάμνον, ὡσεὶ ζῶντας, ὡσεὶ ἐν ὀργῇ καταπίεται ὑμᾶς.
¹¹εὐφρανθήσεται δίκαιος ὅταν ἴδῃ ἐκδίκησιν ἀσεβῶν.
τὰς χεῖρας αὐτοῦ νίψεται ἐν τῷ αἵματι τοῦ ἁμαρτωλοῦ.
¹²καὶ ἐρεῖ ἄνθρωπος Εἰ ἄρα ἐστὶν καρπὸς τῷ δικαίῳ,
ἄρα ἐστὶν ὁ θεὸς κρίνων αὐτοὺς ἐν τῇ γῇ.

ℵRT   LVII 1 μη διαφθειρης τω Δαυειδ· ℵ | Δαυεδ B   2 λαλοιτε R^vid | ευθειας B^ab R^a | κρινετε B^a†b ℵ (κρινεται B*)] κρινατε T | οι υιοι] om α RT   3 ανομιαν R | συμπλεκουσιν RT   6 επαδοντος R | φαρμακου τε] φαρμακουται B^ab T | φαρμακευομενον] φαρμακευομενη ℵ^c.a RT   7 συνετριψεν] συντριψει B^ab ℵ^c.a RT | Κυριος] pr ο ℵ^c.a (om ℵ^c.b) RT   9 ο τακεις] om ο ℵ^c.a RT | επεπεσε Bℵ*] επεπεσεν R επεσεν ℵ^c.a T | πυρ]+επ αυτους ℵ^c.a T | ιδον T 10 συνειναι (συνιν. B*)] συνιεναι B^ab | τη ραμνω ℵ^c.a T | υμας] αυτους ℵR 11 om ασεβων ℵT | του αμαρτωλου] om του R   12 om ει R* (hab R^a) — Stich 22 Bℵ RT

ΨΑΛΜΟΙ   LVIII 12

NH´   B

LVIII (LIX)   Εἰς τὸ τέλος· μὴ διαφθείρῃς· τῷ Δαυεὶδ εἰς στηλο-
γραφίαν, ὁπότε ἀπέστειλεν Σαοὺλ καὶ ἐφύλαξεν τὸν
οἶκον αὐτοῦ τοῦ θανατῶσαι αὐτόν.

2   ²'Εξελοῦ με ἐκ τῶν ἐχθρῶν μου, ὁ θεός,
καὶ ἐκ τῶν ἐπανιστανομένων ἐπ' ἐμὲ λύτρωσαί με.
3   ³ῥῦσαί με ἐκ τῶν ἐργαζομένων τὴν ἀνομίαν,
καὶ ἐξ ἀνδρῶν αἱμάτων σῶσόν με.
4   ⁴ὅτι ἰδοὺ ἐθήρευσαν τὴν ψυχήν μου,
ἐπέθεντο ἐπ' ἐμὲ κραταιοί·
οὔτε ἡ ἀνομία μου οὔτε ἡ ἁμαρτία μου, Κύριε.
5   ⁵ἄνευ ἀνομίας ἔδραμον καὶ κατεύθυνα·
ἐξεγέρθητι εἰς συνάντησίν μου καὶ ἴδε,
6   ⁶καὶ σύ, Κύριε ὁ θεὸς τῶν δυνάμεων, ὁ θεὸς Ἰσραήλ,
πρόσχες τοῦ ἐπισκέψασθαι πάντα τὰ ἔθνη,
μὴ οἰκτειρήσῃς πάντας τοὺς ἐργαζομένους τὴν ἀνομίαν.
διάψαλμα.
7   ⁷ἐπιστρέψουσιν εἰς ἑσπέραν καὶ λιμώξουσιν ὡς κύων, καὶ
κυκλώσουσιν πόλιν.
8   ⁸ἰδοὺ ἀποφθέγξονται ἐν τῷ στόματι αὐτῶν, καὶ ῥομφαία ἐν
τοῖς χείλεσιν αὐτῶν·
9   ὅτι τίς ἤκουσεν; ⁹καὶ σύ, Κύριε, ἐκγελάσῃ αὐτούς,
ἐξουδενώσεις πάντα τὰ ἔθνη.
10 ¹⁰τὸ κράτος μου πρὸς σὲ φυλάξω,
ὅτι θεὸς ἀντιλήμπτωρ μου εἶ.
11 ¹¹ὁ θεός μου, τὸ ἔλεος αὐτοῦ προφθάσει με·
ὁ θεός μου δείξει μοι ἐν τοῖς ἐχθροῖς μου.
12 ¹²μὴ ἀποκτείνῃς αὐτούς, μή ποτε ἐπιλάθωνται τοῦ νόμου σου·
διασκόρπισον αὐτοὺς ἐν τῇ δυνάμει σου
καὶ κατάγαγε αὐτούς, ὁ ὑπερασπιστής μου Κύριε.

LVIII 1 εισηλογρ. B* (εις στηλογρ. B^{ab})   2 εξελου με]+κε א* (om אRT א^{c.a}) | ο θεος]+μου א* (om א^{c.a}) | επανισταμενων B^bT   4 η αμαρτια] om η R   5 κατηυθυνα T   6 Ισραηλ] pr του א^{c.a}RT | οικτιρησεις T | παντας] παντες R | om διαψαλμα T   7 επιστρεψωσιν T | λιμωξωσιν T | κυκλωσωσιν T   8 αποφθεγξονται] pr αυτοι א^{c.a} (ras א^{c.b}) T   9 εξ-ουδενωσης T   10 θεος] ο θς א*R συ ο θς א^{c.a} (om συ א^{c.b}) T | om ει א   11 προφθαση T | με] μοι R* (με R^a) | δειξει] διξη T   12 νομου] ονο-ματος א^{c.a}

287

B   ¹³ἁμαρτίαν στόματος αὐτῶν, λόγον χειλέων αὐτῶν,   13
    καὶ συνλημφθήτωσαν ἐν τῇ ὑπερηφανίᾳ αὐτῶν·
    καὶ ἐξ ἀρᾶς καὶ ψεύδους διαγγελήσονται ¹⁴συντέλειαι,   14
¶ T   ἐν ὀργῇ συντελείας, καὶ οὐ μὴ ὑπάρξουσιν·¶
    καὶ γνώσονται ὅτι ὁ θεὸς τοῦ Ἰακὼβ δεσπόζει τῶν περάτων
      τῆς γῆς.   διάψαλμα.
    ¹⁵ἐπιστρέψουσιν εἰς ἑσπέραν καὶ λιμώξουσιν ὡς κύων, καὶ 15
     κυκλώσουσιν πόλιν·
    ¹⁶αὐτοὶ διασκορπισθήσονται τοῦ φαγεῖν,   16
     ἐὰν δὲ χορτασθῶσιν, καὶ γογγύσουσιν.
    ¹⁷ἐγὼ δὲ ᾄσομαι τῇ δυνάμει σου,   17
     καὶ ἀγαλλιάσομαι τὸ πρωὶ τὸ ἔλεός σου·
    ὅτι ἐγενήθης ἀντιλήμπτωρ μου
     καὶ καταφυγὴ ἐν ἡμέρᾳ θλίψεως.
    ¹⁸βοηθός μου, σοὶ ψαλῶ, ὁ θεός μου·   18
    ὅτι ἀντιλήμπτωρ μου εἶ,
    ὁ θεός μου, τὸ ἔλεός μου.

ΝΘ´

   Εἰς τὸ τέλος· τοῖς ἀλλοιωθησομένοις, ἔτι εἰς στηλο-   LIX
   γραφίαν τῷ Δαυείδ, εἰς διδαχήν, ²ὁπότε ἐνεπύρισεν   (LX)
   τὴν Μεσοποταμίαν Συρίας καὶ τὴν Συρίαν Σωβάλ,   2
   καὶ ἐπέστρεψεν Ἰωὰβ καὶ ἐπάταξεν τὴν
   φάραγγα τῶν ἁλῶν δώδεκα χιλιάδας.

    ³Ὁ θεός, ἀπώσω ἡμᾶς καὶ καθεῖλες ἡμᾶς,   3
     ὠργίσθης καὶ ᾠκτείρησας ἡμᾶς.
    ⁴συνέσεισας τὴν γῆν καὶ συνετάραξας αὐτήν·   4
     ἴασαι τὰ συντρίμματα αὐτῆς, ὅτι ἐσαλεύθησαν,
    ⁵ἔδειξας τῷ λαῷ σου σκληρά,   5
     ἐπότισας ἡμᾶς οἶνον κατανύξεως.
¶ T   ⁶ἔδωκας τοῖς φοβουμένοις σε σημείωσιν, τοῦ φυγεῖν ἀπὸ 6
    προσώπου τόξου.   διάψαλμα.

ℵRT   13 αμαρτια ℵ^{c.a} (-τιαν ℵ^{c.b}) RT | λογος ℵ^{c.a} (-γον ℵ^{c.b}) RT | χειλεων] pr
των R | συλληmφθ. B^{ab}ℵ   14 συντελειαι] εν συντελεια ℵ^{c.a} RT | συν-
τελιας B* (-λειας B^{ab}) T | υπαρξουσιν (υμαξ. R)] υπαρξωσιν ℵT | δεσποζει
του Ιακωβ ℵR | των περατων] pr και ℵ^{c.a} (ras ℵ ℵ^{c.b}) R   16 εαν δε]
+μη ℵ^{c.a} R   17 τη δυναμει] την δυναμειν (sic) ℵ^{c.a} (ras ν 1°, 3° ℵ^{c.b}) την
δυναμιν R | καταφυγη]+μου R | θλιψεως]+μου ℵ   18 om ο θς μου (1°)
ℵ^{c.a} R | οτι]+ο θς ℵ^{c.a} R — Stich 39 Bℵ 40 R   LIX 1 om ετι R |
εισ στηλογρ. B* (εις στηλογρ. B^{ab})   2 Συριας] Συριαν R | δωδεκα] ιβ´ ℵ
3 οικτειρησας ℵ   4 εσαλευθη ℵR   6 om διαψαλμα T

ΨΑΛΜΟΙ LX 6

7 ⁷ὅπως ἂν ῥυσθῶσιν οἱ ἀγαπητοί σου, B
σῶσον τῇ δεξιᾷ σου καὶ ἐπάκουσόν μου.
8 ⁸ὁ θεὸς ἐλάλησεν ἐν τῷ ἁγίῳ αὐτοῦ
Ἀγαλλιάσομαι καὶ διαμεριῶ Σίκιμα,
καὶ τὴν κοιλάδα τῶν σκηνῶν διαμετρήσω.¶ ¶T
9 ⁹ἐμός ἐστιν Γαλαάδ, καὶ ἐμός ἐστιν Μανασσή,
καὶ Ἐφράιμ κραταίωσις τῆς κεφαλῆς μου·
Ἰούδας βασιλεύς μου,
10 ¹⁰Μωὰβ λέβης τῆς ἐλπίδος μου·
⁸ἐπὶ τὴν Ἰδουμαίαν ἐκτενῶ τὸ ὑπόδημά μου, §T
ἐμοὶ ἀλλόφυλοι ὑπετάγησαν.
11 ¹¹τίς ἀπάξει με εἰς πόλιν περιοχῆς;
τίς ὁδηγήσει με ἕως τῆς Ἰδουμαίας;
12 ¹²οὐχὶ σύ, ὁ θεός, ὁ ἀπωσάμενος ἡμᾶς;
καὶ οὐχὶ ἐξελεύσῃ, ὁ θεός, ἐν ταῖς δυνάμεσιν ἡμῶν;
13 ¹³δὸς ἡμῖν βοήθειαν ἐκ θλίψεως,¶ ¶T
καὶ ματαία σωτηρία ἀνθρώπου.
14 ¹⁴ἐν δὲ τῷ θεῷ ποιήσομεν δύναμιν,
καὶ αὐτὸς ἐξουδενώσει τοὺς θλίβοντας ἡμᾶς.

Ξ'

LX
(LXI) Εἰς τὸ τέλος, ἐν ὕμνοις· ⁸τῷ Δαυείδ. §T
2 ²Εἰσάκουσον τῆς δεήσεώς μου,
πρόσχες τῇ προσευχῇ μου.
3 ³ἀπὸ τῶν περάτων τῆς γῆς πρὸς σὲ ἐκέκραξα, ἐν τῷ ἀκηδιάσαι
τὴν καρδίαν μου.
ἐν πέτρᾳ ὕψωσάς με,
4 ὡδήγησάς με, ⁴ὅτι ἐγενήθης ἐλπίς μου,
πύργος ἰσχύος ἀπὸ προσώπου ἐχθροῦ.
5 ⁵παροικήσω ἐν τῷ σκηνώματί σου εἰς τοὺς αἰῶνας, διάψαλμα.
σκεπασθήσομαι ἐν σκέπῃ τῶν πτερύγων σου.
6 ⁶ὅτι σύ, ὁ θεός, εἰσήκουσας τῶν προσευχῶν μου,
ἔδωκας κληρονομίαν τοῖς φοβουμένοις τὸ ὄνομά σου.

8 αγαλλιασωμαι T   9 Μανασσητ אᶜ·ᵃ | βασιλευς] pr ο R   10 επι אRT
την Ιδουμαιαν] εν τη Ιδουμαια R   11 τις 2°] pr η אᶜ·ᵃ (ipse fort del)
RT   12 ουχι 2°] ουκ אᶜ·ᵃ RT   14 om δε אᶜ·? — Stich 26 Bא 27 R
LX 1 τω Δαυειδ] pr ψαλμος אRT (..μος T: quae praecess perier)   2 εισ-
ακουσον]+ο θς BᵃᵇאRT | τη προσευχη אRT   5 om διαψαλμα T |
σκεπη] pr τη T   6 των προσευχων Bאᶜ·ᵃ] της προσευχης א* των ευχων
RT | ο ονομα א* (το ον. א¹) | σου]+Κυριε Rᵃ

SEPT. II.   289   T

B ⁷ἡμέρας ἐφ' ἡμέρας βασιλέως προσθήσεις ἔτη αὐτοῦ, 7
ἕως ἡμέρας γενεᾶς καὶ γενεᾶς.
⁸διαμενεῖ εἰς τὸν αἰῶνα ἐνώπιον τοῦ θεοῦ· 8
ἔλεος καὶ ἀλήθειαν αὐτοῦ τίς ἐκζητήσει αὐτῶν;
⁹οὕτως ψαλῶ τῷ ὀνόματί σου εἰς τὸν αἰῶνα τοῦ αἰῶνος, 9
τοῦ ἀποδοῦναί με τὰς εὐχάς μου ἡμέραν ἐξ ἡμέρας.

ΞΑ'

Εἰς τὸ τέλος, ὑπὲρ Ἰδιθούν· ψαλμὸς τῷ Δαυείδ. LXI
(LXII)

²Οὐχὶ τῷ θεῷ ὑποταγήσεται ἡ ψυχή μου; 2
παρ' αὐτοῦ γὰρ τὸ σωτήριόν μου.
³καὶ γὰρ αὐτὸς ὁ θεός μου καὶ σωτήρ μου, 3
ἀντιλήμπτωρ μου· οὐ μὴ σαλευθῶ ἐπὶ πλεῖον.
⁴ἕως πότε ἐπιτίθεσθε ἐπ' ἄνθρωπον; 4
φονεύετε πάντες
ὡς τοίχῳ κεκλιμένῳ καὶ φραγμῷ ὠσμένῳ.
⁵πλὴν τὴν τιμήν μου ἐβουλεύσαντο ἀπώσασθαι, 5
ἔδραμον ἐν δίψει·
τῷ στόματι αὐτῶν εὐλογοῦσαν, καὶ τῇ καρδίᾳ αὐτῶν κατη-
ρῶντο. διάψαλμα.
⁶πλὴν τῷ θεῷ ὑποτάγηθι, ψυχή μου, 6
ὅτι παρ' αὐτοῦ ἡ ὑπομονή μου.
⁷ὅτι αὐτὸς ὁ θεός μου καὶ σωτήρ μου, 7
ἀντιλήμπτωρ μου· οὐ μὴ μεταναστεύσω.
⁸ἐπὶ τῷ θεῷ τὸ σωτήριόν μου καὶ ἡ δόξα μου· 8
ὁ θεὸς τῆς βοηθείας μου, καὶ ἡ ἐλπίς μου ἐπὶ τῷ θεῷ.
⁹ἐλπίσατε ἐπ' αὐτόν, πᾶσα συναγωγὴ λαοῦ· 9
ἐκχέετε ἐνώπιον αὐτοῦ τὰς καρδίας ὑμῶν·

ℵRT 7 βασιλεως] pr του ℵc.ᵃT βασιλευς Rᵛⁱᵈ | προσθησεις ετη] προσθησεις τα ετη ℵc.ᵃ προς τα ετη R* (προσθησεις εις τα ετη Rᵃ) προσθησῃς τα ετη T   8 om αυτων ℵT   9 τον αιωνα του αιωνος Bℵ* c.ᵇR] αιωνα ℵc.ᵃ τους αιωνας T — Stich 16 B 17 ℵT 15 R   LXI 1 Ιδιθουμ T   2 παρ αυτου γαρ] οτι παρ αυτου R | το σωτηριον] η υπομονη R   3 αυτος]+εστιν R | ο θεος] om ο Bᵃᵇℵ T | σαλευθω επι πλειον] μεταναστευσω R   4 παντες]+υμεις ℵc.ᵃ (υμις) T | κεκλιμμενω R.   5 ευλογουν Bᵇℵc.ᵃT | κατηρουντο R | om διαψαλμα T   6 υποταγηθι] υποταγησεται R | ψυχη] pr η ℵRT   7 ο θεος] om ο RT | om μη ℵ* (hab ℵc.ᵃ)   9 om ελπισατε...λαου ℵ* (hab ελπισαται εκ αυτον π. σ. λαων ℵc.ᵃ) | λαων R | εκχεατε ℵT | αυτου τας] αυτας B* (του superscr Bᵃᵇ)

290

ΨΑΛΜΟΙ

ὁ θεὸς βοηθὸς ἡμῶν. διάψαλμα. Η

10 ¹⁰πλὴν μάταιοι οἱ υἱοὶ τῶν ἀνθρώπων,
ψευδεῖς οἱ υἱοὶ τῶν ἀνθρώπων ἐν ζυγοῖς τοῦ ἀδικῆσαι,
αὐτοὶ ἐκ ματαιότητος ἐπὶ τὸ αὐτό.
11 ¹¹μὴ ἐλπίζετε ἐπὶ ἀδικίαν,
καὶ ἐπὶ ἁρπάγματα μὴ ἐπιποθεῖτε·
πλοῦτος ἐὰν ῥέῃ, μὴ προστίθεσθε καρδίαν.
12 ¹²ἅπαξ ἐλάλησεν ὁ θεός, δύο ταῦτα ἤκουσα,
13 ὅτι τὸ κράτος τοῦ θεοῦ, ¹³καὶ σοῦ, Κύριε, τὸ ἔλεος,
ὅτι σὺ ἀποδώσεις ἑκάστῳ κατὰ τὰ ἔργα αὐτοῦ.

ΞΒ′

LXII
(LXIII)

Ψαλμὸς τῷ Δαυείδ, ἐν τῷ εἶναι αὐτὸν ἐν τῇ
ἐρήμῳ τῆς Ἰδουμαίας.

2 ¹Ὁ θεὸς ὁ θεός μου, πρὸς σὲ ὀρθρίζω·
ἐδίψησέν σοι ἡ ψυχή μου,
ποσαπλῶς σοι ἡ σάρξ μου,
ἐν γῇ ἐρήμῳ καὶ ἀβάτῳ καὶ ἀνύδρῳ,
3 ³οὕτως ἐν τῷ ἁγίῳ ὤφθην σοι,
τοῦ ἰδεῖν τὴν δύναμίν σου καὶ τὴν δόξαν σου.
4 ⁴ὅτι κρεῖσσον τὸ ἔλεός σου ὑπὲρ ζωάς·
τὰ χείλη μου ἐπαινέσουσίν σε.
5 ⁵οὕτως εὐλογήσω σε ἐν τῇ ζωῇ μου,
ἐν τῷ ὀνόματί σου ἀρῶ τὰς χεῖράς μου.
6 ⁶ὡσεὶ στέατος καὶ πιότητος ἐμπλησθείη ἡ ψυχή μου,
καὶ χείλη ἀγαλλιάσεως αἰνέσει τὸ ὄνομά σου.
7 ⁷εἰ ἐμνημόνευόν σου ἐπὶ τῆς στρωμνῆς μου, ἐν τῷ ὄρθρῳ μου
ἐμελέτων εἰς σέ·
8 ⁸ὅτι ἐγενήθης βοηθός μου,
καὶ ἐν τῇ σκέπῃ τῶν πτερύγων σου ἀγαλλιάσομαι.
9 ⁹ἐκολλήθη ἡ ψυχή μου ὀπίσω σου,
ἐμοῦ ἀντελάβετο ἡ δεξιά σου.

9 ο θεος] pr οτι ℵ^{c.a} (ras ℵ^{c.b}) T | om διαψαλμα T   10 οι υιοι bis] om ℵRT
οι R   11 επι 1°] επ ℵT | αρπαγμα ℵ^{c.a}RT | καρδια ℵ^{c.a}   13 σου]
συ B* σοι R^{vid} | συ] σου ℵ^{c.a} | αποδωσης T — Stich 28 BR 25 ℵ 29 T
LXII 1 Ιδουμαιας] Ιουδαιας ℵT   2 σοι 1°] σε B^{b et fort c} ℵ^{c.a} T   4 κρεισ-
σων B (κρεισσον ℵT)   6 εμπλησθειη] επλησθη R | η ψυχη] om η R | το
ονομα σου] το στομα μου ℵ^{c.a} T στομα μου R^{vid}   7 τω ορθρω] τοις ορθροις
B^a ℵRT | om μου 2° ℵRT   8 τη σκεπη] om τη R   9 εμου]+δε ℵ^{c.a}RT

ΨΑΛΜΟΙ

B ¹⁰αὐτοὶ δὲ εἰς μάτην ἐζήτησαν τὴν ψυχήν μου, 10
εἰσελεύσονται εἰς τὰ κατώτατα τῆς γῆς,
¹¹παραδοθήσονται εἰς χεῖρας ῥομφαίας, 11
μερίδες ἀλωπέκων ἔσονται.
¹²ὁ δὲ βασιλεὺς εὐφρανθήσεται ἐπὶ τῷ θεῷ, 12
ἐπαινεσθήσεται πᾶς ὁ ὀμνύων ἐν αὐτῷ,
ὅτι ἐνεφράγη στόμα λαλούντων ἄδικα.

ΞΓ´

Εἰς τὸ τέλος· ψαλμὸς τῷ Δαυείδ. LXIII
(LXIV)

²Εἰσάκουσον, ὁ θεός, τῆς προσευχῆς μου ἐν τῷ δέεσθαί με 2
πρός σέ,
ἀπὸ φόβου ἐχθροῦ ἐξελοῦ τὴν ψυχήν μου.
⁴οἵτινες ἠκόνησαν ὡς ῥομφαίαν τὰς γλώσσας αὐτῶν, 4
ἐνέτειναν τόξον πρᾶγμα πικρόν,
⁵τοῦ κατατοξεῦσαι ἐν ἀποκρύφοις ἄμωμον· 5
ἐξάπινα κατατοξεύσουσιν αὐτὸν καὶ οὐ φοβηθήσονται.
⁶ἐκραταίωσαν ἑαυτοῖς λόγον πονηρόν, 6
διηγήσαντο τοῦ κρύψαι παγίδας·
εἶπαν Τίς ὄψεται αὐτούς;
⁷ἐξηραύνησαν ἀνομίαν, 7
ἐξέλιπον ἐξεραυνῶντες ἐξεραυνήσει·
προσελεύσεται ἄνθρωπος καὶ καρδία βαθεῖα,
⁸καὶ ὑψωθήσεται ὁ θεός. 8
βέλος νηπίων ἐγενήθησαν αἱ πληγαὶ αὐτῶν,
⁹καὶ ἐξουθένησαν αὐτὸν αἱ γλῶσσαι αὐτῶν. 9
ἐταράχθησαν πάντες οἱ θεωροῦντες αὐτούς,
¹⁰καὶ ἐφοβήθη πᾶς ἄνθρωπος· 10

ℵRT 11 om παραδοθησονται...ρομφαιας ℵ* (hab ℵ^c.ᵃ) 12 θεω] κω ℵ* (θω ℵ^c.ᵃ) R | επαινεθησεται B^b ℵ^c.ᵃ T — Stich 23 B 24 ℵR 25 T LXIII 2 της προσευχης] της φωνης ℵ* φωνης ℵ^c.ᵃ T | δεεσθαι με προς σε B ℵ^c.ᵃ R^a T] om προς σε ℵ* θλιβεσθαι με R* | εξελου] ρυσαι R | μου 2°] + (3) εσκεπασαι (εσκεπ. B^ab ℵ*^c.b σκεπασον ℵ^c.ᵃ T σκεπασας R) με απο συστροφης πονηρευομενων απο πληθους εργαζομενων αδικιαν (αδ. B^ab ℵ^c.ᵃ T την αδ. ℵ* την ανομιαν R) B^ab mg inf ℵRT 4 τοξον] + αυτων ℵ^c.ᵃ (om ℵ^c.b) T 5 κατατοξευσωσιν T | φοβηθησεται ℵ^c.ᵃ T 6 παγιδας (πακιδας ℵ*)] παγιδα ℵ^c.ᵃ ειτον T 7 εξηρευνησαν B^ab ℵRT | εξελειτον T | εξερευνωντες B^ab RT εξεραυνησει] εξερευνησει B^ab εξεραυνησεις ℵ^c.ᵃ T (εξερευν.) εξαρευνησιν R^*vid (εξερευνησιν R^a) 9 εξουθενησαν] εξησθενησαν B^ab ℵRT | αυτον] επ αυτους B^ab ℵR^a (αυτον επ αυτους R*) T

ΨΑΛΜΟΙ

καὶ ἀνήγγειλαν τὰ ἔργα τοῦ θεοῦ,
καὶ τὰ ποιήματα αὐτοῦ συνῆκαν.
11 ¹¹εὐφρανθήσεται δίκαιος ἐπὶ τῷ κυρίῳ, καὶ ἐλπιεῖ ἐπ' αὐτόν·
καὶ ἐπαινεσθήσονται πάντες οἱ εὐθεῖς τῇ καρδίᾳ.

ΞΔ'

LXIV
(LXV)   Εἰς τὸ τέλος· ψαλμὸς τῷ Δανειδ, ᾠδή.

2   ¹Σοὶ πρέπει ὕμνος, ὁ θεός, ἐν Σιών,
    καὶ σοὶ ἀποδοθήσεται εὐχή.
3   ³εἰσάκουσον προσευχῆς μου, πρὸς σὲ πᾶσα σὰρξ ἥξει.
4   ⁴λόγοι ἀνόμων ὑπερηδυνάμωσαν ἡμᾶς,
    καὶ τὰς ἀσεβείας ἡμῶν σὺ ἱλάσῃ.
5   ⁵μακάριος ὃν ἐξελέξω καὶ προσελάβου,
    κατασκηνώσει ἐν ταῖς αὐλαῖς σου.
    πλησθησόμεθα ἐν τοῖς ἀγαθοῖς τοῦ οἴκου σου·
6   ἅγιος ὁ ναός σου, ⁶θαυμαστὸς ἐν δικαιοσύνῃ.
    ἐπάκουσον ἡμῶν, ὁ θεὸς ὁ σωτὴρ ἡμῶν,
    ἡ ἐλπὶς πάντων τῶν περάτων τῆς γῆς·
7   ⁷ἑτοιμάζων ὄρη ἐν τῇ ἰσχύι σου,
    περιεζωσμένος ἐν δυναστείᾳ·
8   ⁸ὁ συνταράσσων τὸ ὕδωρ τῆς θαλάσσης, ἤχους κυμάτων
    αὐτῆς.
9   ταραχθήσονται τὰ ἔθνη ⁹καὶ φοβηθήσονται οἱ κατοικοῦντες τὰ
    πέρατα ἀπὸ τῶν σημείων σου·
    ἐξόδους πρωίας καὶ ἑσπέρας τέρψεις.
10 ¹⁰ἐπεσκέψω τὴν γῆν καὶ ἐμέθυσας αὐτήν,
    ἐπλήθυνας τοῦ πλουτίσαι αὐτήν·
    ὁ ποταμὸς τοῦ θεοῦ ἐπληρώθη ὑδάτων·
    ἡτοίμασας τὴν τροφὴν αὐτῶν, ὅτι οὕτως ἡ ἑτοιμασία σου.

11 επι] εν ℵ^c.a RT | ελπισει R | επαινεθησονται B^b T — Stich 23 Bℵ ℵRT
20 R 22 T   LXIV 1 τω Δ. ψαλμος ℵ | om ωδη ℵT   2 σοι 1°] σε R συ T |
Σειων T | σοι 2°] συ T | ευχη]+εν Ιηλμ ℵT (Ιλημ T) εν Ιερουσαλημ R
3 om μου ℵ* (hab ℵ^c.a) | σαρηξει B* (σαρξ ηξ. B^ab)   4 υπερεδυναμωσαν
B^ab ℵ^c.a | ταις ασεβειαις ℵ^c.a T (·βιαις)   5 κατασκηνωσει Bℵ^c.a (κατα-
σκηνωση T)] κατοικησει ℵ* | πλησθησωμεθα T   6 γης]+και εν θαλασση
μακραν B^ab mg ℵ* R και των εν θ. μ. ℵ^c.a T   7 σου] αυτου ℵT | δυναστεια
B^ab ℵ   8 υδωρ] κυτος ℵRT | αυτης]+τις υποστησεται ℵ^c.a R^a T   9 τα
περατα Bℵ^c.a RT] την γην ℵ*   10 αυτων Bℵ^c.a RT] αυτης ℵ* | om σου ℵ^c.a

293

ΨΑΛΜΟΙ

B ¹¹τοὺς αὔλακας αὐτῆς μέθυσον, 11
πλήθυνον τὰ γενήματα αὐτῆς,
ἐν ταῖς σταγόσιν αὐτῆς εὐφρανθήσεται ἀνατέλλουσα.

¶ T ¹²εὐλογήσεις τὸν στέφανον τοῦ ἐνιαυτοῦ τῆς χρηστότητός¶ σου, 12
καὶ τὰ πεδία σου πλησθήσονται πιότητος·
¹³πιανθήσεται τὰ ὄρη τῆς ἐρήμου, 13
καὶ ἀγαλλίασιν οἱ βουνοὶ περιζώσονται.
¹⁴ἐνεδύσαντο οἱ κριοὶ τῶν προβάτων, 14
καὶ αἱ κοιλάδες πληθυνοῦσι σῖτον·
κεκράξονται, καὶ γὰρ ὑμνήσουσιν.

ΞΕ΄

Εἰς τὸ τέλος· ᾠδὴ ψαλμοῦ ἀναστάσεως. LXV
(LXVI)

Ἀλαλάξατε τῷ θεῷ, πᾶσα ἡ γῆ, 1
²ψάλατε δὴ τῷ ὀνόματι αὐτοῦ, 2
δότε δόξαν αἰνέσει αὐτοῦ·
³εἴπατε τῷ θεῷ Ὡς φοβερὰ τὰ ἔργα σου· 3
ἐν τῷ πλήθει τῆς δυνάμεώς σου ψεύσονταί σε οἱ ἐχθροί
σου.
⁴πᾶσα ἡ γῆ προσκυνησάτωσάν σοι καὶ ψαλάτωσάν σοι, 4
ψαλάτωσαν τῷ ὀνόματί σου. διάψαλμα.
⁵δεῦτε, τέκνα, καὶ ἴδετε τὰ ἔργα τοῦ θεοῦ, 5
φοβερὸς ἐν βουλαῖς ὑπὲρ τοὺς υἱοὺς τῶν ἀνθρώπων.
⁶ὁ μεταστρέφων τὴν θάλασσαν εἰς ξηράν, 6
ἐν ποταμῷ διελεύσονται ποδί·
ἐκεῖ εὐφρανθησόμεθα ἐπ᾽ αὐτῷ,
⁷τῷ δεσπόζοντι ἐν τῇ δυναστίᾳ τοῦ αἰῶνος αὐτοῦ. 7
οἱ ὀφθαλμοὶ αὐτοῦ ἐπὶ τὰ ἔθνη ἐπιβλέπουσιν,
οἱ παραπικραίνοντες μὴ ὑψούσθωσαν ἐν ἑαυτοῖς. διάψαλμα.
⁸εὐλογεῖτε, ἔθνη, τὸν θεὸν ἡμῶν, 8
καὶ ἀκουτίσασθε τὴν φωνὴν τῆς αἰνέσεως αὐτοῦ,

ℵRT 11 αυτης 1°] αυτος R   12 ευλογησης T | της χρη... T | πλησθησεται
ℵ* (πλησθησονται ℵ^c.a)   13 πιανθησονται ℵ^c.a | ορη] ωραια ℵ^c.a ορια R |
περιεζωσονται (sic) R   14 πληθυνουσιν R | κραξονται R — Stich 30 Bℵ
28 R   LXV 1 om αναστασεως ℵ   3 σε] σοι R   4 ψαλατωσαν 2°]+δη
ℵ^c.a | σου]+υψιστε ℵ^c.a (ras ℵ^c.b) R^a   5 om τεκνα B^abℵR | om και ℵ*
(hab ℵ ℵ^c.a) | θεου] κυριου R | φοβερος] pr ως ℵ^c.a   7 δυναστια
(-τεια B^ab)]+αυτου ℵ^c.a | του αιωνος αυτου] om αυτου ℵ αυτου του αιωνος R
8 ακουτισασθε B^ab (-σθαι B*)] ακουτισατε ℵ^c.a | της αινεσεως] τ. αινεσεσεως
ℵ ταινεσεως (sic) R

ΨΑΛΜΟΙ   LXVI 2

9 ⁹τοῦ θεμένου τὴν ψυχήν μου εἰς ζωήν,   B
    καὶ μὴ δόντος εἰς σάλον τοὺς πόδας μου.
10 ¹⁰ὅτι ἐδοκίμασας ἡμᾶς, ὁ θεός, καὶ ἐπύρωσας ἡμᾶς ὡς πυροῦται
    τὸ ἀργύριον.
11 ¹¹εἰσήγαγες ἡμᾶς εἰς τὴν παγίδα,
    ἔθου θλίψεις ἐνώπιον ἡμῶν,
12 ¹²ἐπεβίβασας ἀνθρώπους ἐπὶ τὰς κεφαλὰς ἡμῶν·
    διήλθομεν διὰ πυρὸς καὶ ὕδατος,
    καὶ ἐξήγαγες ἡμᾶς εἰς ἀναψυχήν.
13 ¹³εἰσελεύσομαι εἰς τὸν οἶκόν σου ἐν ὁλοκαυτώμασιν,
14 ἀποδώσω σοι τὰς εὐχάς μου, ¹⁴ἃς διέστειλεν τὰ χείλη μου
    καὶ ἐλάλησεν τὸ στόμα μου ἐν τῇ θλίψει μου·
15 ¹⁵ὁλοκαυτώματα μεμυαλωμένα ἀνοίσω σοι μετὰ θυμιάματος καὶ
    κριῶν,
    ποιήσω σοι βόας μετὰ χιμάρων.   διάψαλμα.
16 ¹⁶δεῦτε ἀκούσατε καὶ διηγήσομαι, πάντες οἱ φοβούμενοι τὸν
    κύριον,
    ὅσα ἐποίησεν τῇ ψυχῇ μου.
17 ¹⁷πρὸς αὐτὸν τῷ στόματί μου ἐκέκραξα,
    καὶ ὕψωσα ὑπὸ τὴν γλῶσσάν μου.
18 ¹⁸ἀδικίαν εἰ ἐθεώρουν ἐν καρδίᾳ, μὴ εἰσακουσάτω Κύριος.
19 ¹⁹διὰ τοῦτο εἰσήκουσέν μου ὁ θεός,
    προσέσχεν τῇ φωνῇ τῆς προσευχῆς μου.
20 ²⁰εὐλογητὸς ὁ θεὸς ὃς οὐκ ἀπέστησεν τὴν προσευχήν μου καὶ
    τὸ ἔλεος αὐτοῦ ἀπ' ἐμοῦ.

ΞF′

LXVI
(LXVII)   Εἰς τὸ τέλος, ἐν ὕμνοις· ψαλμὸς τῷ Δαυείδ.
2 ²¹Ο θεός, οἰκτειρήσαι ἡμᾶς καὶ εὐλογήσαι ἡμᾶς,
    ἐπιφάναι τὸ πρόσωπον αὐτοῦ ἐφ' ἡμᾶς.   διάψαλμα.

9 τους ποδας Bא*ᶜ·ᵇR] τον ποδα אᶜ·ᵃ   10 om και אR   11 πακιδα אR
א* (παγ. אᶜ·ᵃ) | ενωπιον] επι τον νωτον אᶜ·ᵃR   13 αποδωσω σοι
τας ευχας μου] τας ευχ. μου αποδ. א* αποδ. τας ευχ. μου אᶜ·ᵃ   15 με-
μυαλωμενα Rᵛⁱᵈ | ποιησω] ανοισω Bᵃᵇאᶜ·ᵃR   16 διηγησομαι]+υμιν
אᶜ·ᵃR | κυριον] θν̄ אᶜ·ᵃ   18 καρδια]+μου אR | εισακουσατω]+μου אᶜ·ᵃ
(om אᶜ·ᵇ) | Κυριος] ο θεος R   19 προσεσχεν] pr και R | προσευχης]
δεησεως אᶜ·ᵃR   20 ος ουκ...LXVIII 3 υποστασις reser Rᵃ | μου Bאᶜ·ᵃRᵃ]
αυτου א* — Stich 38 B 40 א 36 R   LXVI 1 ψαλμος] ωδη Rᵃ |
τω Δαυειδ] ωδης א   2 ημας 2°]+και ελεησαι ημας אᶜ·ᵃRᵃ | om δια-
ψαλμα Rᵃ

LXVI 3   ΨΑΛΜΟΙ

B ³τοῦ γνῶναι ἐν τῇ γῇ τὴν ὁδόν σου, 3
καὶ ἐν πᾶσιν ἔθνεσιν τὸ σωτήριόν σου
⁴ἐξομολογησάσθωσαν λαοί, ὁ θεός, 4
ἐξομολογησάσθωσαν λαοὶ πάντες.
⁵εὐφρανθήτωσαν καὶ ἀγαλλιάσθωσαν ἔθνη, 5
ὅτι κρινεῖς λαοὺς ἐν εὐθύτητι,
καὶ ἔθνη ἐν τῇ γῇ ὁδηγήσεις.   διάψαλμα.
⁶ἐξομολογησάσθωσάν σοι λαοί, ὁ θεός, 6
ἐξομολογησάσθωσάν σοι λαοὶ πάντες.
⁷γῆ ἔδωκεν τὸν καρπὸν αὐτῆς· 7
εὐλογήσαι ἡμᾶς ὁ θεὸς ὁ θεὸς ἡμῶν, ⁸εὐλογήσαι ἡμᾶς ὁ 8
θεός,
καὶ φοβηθήτωσαν αὐτὸν πάντα τὰ πέρατα τῆς γῆς.

ΞΖ´
Εἰς τὸ τέλος· τῷ Δαυείδ, ψαλμὸς ᾠδῆς.   LXVII
(LXVIII)
¹'Αναστήτω ὁ θεός, καὶ διασκορπισθήτωσαν οἱ ἐχθροὶ αὐτοῦ, 2
καὶ φυγέτωσαν οἱ μισοῦντες αὐτὸν ἀπὸ προσώπου αὐτοῦ.
³ὡς ἐκλείπει καπνὸς ἐκλιπέτωσαν· 3
ὡς τήκεται κηρὸς ἀπὸ προσώπου πυρός,
οὕτως ἀπόλοιντο οἱ ἁμαρτωλοὶ ἀπὸ προσώπου τοῦ θεοῦ.
⁴καὶ οἱ δίκαιοι εὐφρανθήτωσαν,   διάψαλμα. 4
ἀγαλλιάσθωσαν ἐνώπιον τοῦ θεοῦ,
τερφθήτωσαν ἐν εὐφροσύνῃ.
⁵ᾄσατε τῷ θεῷ, ψάλατε τῷ ὀνόματι αὐτοῦ· 5
ὁδοποιήσατε τῷ ἐπιβεβηκότι ἐπὶ δυσμῶν· Κύριος ὄνομα
αὐτῷ·
καὶ ἀγαλλιᾶσθε ἐνώπιον αὐτοῦ.
⁶ταραχθήσονται ἀπὸ προσώπου αὐτοῦ, 6
τοῦ πατρὸς τῶν ὀρφανῶν καὶ κριτοῦ τῶν χηρῶν·
ὁ θεὸς ἐν τόπῳ ἁγίῳ αὐτοῦ.

ℵR 3 και εν πασιν εθνεσιν] και εν πασι τοις λαοις ℵ* εν πασι (sic) εθνεσιν ℵc.ᵃ
εν πασιν εθνεσιν Rᵃ   4 εξομολογησασθωσαν 1°, 2°]+σοι BᵃᵇℵRᵃ   5 οτι]
+κρινει την οικουμενην εν δικαιοσυνη ℵ* (om ℵc.ᵃ) | κρινεις] κρινει ℵ | οδη-
γησει ℵ | om διαψαλμα Rᵃ — Stich 14 B 15 ℵ (de R non liquet)
LXVII 2 απο προσωπου αυτου οι μισ. αυτου Rᵃ   3 εκλιπει B*ℵ (εκλειπει
Bᵃᵇ) | απολοιντο] απολουνται Rᵃ   4 om διαψαλμα ℵRᵃ | αγαλλιασθωσαν]
pr και ℵ* (om ℵc.ᵃ)   5 om και αγαλλιασθε ενωπιον αυτου ℵ* (hab κ.
αγαλλιασθαι εν. αυτου ℵc.ᵃ)   6 ταραχθησονται] ταραχθητωσαν ℵ¹ (-θωσαν
ℵ*) Rᵃ

ΨΑΛΜΟΙ LXVII 19

7 ⁷ὁ θεὸς κατοικίζει μονοτρόπους ἐν οἴκῳ, B
ἐξάγων πεπεδημένους ἐν ἀνδρίᾳ,
ὁμοίως τοὺς παραπικραίνοντας, τοὺς κατοικοῦντας ἐν τάφοις.

8 ⁸ὁ θεός, ἐν τῷ ἐκπορεύεσθαί σε ἐνώπιον τοῦ λαοῦ σου,
ἐν τῷ διαβαίνειν σε τὴν ἔρημον, διάψαλμα.

9 ⁹γῆ ἐσείσθη, καὶ γὰρ οἱ οὐρανοὶ ἔσταξαν ἀπὸ προσώπου τοῦ θεοῦ τοῦ Σινά,
ἀπὸ προσώπου τοῦ θεοῦ Ἰσραήλ.

10 ¹⁰βροχὴν ἑκούσιον ἀφοριεῖς ὁ θεὸς τῇ κληρονομίᾳ σου·
καὶ ἠσθένησεν, σὺ δὲ κατηρτίσω αὐτήν.

11 ¹¹τὰ ζῷά σου κατοικοῦσιν ἐν αὐτῇ,
ἡτοίμασας ἐν τῇ χρηστότητί σου τῷ πτωχῷ.

12 ¹²ὁ θεὸς ⁽¹²⁾Κύριος δώσει ῥῆμα τοῖς εὐαγγελιζομένοις δυνάμει πολλῇ,

13 ¹³ὁ βασιλεὺς τῶν δυνάμεων τοῦ ἀγαπητοῦ,
τοῦ ἀγαπητοῦ, καὶ ὡραιότητι τοῦ οἴκου διελέσθαι σκῦλα.

14 ¹⁴ἐὰν κοιμηθῆτε ἀνὰ μέσον τῶν κλήρων,
πτέρυγες περιστερᾶς περιηργυρωμέναι,
καὶ τὰ μετάφρενα αὐτῆς ἐν χλωρότητι χρυσίου. διάψαλμα.

15 ¹⁵ἐν τῷ διαστέλλειν τὸν ἐπουράνιον βασιλεῖς ἐπ' αὐτῆς,
χιονωθήσονται ἐν Σελμών.

16 ¹⁶ὄρος τοῦ θεοῦ ὄρος πῖον,
ὄρος τετυρωμένον, ὄρος πῖον.

17 ¹⁷ἵνα τί ὑπολαμβάνετε, ὄρη τετυρωμένα;
τὸ ὄρος ὃ εὐδόκησεν ὁ θεὸς κατοικεῖν ἐν αὐτῷ·
καὶ γὰρ ὁ κύριος κατασκηνώσει εἰς τέλος.

18 ¹⁸τὸ ἅρμα τοῦ θεοῦ μυριοπλάσιον,
χιλιάδες εὐθηνούντων·
ὁ κύριος ἐν αὐτοῖς ἐν Σινά, ἐν τῷ ἁγίῳ.

19 ¹⁹ἀναβὰς εἰς ὕψος ἠχμαλώτευσας αἰχμαλωσίαν,

7 ανδρεια Bᵃᵇ   8 την ερημον] εν τη ερημω ℵRᵃ | om διαψαλμα Rᵃ ℵR
9 εσσεισθη Rᵃ | om του Σινα...του θεου ℵ* (hab ℵᶜ·ᵃ) | τουτο Σινα Bᵃᵇ (το superscr)   10 βροχην] βρωσιν Rᵃ ᶠᵒʳᵗ | εκουσιαν ℵᶜ·ᵃ Rᵃ | την κληρονομιαν Rᵃ   12 om ο θς Bᵇᶠ post θς distinx ℵᶜ·ᵃ   13 om του αγαπητου (2°) ℵRᵃ | και ωρ. Bℵ*ᶜ·ᵇ] τη ωρ. ℵᶜ·ᵃ Rᵃ | διελεσθε Bᵃᵇ   14 μεσον] μεσα Rᵃ | περιαργυρωμεναι Rᵃ | χρυσου Rᵃ | om διαψαλμα Rᵃ   15 Σελμω Rᵃ   17 υπολαμβανεται B* (-τε Bᵃᵇ) ℵ | om ο θεος ℵ   18 ο κυριος] om ο ℵᶜ·ᵃ Rᵃ | Σεινα ℵ Σιναιν Rᵃ   19 αναβας] ανεβης Bᵃᵇℵᶜ·ᵃ (ανεβη ℵ*) Rᵃ | ηχμαλωτευσεν ℵ* (-σας ℵᶜ·ᵃ)

B ἔλαβες δόματα ἐν ἀνθρώπῳ,
   καὶ γὰρ ἀπειθοῦντες τοῦ κατασκηνῶσαι.
²⁰Κύριος ὁ θεὸς εὐλογητός,   20
   εὐλογητὸς Κύριος ἡμέραν καθ' ἡμέραν,
   καὶ κατευοδώσει ἡμῖν ὁ θεὸς τῶν σωτηρίων ἡμῶν.   διάψαλμα.
²¹ὁ θεὸς ἡμῶν ὁ θεὸς τοῦ σῴζειν,   21
   καὶ τοῦ κυρίου αἱ διέξοδοι τοῦ θανάτου.
²²πλὴν ὁ θεὸς συνθλάσει κεφαλὰς ἐχθρῶν αὐτοῦ,   22
   κορυφὴν τριχὸς διαπορευομένων ἐν πλημμελίαις αὐτοῦ.
²³εἶπεν Κύριος Ἐκ Βασὰν ἐπιστρέψω,   23
   ἐπιστρέψω ἐν βυθοῖς θαλάσσης·
²⁴ὅπως ἂν βαφῇ ὁ πούς σου ἐν αἵματι,   24
   ἡ γλῶσσα τῶν κυνῶν σου ἐξ ἐχθρῶν παρ' αὐτοῦ.
²⁵ἐθεωρήθησαν αἱ πορίαι σου ὁ θεός,   25
   αἱ πορίαι τοῦ θεοῦ μου τοῦ βασιλέως τοῦ ἐν τῷ ἁγίῳ·
²⁶προέφθασαν ἄρχοντες ἐχόμενοι ψαλλόντων,   26
   ἐν μέσῳ νεανίδων τυμπανιστριῶν.
²⁷ἐν ἐκκλησίαις εὐλογεῖτε τὸν θεόν,   27
   τὸν κύριον ἐκ πηγῶν Ἰσραήλ.
²⁸ἐκεῖ Βενιαμεὶν νεώτερος ἐν ἐκστάσει,   28
   ἄρχοντες Ἰούδα ἡγεμόνες αὐτῶν,
   ἄρχοντες Ζαβουλών,
   ἄρχοντες Νεφθαλεί.
²⁹ἔντειλαι, θεός, τῇ δυνάμει σου,   29
   δυνάμωσον, ὁ θεός, τοῦτο ὃ κατηρτίσω ἡμῖν.
³⁰ἀπὸ τοῦ ναοῦ σου ἐπὶ Ἰερουσαλὴμ   30
   σοὶ οἴσουσιν βασιλεῖς δῶρα.
³¹ἐπιτίμησον τοῖς θηρίοις τοῦ καλάμου·   31
   ἡ συναγωγὴ τῶν ταύρων ἐν ταῖς δαμάλεσιν τῶν λαῶν
   τοῦ μὴ ἀποκλεισθῆναι τοὺς δεδοκιμασμένους τῷ ἀργυρίῳ·

ℵR 19 ανθρωπω B*ᵇ] ανθρωποις BᵃℵRᵃ | απειθουντες Bᵃᵇ (απιθ. B*)] απει-
θουντας ℵᶜ·ᵃ (απιθ.) Rᵃ   20 om και ℵRᵃ | om διαψαλμα Rᵃ   21 ο θεος
2° Bℵᶜ·ᵃ Rᵃ] om ο ℵ* | σωζειν] σωσαι Rᵃ | του κυριου]+κυ ℵᶜ·ᵃ Rᵃ   22 πλημ-
μελιαις (-λειαις Bᵃᵇ) Bℵᶜ·ᵃ Rᵃ ᵛⁱᵈ] πλημμελια ℵ* | αυτου 2°] αυτων Bᵃᵇℵᶜ·ᵃ om
ℵ*   25 ποριαι bis] πορειαι Bᵃᵇℵ | βασιλεως]+μου ℵᶜ·ᵃ   26 εχομενα ℵRᵃ
27 τον κυριον] om τον ℵᶜ·ᵃ Rᵃ   28 om αρχοντες Ιουδα ηγ. αυτων ℵ* (hab
ℵᶜ·ᵃ) | Νεφθαλειμ ℵ Νεφθαλειν Rᵃ   29 θεος] pr o Bᵃᵇ ℵRᵃ | κατηρτισω]
κατιργασω ℵᶜ·ᵃ κατηργασω Rᵃ | ημιν] pr εν Rᵃ   31 δαμαλεσι Bᵗ ᵛⁱᵈ | των
λαων] λαων sup ras ℵ¹ του λαου Rᵃ (των λαων Rᵇ) | om μη ℵᶜ·ᵃ Rᵃ | απο-
κλεισθηναι] εκκλεισθηναι ℵᶜ·ᵃ Rᵃ

διασκόρπισον ἔθνη τὰ τοὺς πολέμους θέλοντα. H
32 ³²ἥξουσιν πρέσβεις ἐξ Αἰγύπτου,
Αἰθιοπία προφθάσει χεῖρα αὐτῆς τῷ θεῷ.
33 ³³αἱ βασιλεῖαι τῆς γῆς, ᾄσατε τῷ θεῷ, ψάλατε τῷ κυρίῳ.
διάψαλμα.
34 ³⁴ψάλατε τῷ θεῷ τῷ ἐπιβεβηκότι ἐπὶ τὸν οὐρανὸν τοῦ οὐρανοῦ
κατὰ ἀνατολάς.
ἰδοὺ δώσει ἐν τῇ φωνῇ αὐτοῦ φωνὴν δυνάμεως.
35 ³⁵δότε δόξαν τῷ θεῷ·
ἐπὶ τὸν Ἰσραὴλ ἡ μεγαλοπρεπία αὐτοῦ,
καὶ ἡ δύναμις αὐτοῦ ἐν ταῖς νεφέλαις.
36 ³⁶θαυμαστὸς ὁ θεὸς ἐν τοῖς ὁσίοις αὐτοῦ·
ὁ θεὸς Ἰσραήλ, αὐτὸς δώσει δύναμιν καὶ κραταίωσιν τῷ λαῷ
αὐτοῦ·
καὶ εὐλογητὸς ὁ θεός.

ΞΗ΄

LXVIII
(LXIX)
Εἰς τὸ τέλος, ὑπὲρ τῶν ἀλλοιωθησομένων·
τῷ Δαυείδ.
2 ²Σῶσόν με, ὁ θεός, ὅτι εἰσήλθοσαν ὕδατα ἕως ψυχῆς μου.
3 ³ἐνεπάγην εἰς ὕλην βυθοῦ, καὶ οὐκ ἔστιν ὑπόστασις·
ἦλθον εἰς τὰ βάθη τῆς θαλάσσης, καὶ καταιγὶς κατεπόν-
τισέν με.
4 ⁴ἐκοπίασα κράζων, ἐβραγχίασεν ὁ λάρυγξ μου,
ἐξέλιπον οἱ ὀφθαλμοί μου ἀπὸ τοῦ ἐγγίζειν ἐπὶ τὸν θεόν μου.
5 ⁵ἐπληθύνθησαν ὑπὲρ τὰς τρίχας τῆς κεφαλῆς μου οἱ μισοῦντές
με δωρεάν·
ἐκραταιώθησαν οἱ ἐχθροί μου οἱ ἐκδιώκοντές με ἀδίκως·
ἃ οὐχ ἥρπασα τότε ἀπετίννυον.
6 ⁶ὁ θεός, σὺ ἔγνως τὴν ἀφροσύνην μου,
καὶ αἱ πλημμέλιαί μου ἀπὸ σοῦ οὐκ ἐκρύβησαν.

32 θεω] κ̄ω̄ א* (θω̄ אc.a)   33 θεω] κ̄ω̄ א* (θω̄ אc.a) | κυριω] θω̄ א* (κ̄ω̄ אR
אc.a) | om διαψαλμα Rª   34 om ψαλατε τω θεω א | θεω] κυριω Rª | κατα
Bאc.aRª] κατ א* | om ιδου א* (hab אc.a) | om εν אRª | τη φωνη] την φωνην Rᵘ
35 μεγαλοπρεπεια Bᵃᵇ   36 οσιοις] αγιοις אRª | Ισραηλ] pr του א* (om אc.a) |
om και 2° אc.aRª — Stich 84 B 80 א (de R non liq)   LXVIII 3 ενεπαγη
Rª (-γην Rᵇ) | υλην] ιλυν Bᵇ (ιλην Cozzcomm) Rª | βυθου] β non inst Bᵘ
αποστασις Rª (υπ. Rᵇ)   4 εβραγχιασεν B*א* (εβραγχιασεν Bᵇאc.aR) |
εγγιζειν] ελπιζειν Bᵃ(mg)ᵇ(txt)א+με R   5 εκδιωκοντες] διωκοντες א
6 πλημμελειαι Bᵃᵇ | εκρυβησαν] απεκρυβησαν אc.a

⁷μὴ αἰσχυνθείησαν ἐπ' ἐμοὶ οἱ ὑπομένοντές σε, Κύριε τῶν δυνά- 7
μεων·
μὴ ἐντραπείησαν ἐπ' ἐμοὶ οἱ ζητοῦντές σε, ὁ θεὸς τοῦ Ἰσραήλ.
⁸ὅτι ἕνεκα σοῦ ὑπήνεγκα ὀνειδισμόν, 8
ἐκάλυψεν ἐντροπὴ τὸ πρόσωπόν μου·
⁹ἀπηλλοτριωμένος ἐγενήθην τοῖς ἀδελφοῖς μου, 9
καὶ ξένος τοῖς υἱοῖς τῆς μητρός μου·
¹⁰ὅτι ὁ ζῆλος τοῦ οἴκου σου καταφάγεταί με, 10
καὶ οἱ ὀνειδισμοὶ τῶν ὀνειδιζόντων σε ἐπέπεσαν ἐπ' ἐμέ.
¹¹καὶ συνέκαμψα ἐν νηστίᾳ τὴν ψυχήν μου, 11
καὶ ἐγενήθη εἰς ὀνειδισμὸν ἐμοί·
¹²καὶ ἐθέμην τὸ ἔνδυμά μου σάκκον, 12
καὶ ἐγενόμην αὐτοῖς εἰς παραβολήν.
¹³κατ' ἐμοῦ ἠδολέσχουν οἱ καθήμενοι ἐν πύλῃ, 13
καὶ εἰς ἐμὲ ἔψαλλον οἱ πίνοντες τὸν οἶνον.
¹⁴ἐγὼ δὲ τῇ προσευχῇ μου πρὸς σέ, Κύριε· 14
καιρὸς εὐδοκίας, ὁ θεός·
ἐν τῷ πλήθει τοῦ ἐλέους σου
ἐπάκουσον, ἐν ἀληθείᾳ τῆς σωτηρίας σου.
¹⁵σῶσόν με ἀπὸ πηλοῦ, ἵνα μὴ ἐνπαγῶ· 15
ῥυσθείην ἐκ τῶν μισούντων με καὶ ἐκ τοῦ βάθους τῶν ὑδάτων.
¹⁶μή με καταποντισάτω καταιγὶς ὕδατος, 16
μηδὲ καταπιέτω με βυθός,
μηδὲ συνσχέτω ἐπ' ἐμὲ φρέαρ τὸ στόμα αὐτοῦ.
¹⁷εἰσάκουσόν μου, Κύριε, ὅτι χρηστὸν τὸ ἔλεός σου· 17
κατὰ τὸ πλῆθος τῶν οἰκτειρμῶν σου ἐπίβλεψον ἐπ' ἐμέ·
¹⁸ὅτι θλίβομαι, ταχὺ ἐπάκουσόν μου. 18
¹⁹πρόσχες τῇ ψυχῇ μου καὶ λύτρωσαι αὐτήν, 19
ἕνεκα τῶν ἐχθρῶν μου ῥῦσαί με.
²⁰σὺ γὰρ γινώσκεις τὸν ὀνειδισμόν μου 20

ℵR   7 εμοι bis] εμε Bᵃᵇ R | Κυριε]+κε ℵR   10 ζολος R* (ζηλος Rᵃ) |
καταφαγεται] κατεφαγε Bᵇ κατεφαγεν ℵᶜ·ᵃ R   11 συνεκαμψα] συνεκαλυψα
ℵᶜ·ᵃ R | νηστεια Bᵃᵇ | εγενηθη]+μοι R | ονιδισμους ℵᶜ·ᵃ | om εμοι R
12 εγενομην Bℵᶜ·ᵃ R] εγενηθην ℵ*   13 πυλαις ℵᶜ·ᵃ R | τον οινον] om τον
ℵᶜ·ᵃ   14 επακουσον]+μου Bᵃᵇ R | σωτηριας σου] σωτηρια εμου Bᵉᵈᵏ
15 εμπαγω Bᵃᵇ | του βαθους] των βαθεων ℵᶜ·ᵃ Rᵃ   16 συνσχετω
(συσχ. Bᵇℵ)] συνεχετω R   17 εισακουσον (οισακ. ℵ* εισακ. ℵ¹ ⁽ᵛⁱᵈ¹⁾)] ετα-
κουσον R | εμε]+κ (om και ℵR) μη αποστρεψης το προσωπον σου απο του
παιδος σου Bᵃᵇᵐᵍ ˢᵘᵖ ℵR   18 ταχυ ℵ*   20 om γαρ ℵ | μου] εμου
ℵ* (μου ℵᶜ·ᵃ)

ΨΑΛΜΟΙ

καὶ τὴν αἰσχύνην μου καὶ τὴν ἐντροπήν μου· B
ἐναντίον σου πάντες οἱ θλίβοντές με.
21 ²¹ὀνειδισμὸν προσεδόκησεν ἡ ψυχή μου καὶ ταλαιπωρίαν·
καὶ ὑπέμεινα συνλυπούμενον, καὶ οὐχ ὑπῆρξεν,
καὶ παρακαλοῦντα, καὶ οὐχ εὗρον.
22 ²²καὶ ἔδωκαν εἰς τὸ βρῶμά μου χολήν,
καὶ εἰς τὴν δίψαν μου ἐπότισάν με ὄξος.
23 ²³γενηθήτω ἡ τράπεζα αὐτῶν ἐνώπιον αὐτῶν εἰς παγίδα,
καὶ εἰς ἀνταπόδοσιν καὶ σκάνδαλον·
24 ²⁴σκοτισθήτωσαν οἱ ὀφθαλμοὶ αὐτῶν τοῦ μὴ βλέπειν,
καὶ τὸν νῶτον αὐτῶν διὰ παντὸς σύνκαμψον·
25 ²⁵ἔκχεον ἐπ' αὐτοὺς τὴν ὀργήν σου,
καὶ ὁ θυμὸς τῆς ὀργῆς σου καταλάβοι αὐτούς.
26 ²⁶γενηθήτω ἡ ἔπαυλις αὐτῶν ἠρημωμένη,
καὶ ἐν τοῖς σκηνώμασιν αὐτῶν μὴ ἔστω ὁ κατοικῶν·
27 ²⁷ὅτι ὃν σὺ ἐπάταξας αὐτοὶ κατεδίωξαν,
καὶ ἐπὶ τὸ ἄλγος τῶν τραυμάτων μου προσέθηκαν.
28 ²⁸πρόσθες ἀνομίαν ἐπὶ τὴν ἀνομίαν αὐτῶν,
καὶ μὴ εἰσελθέτωσαν ἐν δικαιοσύνῃ σου·
29 ²⁹ἐξαλειφθήτωσαν ἐκ βίβλου ζώντων,
καὶ μετὰ δικαίων μὴ γραφήτωσαν.
30 ³⁰πτωχὸς καὶ ἀλγῶν εἰμι ἐγώ,
καὶ ἡ σωτηρία τοῦ προσώπου σου ἀντελάβετό μου.
31 ³¹αἰνέσω τὸ ὄνομα τοῦ θεοῦ μετ' ᾠδῆς,
μεγαλυνῶ αὐτὸν ἐν αἰνέσει.
32 ³²καὶ ἀρέσει τῷ θεῷ ὑπὲρ μόσχον νέον κέρατα ἐκφέροντα καὶ ὁπλάς.
33 ³³ἰδέτωσαν πτωχοὶ καὶ εὐφρανθήτωσαν,
ἐκζητήσατε τὸν θεὸν καὶ ζήσεσθε.

20 εναντιον] ενωπιον R   21 ψυχη Bℵ^{c.a}R] καρδια ℵ*^{c.b} | συλλυ- ℵK πουμενον B^b | και ουχ υπηρξεν...ουχ ευρον] και ουχ ευρον και παρακ. και ουχ υπηρχεν ℵ* και ουχ υπηρχεν και παρακαλουντας (ita et R) και ουχ ευρον ℵ^{c.a}   23 πακιδα ℵ | σκανδαλον] pr εις ℵR   24 συγκαμψον B^b   25 ο θυμος της οργης σου καταλαβοι Bℵ^{c.a}R] ο θ. σου λαβοι ℵ*   26—32 om γενηθητω...οπλας R* (hab R^{a mg vid})   27 om ον R^a   28 εισελθατωσαν R^a   30 om και 2° ℵ^{c.a} | om του προσωπου ℵ^{c.a}R^a | αντελαβετο] pr ο θεος ℵR^a   31 του θεου]+μου ℵ^{c.a}R^b | μετ] μετα ℵ   32 om εκφεροντα ℵ* (hab ℵ^{c.a})   33 εκζητησατε] ζητησατε R | θεον] κυριον R | ζησεσθε B^{ab} (-σθαι B*)] ζησεται η ψυχη ημων (υμων ℵ^{c.a}) ℵ*R

B ³⁴ὅτι εἰσήκουσεν τῶν πενήτων ὁ κύριος, 34
καὶ τοὺς πεπεδημένους αὐτοῦ οὐκ ἐξουδένωσεν.
³⁵αἰνεσάτωσαν αὐτὸν οἱ οὐρανοὶ καὶ ἡ γῆ, 35
θάλασσα καὶ πάντα τὰ ἕρποντα ἐν αὐτοῖς.
³⁶ὅτι ὁ θεὸς σώσει τὴν Σιών, 36
καὶ οἰκοδομηθήσονται αἱ πόλεις τῆς Ἰουδαίας,
καὶ κατοικήσουσιν ἐκεῖ καὶ κληρονομήσουσιν αὐτήν·
³⁷καὶ τὸ σπέρμα τῶν δούλων αὐτοῦ καθέξουσιν αὐτήν, 37
καὶ οἱ ἀγαπῶντες τὸ ὄνομα αὐτοῦ κατασκηνώσουσιν ἐν αὐτῇ.

ΞΘ΄

Εἰς τὸ τέλος· τῷ Δαυείδ εἰς ἀνάμνησιν, εἰς τὸ   LXIX
Σῶσαί με Κύριον.   (LXX)

²¹Ὁ θεός, εἰς τὴν βοήθειάν μου πρόσχες·   2
³αἰσχυνθείησαν καὶ ἐντραπείησαν οἱ ζητοῦντές μου τὴν ψυχήν, 3
ἀποστραφείησαν εἰς τὰ ὀπίσω καὶ καταισχυνθείησαν οἱ βουλό-
μενοί μοι κακά·
⁴ἀποστραφείησαν παραυτίκα αἰσχυνόμενοι οἱ λέγοντές μοι 4
Εὖγε εὖγε.
⁵ἀγαλλιάσθωσαν καὶ εὐφρανθήτωσαν ἐπὶ σοὶ πάντες οἱ ζη- 5
τοῦντές σε,
καὶ λεγέτωσαν διὰ παντός Μεγαλυνθήτω ὁ θεός, οἱ ἀγα-
πῶντες τὸ σωτήριόν σου.
⁶ἐγὼ δὲ πτωχὸς καὶ πένης· ὁ θεός, βοήθησόν μοι· 6
βοηθός μου καὶ ῥύστης μου εἶ σύ· Κύριε, μὴ χρονίσῃς.

Ο΄

Τῷ Δαυείδ, υἱῶν Ἰωναδὰβ καὶ τῶν πρώτων   LXX
αἰχμαλωτισθέντων.   (LXXI)

Ὁ θεός, ἐπὶ σοὶ ἤλπισα, μὴ καταισχυνθείην εἰς τὸν αἰῶνα. 1
²ἐν τῇ δικαιοσύνῃ σου ῥῦσαί με καὶ ἐξελοῦ με, 2

ℵR 34 εξουδενωσει ℵ* (-σεν ℵ^c.a) R   35 ερποντα εν αυταις Bℵ^c.a R] περατα
της γης ℵ*   36 Σειων ℵ   37 αυτου 2°] σου ℵ — Stich 76 B 75 ℵ
(64 R*)   LXIX 1 om εις το σωσαι με Κυριον R   2 προσχες]+κε
εις το βοηθησαι μοι σκευσον B^a+b^(tmg inf)ℵ^c.a R+κε εις το β. μ. θελησον ℵ*
3 αισχυνθειησαν] αισχυνθητωσαν ℵR | εντραπειησαν] εντραπητωσαν ℵR | την
ψυχην μου ℵ^c.a R | βουλομενοι] λογιζομενοι R   4 αποστραφειησαν] απο-
στραφητωσαν R   5 και ευφρανθητωσαν sup ras R^b | σε]+κε ℵ^c.a R | θεος]
κυριος R   6 πτωχος]+ειμι ℵ^c.a | πενης]+ειμι R | βοηθησον] βοηθει R |
ρυστης] υπερασπιστης R | συ ει R — Stich 9 B 10 ℵR   LXX 1 τω
Δαυειδ]+ψαλμος ℵR | υιων] pr των R | Ιωναδαβ] Αμιναδαμ R | om ο θεος
ℵR | ηλπισα]+κε ℵR   2 om και εξελου με ℵ* (hab κ εξ. με ℵ^c.a)

ΨΑΛΜΟΙ

κλῖνον πρὸς μὲ τὸ οὖς σου καὶ σῶσόν με.
3 ³γενοῦ μοι εἰς θεὸν ὑπερασπιστήν,
εἰς τόπον ὀχυρὸν τοῦ σῶσαί με·
ὅτι στερέωμά μου καὶ καταφυγή μου εἶ σύ.
4 ⁴ὁ θεός, ῥῦσαί με ἐκ χειρὸς ἁμαρτωλοῦ,
ἐκ χειρὸς παρανομοῦντος καὶ ἀδικοῦντος·
5 ⁵ὅτι σὺ εἶ ἡ ὑπομονή μου, Κύριε·
Κύριος ἡ ἐλπίς μου ἐκ νεότητός μου.
6 ⁶ἐπὶ σὲ ἐπεστηρίχθην ἀπὸ γαστρός,
ἐκ κοιλίας μητρός μου σύ μου εἶ σκεπαστής·
ἐν σοὶ ἡ ὕμνησίς μου διὰ παντός.
7 ⁷ὡσεὶ τέρας ἐγενήθην τοῖς πολλοῖς,
καὶ σὺ βοηθὸς κραταιός.
8 ⁸πληρωθήτω τὸ στόμα μου αἰνέσεως,
ὅπως ὑμνήσω τὴν δόξαν σου,
ὅλην τὴν ἡμέραν τὴν μεγαλοπρεπίαν σου.
9 ⁹μὴ ἀπορίψῃς με εἰς καιρὸν γήρους,
ἐν τῷ ἐκλιπεῖν τὴν ἰσχύν μου μὴ ἐνκαταλίπῃς με.
10 ¹⁰ὅτι εἶπαν οἱ ἐχθροί μου ἐμοί,
καὶ οἱ φυλάσσοντες τὴν ψυχήν μου
11 ἐβουλεύσαντο ἐπὶ τὸ αὐτό, ¹¹λέγοντες Ὁ θεὸς ἐνκατέλιπεν αὐτόν·
καταδιώξατε καὶ καταλάβετε αὐτόν,
ὅτι οὐκ ἔστιν ὁ ῥυόμενος.
12 ¹²ὁ θεός, μὴ μακρύνῃς ἀπ' ἐμοῦ,
13 ¹³αἰσχυνθήτωσαν καὶ ἐκλιπέτωσαν οἱ ἐνδιαβάλλοντες τὴν ψυχήν μου,
περιβαλέσθωσαν αἰσχύνην καὶ ἐντροπὴν οἱ ζητοῦντες τὰ κακά μοι.
14 ¹⁴ἐγὼ δὲ διὰ παντὸς ἐλπιῶ,

3 εις τοπον] pr και ℵR   4 ο θεος]+μου ℵR | εκ 2°] pr και R ℵR   6 επεστηριχθην] επερριφην R | απο γαστρος] εκ ματρος (sic) R | μητρος] pr της R | μου εις σκεπαστης BℵRᵃ] ει ο υπερασπιστης μου R* | υμνησις] υπομνησις ℵ   7 βοηθος]+μου ℵᶜ·ᵃR   8 αινεσεως]+Κυριε R | om οπως υμν. την δ. σου ℵ* (hab ℵᶜ·ᵃ) | την μεγαλοπρεπιαν (-πειαν Bᵃᵇ) B*ℵᶜ·ᵃR] της μεγαλοπρεπιας ℵ*   9 αποριψης Bᵃ¹ᵇℵ | γηρως ℵ* (γηρους ℵᶜ·ᵃ) | εκλιπειν ℵ (εκλιπιν B*)] εκλειπειν Bᵃᵇ | ισχυν] ψυχην ℵ | εγκαταλιπης Bᵃ¹ᵇℵ   11 εγκατελιπεν Bᵃ¹ᵇℵ | ρυομενος]+αυτων R   12 ο θεος]+μου Bᵃᵇℵᶜ·ᵃR | εμου]+ο θς̄ μου εις την βοηθειαν μου προσχες ℵR   13 εκλιπετωσαν (εκλειπ. Bᵃᵇ)] εντραπετωσαν R | τα κακα] om τα R   14 ελπιω] επι σε ελπιω ℵ* R (ελπια) ελπιω επι σε ℵᶜ·ᵃ

ΨΑΛΜΟΙ

B   καὶ προσθήσω ἐπὶ πᾶσαν τὴν αἴνεσίν σου.
¹⁵τὸ στόμα μου ἐξαγγελεῖ τὴν δικαιοσύνην σου, 15
ὅλην τὴν ἡμέραν τὴν σωτηρίαν σου,
ὅτι οὐκ ἔγνων πραγματίας.
¹⁶εἰσελεύσομαι ἐν δυναστίᾳ Κυρίου· 16
Κύριε, μνησθήσομαι τῆς δικαιοσύνης σου μόνου.
¹⁷ἐδίδαξάς με, ὁ θεός, ἐκ νεότητός μου, 17
καὶ μέχρι νῦν ἀναγγελῶ τὰ θαυμάσιά σου,
¹⁸καὶ ἕως γήρους καὶ πρεσβείου· ὁ θεός, μὴ ἐνκαταλίπῃς με 18
ἕως ἂν ἀπαγγείλω τὸν βραχίονά σου πάσῃ τῇ γενεᾷ τῇ
ἐρχομένῃ,
τὴν δυναστίαν σου ¹⁹καὶ τὴν δικαιοσύνην σου, 19
ὁ θεός, ἕως ὑψίστων, ἃ ἐποίησας μεγαλεῖα.
ὁ θεός, τίς ὅμοιός σοι;
²⁰ὅτι ἔδειξάς μοι θλίψεις πολλὰς καὶ κακά, 20
καὶ ἐπιστρέψας ἐζωοποίησάς με,
καὶ ἐκ τῶν ἀβύσσων τῆς γῆς πάλιν ἀνήγαγές με, ²¹πλεο- 21
νάσας τὴν δικαιοσύνην σου.
καὶ ἐπιστρέψας παρεκάλεσάς με,
καὶ ἐκ τῶν ἀβύσσων πάλιν ἀνήγαγές με.
²²καὶ γὰρ ἐξομολογήσομαί σοι ἐν σκεύει ψαλμοῦ τὴν ἀλήθειάν 22
σου,
ψαλῶ σοι, ὁ θεός, ἐν κιθάρᾳ, ὁ ἅγιος τοῦ Ἰσραήλ.
²³ἀγαλλιάσονται τὰ χείλη μου ὅταν ψάλω σοι, 23
καὶ ἡ ψυχή μου ἣν ἐλυτρώσω.
²⁴ἔτι δὲ καὶ ἡ γλῶσσά μου ὅλην τὴν ἡμέραν μελετήσει τὴν δικαι- 24
οσύνην σου,
ὅταν αἰσχυνθῶσιν καὶ ἐντραπῶσιν οἱ ζητοῦντες τὰ κακά μοι.

ℵR   15 εξαγγελει] αναγγελει ℵR | πραγματιας] γραμματιας Bᵃᵇℵ (-τειας)
16 δυναστεια Bᵃᵇℵ   17 εδιδαξας με ο θεος] ο θ͞ς μου α εδιδ. με ℵᶜ·ᵃ |
νυν] pr του ℵᶜ·ᵃ | αναγγελω] απαγγελω ℵ απαγγελλω R   18 γηρως Bᵃᵇ |
πρεσβιον Bᵃ (πρεσβειον Bᵃᵇℵ) | ο θεος]+μου ℵᶜ·ᵃ | εγκαταλιπῃς Bᵃᵗᵇ ενκατε-
λιπες R | om αν ℵ* (hab ℵᶜ·ᵃ) R* ου Rᵃ | απαγγειλω] απαγγελλω R*
απαγγελω Rᵃ | πασῃ τῇ γενεᾳ] τῇ γενεᾳ πασῃ ℵᶜ·ᵃ πασῃ γενεα γενεα (sic) R |
ερχομενη] επερχομενη R | δυναστειαν Bᵃᵇ   19 εποιησας]+μοι ℵᶜ·ᵃ | μεγα-
λεια] τα θαυμασια σου R   20 οτι] οσας ℵᶜ·ᵃ | κακα] κακας R   21 πλεο-
νασας] επλεονασας ℵR +επ εμε R | δικαιοσυνην] μεγαλωσυνην R | om και
εκ των αβ. π. ανηγαγες με ℵ | αβυσσων]+της γης ℵR   22 και γαρ]+εγω
BᵃᵇℵR | om εν σκευει ψαλμου ℵ | σκευει] σκευεσιν R | ο θ͞ς ψαλω σοι ℵ |
αγιος Ισραηλ R* (ο αγ. του Ισρ. Rᵃ) — Stich 53 B 51 ℵ 52 R

ΟΑ΄

LXXI (LXXII)

Εἰς Σαλομών.

1 Ὁ θεός, τὸ κρίμα σου τῷ βασιλεῖ δός,
    καὶ τὴν δικαιοσύνην σου τῷ υἱῷ τοῦ βασιλέως,
2 ²κρίνειν τὸν λαόν σου ἐν δικαιοσύνῃ καὶ τοὺς πτωχούς σου
    ἐν κρίσει.
3 ³ἀναλαβέτω τὰ ὄρη εἰρήνην τῷ λαῷ σου καὶ οἱ βουνοί.
4 ⁴ἐν δικαιοσύνῃ κρινεῖ τοὺς πτωχοὺς ¹τοῦ λαοῦ·
    καὶ σώσεις τοὺς υἱοὺς τῶν πενήτων,
    καὶ ταπεινώσει συκοφάντην·
5 ⁵καὶ συνπαραμενεῖ τῷ ἡλίῳ,
    καὶ πρὸ τῆς σελήνης γενεὰς γενεῶν.
6 ⁶καὶ καταβήσεται ὡς ὑετὸς ἐπὶ πόκον,
    καὶ ὡσεὶ σταγόνες στάζουσαι ἐπὶ τὴν γῆν.
7 ⁷ἀνατελεῖ ἐν ταῖς ἡμέραις αὐτοῦ δικαιοσύνη,
    καὶ πλῆθος εἰρήνης ἕως οὗ ἀνταναιρεθῇ ἡ σελήνη.
8 ⁸καὶ κατακυριεύσει ἀπὸ θαλάσσης ἕως θαλάσσης,
    καὶ ἀπὸ ποταμοῦ ἕως περάτων τῆς οἰκουμένης.
9 ⁹ἐνώπιον αὐτοῦ προπεσοῦνται Αἰθίοπες,
    καὶ οἱ ἐχθροὶ αὐτοῦ χοῦν λίξουσιν·
10 ¹⁰βασιλεῖς Θαρσεὶς καὶ αἱ νῆσοι δῶρα προσοίσουσιν,
    βασιλεῖς Ἀράβων καὶ Σαβὰ δῶρα προσάξουσιν·
11 ¹¹καὶ προσκυνήσουσιν αὐτῷ πάντες οἱ βασιλεῖς,
    πάντα τὰ ἔθνη δουλεύσουσιν αὐτῷ.
12 ¹²ὅτι ἐρύσατο πτωχὸν ἐκ χειρὸς δυνάστου,
    καὶ πένητα ᾧ οὐχ ὑπῆρχεν βοηθός·
13 ¹³φείσεται πτωχοῦ καὶ πένητος,
    καὶ ψυχὰς πενήτων σώσει·
14 ¹⁴ἐκ τόκου καὶ ἐξ ἀδικίας λυτρώσεται τὰς ψυχὰς αὐτῶν,
    καὶ ἔντιμον τὸ ὄνομα αὐτῶν ἐνώπιον αὐτοῦ.

LXXI 1 Σαλωμων B^{ab}ℵ Σαλομωνα R + ψαλμος R | τω 2°] ω R | υιω του ℵRT βασιλεως sup ras B^{1?a?}   2 λαον] λεων ℵ   3 αναλαβετωσαν ℵ^{c.a} R | om σου ℵ   4 εν δικαιοσυνη] om εν R* δικαιοσυνην ℵ^{c.a} R^a | σωσει B^{ab}ℵRT   5 συμπαραμενει B^{a?b} R   6 om και 1° ℵ^{c.a}T | ως] ωσει ℵRT | της γης T   7 ου] του ℵ* (ου ℵ^{1 c.a})   8 κατακυριευση T   10 αι νησοι] om αι RT | προσοισουσιν] προσαξουσιν ℵ* (προσοισ. ℵ^{c.a}) προσοισωσιν T | προσαξωσιν T   11 προσκυνησωσιν T | αυτω 1°] αυτον R | βασιλεις] + της γης ℵRT | δουλευσωσιν T   12 ερρυσατο B^{ab}ℵR | om εκ χειρος ℵ^{c.a} om χειρος T   14 λυτρωσηται T | αυτων 2°] αυτου RT | αυτου] αυτων ℵRT

ΨΑΛΜΟΙ

B ¹⁵καὶ ζήσεται καὶ δοθήσεται αὐτῷ ἐκ τοῦ χρυσίου τῆς Ἀραβίας, 15
καὶ προσεύξονται περὶ αὐτοῦ διὰ παντός,
ὅλην τὴν ἡμέραν εὐλογήσουσιν αὐτόν.
¹⁶ἔσται στήριγμα ἐν τῇ γῇ ἐπ' ἄκρων τῶν ὀρέων· 16
ὑπεραρθήσεται ὑπὲρ τὸν Λίβανον ὁ καρπὸς αὐτοῦ,
καὶ ἐξανθήσουσιν ἐκ πόλεως ὡσεὶ χόρτος τῆς γῆς.
¹⁷ἔστω τὸ ὄνομα αὐτοῦ εὐλογημένον εἰς τοὺς αἰῶνας, 17
πρὸ τοῦ ἡλίου διαμενεῖ τὸ ὄνομα αὐτοῦ·
καὶ εὐλογηθήσονται ἐν αὐτῷ πᾶσαι αἱ φυλαὶ τῆς γῆς,
πάντα τὰ ἔθνη μακαριοῦσιν αὐτόν.

¹⁸εὐλογητὸς Κύριος ὁ θεὸς Ἰσραήλ, ὁ ποιῶν θαυμάσια μόνος, 18
¹⁹καὶ εὐλογητὸν τὸ ὄνομα τῆς δόξης αὐτοῦ εἰς τὸν αἰῶνα καὶ 19
εἰς τὸν αἰῶνα τοῦ αἰῶνος·
καὶ πληρωθήσεται τῆς δόξης αὐτοῦ πᾶσα ἡ γῆ.
γένοιτο, γένοιτο.
²⁰Ἐξέλιπον οἱ ὕμνοι Δαυεὶδ τοῦ υἱοῦ Ἰεσσαί. 20

ℵRT 15 ευλογησωσιν T   16 αυτου] αυτων T | εξανθησωσιν T   17 εστω]
εσται T | αυτου 1° Bℵ*ᶜ·ᵇRT] του κυ ℵᶜ·ᵃ | ευλογηθησονται] ενευλογ. ℵᶜ·ᵃRT
18 Ισραηλ] pr του R   19 ευλογητον] ευλογημενον ℵᶜ·ᵃ | om εις τον αιωνα
(1°)...της δοξης αυτου ℵ* (hab ℵᶜ·ᵃ) | πασα η γη Bℵᶜ·ᵃRT] εν πασῃ τῃ γῃ ℵ*
20 εξελειπον T | του υιου] om του T — Stich 41 B 40 ℵ 42 R

ΨΑΛΜΟΙ

III

OB'

LXXII
(LXXIII)   Ψαλμὸς τῷ Ἀσάφ.

1 Ὡς ἀγαθὸς τῷ Ἰσραὴλ ὁ θεός, τοῖς εὐθέσι τῇ καρδίᾳ.
2 ²ἐμοῦ δὲ παρὰ μικρὸν ἐσαλεύθησαν οἱ πόδες,
   παρ' ὀλίγον ἐξεχύθη τὰ διαβήματά μου.
3 ³ὅτι ἐζήλωσα ἐπὶ τοῖς ἀνόμοις, εἰρήνην ἁμαρτωλῶν θεωρῶν·
4 ⁴ὅτι οὐκ ἔστιν ἀνάνευσις ἐν τῷ θανάτῳ αὐτῶν,
   καὶ στερέωμα ἐν τῇ μάστιγι αὐτῶν·
5 ⁵ἐν κόποις ἀνθρώπων οὐκ εἰσίν,
   καὶ μετὰ ἀνθρώπων οὐ μαστιγωθήσονται.
6 ⁶διὰ τοῦτο ἐκράτησεν αὐτοὺς ἡ ὑπερηφανία,
   περιεβάλοντο ἀδικίαν καὶ ἀσέβειαν αὐτῶν.
7 ⁷ἐξελεύσεται ὡς ἐκ στέατος ἡ ἀδικία αὐτῶν,
   διῆλθον εἰς διάθεσιν καρδίας·
8 ⁸διενοήθησαν καὶ ἐλάλησαν ἐν πονηρίᾳ,
   ἀδικίαν εἰς τὸ ὕψος ἐλάλησαν·
9 ⁹ἔθεντο εἰς οὐρανὸν τὸ στόμα αὐτῶν,
   καὶ ἡ γλῶσσα αὐτῶν διῆλθεν ἐπὶ τῆς γῆς.
10 ¹⁰διὰ τοῦτο ἐπιστρέψει ὁ λαός μου ἐνταῦθα,
    καὶ ἡμέραι πλήρεις εὑρεθήσονται αὐτοῖς,
11 ¹¹καὶ εἶπαν Πῶς ἔγνω ὁ θεός;
    καὶ εἰ ἔστιν γνῶσις ἐν τῷ ὑψίστῳ;
12 ¹²ἰδοὺ ἁμαρτωλοὶ καὶ εὐθηνοῦνται·
    εἰς τὸν αἰῶνα κατέσχον πλούτου.
13 ¹³καὶ εἶπα Ἆρα ματαίως ἐδικαίωσα τὴν καρδίαν μου,
    καὶ ἐνιψάμην ἐν ἀθῴοις τὰς χεῖράς μου,
14 ¹⁴καὶ ἐγενόμην μεμαστιγωμένος ὅλην τὴν ἡμέραν,
    καὶ ὁ ἔλεγχός μου εἰς τὰς πρωίας.

LXXII 1 τω Ισρ. ο θεος] ο θ̅ς̅ τω Ισρ. ℵ^{c.a} ο θεος του Ισρ. RT | ευθεσι ℵRT BℵRT   4 om εν 1° ℵ* (hab ℵ^{c.a}) R   6 υπερηφανια] + εις τελος ℵ^{c.a} (ras ℵ^{c.b}) R^aT | ασεβειαν και αδικιαν ℵ* (αδ. και ασ. ℵ^{c.a}) | ασεβιαν T | αυτων] εαυτων T   7 ως] ωσει ℵ* (ως ℵ^{c.a}) | διηλθοσαν RT   8 ελαλησαν] σ non inst B^b | εν πονηρια] πονηρα T   10 δια το B* (δ. τουτο B^{ab(vid)}) | ημεραι] pr αι ℵ^{c.a} T | αυτοις] pr εν ℵRT   11 ειπον T | ει εστιν] εωτιν R   12 αμαρτωλοι] pr ουτοι B^{ab mg}ℵRT | ευθηνουνταις ℵ^{c.a} ευθηνουντες RT   13 ειτα] ειπον T

ΨΑΛΜΟΙ

B ¹⁵εἰ ἔλεγον Διηγήσομαι οὕτως, 15
ἰδοὺ τῇ γενεᾷ τῶν υἱῶν σου ἠσυνθέτηκα.
¹⁶καὶ ὑπέλαβον τοῦ γνῶναι· 16
τοῦτο κόπος ἐναντίον μου,
¹⁷ἕως εἰσέλθω εἰς τὸ ἁγιαστήριον τοῦ θεοῦ, 17
καὶ συνῶ εἰς τὰ ἔσχατα.
¹⁸πλὴν διὰ τὰς δολιότητας ἔθου αὐτοῖς. 18
¹⁹πῶς ἐγένοντο εἰς ἐρήμωσιν; 19
ἐξάπινα ἐξέλιπον, ἀπώλοντο διὰ τὴν ἀνομίαν αὐτῶν.
²⁰ὡσεὶ ἐνύπνιον ἐξεγειρομένου, 20
Κύριε, ἐν τῇ πόλει σου τὴν εἰκόνα αὐτῶν ἐξουδενώσεις.
²¹ὅτι ηὐφράνθη ἡ καρδία μου, καὶ οἱ νεφροί μου ἠλλοιώθησαν· 21
²²καὶ ἐγὼ ἐξουδενωμένος καὶ οὐκ ἔγνων, 22
κτηνώδης ἐγενόμην παρὰ σοί.
²³καὶ ἐγὼ διὰ παντὸς μετὰ σοῦ· 23
ἐκράτησας τῆς χειρὸς τῆς δεξιᾶς μου,
²⁴ἐν τῇ βουλῇ σου ὡδήγησάς με, 24
καὶ μετὰ δόξης προσελάβου με.
²⁵τί γάρ μοι ὑπάρχει ἐν τῷ οὐρανῷ; 25
καὶ παρὰ σοῦ τί ἠθέλησα ἐπὶ τῆς γῆς;
²⁶ἐξέλιπεν ἡ καρδία μου καὶ ἡ σάρξ μου, ὁ θεὸς τῆς καρδίας μου, 26
καὶ ἡ μερίς μου ὁ θεὸς εἰς τὸν αἰῶνα.
²⁷ὅτι ἰδοὺ οἱ μακρύνοντες ἑαυτοὺς ἀπὸ σοῦ ἀπολοῦνται· 27
ἐξωλέθρευσας πάντα τὸν πορνεύοντα ἀπὸ σοῦ.
²⁸ἐμοὶ δὲ τὸ προσκολλᾶσθαι τῷ κυρίῳ ἀγαθόν ἐστιν, 28
τίθεσθαι ἐν τῷ κυρίῳ τὴν ἐλπίδα μου,
τοῦ ἐξαγγεῖλαι πάσας τὰς αἰνέσεις σου
ἐν ταῖς πύλαις τῆς θυγατρὸς Σιών.

ℵRT 15 της γενεα R* (της γενεας Rᵃ) | ησυνθετηκα Bℵ*ᶜ·ᵇ] ησυνθετηκας ℵᶜ·ᵃ R* vid (ras penitus Rᵃ) ησυντεθικας T   16 τουτο...μου bis scr R | κοπος] + εστιν Bᵃᵇ ᵐᵍ ℵᶜ·ᵃ RT | εναντιον] ενωπιον ℵᶜ·ᵃ RT | μου) εμου ℵᶜ·ᵃ   17 εως] + ου ℵᶜ·ᵃ RT | om και R | εσχατα] + αυτων ℵᶜ·ᵃ R (εις τα εσχ. αυτ. bis scr R* [om 1° vid Rᵃ]) T   18 δολιοτητας] + αυτων ℵᶜ·ᵃ RT | αυτοις] + κακα ℵᶜ·ᵃ (ras ℵᶜ·ᵇ) T + κατεβαλες αυτους εν τω επαρθηναι Bᵃᵇᵐᵍ ℵR + κατεβαλες αυτ. εν τω επ. T   19 distinx post εξαπινα ℵᶜ·ᵃ T | εξελειπον T   20 εξεγιρομενων T | εικοναν ℵ* (-να ℵᶜ·ᵃ) | εξουδενωσης T   21 ηυφρανθη] εξεκαυθη ℵᶜ·ᵃ RT   22 εγενομην] εγενηθην ℵT   24 εν] pr ἡ ℵᶜ·ᵃ T | δοξας R | προελαβου R* (προσελ. Rᵃ)   25 υπαρχει] εστιν R   26 εξελειπεν T   27 om εαυτους R | εξολεθρευσας T | πορνευοντα] εκπορν. R   28 το προσκολλασθαι] του προσκολλας (sic) R | τω κυριω 1°] τω θω ℵT τω θεω| τω θεω R* (om τω θ. 1° Rᵃ) | Σειων T — Stich 55 Bℵ 54 R 56 T

ΟΓ´

LXXIII
(LXXIV)

Συνέσεως τῷ Ἀσάφ.

1 Ἵνα τί ἀπώσω, ὁ θεός, εἰς τέλος;
ὠργίσθη ὁ θυμός σου ἐπὶ πρόβατα νομῆς σου;
2 ²μνήσθητι τῆς συναγωγῆς σου ἧς ἐκτήσω ἀπ' ἀρχῆς·
ἐλυτρώσω ῥάβδον κληρονομίας σου,
ὄρος Σιὼν τοῦτο ὃ κατεσκήνωσας ἐν αὐτῷ.
3 ³ἔπαρον τὰς χεῖράς σου ἐπὶ τὰς ὑπερηφανίας αὐτῶν εἰς τέλος,
ὅσα ἐπονηρεύσατο ὁ ἐχθρὸς ἐν τοῖς ἁγίοις σου.
4 ⁴καὶ ἐνεκαυχήσαντο οἱ μισοῦντές σε ἐν μέσῳ τῆς ἑορτῆς σου,
5 ⁵ὡς εἰς τὴν εἴσοδον ὑπεράνω·
6 ὡς ἐν δρυμῷ ξύλων ἀξίναις ἐξέκοψαν ⁶τὰς θύρας αὐτῆς·
ἐπὶ τὸ αὐτὸ ἐν πελέκει καὶ λαξευτηρίῳ κατέρραξαν αὐτήν.
7 ⁷ἐνεπύρισαν ἐν πυρὶ τὸ ἁγιαστήριόν σου·
εἰς τὴν γῆν ἐβεβήλωσαν τὸ σκήνωμα τοῦ ὀνόματός σου.
8 ⁸εἶπαν ἐν τῇ καρδίᾳ αὐτῶν ἡ συγγενία αὐτῶν ἐπὶ τὸ αὐτό
Δεῦτε καὶ καταπαύσωμεν τὰς ἑορτὰς Κυρίου ἀπὸ τῆς γῆς.
9 ⁹τὰ σημεῖα ἡμῶν οὐκ εἴδομεν,
οὐκ ἔστιν ἔτι προφήτης, καὶ ἡμᾶς οὐ γνώσεται ἔτι.
10 ¹⁰ἕως πότε, ὁ θεός, ὀνειδιεῖ ὁ ἐχθρός;
παροξυνεῖ ὁ ὑπεναντίος τὸ ὄνομά σου εἰς τέλος;
11 ¹¹ἵνα τί ἀποστρέφεις τὴν χεῖρά σου
καὶ τὴν δεξιάν σου ἐκ μέσου τοῦ κόλπου σου εἰς τέλος;
12 ¹²ὁ δὲ βασιλεὺς ἡμῶν πρὸ αἰῶνος,
εἰργάσατο σωτηρίαν ἐν μέσῳ τῆς γῆς.
13 ¹³σὺ ἐκραταίωσας ἐν τῇ δυνάμει σου τὴν θάλασσαν,
σὺ συνέτριψας τὰς κεφαλὰς τῶν δρακόντων ἐπὶ τοῦ ὕδατος·

LXXIII 1 απωσω ο θεος] ο θς απωσω ℵ^{c.a}T απωσω ημας ο θεος R ℵRT
2 Σειων T 3 οσα B*ℵ^{c.a}RT] οσας B^{ab}ℵ* | τοις αγιοις] τω αγιω ℵ^{c.a}T
4 εορτης] οργης ℵ* (εορτ. ℵ^{c.a}) | σου]+εθεντο τα σημεια αυτων σημεια και ουκ
εγνωσαν B^{ab mg inf}ℵRT 5 εισοδον] οδον ℵ* εξοδον ℵ^{c.a}R*T | εξεκοψαν]
διεκοψαν ℵ* (εξεκ. ℵ^{c.a}) 6 πελυκι T 7 om ενεπυρισαν...σου (1°) R
8 ειπον T | η συγγενεια (-νεια B^{ab})] αι συγγενειαι ℵ^{c.a}T (-νιαι) | om και
B^{ab}ℵ* (hab ℵ^{c.a}) R | τας εορτας] pr πασας ℵ^{c.a}RT | Κυριου] του θῦ ℵRT
9 ημων] αυτων T | ειδομεν] ειδαμεν (?.ιδ.) R ιδομεν T | ουκ εστιν] pr και R
10 om ο θεος ℵ* (hab superscr ℵ¹) 11 χειραν R | om και την δεξιαν
σου ℵ* (hab ℵ^{c.a}) 12 βασιλευς] pr θεος B^{ab}ℵRT 13 δυναμει]
δυναστεια ℵ* (δυναμ. ℵ^{c.a})

B ¹⁴ἔδωκας αὐτὸν βρῶμα λαοῖς τοῖς Αἰθίοψιν. 14
¹⁵σὺ διέρρηξας πηγὰς καὶ χειμάρρους, 15
¹⁶σὴ ἐστιν ἡ ἡμέρα, καὶ σή ἐστιν ἡ νύξ· 16
σὺ κατηρτίσω ἥλιον καὶ σελήνην.
¹⁷σὺ ἐποίησας πάντα τὰ ὅρια τῆς γῆς· 17
θέρος καὶ ἔαρ σὺ ἐποίησας· ¹⁸μνήσθητι ταύτης τῆς κτίσεώς 18
σου.
ἐχθρὸς ὠνείδισεν τὸν κύριον,
καὶ λαὸς ἄφρων παρώξυνεν τὸ ὄνομα αὐτοῦ.
¹⁹μὴ παραδῷς τοῖς θηρίοις ψυχὴν ἐξομολογουμένην σοι, 19
τῶν ψυχῶν τῶν πενήτων σου μὴ ἐπιλάθῃ εἰς τέλος.
²⁰ἐπίβλεψον εἰς τὴν διαθήκην σου, 20
ὅτι ἐπληρώθησαν οἱ ἐσκοτωμένοι τῆς γῆς οἴκων ἀνομιῶν.
²¹μὴ ἀποστραφήτω τεταπεινωμένος καὶ κατῃσχυμμένος· 21
πτωχὸς καὶ πένης αἰνέσουσιν τὸ ὄνομά σου.
²²ἀνάστα, ὁ θεός, δίκασον τὴν δίκην σου· 22
μνήσθητι τῶν ὀνειδισμῶν σου τῶν ὑπὸ ἄφρονος ὅλην τὴν
ἡμέραν.
²³μὴ ἐπιλάθῃ τῆς φωνῆς τῶν ἱκετῶν σου, 23
ἡ ὑπερηφανία τῶν μισούντων σε ἀναβαίη διὰ παντὸς πρὸς
σέ.

ΟΔ'

Εἰς τὸ τέλος· μὴ διαφθείρῃς· ψαλμὸς τῷ LXXIV
Ἀσάφ ᾠδῆς. (LXXV)

²Ἐξομολογησόμεθά σοι, ὁ θεός, 2
ἐξομολογησόμεθα καὶ ἐπικαλεσόμεθα τὸ ὄνομά σου·
διηγήσομαι πάντα τὰ θαυμάσιά σου, ³ὅταν λάβω καιρόν· 3

ℵRT   14 εδωκας] pr συ συνετριψας τας κεφαλας του δρακοντος B^(ab mg inf) pr συ συνεθλασας την κεφαλην του δρακ. ℵT pr συ συνεθλ. τας κεφαλας του δρακοντος του μεγαλου R   15 χειμαρρους]+συ εξηρανας ποταμους Ηθαμ RT   16 η ημερα] om η R | η νυξ om η R | κατηρτισω] εποιησας R | ηλιον και σεληνην] φανσιν κ. ηλιον ℵ^(c.a)T   17 εποιησας 2°] επλασας ℵ^(c.a)T+αυτα ℵT   18 om της κτισεως σου ℵT | εχθρος] pr ο R | τον κυριον] τω κυριω R | αυτου] σου ℵRT   19 om σου ℵ* (hab ℵ^(c.a))   20 εσκοτισμενοι B^(ab)ℵRT   21 om και 1° RT   22 των ονειδισμων σου των] του ονιδισμου σου του ℵ^(c.a) | ολην την ημεραν] τω ικετων σου R* (ολ. την ημ. R^a)   23 μη επιλαθη της φωνης] η υπερηφανια R* (μη επιλαθης τ. φ. R^a) | επιλαθη B^(ab) (επιλαθε B*) | αναβαιη] ανεβη ℵ^(c.a)RT | om προς σε ℵ^(c.a)T — Stich 45 BT 44 ℵ 49 R   LXXIV 1 ψ. τω Ασαφ ωδης] τω Α. ψ. R   2 εξομολγησωμεθα T bis | εξομολογ. 2°]+σοι ℵRT | επικασομεθα B* (επικαλεσ. B^(ab)) επικαλεσωμεθα T | διηγησωμαι T | om ταυτα ℵ*^(c.b) (hab ℵ^(c.a))

ΨΑΛΜΟΙ   LXXV 4

ἐγὼ εὐθύτητας κρινῶ.   B
4 ⁴ἐτάκη ἡ γῆ καὶ πάντες οἱ κατοικοῦντες αὐτήν,
  ἐγὼ ἐστερέωσα τοὺς στύλους αὐτῆς.   διάψαλμα.
5 ⁵εἶπα τοῖς παρανομοῦσιν μὴ παρανομεῖν,
  καὶ τοῖς ἁμαρτάνουσιν Μὴ ὑψοῦτε κέρας·
6 ⁶μὴ ἐπαίρετε εἰς ὕψος τὸ κέρας ὑμῶν,
  μὴ λαλεῖτε κατὰ τοῦ θεοῦ ἀδικίαν·
7 ⁷ὅτι οὔτε ἀπὸ ἐξόδων οὔτε ἀπὸ δυσμῶν
8   οὔτε ἀπὸ ἐρήμων, ⁸ὅτι ὁ θεὸς κριτής ἐστιν·
    τοῦτον ταπεινοῖ καὶ τοῦτον ὑψοῖ.
9 ⁹ὅτι ποτήριον ἐν χειρὶ Κυρίου, οἴνου ἀκράτου πλῆρες κεράσματος,
  καὶ ἔκλινεν ἐκ τούτου εἰς τοῦτο· πλὴν ὁ τρυγίας αὐτοῦ
  οὐκ ἐξεκενώθη,
  καὶ πίονται πάντες οἱ ἁμαρτωλοὶ τῆς γῆς.
10 ¹⁰ἐγὼ δὲ ἀγαλλιάσομαι εἰς τὸν αἰῶνα,
   ψαλῶ τῷ θεῷ Ἰακώβ·
11 ¹¹καὶ πάντα τὰ κέρατα τῶν ἁμαρτωλῶν συνκλάσω,
   καὶ ὑψωθήσεται τὰ κέρατα τοῦ δικαίου.

OΕ'
LXXV
(LXXVI)   Εἰς τὸ τέλος, ἐν ὕμνοις· ψαλμὸς τῷ Ἀσάφ,
           ᾠδή, πρὸς τὸν Ἀσσύριον.

2 ²Γνωστὸς ἐν τῇ Ἰουδαίᾳ ὁ θεός,
  ἐν τῷ Ἰσραὴλ μέγα τὸ ὄνομα αὐτοῦ.
3 ³καὶ ἐγενήθη ἐν εἰρήνῃ ὁ τόπος αὐτοῦ,
  καὶ τὸ κατοικητήριον αὐτοῦ ἐν Σιών·
4 ⁴ἐκεῖ συνέτριψεν τὰ κράτη τῶν τόξων,
  ὅπλον καὶ ῥομφαίαν καὶ πόλεμον·
  ἐκεῖ συνκλάσει τὰ κέρατα.   διάψαλμα.

3 ευθυτητα R   4 κατοικουντες] + σοι κατοικουντες Rᵃ | αυτην] + εν ℵRT
αυτη ℵRT | στερεωσα R | στυλ||λους T | om διαψαλμα RT   5 ειπα] ειπον
T | παρανομουσι ℵ | παρανομειν] παρανομειτε ℵᶜ·ᵃ (-ται) RT   6 μη 2°]
pr ɣ ℵᶜ·ᵃT και μηδε R | κατα του θεου] om θεου B* (superscr Bᵃᵇ)   7 απο
1°] εξ ℵᶜ·ᵃT | ερημων] + ορεων ℵRT   9 πληρες] πληρη ℵᶜ·ᵃ (mox ipse
restit -ρες) | εκκλινεν R | om και 2° BᵃᵇℵRT   10 αγαλλιασομαι (-σωμαι
T)] + κω ℵ* (om ℵᶜ·ᵃ)   11 συνκλασω] συνθλασω BᵃᵇRT | τα.κερατα 2°]
το κερας ℵᶜ·ᵃ RT — Stich 20 Bℵ 21 R 24 T   LXXV 1 του Ασαφ R | om
ωδη ℵ ωδης T | om προς τον Ασσυριον ℵT   2 εν τω Ισρ.] om εν τω R
3 Σειων T   4 om εκει συνκλασει τα κερατα BᵃᵇℵRT | om δια-
ψαλμα T

ΨΑΛΜΟΙ

B ⁵φωτίζεις σὺ θαυμαστῶς ἀπὸ ὀρέων αἰωνίων. 5
⁶ἐταράχθησαν πάντες οἱ ἀσύνετοι τῇ καρδίᾳ· 6
ὕπνωσαν ὕπνον αὐτῶν, καὶ οὐχ εὗρον οὐδὲν
πάντες οἱ ἄνδρες τοῦ πλούτου ταῖς χερσὶν αὐτῶν.
⁷ἀπὸ ἐπιτιμήσεώς σου, ὁ θεὸς Ἰακώβ, 7
ἐνύσταξαν οἱ ἐπιβεβηκότες τοὺς ἵππους.
⁸σὺ φοβερὸς εἶ, καὶ τίς ἀντιστήσεταί σοι 8
ἀπὸ τῆς ὀργῆς σου;
⁹ἐκ τοῦ οὐρανοῦ ἠκόντισας κρίσιν, 9
γῆ ἐφοβήθη καὶ ἡσύχασεν, ¹⁰ἐν τῷ ἀναστῆναι εἰς κρίσιν 10
τὸν θεόν,
τοῦ σῶσαι πάντας τοὺς πραεῖς τῇ καρδίᾳ. διάψαλμα.
¹¹ὅτι ἐνθύμιον ἀνθρώπου ἐξομολογήσεταί σοι, 11
καὶ ἐνκατάλιμμα ἐνθυμίου ἑορτάσει σοι.
¹²εὔξασθε καὶ ἀπόδοτε Κυρίῳ τῷ θεῷ ἡμῶν· 12
πάντες οἱ κύκλῳ αὐτοῦ οἴσουσιν δῶρα
¹³τῷ φοβερῷ καὶ ἀφαιρουμένῳ πνεύματα ἀρχόντων, 13
φοβερῷ παρὰ τοῖς βασιλεῦσι τῆς γῆς.

OΓ'

Εἰς τὸ τέλος, ὑπὲρ Ἰδιθούμ· τῷ Ἀσὰφ ψαλμός. LXXVI
(LXXVII)

²Φωνῇ μου πρὸς Κύριον ἐκέκραξα, 2
καὶ ἡ φωνή μου πρὸς τὸν θεόν, καὶ προσέσχεν μοι.
³ἐν ἡμέρᾳ θλίψεώς μου τὸν θεὸν ἐξεζήτησα, 3
ταῖς χερσίν μου νυκτὸς ἐναντίον αὐτοῦ, καὶ οὐκ ἠπατήθην·
ἀπηνήνατο παρακληθῆναι ἡ ψυχή μου.
⁴ἐμνήσθην τοῦ θεοῦ καὶ εὐφράνθην· 4
ἠδολέσχησα καὶ ὠλιγοψύχησεν τὸ πνεῦμά μου. διάψαλμα.

אRT **5** φωτισει R | απο] απ R **6** ταις χερσιν] pr εν א **7** οι επιβεβηκοτες] pr παντες R | τους ιππους] τοις ιπποις אᶜ·ᵃT **8** απο] pr τοτε R+τοτε Bᵃ'ᵇאT | της οργης σου] η οργη σου Bᵃ'ᵇא η ορ[γη]T **9** ηκοντισας] ηκουντισας Bᵇᵗˣᵗ (-σαν Bᵇᶜᵒᵐᵐ) אRT **10** τη καρδια] της γης Bᵃᵇᵐᵍאᶜ·ᵃRT | om διαψαλμα T **11** om οτι ενθυμιον...σοι (1°) R | ενκαταλειμμα Bᵃᵇ (εγκ. B¹¹) | εορταση T **12** τω κ͞ω θ͞ω א* (κ͞ω τω θ͞ω אᶜ·ᵃ) | οισωσιν T **13** βασιλευσιν T — Stich 24 B 22 א 20 R 23 T
LXXVI **1** Ιδιθουν א | ψαλμος τω Ασαφ R **2** και η φωνη] om και η Bᵇ (inst prius) אT | θεον]+μου R **3** ταις χερσιν] pr εν R | απηνηνατο] επηνηνατο R* (απ. Rᵃ) απενηνατο T **4** ηυφρανθην T | ολιγοψυχησεν T | om διαψαλμα T

ΨΑΛΜΟΙ

5 ⁵προκατελάβοντο φυλακὰς οἱ ἐχθροί μου· B
  ἐταράχθην καὶ οὐκ ἐλάλησα.
6 ⁶διελογισάμην ἡμέρας ἀρχαίας,
7 καὶ ἔτη αἰώνια ⁷ἐμνήσθην καὶ ἐμελέτησα·
  νυκτὸς μετὰ τῆς καρδίας μου ἠδολέσχουν, καὶ ἔσκαλεν τὸ
  πνεῦμά μου.
8 ⁸μὴ εἰς τοὺς αἰῶνας ἀπώσεται Κύριος,
  καὶ οὐ προσθήσει τοῦ εὐδοκῆσαι ἔτι;
9 ⁹ἢ εἰς τέλος ἀποκόψει τὸ ἔλεος ἀπὸ γενεᾶς καὶ γενεᾶς;
10 ¹⁰ἢ ἐπιλήσεται τοῦ οἰκτειρῆσαι ὁ θεός,
   ἢ συνέξει τοὺς οἰκτειρμοὺς αὐτοῦ ἐν τῇ ὀργῇ αὐτοῦ;
   διάψαλμα.
11 ¹¹καὶ εἶπα Νῦν ἠρξάμην,
   αὕτη ἡ ἀλλοίωσις τῆς δεξιᾶς τοῦ ὑψίστου.
12 ¹²ἐμνήσθην τῶν ἔργων Κυρίου,
   ὅτι μνησθήσομαι ἀπὸ τῆς ἀρχῆς τῶν θαυμασίων σου,
13 ¹³καὶ μελετήσω ἐν πᾶσιν τοῖς ἔργοις σου,
   καὶ ἐν τοῖς ἐπιτηδεύμασίν σου ἀδολεσχήσω.
14 ¹⁴ὁ θεός, ἐν τῇ ἁγίῳ ἡ ὁδός σου·
   τίς θεὸς μέγας ὡς ὁ θεὸς ἡμῶν;
15 ¹⁵σὺ εἶ ὁ θεὸς ἡμῶν ὁ ποιῶν θαυμάσια,
   ἐγνώρισας ἐν τοῖς λαοῖς σου τὴν δύναμίν σου·
16 ¹⁶ἐλυτρώσω ἐν τῷ βραχίονί σου τὸν λαόν σου,
   τοὺς υἱοὺς Ἰακὼβ καὶ Ἰωσήφ. διάψαλμα.
17 ¹⁷εἴδοσάν σε ὕδατα, ὁ θεός,
   εἴδοσάν σε ὕδατα καὶ ἐφοβήθησαν,
18 καὶ ἐταράχθησαν ἄβυσσοι. ¹⁸πλῆθος ἤχους ὕδατος·
   φωνὴν ἔδωκαν αἱ νεφέλαι, καὶ γὰρ τὰ βέλη σου διαπορεύονται·

5 οι εχθροι] pr παντες Bᵃᵇᵐᵍℵ¹ (ο παντες ℵ* om ℵᶜ·ᵃ) οι οφθαλμοι ℵΚΤ
RT | μου] αυτου T   7 εσκαλεν B*ᵛⁱᵈ (εσκαλε Bᵇᵛⁱᵈ) εσκαλον Bᵃᵛⁱᵈ
εσκαλαν B†ᵛⁱᵈ εσκαλλον ℵ*Rᵃ (σκαλουν R*ᵛⁱᵈ) εσκαλλεν ℵᶜ·ᵃT   8 μη]
pr και ειπα R | απωσηται T | Κυριος] ο θεος RT   9 om αποκοψει
ℵRT | ελεος]+αυτου ℵ* +αυτου αποκοψει ℵᶜ·ᵃRT (-ψη) | απο] pr συντελεσει
ρημα ℵᶜ·ᵃ pr συνετελεσεν ρ. T | και γενεας] εις γενεαν RT   10 η 1°] μη
ΚT | η 2°] μη ℵᶜ·ᵃ | συνεξη T | εν τη οργη αυτ. τους οικτειρμους (οικτιρμ. T)
αυτου ℵᶜ·ᵃRT | om διαψαλμα T   11 ειπα] ειπον T   12 απο της αρχης]
απ αρχ. RT   13 πασι ℵ   14 τη αγιω] τω αγ. Bᵇℵ RT | τις] pr εν
R* (om Rᵃ) | om θεος 2° ℵ* (hab ℵᶜ·ᵃ)   15 om ημων BᵃᵇℵRT | θαυμασια]
+μονος ℵᶜ·ᵃ (ras ℵᶜ·ᵇ) R | om σου 1° ℵRT   16 Ιακωβ] Ισραηλ R | om
διαψαλμα RT   17 ιδοσαν T bis | om και 2° T | αβυσσοι] pr αι ℵᶜ·ᵃ
18 υδατος] υδατων ℵᶜ·ᵃR

B ¹⁹φωνὴ τῆς βροντῆς σου ἐν τῷ τροχῷ, 19
ἐσαλεύθη καὶ ἔντρομος ἐγενήθη ἡ γῆ.
²⁰ἐν τῇ θαλάσσῃ ἡ ὁδός σου, 20
καὶ αἱ τρίβοι σου ἐν ὕδασι πολλοῖς,
καὶ τὰ ἴχνη σου οὐ γνωσθήσονται.
²¹ὡδήγησας ὡς πρόβατα τὸν λαόν σου ἐν χειρὶ Μωυσῆ καὶ 21
Ἀαρών.

OZ′

Συνέσεως τῷ Ἀσάφ. LXXVII
 (LXXVIII)

Προσέχετε λαός μου τὸν νόμον μου, 1
κλίνατε τὸ οὖς ὑμῶν εἰς τὰ ῥήματα τοῦ στόματός μου.
²ἀνοίξω ἐν παραβολαῖς τὸ στόμα μου, 2
φθέγξομαι προβλήματα ἀπ' ἀρχῆς,
³ὅσα ἠκούσαμεν καὶ ἔγνωμεν αὐτά, 3
καὶ οἱ πατέρες ἡμῶν διηγήσαντο ἡμῖν·
⁴οὐκ ἐκρύβη ἀπὸ τῶν τέκνων αὐτῶν εἰς γενεὰν ἑτέραν, 4
ἀπαγγέλλοντες τὰς αἰνέσεις Κυρίου
καὶ τὰς δυναστίας αὐτοῦ,
καὶ τὰ θαυμάσια αὐτοῦ ἃ ἐποίησεν.
⁵καὶ ἀνέστησεν μαρτύριον ἐν Ἰακώβ, 5
καὶ νόμον ἔθετο ἐν Ἰσραήλ,
ὃν ἐνετείλατο τοῖς πατράσιν ἡμῶν
γνωρίσαι αὐτὸν τοῖς υἱοῖς αὐτῶν,
⁶ὅπως ἂν γνῷ γενεὰ ἑτέρα, 6
υἱοὶ οἱ τεχθησόμενοι,
καὶ ἀναστήσονται καὶ ἀπαγγελοῦσιν αὐτὰ τοῖς υἱοῖς αὐτῶν·
⁷ἵνα θῶνται ἐπὶ τὸν θεὸν τὴν ἐλπίδα αὐτῶν, 7
καὶ μὴ ἐπιλάθωνται τῶν ἔργων τοῦ θεοῦ,
καὶ τὰς ἐντολὰς αὐτοῦ ἐκζητήσουσιν·

ℵRT   19 τροχω] + εφαναν αι αστραπαι σου τη οικουμενη B^(ab mg lat)ℵRT   20 υδα-
σιν R | γνωσθησεται ℵ — Stich 40 Bℵ 42 R 44 T   LXXVII 2 παρα-
βολη ℵ* (-λαις ℵ^(c-a)) | φθεγξωμαι T   4 om εις R* (hab R^a) | Κυριου]
pr του RT | δυναστειας B^(ab)ℵ | εποιησαν ℵ* (-σεν ℵ¹)   5 οπ] οσα
ℵ^(c-a)T | ενετειλατο (ϖετειλα B* -λατο B^(ab))] εθετο ℵ* (ενετιλ. ℵ^(c-a)) | γνωρι-
σαι] pr του ℵRT | αυτον] αυτα ℵ^(c-a) RT   6 οι τεχθησομενοι] om οι
RT | απαγγελουσιν] αναγγελ. ℵR | om αυτα ℵ* (hab ℵ^(c-a))   7 θεον] θν
(sic) ℵ | μη] pr ου R | εκζητησωσιν T

ΨΑΛΜΟΙ LXXVII 20

8 ⁸ἵνα μὴ γένωνται ὡς οἱ πατέρες αὐτῶν B
γενεὰ σκολιὰ καὶ παραπικραίνουσα,
γενεὰ ἥτις οὐ κατηύθυνεν ἐν τῇ καρδίᾳ αὐτῆς,
καὶ οὐκ ἐπιστώθη μετὰ τοῦ θεοῦ τὸ πνεῦμα αὐτῆς.
9 ⁹υἱοὶ Ἐφράιμ ἐντείνοντες καὶ βάλλοντες τόξον
ἐστράφησαν ἐν ἡμέρᾳ πολέμου·
10 ¹⁰οὐκ ἐφυλάξαντο τὴν διαθήκην τοῦ θεοῦ,
καὶ ἐν τῷ νόμῳ αὐτοῦ οὐκ ἤθελον πορεύεσθαι.
11 ¹¹καὶ ἐπελάθοντο τῶν εὐεργεσιῶν αὐτοῦ
καὶ τῶν θαυμασίων αὐτοῦ ὧν ἔδειξεν αὐτοῖς,
12 ¹²ἐναντίον τῶν πατέρων αὐτῶν ἃ ἐποίησεν θαυμάσια,
ἐν γῇ Αἰγύπτῳ ἐν πεδίῳ Τάνεως.
13 ¹³διέρρηξεν θάλασσαν καὶ διήγαγεν αὐτούς,
ἔστησεν ὕδατα ὡσεὶ ἀσκόν·
14 ¹⁴καὶ ὡδήγησεν αὐτοὺς ἐν νεφέλῃ ἡμέρας,
καὶ ὅλην τὴν νύκτα ἐν φωτισμῷ πυρός·
15 ¹⁵διέρρηξεν πέτραν ἐν ἐρήμῳ,
καὶ ἐπότισεν αὐτοὺς ὡς ἐν ἀβύσσῳ πολλῇ·
16 ¹⁶καὶ ἐξήγαγεν ὕδωρ ἐκ πέτρας,
καὶ κατήγαγεν ὡς ποταμοὺς ὕδατα.
17 ¹⁷καὶ προσέθεντο ἔτι τοῦ ἁμαρτάνειν αὐτῷ·
παρεπίκραναν τὸν ὕψιστον ἐν ἀνύδρῳ,
18 ¹⁸καὶ ἐξεπείρασαν τὸν θεὸν ἐν ταῖς καρδίαις αὐτῶν,
τοῦ αἰτῆσαι βρώματα ταῖς ψυχαῖς αὐτῶν.
19 ¹⁹καὶ κατελάλησαν τοῦ θεοῦ
καὶ εἶπαν Μὴ δυνήσεται ὁ θεὸς ἑτοιμάσαι τράπεζαν ἐν ἐρήμῳ;
20 ²⁰ἐπεὶ ἐπάταξεν πέτραν, καὶ ἐρρύησαν ὕδατα,
καὶ χείμαρροι κατεκλύσθησαν·
μὴ καὶ ἄρτον δυνήσεται δοῦναι;
ἢ ἑτοιμάσαι τράπεζαν τῷ λαῷ αὐτοῦ;

8 ενωνται ℵ* (γεν. ℵ¹) | κατευθυνεν ℵ | εν τη καρδια] την καρδιαν ℵ^{c.a} RT | ℵRT αυτης 1°] εαυτης ℵ^{c.a}   9 Εφρεμ (?R) T | τοξον] τοξοις B^{ab}ℵRT   10 εφυλαξαν B^{ab}ℵRT | ηθελον] ηβουληθησαν ℵ^{c.a} εβουλ. T   11 επελαθεντο B* (επελαθοντο B^b)   12 α] οσα R | Αιγυπτου RT   13 εστησεν] παρεστησεν ℵ^{c.a} T | ωσει] ως εις R   14 πυρος] φωτος ℵ* (πυρος ℵ^{c.a})   15 διερηξεν T | ερημω] pr τη ℵ   16 ως] ωσει ℵ* (ως ℵ^{c.a})   17 παρεπικραναν] παρεπικρανεν R* (-ναν R^a) pr και R   18 εξεπειρασαν] επειρασαν R   19 ειπον T   20 ερυησαν T | δυνησεται] δυναται ℵR^{vid}T

315

B ²¹διὰ τοῦτο ἤκουσεν Κύριος καὶ ἀνεβάλετο, 21
καὶ πῦρ ἀνήφθη ἐν Ἰακώβ,
καὶ ὀργὴ ἀνέβη ἐπὶ τὸν Ἰσραήλ·
²²ὅτι οὐκ ἐπίστευσαν ἐν τῷ θεῷ, 22
οὐδὲ ἤλπισαν ἐπὶ τὸ σωτήριον αὐτοῦ.
²³καὶ ἐνετείλατο νεφέλαις ὑπεράνωθεν, 23
καὶ θύρας οὐρανοῦ ἠνέῳξεν·
²⁴καὶ ἔβρεξεν αὐτοῖς μάννα φαγεῖν, 24
καὶ ἄρτον οὐρανοῦ ἔδωκεν αὐτοῖς·
²⁵ἄρτον ἀγγέλων ἔφαγεν ἄνθρωπος, 25
ἐπισιτισμὸν ἀπέστειλεν αὐτοῖς εἰς πλησμονήν.
²⁶καὶ ἐπῆρεν νότον ἐξ οὐρανοῦ, 26
καὶ ἐπήγαγεν ἐν τῇ δυναστίᾳ αὐτοῦ λίβα,
²⁷καὶ ἔβρεξεν ἐπ' αὐτοὺς ὡσεὶ χοῦν σάρκας, 27
καὶ ὡσεὶ ἄμμον θαλασσῶν πετεινὰ πτερωτά·
²⁸καὶ ἐπέπεσον εἰς μέσον τῆς παρεμβολῆς αὐτῶν, 28
κύκλῳ τῶν σκηνωμάτων αὐτῶν.
²⁹καὶ ἐφάγοσαν καὶ ἐνεπλήσθησαν σφόδρα, 29
καὶ τὴν ἐπιθυμίαν αὐτῶν ἤνεγκεν αὐτοῖς.
³⁰οὐκ ἐστερήθησαν ἀπὸ τῆς ἐπιθυμίας αὐτῶν· 30
ἔτι τῆς βρώσεως αὐτῶν οὔσης ἐν τῷ στόματι αὐτῶν,
³¹καὶ ὀργὴ τοῦ θεοῦ ἀνέβη ἐπ' αὐτοὺς 31
καὶ ἀπέκτεινεν ἐν τοῖς πλείοσιν αὐτῶν,
καὶ τοὺς ἐκλεκτοὺς τοῦ Ἰσραὴλ συνεπόδισεν.
³²ἐν πᾶσιν τούτοις ἥμαρτον ἔτι, 32
καὶ οὐκ ἐπίστευσαν τοῖς θαυμασίοις αὐτοῦ·
³³καὶ ἐξέλιπον ἐν ματαιότητι αἱ ἡμέραι αὐτῶν, 33
καὶ τὰ ἔτη αὐτῶν μετὰ σπουδῆς.
³⁴ὅταν ἀπέκτεννεν αὐτοὺς ἐξήτουν αὐτόν, 34
καὶ ἐπέστρεφον καὶ ὤρθριζον πρὸς τὸν θεόν·
³⁵καὶ ἐμνήσθησαν ὅτι ὁ θεὸς βοηθὸς αὐτῶν ἐστιν, 35
καὶ ὁ θεὸς ὁ ὕψιστος λυτρωτὴς αὐτῶν ἐστιν.

ℵRT 22 om εν τω θεω ουδε ηλπισαν R 23 ανεωξεν B^{ab}ℵRT 24 om και 2° R 26 om και 1° ℵRT | επηρεν] απηρεν B^{ab}ℵRT | om εν R* (hab R^a) | δυναστια (-τεια B^{ab})] δυναμει T 27 χουν] χνουν ℵT 28 επεπεσον Bℵ^{c.a}R] επεσον ℵ* επεπεσεν T 29 εφαγοσαν] εφαγον ℵRT | ηνεγκεν] εδωκεν ℵ* (ην. ℵ^{c.a}) 30 om αυτων 2° ℵ^{c.a}T 32 πασι ℵ* (πασιν ℵ^{c.a}) RT | τοις θαυμ.] pr εν ℵRT 33 εξελειπον T 34 απεκτενεν B^{tvid} | εζητουν] εξεζητουν ℵRT pr τοτε ℵT 35 om ο θεος (2°) ℵ* (hab ℵ^{c.a})

ΨΑΛΜΟΙ   LXXVII 50

36 ³⁶καὶ ἠγάπησαν αὐτὸν ἐν τῷ στόματι αὐτῶν,   B
   καὶ τῇ γλώσσῃ αὐτῶν ἐψεύσαντο αὐτῷ·
37 ³⁷ἡ δὲ καρδία αὐτῶν οὐκ εὐθεῖα μετ' αὐτοῦ,
   οὐδὲ ἐπιστώθησαν ἐν τῇ διαθήκῃ αὐτοῦ.
38 ³⁸αὐτὸς δέ ἐστιν οἰκτίρμων
   καὶ ἱλάσεται ταῖς ἁμαρτίαις αὐτῶν,
   καὶ οὐ διαφθερεῖ·
   καὶ πληθυνεῖ τοῦ ἀποστρέψαι τὸν θυμὸν αὐτοῦ,
   καὶ οὐχὶ ἐκκαύσει πᾶσαν τὴν ὀργὴν αὐτοῦ.
39 ³⁹καὶ ἐμνήσθη ὅτι σάρξ εἰσιν,
   πνεῦμα πορευόμενον καὶ οὐκ ἐπιστρέφον.
40 ⁴⁰ποσάκις παρεπίκραναν αὐτὸν ἐν τῇ ἐρήμῳ,
   παρώργισαν αὐτὸν ἐν γῇ ἀνύδρῳ;
41 ⁴¹καὶ ἐπέστρεψαν καὶ ἐπείρασαν τὸν θεόν,
   καὶ τὸν ἅγιον τοῦ Ἰσραὴλ παρώξυναν.
42 ⁴²οὐκ ἐμνήσθησαν τῆς χειρὸς αὐτοῦ,
   ἡμέρας ἧς ἐλυτρώσατο αὐτοὺς ἐκ χειρὸς θλίβοντος·
43 ⁴³ὡς ἔθετο ἐν Αἰγύπτῳ τὰ σημεῖα αὐτοῦ,
   καὶ τὰ τέρατα αὐτοῦ ἐν πεδίῳ Τάνεως·
44 ⁴⁴καὶ μετέστρεψεν εἰς αἷμα τοὺς ποταμοὺς αὐτῶν,
   καὶ τὰ ὀμβρήματα αὐτῶν ὅπως μὴ πίωσιν·
45 ⁴⁵ἐξαπέστειλεν εἰς αὐτοὺς κυνόμυιαν καὶ κατέφαγεν αὐτούς,
   καὶ βάτραχον καὶ διέφθειρεν αὐτούς·
46 ⁴⁶καὶ ἔδωκεν τῇ ἐρυσίβῃ τὸν καρπὸν αὐτῶν,
   καὶ τοὺς πόνους αὐτῶν τῇ ἀκρίδι·
47 ⁴⁷ἀπέκτεινεν ἐν χαλάζῃ τὴν ἄμπελον αὐτῶν,
   καὶ τὰς συκαμίνους αὐτῶν ἐν τῇ πάχνῃ·
48 ⁴⁸καὶ παρέδωκεν ἐν χαλάζῃ τὰ κτήνη αὐτῶν,
   καὶ τὴν ὕπαρξιν αὐτῶν τῷ πυρί·
49 ⁴⁹ἐξαπέστειλεν εἰς αὐτοὺς ὀργὴν θυμοῦ αὐτοῦ,
   θυμὸν καὶ ὀργὴν καὶ θλῖψιν,
   ἀποστολὴν δι' ἀγγέλων πονηρῶν·
50 ⁵⁰ὡδοποίησεν τρίβον τῇ ὀργῇ αὐτοῦ,

36 αυτω] αυτον T   87 ευθια T   38 οικτειρμων ℵ | ιλασηται T | ℵRT
διαφθιρει T | πληθυνω R* (-νει Rᵃ)   40 γη ανυδρω] τη ερημω ℵ* (γη αν.
ℵᶜ⁻ᵃ)   41 επειρασαντο R   42 ουκ] pr και R | ης ελυτρωσατο] ηλητρωσατο
Rᵛⁱᵈ | χειρος 2°] ρος (sic) ℵ | θλιβοντων ℵ   46 τον καρπον] τους καρπους T
47 συκαμινας R   48 εν χαλαζη] εις αιχμαλωσιαν ℵ* εις χαλαζαν ℵᶜ⁻ᵃ T εις
την χ. R | υπαρξιαν R   49 εξαπεστειλ sup ras ℵ¹   50 οδοπιησεν ℵT

317

B
οὐκ ἐφείσατο ἀπὸ θανάτου τῶν ψυχῶν αὐτῶν,
καὶ τὰ κτήνη αὐτῶν εἰς θάνατον συνέκλεισεν·
⁵¹ καὶ ἐπάταξεν πᾶν πρωτότοκον ἐν Αἰγύπτῳ, 51
ἀπαρχὴν τῶν πόνων αὐτῶν ἐν τοῖς σκηνώμασι Χάμ.
⁵² καὶ ἀπῆρεν ὡς πρόβατα τὸν λαὸν αὐτοῦ 52
καὶ ἤγαγεν αὐτοὺς ὡς ποίμνιον ἐν ἐρήμῳ·
⁵³ καὶ ὡδήγησεν αὐτοὺς ἐν ἐλπίδι καὶ οὐκ ἐδειλίασαν, 53
καὶ τοὺς ἐχθροὺς αὐτῶν ἐκάλυψεν θάλασσα.
⁵⁴ καὶ εἰσήγαγεν αὐτοὺς εἰς ὄρος ἁγιάσματος αὐτοῦ, 54
ὄρος τοῦτο ὃ ἐκτήσατο ἡ δεξιὰ αὐτοῦ·
⁵⁵ καὶ ἐξέβαλεν ἀπὸ προσώπου αὐτῶν ἔθνη, 55
καὶ ἐκληροδότησεν αὐτοὺς ἐν σχοινίῳ κληροδοσίας,
καὶ κατεσκήνωσεν ἐν τοῖς σκηνώμασιν αὐτῶν ταῖς φυλαῖς
τοῦ Ἰσραήλ.
⁵⁶ καὶ ἐπείρασαν καὶ παρεπίκραναν τὸν θεὸν τὸν ὕψιστον, 56
καὶ τὰ μαρτύρια αὐτοῦ οὐκ ἐφυλάξαντο·
⁵⁷ καὶ ἐπέστρεψαν καὶ ἠσυνθέτησαν καθὼς καὶ οἱ πατέρες αὐτῶν 57
καὶ μετεστράφησαν εἰς τόξον στρεβλόν·
⁵⁸ καὶ παρώργισαν αὐτὸν ἐπὶ τοῖς βουνοῖς αὐτῶν, 58
καὶ ἐν τοῖς γλυπτοῖς αὐτῶν παρεζήλωσαν αὐτόν.
⁵⁹ ἤκουσεν ὁ θεός, καὶ ὑπερεῖδεν 59
καὶ ἐξουδένωσεν τὸν Ἰσραὴλ σφόδρα·
⁶⁰ καὶ ἀπώσατο τὴν σκηνὴν Σηλώμ, 60
σκήνωμα αὐτοῦ οὗ κατεσκήνωσεν ἐν ἀνθρώποις·
⁶¹ καὶ παρέδωκεν εἰς αἰχμαλωσίαν τὴν ἰσχὺν αὐτῶν, 61
καὶ τὴν καλλονὴν αὐτοῦ εἰς χεῖρας ἐχθροῦ·
⁶² καὶ συνέκλεισεν εἰς ρομφαίαν τὸν λαὸν αὐτοῦ, 62
καὶ τὴν κληρονομίαν αὐτοῦ ὑπερεῖδεν.
⁶³ τοὺς νεανίσκους αὐτῶν κατέφαγεν πῦρ, 63
καὶ αἱ παρθένοι αὐτῶν οὐκ ἐπένθησαν·

ℵRT   51 Αιγυπτω] γη Αιγυπτου ℵRT | των πονων] των πρωτοτοκων ℵ* παντος πονου ℵ^{c.a} RT | σκηνωμασιν RT   52 ηγαγεν] ανηγαγεν ℵRT | ως 2°] ωσει ℵ^{c.a} RT   53 εν] εκ ℵ^{c.a} T | θαλασσα] pr η ℵ^{c.a}   55 ταις φυλαις] τας φυλας B^b ℵRT | του Ισραηλ] om του R   56 παρεπικραναν] R   57 επεστρεψαν] απεστρεψαν B^{ab} RT | ησυνθετησαν] ηθετησαν ℵ^{c.a} RT | καθως] ως R | om και 3° RT | om και 4° ℵ^{c.a} RT | εις] ως R   58 επι] εν ℵRT   59 ηκουσεν] pr και ℵ* (om ℵ^{c.a}) | ο θεος] κ̄ς̄ ℵ* (ο θ̄ς̄ ℵ^{c.a}) R | υπεριδε| T | σφοδρα τον Ισρ. ℵRT   60 Σηλω ℵ* (Σηλωμ ℵ^{c.a}) | om αυτου ℵ^{c.a} RT | ου] ο ℵ^{c.a} T   61 αυτου] αυτων ℵRT | εχθρου] εχθρων R   62 αυτου 2°] αυτων ℵ | υπεριδεν ℵT   63 επενθησαν] επενθηθησαν ℵ^{c.a} T

ΨΑΛΜΟΙ　　　　　　　　　　　　　　LXXVIII 4

64 ⁶⁴οἱ ἱερεῖς αὐτῶν ἐν ῥομφαίᾳ ἔπεσαν,　　　　　Β'
   καὶ αἱ χῆραι αὐτῶν οὐ κλαυσθήσονται.
65 ⁶⁵καὶ ἐξηγέρθη ὡς ὁ ὑπνῶν Κύριος,
   ὡς δυνατὸς κεκραιπαληκὼς ἐξ οἴνου·
66 ⁶⁶καὶ ἐπάταξεν τοὺς ἐχθροὺς αὐτῶν εἰς τὰ ὀπίσω,
   ὄνειδος αἰώνιον ἔδωκεν αὐτοῖς.
67 ⁶⁷καὶ ἀπώσατο τὸ σκήνωμα Ἰωσήφ,
   καὶ τὴν φυλὴν Ἐφράιμ οὐκ ἐξελέξατο·
68 ⁶⁸καὶ ἐξελέξατο τὴν φυλὴν Ἰούδα,
   τὸ ὄρος τὸ Σειὼν ἠγάπησεν.
69 ⁶⁹καὶ ᾠκοδόμησεν ὡς μονοκερώτων τὸ ἁγίασμα αὐτοῦ,
   ἐν τῇ γῇ ἐθεμελίωσεν αὐτὴν εἰς τὸν αἰῶνα.
70 ⁷⁰καὶ ἐξελέξατο Δαυεὶδ τὸν δοῦλον αὐτοῦ,
   καὶ ἀνέλαβεν αὐτὸν ἐκ τῶν ποιμνίων τῶν προβάτων·
71 ⁷¹ἐξόπισθεν τῶν λοχευομένων ἔλαβεν αὐτόν,
   ποιμαίνειν Ἰακὼβ τὸν δοῦλον αὐτοῦ
   καὶ Ἰσραὴλ τὴν κληρονομίαν αὐτοῦ.
72 ⁷²καὶ ἐποίμανεν αὐτοὺς ἐν τῇ ἀκακίᾳ τῆς καρδίας αὐτοῦ,
   καὶ ἐν τῇ συνέσει τῶν χειρῶν αὐτοῦ ὡδήγησεν αὐτούς.

ΟΗ'

LXXVIII
(LXXIX)　　　　　　Ψαλμὸς τῷ Ἀσάφ.

1 Ὁ θεός, ἤλθοσαν ἔθνη εἰς τὴν κληρονομίαν σου,
  ἐμίαναν τὸν ναὸν τὸν ἅγιόν σου,
  ἔθεντο Ἱερουσαλὴμ εἰς ὀπωροφυλάκιον·
2 ²ἔθεντο τὰ θνησιμαῖα τῶν δούλων σου βρώματα τοῖς πετεινοῖς
     τοῦ οὐρανοῦ,
  τὰς σάρκας τῶν ὁσίων σου τοῖς θηρίοις τῆς γῆς·
3 ³ἐξέχεαν τὸ αἷμα αὐτῶν ὡς ὕδωρ κύκλῳ Ἱερουσαλήμ, καὶ
     οὐκ ἦν ὁ θάπτων.
4 ⁴ἐγενήθημεν εἰς ὄνειδος τοῖς γείτοσιν ἡμῶν,
  μυκτηρισμὸς καὶ χλευασμὸς τοῖς κύκλῳ ἡμῶν.

64 κλανθησονται R　　**65** εξηγερθην R | κεκραιπαληκως Bᵃᵇ (κεκρεπ. ℵRT B*ℵT)] pr ϗ Bᵃᵇ　**66** αυτων] αυτου ℵ* (-των ℵᶜ·ᵃ) T | ονειδος] ονειδισμον R　**68** το Σειων] Σιων ℵR (? Σειων) | ηγαπησεν] pr ο ℵRT　**69** μονοκερωτος T | αυτην] αυτο ℵ　　**72** τη συνεσει] ταις συνεσεσι ℵᶜ·ᵃT (-σιν) — Stich 162 B 159 ℵT 160 R　　LXXVIII **1** Ασαφ] Δανειδ ℵ | κληρονομιαν] ο 2° rescr ℵ¹ (κληρονωμ. ℵ*ᶠᵒʳᵗ) | εις 2°] ως R　　**3** ως] ωσει ℵᶜ·ᵃT　**4** om εις T

B ⁵ἕως πότε, Κύριε, ὀργισθήσῃ εἰς τέλος; 5
ἐκκαυθήσεται ὡς πῦρ ὁ ζῆλός σου;
⁶ἔκχεον τὴν ὀργήν σου ἐπὶ ἔθνη τὰ μὴ ἐπεγνωκότα σε, 6
καὶ ἐπὶ βασιλείας αἳ τὸ ὄνομά σου οὐκ ἐπεκαλέσαντο·
⁷ὅτι κατέφαγον τὸν Ἰακώβ, καὶ τὸν τόπον αὐτοῦ ἠρήμωσαν. 7
⁸μὴ μνησθῇς ἡμῶν ἀνομιῶν ἀρχαίων· 8
ταχὺ προκαταλαβέτωσαν ἡμᾶς οἱ οἰκτειρμοί σου,
ὅτι ἐπτωχεύσαμεν σφόδρα.
⁹βοήθησον ἡμῖν, ὁ θεὸς ὁ σωτὴρ ἡμῶν, 9
ἕνεκα τῆς δόξης τοῦ ὀνόματός σου· Κύριε, ῥῦσαι ἡμᾶς,
καὶ ἱλάσθητι ταῖς ἁμαρτίαις ἡμῶν ἕνεκα τοῦ ὀνόματός σου·
¹⁰μή ποτε εἴπωσιν ἐν τοῖς ἔθνεσιν Ποῦ ἐστιν ὁ θεὸς αὐτῶν; 10
καὶ γνωσθήτω ἐν τοῖς ἔθνεσιν ἐνώπιον τῶν ὀφθαλμῶν ἡμῶν
ἡ ἐκδίκησις τοῦ αἵματος τῶν δούλων σου τοῦ ἐκκεχυμένου.
¹¹εἰσελθάτω ἐνώπιόν σου ὁ στεναγμὸς τῶν πεπεδημένων, 11
κατὰ τὴν μεγαλωσύνην τοῦ βραχίονός σου,
περιποίησαι τοὺς υἱοὺς τῶν τεθανατωμένων.
¹²ἀπόδος τοῖς γείτοσιν ἡμῶν ἑπταπλάσια εἰς τὸν κόλπον αὐτῶν, 12
τὸν ὀνειδισμὸν αὐτῶν ὃν ὠνείδισάν σε, Κύριε.
¹³ἡμεῖς γὰρ λαός σου καὶ πρόβατα τῆς νομῆς σου 13
ἀνθομολογησόμεθά σοι εἰς τὸν αἰῶνα,
εἰς γενεὰν καὶ γενεὰν ἐξαγγελοῦμεν τὴν αἴνεσίν σου.

OΘ′

Εἰς τὸ τέλος, ὑπὲρ τῶν ἀλλοιωθησομένων· μαρτύ-   LXXIX
ριον τῷ Ἀσάφ, ψαλμὸς ὑπὲρ τοῦ Ἀσσυρίου.   (LXXX)

²Ὁ ποιμαίνων τὸν Ἰσραὴλ πρόσχες, 2
ὁ ὁδηγῶν ὡσεὶ πρόβατα τὸν Ἰωσήφ·
ὁ καθήμενος ἐπὶ τῶν χερουβεὶμ ἐμφάνηθι,

NRT   6 om εκχεον...σε ℵ*(hab εκχ. τ. ο. σου επι εθνη τα μη ειδοτα σε ℵ¹⁽ᵛⁱᵈ⁾) | εθνη] pr τα ℵᶜ⁻ᵃRT | επεγνωκοτα] γνωσκοντα ℵᶜ⁻ᵃRT   8 ημων ανομιων] των ανομιων ημων R | οικτιρμοι T | σου]+κε T   9 ημων] ημας R | ενεκα 1°] ενεκεν ℵᶜ⁻ᵃT | om σου 1° ℵ | ενεκα 2°] ενεκεν ℵᶜ⁻ᵃRT | σου 2°] αυτου ℵ* (σου ℵ¹)   10 εν τοις εθνεσιν (1°)] τα εθνη ℵᶜ⁻ᵃRT   11 εισ-ελθετω Bᵃᵇ | κατα] και ℵ* (κατα ℵ¹) | μεγαλοσυνην T   12 επταπλασιωνα ℵRT | om αυτων 2° R | σε] σοι R   13 γαρ] δε ℵRT | της νομης] om της ℵᶜ⁻ᵃRT | ανθομολογησομεθα] εξομολογησομεθα R ανθομολογησωμεθα T | σοι] +ο θς ℵᶜ⁻ᵃ (om ℵᶜ⁻ᵇ) T — Stich 30 Bℵ 34 R 33 T   LXXIX 1 om υπερ του Ασσυριου ℵ   2 προβατον RT | τον Ιωσηφ] om τον R | χερουβιν Bᵇ T | εμφανητι ℵ εφανηθι RT

ΨΑΛΜΟΙ LXXIX 17

3 ³ἐναντίον Ἐφράιμ καὶ Βενιαμεὶν καὶ Μανασσῆ,
  ἐξέγειρον τὴν δυναστείαν σου καὶ ἐλθὲ εἰς τὸ σῶσαι ἡμᾶς.
4 ⁴ὁ θεός, ἐπίστρεψον ἡμᾶς καὶ ἐπίφανον τὸ πρόσωπόν σου, καὶ
  σωθησόμεθα.
5 ⁵Κύριε ὁ θεὸς τῶν δυνάμεων,
  ἕως πότε ὀργίζῃ ἐπὶ τὴν προσευχὴν τοῦ δούλου σου;
6 ⁶ψωμιεῖς ἡμᾶς ἄρτον δακρύων,
  καὶ ποτιεῖς ἡμᾶς ἐν δάκρυσιν ἐν μέτρῳ;
7 ⁷ἔθου ἡμᾶς εἰς ἀντιλογίαν τοῖς γείτοσιν ἡμῶν,
  καὶ οἱ ἐχθροὶ ἡμῶν ἐμυκτήρισαν ἡμᾶς.
8 ⁸Κύριε ὁ θεὸς τῶν δυνάμεων, ἐπίστρεψον ἡμᾶς
  καὶ ἐπίφανον τὸ πρόσωπόν σου, καὶ σωθησόμεθα.
  διάψαλμα.
9 ⁹ἄμπελον ἐξ Αἰγύπτου μετῆρας,
  ἐξέβαλες ἔθνη καὶ κατεφύτευσας αὐτήν·
10 ¹⁰ὡδοποίησας ἔμπροσθεν αὐτῆς,
  καὶ κατεφύτευσας τὰς ῥίζας αὐτῆς, καὶ ἐπλήσθη ἡ γῆ.
11 ¹¹ἐκάλυψεν ὄρη ἡ σκιὰ αὐτῆς,
  καὶ αἱ ἀναδενδράδες αὐτῆς ἱτὰς κέδρους τοῦ θεοῦ·
12 ¹²ἐξέτεινεν τὰ κλήματα αὐτῆς ἕως θαλάσσης,
  καὶ ἕως ποταμοῦ τὰς παραφυάδας αὐτῆς.
13 ¹³ἵνα τί καθεῖλες τὸν φραγμὸν αὐτῆς,
  καὶ τρυγῶσιν αὐτὴν πάντες οἱ παραπορευόμενοι τὴν ὁδόν;
14 ¹⁴ἐλυμήνατο αὐτὴν σῦς ἐκ δρυμοῦ,
  καὶ ὄνος ἄγριος κατενεμήσατο αὐτήν.
15 ¹⁵ὁ θεὸς τῶν δυνάμεων, ἐπίστρεψον δή,
  ἐπίβλεψον ἐξ οὐρανοῦ καὶ ἴδε,
  καὶ ἐπίσκεψαι τὴν ἄμπελον ταύτην·
16 ¹⁶καὶ κατάρτισαι αὐτὴν ἣν ἐφύτευσεν ἡ δεξιά σου,
  καὶ ἐπὶ υἱὸν ἀνθρώπου ὃν ἐκραταίωσας σεαυτῷ.
17 ¹⁷ἐμπεπυρισμένη πυρὶ καὶ ἀνεσκαμμένη·
  ἀπὸ ἐπιτιμήσεως τοῦ προσώπου σου ἀπολοῦνται.

3 Βενιαμιν T | δυναστιαν א T   5 εως] ες R^vid | του δουλου] των δουλων אART
א^c.a T   7 εμυκτηρισαν] εμυκτηριζον א^c.a   8 om διαψαλμα א T   9 εξε-
βαλας T   10 οδοποιησας T | επλησθη η γη] επληρωσεν την γην א^c.a T
12 σληματα B* (κληματα B^ab) | ποταμου א^c.a AR   13 καθειλας RT (καθι-
λας) | αυτην παντες οι παραπο sup ras et in mg A^a (om αυτην A*)   14 συς]
υς א¹ART | ονος] μεσονιος B^c μονιος א^c.a AR^a T | κατενομησατο R   15 επι-
βλεψον] pr και א^c.a (ras ⱨ א^c.b) AT   17 ενπεπυρισμενη R

¹⁸ γενηθήτω ἡ χείρ σου ἐπ' ἄνδρα δεξιᾶς σου, 18
καὶ ἐπὶ υἱὸν ἀνθρώπου ὃν ἐκραταίωσας σεαυτῷ·
¹⁹ καὶ οὐ μὴ ἀποστῶμεν ἀπὸ σοῦ· 19
ζωώσεις ἡμᾶς, καὶ τὸ ὄνομά σου ἐπικαλεσόμεθα.
²⁰ Κύριε ὁ θεὸς τῶν δυνάμεων, ἐπίστρεψον ἡμᾶς 20
καὶ ἐπίφανον τὸ πρόσωπόν σου, καὶ σωθησόμεθα.

Π'

Εἰς τὸ τέλος, ὑπὲρ τῶν ληνῶν· τῷ Ἀσὰφ ψαλμός.   LXXX
                  (LXXXI)

² Ἀγαλλιᾶσθε τῷ θεῷ τῷ βοηθῷ ἡμῶν, 2
ἀλαλάξατε τῷ θεῷ Ἰακώβ·
³ λάβετε ψαλμὸν καὶ δότε τύμπανον, 3
ψαλτήριον τερπνὸν μετὰ κιθάρας·
⁴ σαλπίσατε ἐν νεομηνίᾳ σάλπιγγι, 4
ἐν εὐσήμῳ ἡμέρᾳ ἑορτῆς ἡμῶν,
⁵ ὅτι πρόσταγμα τῷ Ἰσραήλ ἐστιν, 5
καὶ κρίμα τῷ θεῷ Ἰακώβ·
⁶ μαρτύριον ἐν τῷ Ἰωσὴφ ἔθετο αὐτόν, 6
ἐν τῷ ἐξελθεῖν αὐτὸν ἐκ γῆς Αἰγύπτου.
γλῶσσαν ἣν οὐκ ἔγνω ἤκουσεν,
⁷ ἀπέστησεν ἀπὸ ἄρσεων τὸν νῶτον αὐτοῦ, 7
αἱ χεῖρες αὐτοῦ ἐν τῷ κοφίνῳ ἐδούλευσαν.
⁸ ἐν θλίψει ἐπεκαλέσω με καὶ ἐρυσάμην σε· 8
ἐπήκουσά σου ἐν ἀποκρύφῳ καταιγίδος,
ἐδοκίμασά σε ἐπὶ ὕδατος Ἀντιλογίας.   διάψαλμα.
⁹ ἄκουσον, λαός μου, καὶ λαλήσω σοι· Ἰσραήλ, καὶ διαμαρτύρο- 9
μαί σοι.
ἐὰν ἀκούσῃς μου, ¹⁰ οὐκ ἔσται ἐν σοὶ θεὸς πρόσφατος, 10
οὐδὲ προσκυνήσεις θεῷ ἀλλοτρίῳ.
¹¹ ἐγὼ γάρ εἰμι Κύριος ὁ θεός σου, 11
ὁ ἀναγαγών σε ἐκ γῆς Αἰγύπτου·

ℵART 18 δεξιαν A   19 ζωωσης T | επικαλεσωμεθα AT — Stich 39 BT 38 ℵ
37 R   LXXX 1 om υπερ των ληνων T | ληνων] αλλοιωθησομενων A |
τω Ασαφ ψαλμοι] ψ. τω Ασαφ ℵ^{c-a} RT ψ. τω Δᾱδ A   4 ημερας A | ημων]
υμων ℵ^{c-a} (statim restit ημ.)   6 αυτον 1°] αυτο T | εξελθειν] εξελθεν ℵ*
(ι superscr ℵ¹) εξειλεω R*vid (εξελθειν Rᵃ)   7 αυτου 1°] αυτων A   8 ερ-
υσαμην AR | om διαψαλμα AT   9 om λαλησω σοι Ισρ. και ℵ^{c-a} AT | om
Ισραηλ R | διαμαρτυρουμαι AT | εαν] pr Ιηλ (inc stich) ℵ^{c-a} ART   10 προσ-
κυνησης T   11 ο αναγαγων] ο ναγαγων R^{vid}

322

πλάτυνον τὸ στόμα σου καὶ πληρώσω αὐτό.

12 ¹²καὶ οὐκ ἤκουσεν ὁ λαός μου τῆς φωνῆς μου,
καὶ Ἰσραὴλ οὐ προσέσχεν μοι·
13 ¹³καὶ ἐξαπέστειλα αὐτοὺς κατὰ τὰ ἐπιτηδεύματα τῶν καρδιῶν αὐτῶν,
πορεύσονται ἐν τοῖς ἐπιτηδεύμασιν αὐτῶν.
14 ¹⁴εἰ ὁ λαός μου ἤκουσέν μου Ἰσραήλ,
ταῖς ὁδοῖς μου εἰ ἐπορεύθη,
15 ¹⁵ἐν τῷ μηδενὶ τοὺς ἐχθροὺς αὐτῶν ἐταπείνωσα,
καὶ ἐπὶ τοὺς θλίβοντας αὐτοὺς ἐπέβαλον τὴν χεῖρά μου.
16 ¹⁶οἱ ἐχθροὶ Κυρίου ἐψεύσαντο αὐτῷ,
καὶ ἔσται ὁ καιρὸς αὐτῶν εἰς τὸν αἰῶνα·
17 ¹⁷καὶ ἐψώμισεν αὐτοὺς ἐκ στέατος πυροῦ,
καὶ ἐκ πέτρας μέλι ἐχόρτασεν αὐτούς.

ΠΑ′

LXXXI
(LXXXII)   Ψαλμὸς τῷ Ἀσάφ.

1 Ὁ θεὸς ἔστη ἐν συναγωγῇ θεῶν,
ἐν μέσῳ δὲ θεοὺς διακρίνει.
2 ²ἕως πότε κρίνετε ἀδικίαν,
καὶ πρόσωπα ἁμαρτωλῶν λαμβάνετε; διάψαλμα.
3 ³κρίνατε ὀρφανὸν καὶ πτωχόν,
ταπεινὸν καὶ πένητα δικαιώσατε·
4 ⁴ἐξέλεσθε πένητα καὶ πτωχόν,
ἐκ χειρὸς ἁμαρτωλοῦ ῥύσασθε.
5 ⁵οὐκ ἔγνωσαν οὐδὲ συνῆκαν.
ἐν σκότει διαπορεύονται·
σαλευθήσονται πάντα τὰ θεμέλια τῆς γῆς.
6 ⁶ἐγὼ εἶπα Θεοί ἐστε καὶ υἱοὶ Ὑψίστου πάντες·
7 ⁷ὑμεῖς δὲ ἂν ὡς ἄνθρωποι ἀποθνήσκετε,
καὶ ὡς εἷς τῶν ἀρχόντων πίπτετε.

11 αυτο] αυτην R 12 της φωνης] την φωνην R 13 εξατεστεστειλα ΝΑRT
א 14 λαος]+μου אc·ᵃ ART | Ισραηλ (Ισραλ א* η superscr אᵇ) c seqq
coniung B^(vid) ART 15 μηδενι]+αν אART | αυτους] αυτου א | επεβαλον]+αν אc·ᵃAT — Stich 34 BאA 35 RT LXXXI 8 κρινατε]
κρινεται A | ορφανον και πτωχον] πτωχον κ. ορφανον א* ορφανω κ. πτωχω
אc·ᵃART 4 εξελεσθε] ανταναιρειτε R* (εξελ. Rᵃ) | ρυσασθε]
+αυτον אc·ᵃ (om אc·ᵇ) T +αυτους A 5 σαλευθησονται] σαλευθητωσαν
אc·ᵃR 7 αν] δη א* om Bc אc·ᵃ ART | ανθρωπος R | εις] ις T (ante ι ras τ
T¹ᵛⁱᵈ) | αρχοντων] αρχων א

B ⁸ἀνάστα, ὁ θεός, κρῖνον τὴν γῆν· 8
ὅτι σὺ κατακληρονομήσεις ἐν πᾶσιν τοῖς ἔθνεσιν.

ΠΒ'

Ὠδὴ ψαλμοῦ τῷ Ἀσάφ. LXXXII
(LXXXIII)

²'Ο θεός, τίς ὁμοιωθήσεταί σοι; 2
μὴ σιγήσῃς μηδὲ καταπραΰνῃς, ὁ θεός·
³ὅτι ἰδοὺ οἱ ἐχθροί σου ἤχησαν, 3
καὶ οἱ μισοῦντές σε ἦραν κεφαλήν·
⁴ἐπὶ τὸν λαόν σου κατεπανουργεύσαντο γνώμην, 4
καὶ ἐβουλεύσαντο κατὰ τῶν ἁγίων σου·
⁵εἶπαν Δεῦτε καὶ ἐξολεθρεύσωμεν αὐτοὺς ἐξ ἔθνους, 5
καὶ οὐ μὴ μνησθῇ τὸ ὄνομα Ἰσραὴλ ἔτι·
⁶ὅτι ἐβουλεύσαντο ἐν ὁμονοίᾳ ἐπὶ τὸ αὐτό, 6
κατὰ σοῦ διαθήκην διέθεντο,
⁷τὰ σκηνώματα τῶν Ἰδουμαίων καὶ οἱ Ἰσμαηλεῖται, 7
Μωὰβ καὶ οἱ Ἀγγαρηνοί,
⁸Ναιβὰλ καὶ Ἀμμὼν καὶ Ἀμαλήκ, 8
καὶ ἀλλόφυλοι μετὰ τῶν κατοικούντων Τύρον·
⁹καὶ γὰρ καὶ Ἀσσοὺρ συνπαρεγένετο μετ' αὐτῶν, 9
ἐγενήθησαν εἰς ἀντίλημψιν τοῖς υἱοῖς Λώτ. διάψαλμα.
¹⁰ποίησον αὐτοῖς ὡς τῇ Μαδιὰμ καὶ τῷ Σεισαρά, 10
ὡς ὁ Ἰαβεὶν ἐν τῷ χειμάρρῳ Κεισών·
¹¹ἐξολεθρεύθησαν ἐν Ἀενδώρ, 11
ἐγενήθησαν ὡς κόπρος τῇ γῇ.
¹²θοῦ τοὺς ἄρχοντας αὐτῶν ὡς τὸν Ὠρὴβ καὶ Ζὴβ καὶ Ζέβεε 12
καὶ Σελμανά, πάντας τοὺς ἄρχοντας αὐτῶν,
¹³οἵτινες εἶπαν Κληρονομήσωμεν ἑαυτοῖς τὸ θυσιαστήριον τοῦ 13
θεοῦ.

אART 8 κατακληρονομησεις Bא$^{c.a}$ (·σης A* [εις sup ras A$^{a?}$] T)] εξολεθρευσεις א*
+αυτους A'$^{(mg)}$ — Stich 16 Bא 15 A 14 R 17 T   LXXXII 1 ψαλ-
μος R   4 σου 1°]+κε A | των αγιων] αγνων R   5 ειπον T | ου μη
μνησθη] ουκ εσται εις μνημοσυνον R   6 οτι] και א* (οτι א$^{c.a}$)   7 Ισ-
μαηλιται T | Αγαρηνοι B^{b}T   8 Ναιβαλ] Γαιβαλ א$^{c.a}$(? R) Γεβαλ A
(? R)T | om και 3° א$^{c.a}$T | αλλοφυλοι μετα] οι μ sup ras 4 vel 5 litt A$^{a?}$
9 συμπαρεγενετο B^b | Λωθ R^{vid} | om διαψαλμα ART   10 αυτους R |
Μαδιαμ] Μαδιαμ R | Σισαρα B^{b}AT | Ιαβιν T | Κισσω] A Κισων R.
11 εξωλεθρευθησαν B^{ab}A | ως] ωσει אART | τη γη] της γης R   12 Σαλ-
μανα אAR^a (Σαλμαν R*) T   13 ειπον T | θυσιαστηριον] αγιαστηριον
אAT

ΨΑΛΜΟΙ   LXXXIII 8

14 ¹⁴ὁ θεός μου, θοῦ αὐτοὺς ὡς τροχόν,   B
   ὡς καλάμην κατὰ πρόσωπον ἀνέμου.
15 ¹⁵ὡσεὶ πῦρ ὃ διαφλέξει δρυμόν,
   ὡς εἰ φλὸξ κατακαύσαι ὄρη,
16 ¹⁶οὕτως καταδιώξεις αὐτοὺς ἐν τῇ καταιγίδι σου,
   καὶ ἐν τῇ ὀργῇ σου ταράξεις αὐτούς.
17 ¹⁷πλήρωσον τὰ πρόσωπα αὐτῶν ἀτιμίας,
   καὶ ζητήσουσιν τὸ ὄνομά σου, Κύριε.
18 ¹⁸αἰσχυνθήτωσαν καὶ ταραχθήτωσαν εἰς τὸν αἰῶνα τοῦ αἰῶνος,
   καὶ ἐντραπήτωσαν καὶ ἀπολέσθωσαν·
19 ¹⁹καὶ γνώτωσαν ὅτι ὄνομά σοι Κύριος,
   σὺ μόνος εἶ Ὕψιστος ἐπὶ πᾶσαν τὴν γῆν.

ΠΓ´

LXXXIII   Εἰς τὸ τέλος, ὑπὲρ τῶν ληνῶν· τοῖς υἱοῖς Κόρε ψαλμός.
(LXXXIV)
2 ²Ὡς ἀγαπητὰ τὰ σκηνώματά σου, Κύριε τῶν δυνάμεων.
3 ³ἐπιποθεῖ καὶ ἐκλείπει ἡ ψυχή μου εἰς τὰς αὐλὰς τοῦ κυρίου·
   ἡ καρδία μου καὶ ἡ σάρξ μου ἠγαλλιάσαντο ἐπὶ θεὸν ζῶντα.
4 ⁴καὶ γὰρ στρουθίον εὗρεν ἑαυτῷ οἰκίαν,
   καὶ τρυγὼν νοσσιὰν ἑαυτῇ οὗ θήσει τὰ νοσσία αὐτῆς·
   τὰ θυσιαστήριά σου, Κύριε τῶν δυνάμεων, ὁ βασιλεύς μου
   καὶ ὁ θεός μου.
5 ⁵μακάριοι πάντες οἱ κατοικοῦντες ἐν τῷ οἴκῳ σου,
   εἰς τοὺς αἰῶνας τῶν αἰώνων αἰνέσουσίν σε.   διάψαλμα.
6 ⁶μακάριος ἀνὴρ οὗ ἐστιν ἡ ἀντίλημψις αὐτοῦ παρὰ σοῦ, Κύριε·
   ἀναβάσεις ἐν τῇ καρδίᾳ αὐτοῦ διέθετο,
7 ⁷ἐν τῇ κοιλάδι τοῦ κλαυθμῶνος, εἰς τόπον ὃν ἔθετο.
   καὶ γὰρ εὐλογίας δώσει ὁ νομοθετῶν·
8 ⁸πορεύσονται ἐκ δυνάμεως εἰς δύναμιν,
   ὀφθήσεται ὁ θεὸς τῶν θεῶν ἐν Σιών.

14 ανεμου] πυρος ℵ* (αν. ℵc·a)   15 om ο T | κατακαυσει R   16 κατα- ℵART
διωξης T | ταραξεις (-ξης T)] συνταραξεις R   17 ζητησωσιν T | ονομα]
προσωπον A   18 και ταραχθητωσαν...αιωνα] και ταραχθητι, εις τον αιω sup
ras ℵ¹   19 om ει ART | υψιστος] pr ο R — Stich 34 Bℵ 36 AR 35 T
LXXXIII 1 τοις υιοις] om τοις R   3 επεποθει R | κυριου] θυ ℵ* (κυ ℵc·a) |
θεον ζωντα] τον θ. τον ζ. R   4 νοσσιαν T* (νοσσ. T^(vid)) | om εαυτη ℵ*
(hab ℵc·a) | αυτης] εαυτης ℵc·a AT   5 om παντες RT | τους αιωνας των
αιωνων] τον αιωνα του αιωνος R | om διαψαλμα AT   6 η αντιλημψις] om η
ℵAT | αυτου 1°] αυτω T | om Κυριε ℵc·a T   7 εν τη κοιλαδι] εις την κοιλαδα
ℵc·a AT | κλανθμονος A | εθετο] διεθετο R | ευλογιαν R   8 Σειων ℵT

325

ΨΑΛΜΟΙ

B ⁹Κύριε ὁ θεὸς τῶν δυνάμεων, εἰσάκουσον τῆς προσευχῆς μου, 9
   ἐνώτισαι, ὁ θεὸς Ἰακώβ. διάψαλμα.
¹⁰ὑπερασπιστὰ ἡμῶν ἴδε ὁ θεός, 10
   καὶ ἐπίβλεψον ἐπὶ τὸ πρόσωπον τοῦ χριστοῦ σου.
¹¹ὅτι κρείσσων ἡμέρα μία ἐν ταῖς αὐλαῖς σου ὑπὲρ χιλιάδας· 11
   ἐξελεξάμην παραριπτεῖσθαι ἐν τῷ οἴκῳ τοῦ θεοῦ μᾶλλον ἢ
   οἰκεῖν ἐπὶ σκηνώμασιν ἁμαρτωλῶν.
¹²ὅτι ἔλεον καὶ ἀλήθειαν ἀγαπᾷ Κύριος ὁ θεός, 12
   χάριν καὶ δόξαν δώσει·
   Κύριος οὐχ ὑστερήσει τὰ ἀγαθὰ τοὺς πορευομένους ἐν
   ἀκακίᾳ.
¹³Κύριε τῶν δυνάμεων, μακάριος ἄνθρωπος ὁ ἐλπίζων ἐπὶ σέ. 13

ΠΔ'

Εἰς τὸ τέλος· τοῖς υἱοῖς Κόρε ψαλμός. LXXXIV
(LXXXV)

²Εὐδόκησας, Κύριε, τὴν γῆν σου, 2
 ἀπέστρεψας τὴν αἰχμαλωσίαν Ἰακώβ·
³ἀφῆκας τὰς ἀνομίας τῷ λαῷ σου, 3
 ἐκάλυψας τὰς ἁμαρτίας αὐτῶν. διάψαλμα.
⁴κατέπαυσας τὴν ὀργήν σου, 4
 ἀπέστρεψας ἀπὸ ὀργῆς θυμοῦ σου.
⁵ἐπίστρεψον ἡμᾶς, ὁ θεὸς τῶν σωτηρίων ἡμῶν, 5
 καὶ ἀπόστρεψον τὸν θυμόν σου ἀφ' ἡμῶν.
⁶μὴ εἰς τὸν αἰῶνα ὀργισθήσῃ ἡμῖν; 6
 ἢ διατενεῖς τὴν ὀργήν σου ἀπὸ γενεᾶς εἰς γενεάν;
⁷ὁ θεός, σὺ ἐπιστρέψας ζωώσεις ἡμᾶς, 7
 καὶ ὁ λαός σου εὐφρανθήσεται ἐπὶ σοί.
⁸δεῖξον ἡμῖν, Κύριε, τὸ ἔλεός σου, 8
 καὶ τὸ σωτήριόν σου, Κύριε, δῴης ἡμῖν.

ΝΑRT 9 om διαψαλμα ΑΤ | 10 επι] εις Τ | 11 κρεισσω B* (κρεισσων B^(b?c?)
[?R]) κρισσον A(? R)T | παραριπτεσθαι ℵART | θεου]+μου ℵ^(c.a)AT κυριου
R | οικειν]+με ℵ^(c.a)RT | επι] εν ℵ^(c.a)ART   12 ο θεος c seqq coniung vid
ℵ* (post ο θέ distinx ℵ^(c.a)) | post ἧς 2° distinx T | ουχ (ουκ ℵ*) υστερησει] ὁ
στερησει (sic ut vid) B^b ου στερησει ℵ^(c.a)T (·ση)   13 Κυριε]+ο θέ ℵ^(c.a)RT
σε] σοι T—Stich 24 B 25 ℵ 26 A 29 R 28 T   LXXXIV 1 ψαλμος]+τω
Δαδ T   2 απεστρεψας] επεστρεψαν A+ο θεος R   3 τω λαω] του λαου
R | τας αμαρτιας] pr πασας ℵART | om διαψαλμα A* (hab διαψ A^b) T
4 την οργην] pr πασαν B^(†mg)ℵART | ατο] απ R   6 τον αιωνα Bℵ*
c.b vid R] τους αιωνας ℵ^(c.a)AT | οργισθηση] οργισθη ℵ^(c.a)A* (οργισθεις A*vid)
RT | γενεας] γενεαν (sic) ℵ   7 ζωσης T   8 om Κυριε 2° ℵT

ΨΑΛΜΟΙ LXXXV 8

9 ⁹ἀκούσομαι τί λαλήσει ἐν ἐμοὶ Κύριος ὁ θεός, Η
ὅτι λαλήσει εἰρήνην ἐπὶ τὸν λαὸν αὐτοῦ
καὶ ἐπὶ τοὺς ὁσίους αὐτοῦ καὶ τοὺς ἐπιστρέφοντας πρὸς
αὐτὸν καρδίαν.
10 ¹⁰πλὴν ἐγγὺς τῶν φοβουμένων αὐτὸν τὸ σωτήριον αὐτοῦ,
τοῦ κατασκηνῶσαι δόξαν ἐν τῇ γῇ ἡμῶν.
11 ¹¹ἔλεος καὶ ἀλήθεια συνήντησαν,
δικαιοσύνη καὶ εἰρήνη κατεφίλησαν·
12 ¹²ἀλήθεια ἐκ τῆς γῆς ἀνέτειλεν,
καὶ δικαιοσύνη ἐκ τοῦ οὐρανοῦ διέκυψεν.
13 ¹³καὶ γὰρ ὁ κύριος δώσει χρηστότητα,
καὶ ἡ γῆ ἡμῶν δώσει τὸν καρπὸν αὐτῆς.
14 ¹⁴δικαιοσύνη ἐναντίον αὐτοῦ προπορεύσεται,
καὶ θήσει εἰς ὁδὸν τὰ διαβήματα αὐτοῦ.

ΠΕ΄

LXXXV
(LXXXVI) Προσευχὴ τῷ Δαυειδ.

1 Κλῖνον, Κύριε, τὸ οὖς σου καὶ εἰσάκουσόν μου,
ὅτι πτωχὸς καὶ πένης εἰμὶ ἐγώ.
2 ²φύλαξον τὴν ψυχήν μου, ὅτι ὅσιός εἰμι·
σῶσον τὸν δοῦλόν σου, ὁ θεός μου, τὸν ἐλπίζοντα ἐπὶ σέ.
3 ³ἐλέησόν με, Κύριε, ὅτι πρὸς σὲ κεκράξομαι ὅλην τὴν ἡμέραν.
4 ⁴εὔφρανον τὴν ψυχὴν τοῦ δούλου σου,
ὅτι πρὸς σέ, Κύριε, ἦρα τὴν ψυχήν μου.
5 ⁵ὅτι σύ, Κύριε, χρηστὸς καὶ ἐπιεικὴς
καὶ πολυέλεος πᾶσιν τοῖς ἐπικαλουμένοις σε.
6 ⁶ἐνώτισαι, Κύριε, τὴν προσευχήν μου,
καὶ πρόσχες τῇ φωνῇ τῆς δεήσεώς μου.
7 ⁷ἐν ἡμέρᾳ θλίψεώς μου ἐκέκραξα πρὸς σέ, ὅτι εἰσήκουσάς μου.
8 ⁸οὐκ ἔστιν ὅμοιός σοι ἐν θεοῖς, Κύριε,
καὶ οὐκ ἔστιν κατὰ τὰ ἔργα σου.

9 λαληση T (bis) | om και 2° ℵ* (hab ℵc.a) | τους επιστρεφ.] pr επι ℵART
ℵc.a ART | καρδιαν επ αυτον ℵc.a T   10 πλην]+ η R   12 om και A
13 ο κυριος] οτι κ. R   14 εναντιον] ενωπιον ℵc.a AT | προπορευεται
Bℵc.a Aa¹ R] πορευεται ℵ* προπορευεται A* προπορευσηται T — Stich 27
Bℵ T 28 AR   LXXXV 1 om προσευχη A | του Δαυειδ ℵ | εισακουσον)
επακουσον ℵART   2 φυλαξον την ψ. μου οτι ο sup ras ℵ¹ | οσιοι] ο rescr
A¹ | σε] σοι T   3 κεκραξομαι] μ sup ras Aa   4 om Κυριε ℵ* (hab
ℵc.a) T | ηρα την ψυχην μου sup ras Aa | μου]+ σ ℸs ℵ* (om ℵc.a)   5 πασι
ℵ   6 δεησιος Rvid.   7 εισηκουσας] επηκουσας ℵc.a AT

327

B ⁹πάντα τὰ ἔθνη ὅσα ἐποίησας ἥξουσιν
   καὶ προσκυνήσουσιν ἐνώπιόν σου, Κύριε,
   καὶ δοξάσουσιν τὸ ὄνομά σου·
   ¹⁰ὅτι μέγας εἶ σὺ καὶ ποιῶν θαυμάσια,
   σὺ εἶ ὁ θεὸς μόνος ὁ μέγας.
   ¹¹ὁδήγησόν με, Κύριε, τῇ ὁδῷ σου,
   καὶ πορεύσομαι τῇ ἀληθείᾳ σου·
   εὐφρανθήτω ἡ καρδία μου τοῦ φοβεῖσθαι τὸ ὄνομά σου.
   ¹²ἐξομολογήσομαί σοι, Κύριε ὁ θεός μου, ἐν ὅλῃ καρδίᾳ μου,
   καὶ δοξάσω τὸ ὄνομά σου εἰς τὸν αἰῶνα·
   ¹³ὅτι τὸ ἔλεός σου μέγα ἐπ' ἐμέ,
   καὶ ἐρρύσω τὴν ψυχήν μου ἐξ ᾅδου κατωτάτου.
   ¹⁴ὁ θεός, παράνομοι ἐπανέστησαν ἐπ' ἐμέ,
   καὶ συναγωγὴ κραταιῶν ἐζήτησαν τὴν ψυχήν μου·
   οὐ προέθεντό σε ἐνώπιον αὐτῶν.
   ¹⁵καὶ σύ, Κύριε ὁ θεός, οἰκτίρμων καὶ ἐλεήμων,
   μακρόθυμος καὶ πολυέλεος καὶ ἀληθινός.
   ¹⁶ἐπίβλεψον ἐπ' ἐμὲ καὶ ἐλέησόν με,
   δὸς τὸ κράτος σου τῷ παιδί σου, καὶ σῶσον τὸν υἱὸν τῆς παιδίσκης σου.
   ¹⁷ποίησον μετ' ἐμοῦ σημεῖον εἰς ἀγαθόν,
   καὶ ἰδέτωσαν οἱ μισοῦντές με καὶ αἰσχυνθήτωσαν,
   ὅτι σύ, Κύριε, ἐβοήθησάς μοι καὶ παρεκάλεσάς με.

ΠϚ'

Τοῖς υἱοῖς Κόρε ψαλμὸς ᾠδῆς.   LXXXVI
                                    (LXXXVII)
Οἱ θεμέλιοι αὐτοῦ ἐν τοῖς ὄρεσιν τοῖς ἁγίοις·
²ἀγαπᾷ Κύριος τὰς πύλας Σιὼν ὑπὲρ πάντα τὰ σκηνώματα Ἰακώβ.
³δεδοξασμένα ἐλαλήθη περὶ σοῦ, ἡ πόλις τοῦ θεοῦ.
διάψαλμα.

ΝΑΚΤ 9 προσκυνησου (sic) ℵ | δοξασωσιν Τ   10 om ο μεγας BᶜℵΑΤ
11 τη οδω] pr εν RT | τη αληθεια] pr εν ℵRT   12 om μου 1° R* (hab
Rᵃ) | καρδια] pr τη ℵᶜ·ᵃ   13 ερυσω Τ   14 επανεστησαν ℵ |
συναγωγη κραταιων] κραταιοι ℵ* (συν. κρατ. ℵᶜ·ᵃ) | εξητησαν] εξεζητησαν R |
ου] pr και ℵᶜ·ᵃ ΑRT | προσεθεντο ℵ   15 θεος]+μου ℵᶜ·ᵃΤ | οικτειρμων ℵΑ
16 om σου 1° R   17 και 1°] ινα R | με 1° B*ᵇ] σε Bᵃ | αισχυνθητωσαν]
ευφρανθητωσαν R — Stich 36 ΒΑΤ 35 ℵR   LXXXVI 1 τοις υιους
Rᵛⁱᵈ | ορεσι ℵΤ   2 Σειων ℵΤ   3 om διαψαλμα A* (hab διαψ Aᵃ) Τ

ΨΑΛΜΟΙ LXXXVII 9

4 ⁴μνησθήσομαι Ῥαὰβ καὶ Βαβυλῶνος τοῖς γινώσκουσίν με· B
καὶ ἰδοὺ ἀλλόφυλοι καὶ Τύρος καὶ λαὸς Αἰθιόπων, οὗτοι
ἐγενήθησαν ἐκεῖ.
5 ⁵Μήτηρ Σειών, ἐρεῖ ἄνθρωπος,
καί Ἄνθρωπος ἐγενήθη ἐν αὐτῇ,
καί Αὐτὸς ἐθεμελίωσεν αὐτὴν ὁ ὕψιστος.
6 ⁶Κύριος διηγήσεται ἐν γραφῇ λαῶν καὶ ἀρχόντων τούτων τῶν
γεγενημένων ἐν αὐτῇ.   διάψαλμα.
7 ⁷ὡς εὐφραινομένων πάντων ἡ κατοικία ἐν σοί.

ΠΖ′

LXXXVII Ὠδὴ ψαλμοῦ τοῖς υἱοῖς Κόρε· εἰς τὸ τέλος,
(LXXXVIII) ὑπὲρ μαελὲθ τοῦ ἀποκριθῆναι· συνέσεως Αἱμὰν
τῷ Ἰσραηλείτῃ.

2 ²Κύριε ὁ θεὸς τῆς σωτηρίας μου,
ἡμέρας ἐκέκραξα καὶ ἐν νυκτὶ ἐναντίον σου·
3 ³εἰσελθέτω ἐνώπιόν σου ἡ προσευχή μου,
κλῖνον τὸ οὖς σου εἰς τὴν δέησίν μου, Κύριε.
4 ⁴ὅτι ἐπλήσθη κακῶν ἡ ψυχή μου,
καὶ ἡ ζωή μου τῷ ᾅδῃ ἤγγισεν.
5 ⁵προσελογίσθην μετὰ τῶν καταβαινόντων εἰς λάκκον,
6 ἐγενήθην ὡς ἄνθρωπος ἀβοήθητος, ⁶ἐν νεκροῖς ἐλεύθερος·
ὡσεὶ τραυματίαι ἐρριμμένοι καθεύδοντες ἐν τάφῳ, ὧν οὐκ ἐμνή-
σθης ἔτι,
καὶ αὐτοὶ ἐκ τῆς χειρός σου ἀπώσθησαν·
7 ⁷ἔθεντό με ἐν λάκκῳ κατωτάτῳ,
ἐν σκοτεινοῖς καὶ ἐν σκιᾷ θανάτου.
8 ⁸ἐπ' ἐμὲ ἐπεστηρίχθη ὁ θυμός σου,
καὶ πάντας τοὺς μετεωρισμούς σου ἐπ' ἐμὲ ἐπήγαγες.
διάψαλμα.
9 ⁹ἐμάκρυνας τοὺς γνωστούς μου ἀπ' ἐμοῦ,

4 γινωσκουσι ℵ* (-σιν ℵc.a) | om και 2° R | Αιθιοπων] pr των ℵc.aT | on] ℵART
ουτοι εγενηθησαν εκει ℵ* (hab ℵc.a)   5 Σιων A   6 γεγεννημενων R |
om διαψαλμα AT   7 κατοικια]+σου T — Stich 10 Bℵ 11 AR 13 T
LXXXVII 1 om εις το τελος ℵ | Αιμαν] Αιθαμ A | Ισραηλιτη BᵇAT
2 εκεκραξα] κεκραξομαι A   3 εισελθατω ℵART | προσ|ευχη B* προσευ|χη
Bᵇ | om Κυριε Bᶜ⁽ᵛⁱᵈ⁾ℵT   5 προσελογισθη R | ως] ωσει ℵART
6 ερριμμενοι καθευδοντες] om ερριμμενοι ℵc.aAT καθευδοντες ερριμ. R
7 εθετο ℵ* (εθεττο ℵ¹) | om εν 3° ℵc.aT   8 ο θυμους Bᵉᵈⁱᵗ | επηγαγες επ
εμε ℵAT | om διαψαλμα A* (hab διαψ Aᵃ) T

329

B ἔθεντό με βδέλυγμα ἑαυτοῖς·
παρεδόθην καὶ οὐκ ἐξεπορευόμην.
¹⁰ οἱ ὀφθαλμοί μου ἠσθένησαν ἀπὸ πτωχείας· 10
καὶ ἐκέκραξα πρὸς σέ, Κύριε, ὅλην τὴν ἡμέραν,
διεπέτασα τὰς χεῖράς μου·
¹¹ μὴ τοῖς νεκροῖς ποιήσεις θαυμάσια; 11
ἢ ἰατροὶ ἀναστήσουσιν καὶ ἐξομολογήσονταί σοι;
¹² μὴ διηγήσεταί τις ἐν τάφῳ τὸ ἔλεός σου, 12
καὶ τὴν ἀλήθειάν σου ἐν τῇ ἀπωλίᾳ;
¹³ μὴ γνωσθήσεται ἐν τῷ σκότει τὰ θαυμάσιά σου, 13
καὶ ἡ δικαιοσύνη σου ἐν γῇ ἐπιλελησμένῃ;
¹⁴ κἀγώ, Κύριε, πρὸς σὲ ἐκέκραξα, 14
καὶ τὸ πρωὶ ἡ προσευχή μου προφθάσει σε.
¹⁵ ἵνα τί, Κύριε, ἀπωθεῖς τὴν προσευχήν μου, 15
ἀποστρέφεις τὸ πρόσωπόν σου ἀπ' ἐμοῦ;
¹⁶ πτωχός εἰμι ἐγὼ καὶ ἐν κόποις ἐκ νεότητός μου, 16
ὑψωθεὶς δὲ ἐταπεινώθην καὶ ἐξηπορήθην.
¹⁷ ἐπ' ἐμὲ διῆλθον αἱ ὀργαί σου, 17
καὶ οἱ φοβερισμοί σου ἐτάραξάν με.
¹⁸ ἐκύκλωσάν με ὡς ὕδωρ ὅλην τὴν ἡμέραν, 18
περιέσχον με ἅμα.
¹⁹ ἐμάκρυνας ἀπ' ἐμοῦ φίλον 19
καὶ τοὺς γνωστούς μου ἀπὸ ταλαιπωρίας.

ΠΗ'
Συνέσεως Αἰθὰν τῷ Ἰσραηλείτῃ. LXXXVIII
(LXXXIX)

¹ Τὰ ἐλέη σου, Κύριε, εἰς τὸν αἰῶνα ᾄσομαι, 2
εἰς γενεὰν καὶ γενεὰν ἀπαγγελῶ τὴν ἀλήθειάν σου ἐν τῷ
στόματί μου.

ℵART 10 πτωχιας ℵAT | om και ℵAT | οληυ την ημ. c seqq coniung ℵRT | τας χειρας μου]+ προς σε Bᵃ⁽ᵛⁱᵈ⁾ pr προς σε Bᵇ⁽ᵛⁱᵈ⁾ ℵᶜ⁻ᵃAT   11 ποιησης T   12 ταφω] pr τω ℵᶜ⁻ᵃT | απωλεια Bᵃᵇ   13 γνωσθησεται] γνωσθητω ℵᶜ⁻ᵃ (-θησεται ℵᶜ⁻ᵇ)   14 καγω] και εγω ℵAT | προς σε Κυριε ℵART | προφθαση T   15 επωθεις R | προσευχην] ψυχην ℵ¹ (rescr πωθεις την ψ. μο) AT | απ εμου το προσωπον σου R   16 εν κοποις και ℵ* (και εν κοποις ℵᶜ⁻ᵃ) | om και εξηπορηθην A* (hab ℵ εξεπορηθη Aᵃ⁽ᵐᵍ¹⁾)   17 om και ℵᶜ⁻ᵃA* (hab Aᵃ) T | εταραξαν] εξεταραξαν ℵART   18 ως] ωσει ℵᶜ⁻ᵃT   19 φιλον] + και πλησιον ℵᶜ⁻ᵃART — Stich 38 BAT 37 ℵR   LXXXVIII 1 Αιθαν] Διμαν R Αιθαμ T | Ισραηλειτη B*ᵉᵈⁱᵗ (Ισραηλειτη ℵ) Ισραηλιτη BᵇAT Ισραηλιτης R   2 ασωμαι T | om και R* (hab R¹⁽ᵛⁱᵈ⁾) | απαγγελλω R*ᵛⁱᵈ (απαγγελω Rᵃ)

ΨΑΛΜΟΙ LXXXVIII 16

3 ³ὅτι εἶπας Εἰς τὸν αἰῶνα ἔλεος οἰκοδομηθήσεται, B
  ἐν τοῖς οὐρανοῖς ἑτοιμασθήσεται ἡ ἀλήθειά σου·
4 ⁴διεθέμην διαθήκην τοῖς ἐκλεκτοῖς μου,
  ὤμοσα Δαυείδ τῷ δούλῳ μου
5 ⁵Ἕως τοῦ αἰῶνος ἑτοιμάσω τὸ σπέρμα σου,
  καὶ οἰκοδομήσω εἰς γενεὰν καὶ γενεὰν τὸν θρόνον σου.
  διάψαλμα.
6 ⁶ἐξομολογήσονται οἱ οὐρανοὶ τὰ θαυμάσιά σου, Κύριε,
  καὶ τὴν ἀλήθειάν σου ἐν ἐκκλησίᾳ ἁγίων.
7 ⁷ὅτι τίς ἐν νεφέλαις ἰσωθήσεται τῷ κυρίῳ;
  καὶ τίς ὁμοιωθήσεται τῷ κυρίῳ ἐν υἱοῖς θεοῦ;
8 ⁸ὁ θεὸς ἐνδοξαζόμενος ἐν βουλῇ ἁγίων,
  μέγας καὶ φοβερὸς ἐπὶ πάντας τοὺς περικύκλῳ αὐτοῦ.
9 ⁹Κύριε ὁ θεὸς τῶν δυνάμεων, τίς ὅμοιός σοι;
  δυνατὸς εἶ, Κύριε, καὶ ἡ ἀλήθειά σου κύκλῳ σου.
10 ¹⁰σὺ δεσπόζεις τοῦ κράτους τῆς θαλάσσης,
  καὶ τὸν σάλον τῶν κυμάτων αὐτῆς σὺ καταπραΰνεις.
11 ¹¹σὺ ἐταπείνωσας ὡς τραυματίαν ὑπερήφανον,
  καὶ ἐν τῷ βραχίονι τῆς δυνάμεώς σου διεσκόρπισας τοὺς
  ἐχθρούς σου.
12 ¹²σοί εἰσιν οἱ οὐρανοί, καὶ σή ἐστιν ἡ γῆ·
  τὴν οἰκουμένην καὶ τὸ πλήρωμα αὐτῆς σὺ ἐθεμελίωσας.
13 ¹³τὸν βορρᾶν καὶ θαλάσσας σὺ ἔκτισας,
  Θαβὼρ καὶ Ἑρμωνιεὶμ τῷ ὀνόματί σου ἀγαλλιάσονται.
14 ¹⁴σὸς ὁ βραχίων μετὰ δυναστείας·
  κραταιωθήτω ἡ χείρ σου, ὑψωθήτω ἡ δεξιά σου.
15 ¹⁵δικαιοσύνη καὶ κρίμα ἑτοιμασία τοῦ θρόνου σου·
  ἔλεος καὶ ἀλήθεια προπορεύσεται πρὸ προσώπου σου.
16 ¹⁶μακάριος ὁ λαὸς ὁ γινώσκων ἀλαλαγμόν·
  Κύριε, ἐν τῷ φωτὶ τοῦ προσώπου σου πορεύσονται,

4 μου 2°] +υψωσα εκλεκτον εκ του λαου μου ℵ* (improb ℵc.a)   5 γενεαν ΝΑRT
7°] pr εις R | om διαψαλμα AT   6 και]+γαρ ℵc.a AT | αγιων] οσιων R
7 και τις] om ℵc.a AT η τις R | κυριω 2°] θεω ℵ* (κω ℵc.a) R   8 φοβερος]
+εστιν ℵc.a AT | επι παντας sup ras Aa   9 ομοιος] ομοιωθησεται R
10 και των σαλον] τον δε σ. ℵc.a ART   11 om και ℵc.a AT   12 σοι]
συ T   13 θαλασσας] την θαλασσαν ℵc.a AT θαλασσαν R | Ερμωνιειμ
T (ιμ fort reser Tʳ) | om σου R* (hab Rª)   14 δυναστιας ℵΤ |
υψωθητω] pr και R   15 προπορευσεται] προπορευσονται ΝΤ πορευ-
σονται A

ΨΑΛΜΟΙ

17 καὶ ἐν τῷ ὀνόματί σου ἀγαλλιάσονται ὅλην τὴν ἡμέραν, 17
καὶ ἐν τῇ δικαιοσύνῃ σου ὑψωθήσονται.
18 ὅτι τὸ καύχημα τῆς δυνάμεως αὐτῶν εἶ σύ, 18
καὶ ἐν τῇ εὐδοκίᾳ σου ὑψωθήσεται τὸ κέρας ἡμῶν.
19 ὅτι τοῦ κυρίου ἡ ἀντίλημψις, 19
καὶ τοῦ ἁγίου Ἰσραὴλ βασιλέως ἡμῶν.
20 τότε ἐλάλησας ἐν ὁράσει τοῖς υἱοῖς σου, 20
καὶ εἶπας Ἐθέμην βοήθειαν ἐπὶ δυνατόν,
ὕψωσα ἐκλεκτὸν ἐκ τοῦ λαοῦ μου·
21 εὗρον Δαυεὶδ τὸν δοῦλόν μου, 21
ἐν ἐλέει ἁγίῳ ἔχρισα αὐτόν.
22 ἡ γὰρ χείρ μου συναντιλήμψεται αὐτῷ, 22
καὶ ὁ βραχίων μου κατισχύσει αὐτόν·
23 οὐκ ὠφελήσει ἐχθρὸς ἐν αὐτῷ, 23
καὶ υἱὸς ἀνομίας οὐ προσθήσει τοῦ κακῶσαι αὐτόν·
24 καὶ συγκόψω τοὺς ἐχθροὺς αὐτοῦ ἀπὸ προσώπου αὐτοῦ, 24
καὶ τοὺς μισοῦντας αὐτὸν τροπώσομαι.
25 καὶ ἡ ἀλήθειά μου καὶ τὸ ἔλεός μου μετ' αὐτοῦ, 25
καὶ ἐν τῷ ὀνόματί μου ὑψωθήσεται τὸ κέρας αὐτοῦ·
26 καὶ θήσομαι ἐν θαλάσσῃ χεῖρα αὐτοῦ, 26
καὶ ἐν ποταμοῖς δεξιὰν αὐτοῦ.
27 αὐτὸς ἐπικαλέσεταί με Πατήρ μου εἶ σύ, 27
θεός μου καὶ ἀντιλήμπτωρ τῆς σωτηρίας μου·
28 κἀγὼ πρωτότοκον θήσομαι αὐτόν, 28
ὑψηλὸν παρὰ τοῖς βασιλεῦσιν τῆς γῆς.
29 εἰς τὸν αἰῶνα φυλάξω αὐτῷ τὸ ἔλεός μου, 29
καὶ ἡ διαθήκη μου πιστὴ αὐτῷ·
30 καὶ θήσομαι εἰς τὸν αἰῶνα τοῦ αἰῶνος τὸ σπέρμα αὐτοῦ, 30
καὶ τὸν θρόνον αὐτοῦ ὡς τὰς ἡμέρας τοῦ οὐρανοῦ.

ℵART 17 και εν τω ονοματι] και ε, τι inst ℵ¹ | τ, ολην τη| ημεραν· και εν τη δικαιοσινη σου υψωθησοντ, sup ras et in mgg Aᵃ 18 το καυχημα] om το ℵᶜ⁻ᵃAT | συ ει RT 19 αντιληψις T 20 bis scr ορασει R* (om op. 2° Rᵃ) | βοηθιαν ℵT 21 ελεει] ελεω Bᵃ(? R) ελαιω BᵇℵA(? R)T | αγιω]+μου ℵᶜ⁻ᵃART | εχρισω R* (εχρισα Rᵃ) 23 προσθησει του κακωσαι] κακωσει ℵ* (προσθησι του κακ. ℵᶜ⁻ᵃ) A*ᵛⁱᵈ (προσθησει του κακωσι αυτο| sup ras et in mg Aᵃ) 24 συνκοψω ℵARᵛⁱᵈT | απο προσωπου αυτου τους εχθρους αυτου ℵT τους εχθρ. μου απο πρ. αυτου A 25 η αληθεια] om η R* (hab Rᵃ) 26 χειρα] pr την R 27 επικαλεσηται T | θεος] pr o AR 28 καγω] και εγω ℵA | βασιλευσι ℵR 30 ως] ωσει R

ΨΑΛΜΟΙ LXXXVIII 45

31 ³¹ ἐὰν ἐγκαταλίπωσιν οἱ υἱοὶ αὐτοῦ τὸν νόμον μου, B
    καὶ τοῖς κρίμασίν μου μὴ πορευθῶσιν·
32 ³²ἐὰν τὰ δικαιώματά μου βεβηλώσουσιν,
    καὶ τὰς ἐντολάς μου μὴ φυλάξωσιν·
33 ³³ἐπισκέψομαι ἐν ῥάβδῳ ἀνομίας αὐτῶν,
    καὶ ἐν μάστιξιν τὰς ἁμαρτίας αὐτῶν.
34 ³⁴τὸ δὲ ἔλεός μου οὐ μὴ διασκεδάσω ἀπ' αὐτοῦ,
    οὐδὲ μὴ ἀδικήσω ἐν τῇ ἀληθείᾳ μου,
35 ³⁵οὐδὲ μὴ βεβηλώσω τὴν διαθήκην μου,
    καὶ τὰ ἐκπορευόμενα διὰ τῶν χειλέων μου οὐ μὴ ἀθετήσω.
36 ³⁶ἅπαξ ὤμοσα ἐν τῷ ἁγίῳ μου, εἰ τῷ Δαυεὶδ ψεύσομαι·
37 ³⁷τὸ σπέρμα αὐτοῦ εἰς τὸν αἰῶνα μενεῖ,
    καὶ ὁ θρόνος αὐτοῦ ὡς ὁ ἥλιος ἐναντίον μου,
38 ³⁸καὶ ὡς ἡ σελήνη κατηρτισμένη εἰς τὸν αἰῶνα·
    καὶ ὁ μάρτυς ἐν οὐρανῷ πιστός. διάψαλμα.
39 ³⁹σὺ δὲ ἀπώσω καὶ ἐξουδένωσας,
    ἀνεβάλου τὸν χριστόν σου·
40 ⁴⁰κατέστρεψας τὴν διαθήκην τοῦ δούλου σου,
    ἐβεβήλωσας εἰς τὴν γῆν τὸ ἁγίασμα αὐτοῦ.
41 ⁴¹καθεῖλες πάντας τοὺς φραγμοὺς αὐτοῦ,
    ἔθου τὰ ὀχυρώματα αὐτοῦ δειλίαν·
42 ⁴²διήρπασαν αὐτὸν πάντες οἱ διοδεύοντες ὁδόν,
    ἐγενήθη ὄνειδος τοῖς γείτοσιν αὐτοῦ.
43 ⁴³ὕψωσας τὴν δεξιὰν τῶν ἐχθρῶν αὐτοῦ,
    εὔφρανας πάντας τοὺς ἐχθροὺς αὐτοῦ·
44 ⁴⁴ἀπέστρεψας τὴν βοήθειαν τῆς ῥομφαίας αὐτοῦ,
    καὶ οὐκ ἀντελάβου αὐτοῦ ἐν τῷ πολέμῳ.
45 ⁴⁵κατέλυσας ἀπὸ καθαρισμοῦ αὐτόν,
    τὸν θρόνον αὐτοῦ εἰς τὴν γῆν κατέρραξας·

31 εγκαταλειπωσιν A ερκαταλιπ. R ενκαταλειπ. T | οι υιοι] om οι R | ℵART τοις κριμασιν] pr εν R   32 βεβηλωσωσιν T   33 επισκεψωμαι T | ανομιας] pr τας ℵART | αμαρτιας] αδικιας ℵAT   34 αυτου] αυτων ℵ^{c.a} RT | ουδε] ουδ ου A | αληθια A   35 την διαθηκην] εν τη διαθηκη ℵ* (την δ. ℵ^{c.a}) | δια] εκ R   37 ο θρονος] om ο R   38 ως η σελ.] ωσει σελ. R^{vid} | om διαψαλμα A* (hab διαψ A^a) T   39 εξουδενωσας]+ημας ℵ* (ℵ^{c.a}) | ανεβαλου] pr και A* + Κυριε R   40 om αυτου B*^{vid} (hab. subscr B[†])   41 καθειλας ℵ καθιλας T | δειλεια| B* (δειλια| B^b διλιαν ℵAT)   42 διηρπαξον ℵ^{c.a}T | διοδενοντες] παραπορευομενοι A | οδον] pr την A   43 εχθρων αυτου] θλιβοντων αυτων ℵ^{c.a}AT | ηυφρανας T   44 βοηθιαν AT   45 αυτον] αυτου ℵ^{c.a} (mox revoc αυτον)

R   ⁴⁶ἐσμίκρυνας τὰς ἡμέρας τοῦ θρόνου αὐτοῦ,   46
    κατέχεας αὐτοῦ αἰσχύνην.   διάψαλμα.
  ⁴⁷ἕως πότε, Κύριε, ἀποστρέψεις εἰς τέλος;   47
    ἐκκαυθήσεται ὡς πῦρ ἡ ὀργή σου;
  ⁴⁸μνήσθητι τίς μου ἡ ὑπόστασις·   48
    μὴ γὰρ ματαίως ἔκτισας πάντας τοὺς υἱοὺς τῶν ἀνθρώπων;
  ⁴⁹τίς ἐστιν ὁ ἄνθρωπος ὃς ζήσεται καὶ οὐκ ὄψεται θάνατον;   49
    ῥύσεται τὴν ψυχὴν αὐτοῦ ἐκ χειρὸς ᾅδου;   διάψαλμα.
  ⁵⁰ποῦ ἐστιν τὰ ἐλέη σου τὰ ἀρχαῖα, Κύριε,   50
    ἃ ὤμοσας τῷ Δαυεὶδ ἐν τῇ ἀληθείᾳ σου;
  ⁵¹μνήσθητι, Κύριε, τοῦ ὀνειδισμοῦ τῶν δούλων σου,   51
    οὗ ὑπέσχου ἐν τῷ κόλπῳ μου πολλῶν ἐθνῶν·
  ⁵²οὗ ὠνείδισαν οἱ ἐχθροί σου, Κύριε,   52
    οὗ ὠνείδισαν τὸ ἀντάλλαγμα τοῦ χριστοῦ σου.

  ⁵³εὐλογητὸς Κύριος εἰς τὸν αἰῶνα. γένοιτο, γένοιτο.   53

ℵART   46 εμικρυνας Rᵃ (εσμικρ. Rᵃ) | θρονου] χρονου ℵART (αυτου 2°] αυτω ℵᶜ⁻ᵃ (mox τενοε αντου) T | om διαψαλμα T   47 αποστρεφεις ℵAR αποστρεφη T   49 ο ανθρωπος] om ο ℵART | θανατον] ν sup ras Aᵃ | om διαψαλμα T   50 εστιν] εισιν ℵᶜ⁻ᵃART   51 υπεσχον AR υπεσχω T   52 το ανταλλαγμα] pr τι R*ᵛⁱᵈ (om Rᵃ)   53 ευλογητὸς Κυριος] ευλογια Κυριου R — Stich 103 B 104 ℵR 102 AT

IV

πθ´

Προσευχὴ τοῦ Μωυσῆ ἀνθρώπου τοῦ θεοῦ.

1 Κύριε, καταφυγὴ ἡμῖν ἐγενήθης ἐν γενεᾷ καὶ γενεᾷ·
2 ²πρὸ τοῦ ὄρη γενηθῆναι καὶ πλασθῆναι τὴν γῆν καὶ τὴν οἰκουμένην,
   καὶ ἀπὸ τοῦ αἰῶνος ἕως τοῦ αἰῶνος σὺ εἶ.
3 ³μὴ ἀποστρέψῃς ἄνθρωπον εἰς ταπείνωσιν,
   καὶ εἶπας Ἐπιστρέψατε υἱοὶ ἀνθρώπων;
4 ⁴ὅτι χίλια ἔτη ἐν ὀφθαλμοῖς σου ὡς ἡ ἡμέρα ἡ ἐχθὲς ἥτις
   διῆλθεν, καὶ φυλακὴ ἐν νυκτί.
5 ⁵τὰ ἐξουδενώματα αὐτῶν ἔτη ἔσονται,
   τὸ πρωὶ ὡσεὶ χλόη παρέλθοι·
6 ⁶τὸ πρωὶ ἀνθήσαι καὶ παρέλθοι,
   τὸ ἑσπέρας ἀποπέσοι, σκληρυνθείη καὶ ξηρανθείη.
7 ⁷ὅτι ἐξελίπομεν ἐν τῇ ὀργῇ σου,
   καὶ ἐν τῷ θυμῷ σου ἐταράχθημεν·
8 ⁸ἔθου τὰς ἀνομίας ἡμῶν ἐνώπιόν σου,
   ὁ αἰὼν ἡμῶν εἰς φωτισμὸν τοῦ προσώπου σου.
9 ⁹ὅτι πᾶσαι αἱ ἡμέραι ἡμῶν ἐξέλιπον,
   καὶ ἐν τῇ ὀργῇ σου ἐξελίπομεν·
   τὰ ἔτη ἡμῶν ὡς ἀράχνην ἐμελέτων.
10 ¹⁰αἱ ἡμέραι τῶν ἐτῶν ἡμῶν ἐν ἐαυτοῖς ἑβδομήκοντα ἔτη,
   ἐὰν δὲ ἐν δυναστείαις, ὀγδοήκοντα ἔτη,
   καὶ τὸ πλεῖον αὐτῶν κόπος καὶ πόνος·
   ὅτι ἐπῆλθεν πραΰτης ἐφ᾽ ἡμᾶς, καὶ παιδευθησόμεθα.

LXXXIX 1 του Μωυση] τω Μωυση ℵR τω Μωση A Μωυσεως T | αν- ℵART-
θρωτω ℵA | εγενηθης ημιν ℵ^c.a ART | εν γενεα και γενεα] απο γενεας εις γενεαν
R   2 γενηθηναι] εδρασθηναι ℵ* (γεν. ℵ^c.a) | πλασθηναι την γην και την
οικ.]ι πλ. γην οικ. A*vid πλ. την (sic) και την οικ. sup ras et in mg A^a | εως}
pr και ℵ^c.a AT | om συ ει ℵ* (hab ℵ^c.a)   3 ικοι] pr οι A | ανθρωπων] pr
των ART   4 σου]+κε ℵ^c.a (ras ℵ^c.b) AT | ως η ημερα] ως ημερα ℵ
ωσει ημ. R^vid | χθες B^b R^vid εκχθες A   5 ετη] ετι B^b   6 ανθησοι ℵ^c.a
(mox γενος -σαι) ανθησει R   7 εξελειπομεν AT   8 ενωπιον] εναντιον
ℵ^c.a T   9 εξελειπον AT | om και ℵ^c.a | εξελειπομεν AT | ως] ωσει ℵAT |
αραχνη ℵ^c.a ART   10 ενιαυτοις] αυτοις ℵART | δυναστιαις T | εφ ημας
πραυτης ℵ* (πρ. εφ ημ. ℵ^c.a) R πραοτης εφ ημ. AT | παιδευθησωμεθα T

LXXXIX 11 ΨΑΛΜΟΙ

B ^{11}τίς γινώσκει τὸ κράτος τῆς ὀργῆς σου, 11
καὶ ἀπὸ τοῦ φόβου τοῦ θυμοῦ σου ἐξαριθμήσασθαι; ^{12}τὴν 12
δεξιάν σου γνώρισον,
καὶ τοὺς πεπαιδευμένους τῇ καρδίᾳ ἐν σοφίᾳ.
^{13}ἐπίστρεψον, Κύριε· ἕως πότε; 13
καὶ παρακλήθητι ἐπὶ τοῖς δούλοις σου.
^{14}ἐνεπλήσθημεν τὸ πρωὶ τοῦ ἐλέους σου, 14
καὶ ἠγαλλιασάμεθα καὶ εὐφράνθημεν
ἐν πάσαις ταῖς ἡμέραις ἡμῶν,
^{15}ἀνθ' ὧν ἡμερῶν ἐταπείνωσας ἡμᾶς, 15
ἐτῶν ὧν εἴδομεν κακά.
^{16}καὶ ἴδε ἐπὶ τοὺς δούλους σου καὶ τὰ ἔργα σου, 16
καὶ ὁδήγησον τοὺς υἱοὺς αὐτῶν.
^{17}καὶ ἔστω ἡ λαμπρότης Κυρίου θεοῦ ἡμῶν ἐφ' ἡμᾶς, 17
καὶ τὰ ἔργα τῶν χειρῶν ἡμῶν κατεύθυνον ἐφ' ἡμᾶς.

q'

Αἶνος ᾠδῆς τῷ Δαυείδ. XC
(XCI)

Ὁ κατοικῶν ἐν βοηθείᾳ τοῦ ὑψίστου 1
ἐν σκέπῃ τοῦ θεοῦ τοῦ οὐρανοῦ αὐλισθήσεται.
^{2}ἐρεῖ τῷ θεῷ Ἀντιλήμπτωρ μου εἶ· 2
καὶ καταφυγή μου ὁ θεός μου, ἐλπιῶ ἐπ' αὐτόν.
^{3}ὅτι αὐτὸς ῥύσεταί ἐκ παγίδος θηρευτῶν, 3
καὶ ἀπὸ λόγου ταραχώδους·
^{4}ἐν τοῖς μεταφρένοις αὐτοῦ ἐπισκιάσει σοι, 4
καὶ ὑπὸ τὰς πτέρυγας αὐτοῦ ἐλπιεῖς·
ὅπλῳ κυκλώσει σε ἡ ἀλήθεια αὐτοῦ.
^{5}οὐ φοβηθήσῃ ἀπὸ φόβου νυκτερινοῦ, 5
ἀπὸ βέλους πετομένου ἡμέρας,

ℵART   11 φοβου]+σου AT | τον θυμον ℵ$^{c-a}$ART   12 σου]+ουτως ℵ$^{c-a}$ART |
γνωρισον]+μοι ℵ$^{c-a}$ART | πεπαιδημενους ℵ$^{c-a}$(? R) πεπεδημενους A(? R)T
13 τους δουλους R   14 το ελεος R | ελεους...ημων in mg et sup ras A^{a} |
ηυφρανθημεν A^{a}T | ημων]+ευφρανθημεν ℵ$^{c-a}$A$^{a(mg)}$R+ηυφρανθημεν T (c
seqq coniung RT)   15 εταπεινωσας] pr ων R | ιδομεν T | κακα] pr τα R
16 τα εργα] pr επι ℵ$^{c-a}$ART | ωδηγησον A   17 θεου] pr του ℵ$^{c-a}$ART |
ημας 2°]+και το εργον των χειρων ημων κατευθυνον ℵART — Stich 35 B
34 ℵ 38 A 37 R 41 T   XC 1 βοηθια T   2 θεω] κω B^{ab}ℵ$^{c-a}$AT
ο θεος μου inc stich in AT | ελπιω] pr και R | αυτω T   3 ρυσεται]
+με ℵAR ρυσαται με T | τακιδος ℵ   4 επισκιαση T | κυκλωση T
5 απο 2°] pr και ℵ* (om ℵ$^{c-a}$)

ΨΑΛΜΟΙ   XCI 3

6 ⁶ἀπὸ πράγματος διαπορευομένου ἐν σκότει,   B
   ἀπὸ συμπτώματος καὶ δαιμονίου μεσημβρινοῦ.
7 ⁷πεσεῖται ἐκ τοῦ κλίτους σου χιλιάς,
   καὶ μυριὰς ἐκ δεξιῶν σου,
   πρὸς σὲ δὲ οὐκ ἐγγιεῖ·
8 ⁸πλὴν τοῖς ὀφθαλμοῖς σου κατανοήσεις,
   καὶ ἀνταπόδοσιν ἁμαρτωλῶν ὄψῃ.
9 ⁹ὅτι σύ, Κύριε, ἡ ἐλπίς μου·
   τὸν ὕψιστον ἔθου καταφυγήν σου.
10 ¹⁰οὐ προσελεύσεται πρὸς σὲ κακά,
   καὶ μάστιξ οὐκ ἐγγιεῖ τῷ σκηνώματί σου·
11 ¹¹ὅτι τοῖς ἀγγέλοις αὐτοῦ ἐντελεῖται περὶ σοῦ
   τοῦ διαφυλάξαι σε ἐν ταῖς ὁδοῖς σου·
12 ¹²ἐπὶ χειρῶν ἀροῦσίν σε,
   μή ποτε προσκόψῃς πρὸς λίθον τὸν πόδα σου.
13 ¹³ἐπ' ἀσπίδα καὶ βασιλίσκον ἐπιβήσῃ,
   καὶ καταπατήσεις λέοντα καὶ δράκοντα.
14 ¹⁴ὅτι ἐπ' ἐμὲ ἤλπισεν, καὶ ῥύσομαι αὐτόν·
   σκεπάσω αὐτόν, ὅτι ἔγνω τὸ ὄνομά μου.
15 ¹⁵ἐπικαλέσεταί με, καὶ εἰσακούσομαι αὐτοῦ,
   μετ' αὐτοῦ εἰμι ἐν θλίψει,
   καὶ ἐξελοῦμαι καὶ δοξάσω αὐτόν.
16 ¹⁶μακρότητι ἡμερῶν ἐμπλήσω αὐτόν,
   καὶ δείξω αὐτῷ τὸ σωτήριόν μου.

                        ϞΑ'
XCI
(XCII)   Ψαλμὸς ᾠδῆς, εἰς τὴν ἡμέραν τοῦ σαββάτου.
2 ²Ἀγαθὸν τὸ ἐξομολογεῖσθαι τῷ κυρίῳ, καὶ ψάλλειν τῷ ὀνό-
   ματί σου, Ὕψιστε·
3 ³τοῦ ἀναγγέλλειν τὸ πρωὶ τὸ ἔλεός σου, καὶ τὴν ἀλήθειάν
   σου κατὰ νύκτα,

6 εν σκοτ. διαπορευομενου ℵ^{c.a}T | συμπτωματος (ευμπτ. B^{edit})] συνπτω- ℵART
ματος ℵ   7 κλιτουσου A (ras ɪ lit ante τ) T κλιτους R* (κλιτους σου R^a)
8 κατανοησης T | οψει B^{ab}   9 συ]+ει R   11 ταις οδοις] pr πασαις
A (-σες) T pr πασιν R   12 επι] pr και ℵ* (om ℵ^{c.a})   13 επ] επι
ℵ^{c.a}ART | καταπατησης T   15 επικαλεσεται με] κεκραξεται (καικρ. A)
προς με ℵAT | εισακουσομαι] επακουσομαι ℵ^{c.a}AT | om και 2° ℵ^{c.a}RT |
εξελουμαι]+αυτον ℵ^{c.a} (ras ℵ^{c.b}) AT   16 μακροτητα ART — Stich 35 BRT
33 ℵA   XCI 1 σαββατου] προσαββατου ℵ

SEPT. II.   337   Y

B ⁴ἐν δεκαχόρδῳ ψαλτηρίῳ μετ' ᾠδῆς ἐν κιθάρᾳ· 4
⁵ὅτι εὔφρανάς με, Κύριε, ἐν τῷ ποιήματί σου, 5
καὶ ἐν τοῖς ἔργοις τῶν χειρῶν σου ἀγαλλιάσομαι.
⁶ὡς ἐμεγαλύνθη τὰ ἔργα σου, Κύριε, 6
σφόδρα ἐβαρύνθησαν οἱ διαλογισμοί σου.
⁷ἀνὴρ ἄφρων οὐ γνώσεται, 7
καὶ ἀσύνετος οὐ συνήσει ταῦτα.
⁸ἐν τῷ ἀνατεῖλαι τοὺς ἁμαρτωλοὺς ὡς χόρτον, καὶ διέκυψαν 8
πάντες οἱ ἐργαζόμενοι τὴν ἀνομίαν,
ὅπως ἂν ἐξολεθρευθῶσιν εἰς τὸν αἰῶνα τοῦ αἰῶνος.
⁹σὺ δὲ Ὕψιστος εἰς τὸν αἰῶνα, Κύριε. 9
¹⁰ὅτι ἰδοὺ οἱ ἐχθροί σου ἀπολοῦνται, 10
καὶ διασκορπισθήσονται πάντες οἱ ἐργαζόμενοι τὴν ἀνομίαν.
¹¹καὶ ὑψωθήσεται ὡς μονοκέρωτος τὸ κέρας μου, 11
καὶ τὸ γῆράς μου ἐν ἐλαίῳ πίονι·
¹²καὶ ἐπεῖδεν ὁ ὀφθαλμός μου ἐν τοῖς ἐχθροῖς μου, 12
καὶ ἐν τοῖς ἐπανισταμένοις ἐπ' ἐμὲ πονηρευομένοις εἰσακούσεται τὸ οὖς μου.
¹³δίκαιος ὡς φοῖνιξ ἀνθήσει, 13
ὡς ἡ κέδρος ἡ ἐν τῷ Λιβάνῳ πληθυνθήσεται.
¹⁴πεφυτευμένοι ἐν τῷ οἴκῳ Κυρίου 14
ἐν ταῖς αὐλαῖς τοῦ θεοῦ ἡμῶν ἐξανθήσουσιν·
¹⁵τότε πληθυνθήσονται ἐν γήρει πίονι, 15
καὶ εὐπαθοῦντες ἔσονται·
¹⁶τοῦ ἀναγγεῖλαι ὅτι εὐθὴς Κύριος ὁ θεός μου, 16
καὶ οὐκ ἔστιν ἀδικία ἐν αὐτῷ.

ℵART 4 μετα ℵ* (μετ ℵ^c.a) 5 om οτι A* (hab A^a†(mg sinistr)) | ηυφρανας T
6 σφοδρα] pr η (? ει) R*vid (om R^a) | εβαρυνθησαν] εβαθυνθησαν B^abℵ^c.aRT
8 τους αμαρτωλους] om τους ℵ^c.aAT [ως] ωσει ℵAR^aT 9 Υψιστος] pr ο R
10 οτι ιδου] pr οτι ιδου οι εχθροι σου κε ℵA^a(mg)RT 11 υψωθησεται] ωθ
sup ras A^a | ελαιω B^abℵA(? R)T] ελεω B*(? R) 12 και επειδεν] και
εφιδεν (και ε, ι sup ras A^a†) AT | μου 1°] σου R | om εν τοις A* (hab A^a†) |
επανιστανομενοις ℵAR | εισακουσεται] ακουσεται ℵ^c.aART 13 ανθηση T |
ως η] ωσει R^vid 14 πεφυτευμενοι (υ 1° sup ras A^a)] πεφυτευμενη T |
Κυριου] pr του R | ταις αυλαις] om ταις ℵ | του θεου] τ sup ras A^a† οικου
θεου R | εξανθησωσιν T 15 τοτε] om ℵ* ετι ℵ^c.aART 16 post
αναγγειλαι distinx ℵ^c.a | μου] ημων ℵAR^aT — Stich 27 BA 24 ℵ 29 R
30 T

ϟΒ´

XCII
(XCIII)

Εἰς τὴν ἡμέραν τοῦ προσαββάτου, ὅτε κατῴκισται
ἡ γῆ· αἶνος ᾠδῆς τῷ Δαυείδ.

1 Κύριος ἐβασίλευσεν, εὐπρέπειαν ἐνεδύσατο·
ἐνεδύσατο Κύριος δύναμιν καὶ περιεζώσατο,
καὶ γὰρ ἐστερέωσεν τὴν οἰκουμένην, ἥτις οὐ σαλευθήσεται
2 ²ἕτοιμος ὁ θρόνος σου ἀπὸ τότε·
ἀπὸ τοῦ αἰῶνος σὺ εἶ.
3 ³ἐπῆραν οἱ ποταμοί, Κύριε,
ἐπῆραν οἱ ποταμοὶ φωνὰς¶ αὐτῶν. ¶ Τ
4 ⁴ἀπὸ φωνῶν ὑδάτων πολλῶν θαυμαστοὶ οἱ μετεωρισμοὶ τῆς
θαλάσσης·
θαυμαστὸς ἐν ὑψηλοῖς ὁ κύριος.
5 ⁵τὰ μαρτύριά σου ἐπιστώθησαν σφόδρα·
τῷ οἴκῳ σου πρέπει ἁγίασμα, Κύριε, εἰς μακρότητα ἡμερῶν.

ϟΓ´

XCIII
(XCIV)

Ψαλμὸς τῷ Δαυείδ, τετράδι σαββάτων.

1 Ὁ θεὸς ἐκδικήσεων Κύριος, ὁ θεὸς ἐκδικήσεων ἐπαρρησιάσατο.
2 ²ὑψώθητι ὁ κρίνων τὴν γῆν,
ἀπόδος ἀνταπόδοσιν τοῖς ὑπερηφάνοις.
3 ³ἕως πότε ἁμαρτωλοί, Κύριε,
ἕως πότε ἁμαρτωλοὶ καυχήσονται;
4 ⁴φθέγξονται καὶ λαλήσουσιν ἀδικίαν,
λαλήσουσιν πάντες οἱ ἐργαζόμενοι τὴν ἀνομίαν;
5 ⁵τὸν λαόν σου, Κύριε, ἐταπείνωσαν,
καὶ τὴν κληρονομίαν σου ἐκάκωσαν·
6 ⁶χήραν καὶ ὀρφανὸν ἀπέκτειναν,
καὶ προσήλυτον ἐφόνευσαν·
7 ⁷καὶ εἶπαν Οὐκ ὄψεται Κύριος, οὐδὲ συνήσει ὁ θεὸς τοῦ
Ἰακώβ. ¶ Τ

XCII 1 αινος ωδης τω Δ. εις την ημεραν τ. πρ. ο. κ. η γη R | προ- ℵART σαββατου] σαββατου ART | Κυριος 1°] pr ο BᶜℵART | ευπρεπιαν ℵAT | στερεωσεν R   2 σου]+ο θεος R | απο 1°] απ sup ras Aᵃ | απο 2°] pr και R 3 φωνας] φω...T | αυτων]+αρουσιν οι ποταμοι επιτριψεις (επιτριψις A [e sup ras Aᵃ]) αυτων ℵᶜ⁻ᵃA   4 μετεωρισμοι] μ 1° sup ras Aᵃ — Stich 11 BR 10 ℵ 15 A   XCIII 1 ψαλμος]+ωδης A | σαββατου A | ο θεος (1°)] om ο BᶜℵA | ο θεος (2°)] om ο BᶜA ras ο ℵ¹   6 ορφανους R | προσηλυτους R 7 οψεται]+ταυτα R | Κυριος] pr ο ℵ* (ras ℵ¹) | συνησει]+ταυτα R

XCIII 8

B ⁸σύνετε δή, ἄφρονες ἐν τῷ λαῷ· καὶ μωροί, ποτὲ φρονήσατε. 8
⁹ὁ φυτεύσας τὸ οὖς, οὐχὶ ἀκούει; 9
ἢ ὁ πλάσας ὀφθαλμούς, οὐ κατανοεῖ;
¹⁰ὁ παιδεύων ἔθνη, οὐχὶ ἐλέγξει, 10
ὁ διδάσκων ἄνθρωπον γνῶσιν;
¹¹Κύριος γινώσκει τοὺς διαλογισμοὺς τῶν ἀνθρώπων, ὅτι εἰσὶν 11
μάταιοι.
¹²μακάριος ὁ ἄνθρωπος ὃν ἂν σὺ παιδεύσῃς, Κύριε, 12
καὶ ἐκ τοῦ νόμου σου διδάξῃς αὐτόν,
¹³τοῦ πραῦναι αὐτῷ ἀφ' ἡμερῶν πονηρῶν, 13
ἕως οὗ ὀρυγῇ τῷ ἁμαρτωλῷ βόθρος.
¹⁴ὅτι οὐκ ἀπώσεται Κύριος τὸν λαὸν αὐτοῦ, 14
καὶ τὴν κληρονομίαν αὐτοῦ οὐκ ἐγκαταλείψει,
¹⁵ἕως οὗ δικαιοσύνη ἐπιστρέψῃ εἰς κρίσιν, 15
καὶ ἐχόμενοι αὐτῆς πάντες οἱ εὐθεῖς τῇ καρδίᾳ. διάψαλμα.
¹⁶τίς ἀναστήσεταί μοι ἐπὶ πονηρευομένους, 16
ἢ τίς συνπαραστήσεταί μοι ἐπὶ ἐργαζομένους τὴν ἀνομίαν;
¹⁷εἰ μὴ ὅτι Κύριος ἐβοήθησέν μοι, 17
παρὰ βραχὺ παρῴκησεν τῷ ᾅδῃ ἡ ψυχή μου.
¹⁸εἰ ἔλεγον Σεσάλευται ὁ πούς μου, 18
τὸ ἔλεός σου, Κύριε, βοηθεῖ μοι.
¹⁹Κύριε, κατὰ τὸ πλῆθος τῶν ὀδυνῶν μου ἐν τῇ καρδίᾳ μου, αἱ 19
παρακλήσεις σου ἠγάπησαν τὴν ψυχήν μου.
²⁰μὴ συνπροσέσται σοι θρόνος ἀνομίας, 20
ὁ πλάσσων κόπον ἐπὶ προστάγματι;
²¹θηρεύσουσιν ἐπὶ ψυχὴν δικαίου, 21
καὶ αἷμα ἀθῷον καταδικάσονται.
²²καὶ ἐγένετό μοι Κύριος εἰς καταφυγήν, 22
καὶ ὁ θεός μου εἰς βοηθὸν ἐλπίδος μου·

ℵART 8 οφθαλμους] οφθαλμον ℵ^{c.a} τον οφθαλμον A τους οφθαλμους R | ου] ουχει ℵ^{c.a} ουχι AT 12 ο ανθρωπος] om ο ℵART | om συ ℵ^{c.a}AT 13 αυτω] αυτον R 14 εγκαταλειψει B^{ab} (-λιψει B^{a})] ενκατελιψεν ℵ¹ (ουκ εν rescr ℵ¹) ενκαταλιψει ℵ^{c.a} ενκαταλειψει AR ενκαταλειψη T 15 om διαψαλμα A* (hab διαψ A^{a}) T 16 συμπαραστησεται B^{b} | εργαζομενους] pr τους ℵ^{c.a}AT 18 om το ελεος σου A* (hab A^{a(mg)}) | εβοηθει ℵ^{c.a}A 19 om Κυριε ℵ^{c.a}AT | παρακλησις A | ηγαπησαν] ευφραναν B^{b}(? R)T ηυφραναν ℵ^{c.a}A(? R) | ψυχην] καρδιαν ℵ* (ψυχ. ℵ^{c.a}) 20 συμπροσεσται B^{b} συντροσεστω ℵ^{c.a}AT | προσταγμα ℵ^{c.a}AT 21 θηρευσωσιν T | καταδικασωνται T 22 εγενετο] εγενηθη R

ΨΑΛΜΟΙ

23 ²³καὶ ἀποδώσει αὐτοῖς τὴν ἀνομίαν αὐτῶν ℟
καὶ τὴν πονηρίαν αὐτῶν·
ἀφανιεῖ αὐτοὺς Κύριος ὁ θεὸς ἡμῶν.

ϞΔ´

XCIV
(XCV)

Αἶνος ᾠδῆς τῷ Δαυείδ.

1 Δεῦτε ἀγαλλιασώμεθα τῷ κυρίῳ,
ἀλαλάξωμεν τῷ θεῷ τῷ σωτῆρι ἡμῶν·
2 ²προφθάσωμεν τὸ πρόσωπον αὐτοῦ ἐν ἐξομολογήσει,
καὶ ἐν ψαλμοῖς ἀλαλάξωμεν αὐτῷ.
3 ³ὅτι θεὸς μέγας Κύριος
καὶ βασιλεὺς μέγας ἐπὶ πάντας τοὺς θεούς.
4 ⁴ὅτι οὐκ ἀπώσεται Κύριος τὸν λαὸν αὐτοῦ,
ὅτι ἐν τῇ χειρὶ αὐτοῦ τὰ πέρατα τῆς γῆς
καὶ τὰ ὕψη τῶν ὀρέων αὐτοῦ ἐστιν·
5 ⁵ὅτι αὐτοῦ ἐστιν ἡ θάλασσα καὶ αὐτὸς ἐποίησεν αὐτήν,
καὶ τὴν ξηρὰν αἱ χεῖρες αὐτοῦ ἔπλασαν.
6 ⁶δεῦτε προσκυνήσωμεν καὶ προσπέσωμεν αὐτῷ,
καὶ κλαύσωμεν ἐναντίον Κυρίου τοῦ ποιήσαντος ἡμᾶς·
7 ⁷ὅτι αὐτός ἐστιν ὁ θεὸς ἡμῶν,
καὶ ἡμεῖς λαὸς νομῆς αὐτοῦ
καὶ πρόβατα χειρὸς αὐτοῦ.
8 ⁸σήμερον ἐὰν τῆς φωνῆς αὐτοῦ ἀκούσητε,
μὴ σκληρύνητε τὰς καρδίας ὑμῶν, ὡς ἐν τῷ παραπικρασμῷ,
κατὰ τὴν ἡμέραν τοῦ πειρασμοῦ ἐν τῇ ἐρήμῳ·
9 ⁹οὗ ἐπείρασαν οἱ πατέρες ὑμῶν,
ἐδοκίμασαν καὶ ἴδοσαν τὰ ἔργα μου.
10 ¹⁰τεσσεράκοντα ἔτη προσώχθισα τῇ γενεᾷ ἐκείνῃ,
καὶ εἶπα Ἀεὶ πλανῶνται τῇ καρδίᾳ,
καὶ αὐτοὶ οὐκ ἔγνωσαν τὰς ὁδούς μου.

23 αποδωση T | αυτοις]+ κς ℵ^c·ᵃ ART | την ανομιαν] pr κατα AR | και ℵART την πονηριαν] κατα την πον. ℵ^c·ᵃ και κατα την πον. ART | αφανιει] εξολεθρευσει R — Stich 41 B 40 ℵ 44 A 45 R   XCIV 1 αγαλλιασομεθα A 3 παντας τους θεους] πασαν την γην ℵ^c·ᵃ AT   4 om οτι ουκ...λαον αυτου ℵ* (hab ℵ^c·ᵃ) AT | τη χειρι] om τη ℵ* (hab ℵ^c·ᵃ) | τα περατα] pr παντα ℵ* (om ℵ^c·ᵃ) | εστιν] εισιν ℵ^c·ᵃ AR   6 προσκυνησωμεν (sic) A | κλαυσομεν A | εναντιον] ενωπιον ℵ* (εναντ. ℵ^c·ᵃ)   7 ο θεος] pr Κυριος R | χειρος] pr της A   9 επειρασαν]+με ℵ^c·ᵃ T | εδοκιμασαν]+με ℵ^c·ᵃ AT | ιδοσαν] ειδοσαν B^ab(? R) ιδον ℵAT   10 τεσσαρακοντα B^ab RT | προσωχθισα] pr διο R | ειπα] ειπον AT | και αυτοι] αυτοι δε ℵAT

XCIV 11   ΨΑΛΜΟΙ

B   ¹¹ὡς ὤμοσα ἐν τῇ ὀργῇ μου Εἰ εἰσελεύσονται εἰς τὴν κατά- 11
     παυσίν μου.

                    ¶Ε΄
         Ὅτε ὁ οἶκος οἰκοδομεῖται μετὰ τὴν αἰχμαλωσίαν·   XCV
                 ᾠδὴ τῷ Δαυείδ.   (XCVI)

     Ἄσατε τῷ κυρίῳ ᾆσμα καινόν,   1
       ᾄσατε τῷ κυρίῳ, πᾶσα ἡ γῆ·
     ²ᾄσατε τῷ κυρίῳ, εὐλογήσατε τὸ ὄνομα αὐτοῦ,   2
       εὐαγγελίζεσθε ἡμέραν ἐξ ἡμέρας τὸ σωτήριον αὐτοῦ.
     ³ἀναγγείλατε ἐν τοῖς ἔθνεσιν τὴν δόξαν αὐτοῦ,   3
       ἐν πᾶσιν τοῖς λαοῖς τὰ θαυμάσια αὐτοῦ.
     ⁴ὅτι μέγας Κύριος καὶ αἰνετὸς σφόδρα,   4
       φοβερός ἐστιν ἐπὶ πάντας τοὺς θεούς·
     ⁵ὅτι πάντες οἱ θεοὶ τῶν ἐθνῶν δαιμόνια,   5
       ὁ δὲ κύριος τοὺς οὐρανοὺς ἐποίησεν.
     ⁶ἐξομολόγησις καὶ ὡραιότης ἐνώπιον αὐτοῦ,   6
       ἁγιωσύνη καὶ μεγαλοπρέπεια ἐν τῷ ἁγιάσματι αὐτοῦ.
     ⁷ἐνέγκατε τῷ κυρίῳ, αἱ πατριαὶ τῶν ἐθνῶν,   7
       ἐνέγκατε τῷ κυρίῳ δόξαν καὶ τιμήν·
     ⁸ἐνέγκατε τῷ κυρίῳ δόξαν ὀνόματι αὐτοῦ,   8
       ἄρατε θυσίας καὶ εἰσπορεύεσθε εἰς τὰς αὐλὰς αὐτοῦ.
     ⁹προσκυνήσατε τῷ κυρίῳ ἐν αὐλῇ ἁγίᾳ αὐτοῦ·   9
       σαλευθήτω ἀπὸ προσώπου αὐτοῦ πᾶσα ἡ γῆ.
     ¹⁰εἴπατε ἐν τοῖς ἔθνεσιν Ὁ κύριος ἐβασίλευσεν,   10
       καὶ γὰρ κατώρθωσεν τὴν οἰκουμένην, ἥτις οὐ σαλευθήσεται·
       κρινεῖ λαοὺς ἐν εὐθύτητι.
     ¹¹εὐφραινέσθωσαν οἱ οὐρανοὶ καὶ ἀγαλλιάσθω ἡ γῆ,   11
       σαλευθήτω ἡ θάλασσα καὶ τὸ πλήρωμα αὐτῆς·
     ¹²χαρήσεται τὰ πεδία καὶ πάντα τὰ ἐν αὐτοῖς,   12
       τότε ἀγαλλιάσονται πάντα τὰ ξύλα τοῦ δρυμοῦ

ℵᵃRT   11 ει] η ℵAᵃ⁽ᵐᵍ ˢⁱⁿⁱˢᵗʳ⁾ (om A*) | καταπαυσιν] αναπαυσιν R — Stich
     25 BR 23 ℵT 22 A   XCV 1 οτε...Δαυειδ] ωδη τω Δ. οτε ο οικος οικοδ.
     μ. τ. αιχμαλωσιαν ℵA | οικοδομειται] οικοδομειτο Bᶜℵ T ωκοδομειτο AR
     2 ευαγγελισασθε T   3 om αναγγειλατε...δοξαν αυτου A* (hab Aᵃ⁽ᵐᵍ⁾)
     R | πασι ℵ   6 εξομολογησεις A | αγιοσυνη T | μεγαλοπρεπια AT
     7 ενεγκατε τω κ̄ω̄ δοξαν και τιμην] ενεγκατε τω κ̄ω̄ αι πατριαι των εθνων ℵ*
     8 om αρατε...αυλας αυτου R   10 ειτα A* (ειπατε Aᵃ¹) | ο κυριος] οτι κ̄ς̄
     ℵᶜ·ᵃ AT | εβασιλευσεν] + απο ξυλου R

                              342

ΨΑΛΜΟΙ

13 ¹³πρὸ προσώπου Κυρίου, ὅτι ἔρχεται,
ὅτι ἔρχεται κρῖναι τὴν γῆν·
κρινεῖ τὴν οἰκουμένην ἐν δικαιοσύνῃ
καὶ λαοὺς ἐν τῇ ἀληθείᾳ αὐτοῦ.

XCVI
(XCVII)

ϟϜ′

Τῷ Δαυείδ, ὅτε ἡ γῆ αὐτοῦ καθίσταται.

1 Ὁ κύριος ἐβασίλευσεν, ἀγαλλιάσεται ἡ γῆ,
εὐφρανθήτωσαν νῆσοι πολλαί.
2 ²νεφέλη καὶ γνόφος κύκλῳ αὐτοῦ,
δικαιοσύνη καὶ κρίμα κατόρθωσις τοῦ θρόνου αὐτοῦ.
3 ³πῦρ ἐναντίον αὐτοῦ προπορεύσεται,
καὶ φλογιεῖ κύκλῳ τοὺς ἐχθροὺς αὐτοῦ·
4 ⁴ἔφαναν αἱ ἀστραπαὶ αὐτοῦ τῇ οἰκουμένῃ,
εἶδεν καὶ ἐσαλεύθη ἡ γῆ.
5 ⁵τὰ ὄρη ἐτάκησαν ὡσεὶ κηρὸς ἀπὸ προσώπου Κυρίου,
ἀπὸ προσώπου Κυρίου πάσης τῆς γῆς.
6 ⁶ἀνήγγειλαν οἱ οὐρανοὶ τὴν δικαιοσύνην αὐτοῦ,
καὶ εἴδοσαν πάντες οἱ λαοὶ τὴν δόξαν αὐτοῦ.
7 ⁷αἰσχυνθήτωσαν πάντες οἱ προσκυνοῦντες τοῖς γλυπτοῖς,
οἱ ἐγκαυχώμενοι ἐν τοῖς εἰδώλοις αὐτῶν·
προσκυνήσατε αὐτῷ πάντες οἱ ἄγγελοι αὐτοῦ.
8 ⁸ἤκουσεν καὶ εὐφράνθη Σειών,
καὶ ἠγαλλιάσαντο αἱ θυγατέρες τῆς Ἰουδαίας,
ἕνεκεν τῶν κριμάτων σου, Κύριε·
9 ⁹ὅτι σὺ εἶ Κύριος ὁ ὕψιστος ἐπὶ πᾶσαν τὴν γῆν,
σφόδρα ὑπερυψώθης ὑπὲρ πάντας τοὺς θεούς.
10 ¹⁰οἱ ἀγαπῶντες τὸν κύριον, μισεῖτε πονηρόν·
φυλάσσει Κύριος τὰς ψυχὰς τῶν ὁσίων αὐτοῦ,
ἐκ χειρὸς ἁμαρτωλῶν ῥύσεται αὐτούς.

13 προ] απο אᶜ·ᵃ AT — Stich 29 BאAT 27 R   XCVI 1 η γη] אART
om η R | σιλευσεν αγαλλια sup ras א¹ | αγαλλιασεται] αγαλλιασθω Bᶜאᶜ·ᵃ
ART | νησοι] νησσαι אᶜ·ᵃ   3 εναντιον] ερωπιον T | προπορευσηται T |
του εχθρους B* (τους ε. Bᵃᵇ)   4 ιδεν T   5 ωσει κηρος ετακησαν אT |
om Κυριον 2° א | της γης] της γη της Rᵛⁱᵈ   6 om και א* (hab אᶜ·ᵃ)
ειδοσαν] ιδοσαν א*Aᵃ[? R] ιδον אᶜ·ᵃ A*T   7 προσκυνουντες] πεποιθοτες
επι א (προσκ. אᶜ·ᵃ) | εγκαυχωμενοι אART | αυτω] αυτον R   8 ηυφρανθη
AT | Σειων] η Σιων Bᶜ Σιων אA | ηγαλλιασονται (sic) R   9 om ει
אᶜ·ᵃ AT | ο υψιστος] om ο אAT | υπερ] επι א   10 πονηρα Bᶜאᶜ·ᵃ AT |
αμαρτωλου AT | ρυσηται T | αυτους] αυτον R* (-τους Rᵃ)

343

B ¹¹φῶς ἀνέτειλεν τῷ δικαίῳ, 11
καὶ τοῖς εὐθέσι τῇ καρδίᾳ εὐφροσύνη.
¹²εὐφράνθητε, δίκαιοι, ἐπὶ τῷ κυρίῳ, 12
¶ T. καὶ ἐξομολογεῖσθε τῇ μνήμῃ τῆς ἁγιωσύνης¹ αὐτοῦ.

ϙΖ′
Ψαλμὸς τῷ Δαυείδ.   XCVII (XCVIII)

Ἄσατε τῷ κυρίῳ ᾆσμα καινόν, ὅτι θαυμαστὰ ἐποίησεν Κύριος· 1
ἔσωσεν αὐτῷ ἡ δεξιὰ αὐτοῦ
καὶ ὁ βραχίων ὁ ἅγιος αὐτοῦ.
²ἐγνώρισεν Κύριος τὸ σωτήριον αὐτοῦ ἐναντίον τῶν ἐθνῶν· 2
ἀπεκάλυψεν τὴν δικαιοσύνην αὐτοῦ.
³ἐμνήσθη τοῦ ἐλέους αὐτοῦ τῷ Ἰακώβ, 3
καὶ τῆς ἀληθείας αὐτοῦ τῷ οἴκῳ Ἰσραήλ·
εἴδοσαν πάντα τὰ πέρατα τῆς γῆς τὸ σωτήριον τοῦ θεοῦ ἡμῶν.
⁴ἀλαλάξατε τῷ θεῷ πᾶσα ἡ γῆ, 4
ᾄσατε καὶ ἀγαλλιᾶσθε καὶ ψάλατε.
⁵ψάλατε τῷ κυρίῳ ἐν κιθάρᾳ, ἐν κιθάρᾳ καὶ φωνῇ ψαλμοῦ, 5
⁶ἐν σάλπιγξιν ἐλαταῖς καὶ φωνῇ σάλπιγγος κερατίνης· 6
ἀλαλάξατε ἐνώπιον τοῦ βασιλέως Κυρίῳ.
⁷σαλευθήτω ἡ θάλασσα καὶ τὸ πλήρωμα αὐτῆς, 7
ἡ οἰκουμένη καὶ οἱ κατοικοῦντες αὐτήν·
⁸ποταμοὶ κροτήσουσιν χειρὶ ἐπὶ τὸ αὐτό, 8
¶ T. τὰ ὄρη ἀγαλλιάσονται, ⁹⁺ὅτι ἥκει κρῖναι τὴν γῆν· 9
κρινεῖ τὴν οἰκουμένην ἐν δικαιοσύνῃ
καὶ λαοὺς ἐν εὐθύτητι.

ϙΗ′
Ψαλμὸς τῷ Δαυείδ. XCVIII (XCIX)

Κύριος ἐβασίλευσεν, ὀργιζέσθωσαν λαοί· 1
ὁ καθήμενος ἐπὶ τῶν χερουβείμ, σαλευθήτω ἡ γῆ.

NART 11 ευφροσυνη ℵ* (ras lineol ℵ?) ευφροσυνην A   12 επι] εν ℵ^c.a ART |
αγιοσυ...T — Stich 27 BART 26 ℵ   XCVII 1 Κυριος] pr ο A | αυτω]
αυτον B^ab | αυτου 1°] ου rescr A¹   2 bis scr το σωτηριον R | εναντιον των
εθν. c seqq coniung AR   3 τω Ιακωβ] om ℵ* (hab ℵ^c.a) του I. A | αλη-
θιας ℵ | ιδοσαν A   4 θεω] κ̅ω̅ B^ab ℵA | η γη] om η R* (hab R^a)
5 και] η R* (και R^a)   6 φωνης ℵA | Κυριω] κ̅υ̅ B^1 vid ℵ^c.a AR   7 οι
κατοικουντες] pr παντες ℵ^c.a AR | αυτην] εν αυτη ℵAR   8 αγαλλιασονται]
+ απο προσωπου κ̅υ̅ οτι ερχεται ℵ^c.a AT   9 δικαιοσυνη] seq ras 1 lit
(forte ν) in A — Stich 19 Bℵ 22 A 21 R   XCVIII 1 Κυριος] pr ὁ B^c pr
ο ℵ^c.a ART | χερουβιμ ℵT(? R) χερουβειμ A(? R)

344

ΨΑΛΜΟΙ XCIX 3

2 ²Κύριος ἐν Σειὼν μέγας, καὶ ὑψηλός ἐστιν ἐπὶ πάντας τοὺς B
λαούς.
3 ³ἐξομολογησάσθωσαν πάντες τῷ ὀνόματί σου τῷ μεγάλῳ,
ὅτι φοβερὸν καὶ ἅγιόν ἐστιν.
4 ⁴καὶ τιμὴ βασιλέως κρίσιν ἀγαπᾷ·
σὺ ἡτοίμασας εὐθύτητας,
κρίσιν καὶ δικαιοσύνην ἐν Ἰακὼβ σὺ ἐποίησας.
5 ⁵ὑψοῦτε Κύριον τὸν θεὸν ἡμῶν,
καὶ προσκυνεῖτε τῷ ὑποποδίῳ τῶν ποδῶν αὐτοῦ.
6 ⁶ἅγιός ἐστιν ⁽⁶⁾Μωυσῆς καὶ Ἀαρὼν ἐν τοῖς ἱερεῦσιν αὐτοῦ
καὶ Σαμουὴλ ἐν τοῖς ἐπικαλουμένοις τὸ ὄνομα αὐτοῦ·
ἐπεκαλοῦντο τὸν κύριον, καὶ αὐτὸς ἐπήκουσεν αὐτοῖς,
7 ⁷ἐν στύλῳ νεφέλης ἐλάλει πρὸς αὐτούς·
ἐφύλασσον τὰ μαρτύρια αὐτοῦ,
καὶ τὰ προστάγματα ἃ ἔδωκεν αὐτοῖς.
8 ⁸Κύριε ὁ θεὸς ἡμῶν, σὺ ἐπήκουες αὐτῶν·
ὁ θεός, εὐίλατος ἐγίνου αὐτοῖς,
καὶ ἐκδικῶν ἐπὶ πάντα τὰ ἐπιτηδεύματα αὐτῶν.
9 ⁹ὑψοῦτε Κύριον τὸν θεὸν ἡμῶν,
καὶ προσκυνεῖτε εἰς ὄρος ἅγιον αὐτοῦ,
ὅτι ἅγιος Κύριος ὁ θεὸς ἡμῶν.

99′

XCIX
(C)   Ψαλμὸς εἰς ἐξομολόγησιν.

1 Ἀλαλάξατε τῷ κυρίῳ, πᾶσα ἡ γῆ,
2 ²δουλεύσατε τῷ κυρίῳ ἐν εὐφροσύνῃ,
εἰσέλθατε ἐνώπιον αὐτοῦ ἐν ἀγαλλιάσει.
3 ³γνῶτε ὅτι Κύριος, αὐτός ἐστιν ὁ θεός·
αὐτὸς ἐποίησεν ἡμᾶς καὶ οὐχ ἡμεῖς,

2 Σιων Bᵇ ("sic et inferius pluries") A | λαους] in λα ras aliq Bᵃᵗ   3 εξο- ℵART
μολογισθωσαν ℵ*ᶜ·ᵇ (εξομολογησασθ. ℵᶜ·ᵃ) | om παντες ℵAT   4 om και
τιμη...αγαπα ℵ* (hab ℵᶜ·ᵃ)   5 τω υποποδιω] το υποποδιον R   6 αγιος]
pr οτι ℵᶜ·ᵃ RT οτι αγιον A | Μωυσης inc stich in ART | επηκουσεν αυτοις]
εισηκουσεν αυτων ℵA εισηκουεν αυτων T επηκουσεν αυτους R   7 εφυλασσον]
pr οτι ℵᶜ·ᵃ AT | τα προσταγματα] το προσταγμα o ℵ* τα προσταγματα αυτου
a ℵᶜ·ᵃ AT   8 επηκουσας ℵ* (επηκουες ℵᶜ·ᵃ) | αυτων 1°] αυτους R | ευιλατος]
pr συ Bᵃᵗᵇ ℵART | εγινου] εγινου ℵ* (εγεινου ℵᶜ·ᵃ)   9 προσκυνητε Rᵛⁱᵈ —
Stich 22 BℵR 24 A 23 T   XCIX 1 κυριω 1°] θεω RT   2 εισελθετε ℵ*
(-θατε ℵᶜ·ᵃ)   3 ο θεος]+ημων ℵᶜ·ᵃ AT | ουχι R

345

B λαὸς αὐτοῦ καὶ πρόβατα τῆς νομῆς αὐτοῦ.
⁴εἰσέλθατε εἰς τὰς πύλας αὐτοῦ ἐν ἐξομολογήσει,   4
τὰς αὐλὰς αὐτοῦ ἐν ὕμνοις·
ἐξομολογεῖσθε αὐτῷ,
αἰνεῖτε τὸ ὄνομα αὐτοῦ, ⁵ὅτι χρηστὸς Κύριος,   5
εἰς τὸν αἰῶνα τὸ ἔλεος αὐτοῦ,
καὶ ἕως γενεᾶς καὶ γενεᾶς ἡ ἀλήθεια αὐτοῦ.

Ρ'

Τῷ Δαυεὶδ ψαλμός.   C
                    (CI)

Ἔλεος καὶ κρίσιν ᾄσομαί σοι, Κύριε·   1
²ψαλῶ καὶ συνήσω ἐν ὁδῷ ἀμώμῳ· πότε ἥξεις πρὸς μέ;   2
διεπορευόμην ἐν ἀκακίᾳ καρδίας μου, ἐν μέσῳ τοῦ οἴκου μου.
³οὐ προεθέμην πρὸ ὀφθαλμῶν μου πρᾶγμα παράνομον,   3
ποιοῦντας παραβάσεις ἐμίσησα·
οὐκ ἐκολλήθη μοι καρδία σκαμβή,
⁴ἐκκλίνοντος ἀπ' ἐμοῦ τοῦ πονηροῦ οὐκ ἐγίνωσκον.   4
⁵τὸν καταλαλοῦντα λάθρα τοῦ πλησίον αὐτοῦ, τοῦτον ἐξε-   5
δίωκον·
ὑπερηφάνῳ ὀφθαλμῷ καὶ ἀπλήστῳ καρδίᾳ, τούτῳ οὐ συνή-
σθιον.
⁶οἱ ὀφθαλμοί μου ἐπὶ τοὺς πιστοὺς τῆς γῆς,   6
τοῦ συνκαθῆσθαι αὐτοὺς μετ' ἐμοῦ·
πορευόμενος ἐν ὁδῷ ἀμώμῳ, οὗτός μοι ἐλειτούργει.
⁷οὐ κατῴκει ἐν μέσῳ τῆς οἰκίας μου ποιῶν ὑπερηφανίαν·   7
λαλῶν ἄδικα οὐ κατεύθυνεν ἐναντίον τῶν ὀφθαλμῶν μου.
⁸εἰς τὰς πρωίας ἀπέκτεννον πάντας τοὺς ἁμαρτωλοὺς τῆς γῆς,   8
τοῦ ἐξολεθρεῦσαι ἐκ πόλεως Κυρίου πάντας τοὺς ἐργαζομέ-
νους τὴν ἀδικίαν.

ℵART 3 λαος] pr ημεις δε ℵc.ᵃART | της νομης] om της ℵc.ᵃART 4 εισ-
ελθετε ℵ* (-θατε ℵc.ᵃ) | τας αυλας] pr εις ℵART 5 εις] pr οτι A |
αληθια ℵ — Stich 12 Bℵ 11 ART   C 1 ψαλμος τω Δαδ ℵ om ψαλμος
A | ελεος] ελεον ℵc.ᵃT ελαιον A | ασωμαι T   2 ωδη] δ tantum inst Bᵇ
οδω ART | τω οικω ℵ* (του οικου ℵc.ᵃ) | μου 2°] σου R* (μ. Rᵃ) 3 προεθε-
μην] προετιθεμην ℵc.ᵃ | om πραγμα παρανομον Bᵛⁱᵈ (subscr B¹) | ποιουντα ℵ*
(·τας ℵc.ᵃ) | παραβασεις] παρα βασιλεις ℵ* (παραβασεις ℵc.ᵃ) 5 του] τον T
6 μου] αυτου ℵ* (μου ℵc.ᵃ) | συγκαθησθαι Bᵃ   7 οικιας bis scr R | κατηυθυνεν
AT | εναντιον] ενωπιον ℵA   8 απεκτινον ℵ* (απεκτεννον ℵc.ᵃ) απεκτενον
A | τους αμαρτωλους] om τους A* (hab Aᵃ¹) | αδικιαν] ανομιαν ℵART —
Stich 16 Bℵ 17 ART

ΨΑΛΜΟΙ

ΡΑ′

Προσευχὴ τῷ πτωχῷ, ὅταν ἀκηδιάσῃ
καὶ ἐναντίον Κυρίου ἐκχέῃ τὴν
δέησιν αὐτοῦ.

2 ²Εἰσάκουσον, Κύριε, τῆς προσευχῆς μου,
 καὶ ἡ κραυγή μου πρὸς σὲ ἐλθάτω.
3 ³μὴ ἀποστρέψῃς τὸ πρόσωπόν σου ἀπ' ἐμοῦ·
 ἐν ᾗ ἂν ἡμέρᾳ θλίβωμαι, κλῖνον τὸ οὖς σου πρὸς μέ·
 ἐν ᾗ ἂν ἡμέρᾳ ἐπικαλέσωμαί σε, ταχὺ εἰσάκουσόν μου.
4 ⁴ὅτι ἐξέλιπον ὡσεὶ καπνὸς αἱ ἡμέραι μου,
 καὶ τὰ ὀστᾶ μου ὡσεὶ φρύγιον συνεφρύγησαν.
5 ⁵ἐπλήγην ὡσεὶ χόρτος καὶ ἐξηράνθη ἡ καρδία μου,
 ὅτι ἐπελαθόμην τοῦ φαγεῖν τὸν ἄρτον μου.
6 ⁶ἀπὸ φωνῆς τοῦ στεναγμοῦ μου ἐκολλήθη τὸ ὀστοῦν μου
 τῇ σαρκί μου.
7 ⁷ὡμοιώθην πελεκᾶνι ἐρημικῷ,
 ἐγενήθην ὡσεὶ νυκτικόραξ ἐν οἰκοπέδῳ,
8 ⁸ἠγρύπνησα καὶ ἐγενήθην ὡσεὶ στρουθίον μονάζον ἐπὶ δώματι.
9 ⁹ὅλην τὴν ἡμέραν ὠνείδιζόν με οἱ ἐχθροί μου,
 καὶ οἱ ἐπαινοῦντές με κατ' ἐμοῦ ὤμνυον.
10 ¹⁰ὅτι σποδὸν ὡσεὶ ἄρτον ἔφαγον,
 καὶ τὸ πόμα μου μετὰ κλαυθμοῦ ἐκίρνων,
11 ¹¹ἀπὸ προσώπου τῆς ὀργῆς σου καὶ τοῦ θυμοῦ σου,
 ὅτι ἐπάρας κατέρραξάς με.
12 ¹²αἱ ἡμέραι μου ὡσεὶ σκιὰ ἐκλίθησαν,
 καὶ ἐγὼ ὡσεὶ χόρτος ἐξηράνθην.
13 ¹³σὺ δέ, Κύριε, εἰς τὸν αἰῶνα μένεις,
 καὶ τὸ μνημόσυνόν σου εἰς γενεὰν καὶ γενεάν.
14 ¹⁴σὺ ἀναστὰς οἰκτειρήσεις τὴν Σειών,
 ὅτι καιρὸς τοῦ οἰκτειρῆσαι αὐτήν, ὅτι ἥκει καιρός.

CI 1 εναντιον] ενωπιον ℵ εναντι A   2 κε εισακουσον ℵAT | την προσ- ℵART ευχην R | ελθετω B^c ℵ^{c-a} R   3 θλιβομαι ℵAT | προς με το ους σου ℵAT | om προς με B^{vid} | αν 2°] α A° (ν superscr A^a¹) | επικαλεσομαι A | εισακουσον] επακουσον ℵT   4 εξελειπον AT   5 επληγη ℵ° (ν superscr ℵ^{c-a}) 6 το οστουν] τα οστα R   7 ωμοιωθη A° (ν superscr A^a¹)   8 εγερηθην] εγενομην ℵ^{c-a}AT | ωσει στρουθιον] ωστρουθιον A ως στρ. T | μοναζων A 11 κατεραξας ℵ° (κατερρ. ℵ^{c-a}) T   12 σκιαι ℵ^{c-a}T | και εγω] καγω B^c | εξηρανθησαν ℵ° (-θην ℵ^{c-a})   14 οικτιρησης T | Σιων ℵA | καιρος 1°] pr ερχεται R

ΨΑΛΜΟΙ

¹⁵ ὅτι εὐδόκησαν οἱ δοῦλοί σου τοὺς λίθους αὐτῆς, 15
καὶ τὸν χοῦν αὐτῆς οἰκτειρήσουσιν·
¹⁶ καὶ φοβηθήσονται τὰ ἔθνη τὸ ὄνομά σου, Κύριε, 16
καὶ πάντες οἱ βασιλεῖς τὴν δόξαν σου·
¹⁷ ὅτι οἰκοδομήσει Κύριος τὴν Σειών, 17
καὶ ὀφθήσεται ἐν τῇ δόξῃ αὐτοῦ.
¹⁸ ἐπέβλεψεν ἐπὶ τὴν προσευχὴν τῶν ταπεινῶν, 18
καὶ οὐκ ἐξουδένωσεν τὴν δέησιν αὐτῶν.
¹⁹ γραφήτω αὕτη εἰς γενεὰν ἑτέραν, 19
καὶ λαὸς ὁ κτιζόμενος αἰνέσει τὸν κύριον·
²⁰ ὅτι ἐξέκυψεν ἐξ ὕψους ἁγίου αὐτοῦ, 20
Κύριος ἐξ οὐρανοῦ ἐπὶ τὴν γῆν ἐπέβλεψεν·
²¹ τοῦ ἀκοῦσαι τὸν στεναγμὸν τῶν πεπεδημένων, 21
τοῦ λῦσαι τοὺς υἱοὺς τῶν τεθανατωμένων,
²² τοῦ ἀναγγεῖλαι ἐν Σειὼν τὸ ὄνομα Κυρίου 22
καὶ τὴν αἴνεσιν αὐτοῦ ἐν Ἰερουσαλήμ,
²³ ἐν τῷ συναχθῆναι λαοὺς ἐπὶ τὸ αὐτὸ καὶ βασιλείας τοῦ 23
δουλεύειν τῷ κυρίῳ.
²⁴ ἀπεκρίθη αὐτῷ ἐν ὁδῷ ἰσχύος αὐτοῦ 24
Τὴν ὀλιγότητα τῶν ἡμερῶν μου ἀνάγγειλόν μοι.
²⁵ μὴ ἀναγάγῃς με ἐν ἡμίσει ἡμερῶν μου· 25
ἐν γενεᾷ γενεῶν τὰ ἔτη σου.
²⁶ κατ' ἀρχὰς τὴν γῆν σύ, Κύριε, ἐθεμελίωσας, 26
καὶ ἔργα τῶν χειρῶν σού εἰσιν οἱ οὐρανοί·
²⁷ αὐτοὶ ἀπολοῦνται, σὺ δὲ διαμένεις· 27
καὶ πάντες ὡς ἱμάτιον παλαιωθήσονται,
καὶ ὡσεὶ περιβόλαιον ἑλίξεις αὐτοὺς καὶ ἀλλαγήσονται·
²⁸ σὺ δὲ ὁ αὐτὸς εἶ, καὶ τὰ ἔτη σου οὐκ ἐκλείψουσιν. 28

ℵART 15 οικτιρησωσιν T 16 om τα εθνη ℵ* (hab ℵc.a) | σου Κυριε] κυ
ℵA*vid (σου κε sup ras et in mg Aa) T | βασιλεις]+της γης ℵART 17 κς
την Σιων sup ras Aaᵗ | Σιων ℵ 18 ταπεινων] πτωχων ℵ* (ταπινων
ℵc.a) R | εξωδενωσεν ℵ 19 ετεραν] εταιραν ℵ | αινεση T 20 εξε-
κυψαν Bˣ (-ψεν Bab) | υψου ℵ* (υψους ℵc.a) | εξ ουρανου] εκ του ουρανου R |
επι] εις R 21 των στεναγμον] του στεναγμου T 22 αναγγειλαι Bℵc.a
RT (αναγγιλ.)] αναγγεληναι ℵ* | Σιων ℵA 23 συναχθηναι] επισυναχθηναι
ℵc.aAT | βασιλειας] βασιλεις ℵc.aAT 25 εν γενεα γενεων] εις γενεαν
και γενεαν R 26 συ κε την γην ART | om συ Κυριε ℵ* (hab ℵc.a) |
των χειρων] om των ℵ 27 ελιξεις (ελειξ. A)] αλλαξεις ℵ* αιλιξ. ℵc.a
ελιξης T | αλλαγησονται] αγαλλησονται A* (improb A?) 28 συ] σοι A |
εκλειψωσιν T

348

ΨΑΛΜΟΙ CII 13

29   ²⁹οἱ υἱοὶ τῶν δούλων σου κατασκηνώσουσιν,   B
      καὶ τὸ σπέρμα αὐτῶν εἰς τὸν αἰῶνα κατευθυνθήσεται.

PB'

CII
(CIII)   Τῷ Δαυείδ.

1   Εὐλόγει ἡ ψυχή μου τὸν κύριον,
      καὶ πάντα τὰ ἐντός μου τὸ ὄνομα τὸ ἅγιον αὐτοῦ.
2   ²εὐλόγει ἡ ψυχή μου τὸν κύριον,
      καὶ μὴ ἐπιλανθάνου πάσας τὰς αἰνέσεις αὐτοῦ·
3   ³τὸν εὐιλατεύοντα πάσαις ταῖς ἀνομίαις σου,
      τὸν ἰώμενον πάσας τὰς νόσους σου·
4   ⁴τὸν λυτρούμενον ἐκ φθορᾶς τὴν ζωήν σου,
      τὸν στεφανοῦντά σε ἐν ἐλέει καὶ οἰκτειρμοῖς,
5   ⁵τὸν ἐμπιμπλῶντα ἐν ἀγαθοῖς τὴν ἐπιθυμίαν σου·
      ἀνακαινισθήσεται ὡς ἀετοῦ ἡ νεότης σου.
6   ⁶ποιῶν ἐλεημοσύνας ὁ κύριος,
      καὶ κρίμα πᾶσι τοῖς ἀδικουμένοις.
7   ⁷ἐγνώρισεν τὰς ὁδοὺς αὐτοῦ τῷ Μωυσῆ,
      τοῖς υἱοῖς Ἰσραὴλ τὰ θελήματα αὐτοῦ.
8   ⁸οἰκτείρμων καὶ ἐλεήμων ὁ κύριος,
      μακρόθυμος καὶ πολυέλεος.
9   ⁹οὐκ εἰς τέλος ὀργισθήσεται,
      οὐδὲ εἰς τὸν αἰῶνα μηνιεῖ·
10   ¹⁰οὐ κατὰ τὰς ἁμαρτίας ἡμῶν ἐποίησεν ἡμῖν,
      οὐδὲ κατὰ τὰς ἀνομίας ἡμῶν ἀνταπέδωκεν ἡμῖν.
11   ¹¹ὅτι κατὰ τὸ ὕψος τοῦ οὐρανοῦ ἀπὸ τῆς γῆς
      ἐκραταίωσεν Κύριος τὸ ἔλεος αὐτοῦ ἐπὶ τοὺς φοβουμένους
      αὐτόν·
12   ¹²καθ' ὅσον ἀπέχουσιν ἀνατολαὶ ἀπὸ δυσμῶν,
      ἐμάκρυνεν ἀφ' ἡμῶν τὰς ἀνομίας ἡμῶν.
13   ¹³καὶ καθὼς οἰκτείρει πατὴρ υἱούς,
      οἰκτείρησεν Κύριος τοὺς φοβουμένους αὐτόν,

29 οι υιαι] om οι AR | κατασκηνωσωσιν T — Stich 54 B 55 ℵ 56 AT 57 R ℵART
CII 1 τω Δ.] pr ψαλμος T   2 επιλανθανε R | αινεσεις] αποδοσις ℵ αντα-
ποδοσεις ART   4 οικτειρμοις] οικτιρμω ℵ* (οικτιρμοις ℵ^{c.a}) R   5 εμπι-
πλωντα AT ενπιμπλωντα R   6 πασιν AT   7 τω Μωυση] om τω
ℵ* (hab ℵ^{c.a})   8 οικτιρμων B^b ("et alias") T | πολυελεος]+ κ αληθεινος
A^{a†(mg)}   11 κς (sic) T | ο͞μ αυτου R* (hab R^a)   12 ανομιας] αμαρ-
τιας R   13 om και ℵ^{c.a}ART | οικτειρησεν] ωκτειρησεν B^{ab} pr ουτως R

349

ΨΑΛΜΟΙ

¹⁴ὅτι αὐτὸς ἔγνω τὸ πλάσμα ἡμῶν·
μνήσθητι ὅτι χοῦς ἐσμεν.
¹⁵ἄνθρωπος, ὡσεὶ χόρτος αἱ ἡμέραι αὐτοῦ·
ὡσεὶ ἄνθος τοῦ ἀγροῦ, οὕτως ἐξανθήσει.
¹⁶ὅτι πνεῦμα διῆλθεν ἐν αὐτῷ καὶ οὐχ ὑπάρξει,
καὶ οὐκ ἐπιγνώσεται ἔτι τὸν τόπον αὐτοῦ.
¹⁷τὸ δὲ ἔλεος τοῦ κυρίου ἀπὸ τοῦ αἰῶνος καὶ ἕως τοῦ αἰῶνος
ἐπὶ τοὺς φοβουμένους αὐτόν·
καὶ ἡ δικαιοσύνη αὐτοῦ ἐπὶ υἱοὺς υἱῶν·
¹⁸τοῖς φυλάσσουσιν τὴν διαθήκην αὐτοῦ,
καὶ μεμνημένοις τῶν ἐντολῶν αὐτοῦ τοῦ ποιῆσαι αὐτάς.
¹⁹Κύριος ἐν τῷ οὐρανῷ ἡτοίμασεν τὸν θρόνον αὐτοῦ,
καὶ ἡ βασιλεία αὐτοῦ πάντων δεσπόζει.
²⁰εὐλογεῖτε τὸν κύριον, πάντες οἱ ἄγγελοι αὐτοῦ,
δυνατοὶ ἰσχύι, ποιοῦντες τὸν λόγον αὐτοῦ,
τοῦ ἀκοῦσαι τῆς φωνῆς τῶν λόγων αὐτοῦ.
²¹εὐλογεῖτε τὸν κύριον, πᾶσαι αἱ δυνάμεις αὐτοῦ,
λειτουργοὶ αὐτοῦ ποιοῦντες τὰ θελήματα αὐτοῦ.
²²εὐλογεῖτε τὸν κύριον, πάντα τὰ ἔργα αὐτοῦ
ἐν παντὶ τόπῳ τῆς δυναστείας αὐτοῦ·
εὐλόγει, ἡ ψυχή μου, τὸν κύριον.

ΡΓ´

Τῷ Δαυείδ.

Εὐλόγει, ἡ ψυχή μου, τὸν κύριον·
Κύριε, Κύριε, ὁ θεός μου, ὡς ἐμεγαλύνθης σφόδρα.
ἐξομολόγησιν καὶ εὐπρέπειαν ἐνεδύσω,
²ἀναβαλλόμενος φῶς ὡς ἱμάτιον,
ἐκτείνων τὸν οὐρανὸν ὡσεὶ δέρριν·
³ὁ στεγάζων ἐν ὕδασιν τὰ ὑπερῷα αὐτοῦ,
ὁ τιθεὶς νέφη τὴν ἐπίβασιν αὐτοῦ,
ὁ περιπατῶν ἐπὶ πτερύγων ἀνέμων·

ℵART   14 μνησθητι] εμνησθη ℵ^{c.a} AT + Κυριε R   15 ημεραι|ραι ℵ | ωσει 2°] οτι ει ℵ* (ωσει ℵ^{c.a})   16 υταξει R* (υπαρξ. R^{a(vid)}) υπαρξη T   17 υιους] υιον B^{c vid}   18 φυλασσουσι T   19 αυτου 2°] ου sup ras A^a (αυτων A*^{vid})   20 οι αγγελοι] om οι ℵ* (hab ℵ^{c.a})   21 τα θεληματα] το θελημα ℵ^{c.a} ART   22 δυναστειας (-τιας ℵ*)] δεσποτιας ℵ^{c.a} ART — Stich 46 BT 45 ℵR 47 A
CIII 1 τω Δ.] pr ψαλμος T | om Κυριε 2° ℵART | om ως ℵ^{c.a} ART | ευπρεπειαν (-πιαν ℵ*)] μεγαλοπρεπιαν ℵ^{c.a} AT   3 νεφη Bℵ^{c.a} A' (νεφην A*^{vid}) RT] νεφελην ℵ* | την επιβασιν] om την ℵ* (hab ℵ^{c.a})

ΨΑΛΜΟΙ CIII 17

4 ⁴ὁ ποιῶν τοὺς ἀγγέλους αὐτοῦ πνεύματα, B
  καὶ τοὺς λειτουργοὺς αὐτοῦ πῦρ φλέγον.
5 ⁵ἐθεμελίωσεν τὴν γῆν ἐπὶ τὴν ἀσφαλίαν αὐτῆς,
  οὐ κλιθήσεται εἰς τὸν αἰῶνα τοῦ αἰῶνος.
6 ⁶ἄβυσσος ὡς ἱμάτιον τὸ περιβόλαιον αὐτοῦ,
  ἐπὶ τῶν ὀρέων στήσονται ὕδατα·
7 ⁷ἀπὸ ἐπιτιμήσεώς σου φεύξονται,
  ἀπὸ φωνῆς βροντῆς σου δειλιάσουσιν.
8 ⁸ἀναβαίνουσιν ὄρη, καὶ καταβαίνουσιν πεδία
  εἰς τόπον ὃν ἐθεμελίωσας αὐτοῖς·
9 ⁹ὅριον ἔθου ὃ οὐ παρελεύσονται,
  οὐδὲ ἀποστρέψουσιν καλύψαι τὴν γῆν.
10 ¹⁰ὁ ἀποστέλλων πηγὰς ἐν φάραγξιν,
  ἀνὰ μέσον τῶν ὀρέων διελεύσονται ὕδατα·
11 ¹¹ποτιοῦσιν πάντα τὰ θηρία τοῦ ἀγροῦ,
  προσδέξονται ὄναγροι εἰς δίψαν αὐτῶν.
12 ¹²ἐπ' αὐτὰ τὰ πετεινὰ τοῦ οὐρανοῦ κατασκηνώσει,
  ἐκ μέσου τῶν πετρῶν δώσουσιν φωνήν.
13 ¹³ποτίζων ὄρη ἐκ τῶν ὑπερῴων αὐτοῦ,
  ἀπὸ καρποῦ τῶν ἔργων σου χορτασθήσεται ἡ γῆ.
14 ¹⁴ἐξανατέλλων χόρτον τοῖς κτήνεσιν
  καὶ χλόην τῇ δουλείᾳ τῶν ἀνθρώπων,
  τοῦ ἐξαγαγεῖν ἄρτον ἐκ τῆς γῆς·
15 ¹⁵καὶ οἶνος εὐφραίνει καρδίαν ἀνθρώπου,
  τοῦ ἱλαρῦναι πρόσωπον ἐν ἐλαίῳ,
  καὶ ἄρτος καρδίαν ἀνθρώπου στηρίζει.
16 ¹⁶χορτασθήσεται τὰ ξύλα τοῦ πεδίου,
  αἱ κέδροι τοῦ Λιβάνου ἃς ἐφύτευσεν·
17 ¹⁷ἐκεῖ στρουθία ἐννοσσεύσουσιν,

4 πυρ φλεγον] πυρος φλεγα (sic) Aᵃ   5 εθεμελιωσεν] ο θεμελιων ℵᶜ·ᵃAT | ℵART ασφαλειαν Bᵃᵇ | κλιθησεται Bℵᶜ·ᵃ(?R)T] κληθησεται ℵ*(?R) κεωηθησεται A 7 φωνης]+σου ℵ* (om ℵᶜ·ᵃ) | διλιασωσιν T   8 τοπον] pr τον ℵT | αυτοις] αυτους ℵ* (-τοις ℵᶜ·ᵃ)   9 ο] ον R* (ο Rᵃ) | αποστρεψουσιν] επιστρεψουσιν ℵART   10 αποστελλων] εξαποστελλων ℵART   11 προσδεξονται] εξοντ sup ras Bᵃᵇ προσδεξωνται T   12 κατασκηνωση T | πετρων] ητερων ℵ* (πετρ. ℵ¹) | δωσουσι A δωσωσιν T | φωνην]+αυτων R   14 εξανατελλων] pr ο ℵᶜ·ᵃART | κτηνεσι T | δουλια ℵAT | εξαγαγεν T   16 χορτασθησονται AR | πεδιου] κυ ℵ* (πεδ. ℵᶜ·ᵃ) | αι κεδροι] και κεδρ. R | εφυτευσας ℵᶜ·ᵃAT 17 εννοσευσουσιν Bᵛ (εννοσσ. Bᵃᵇ) εννοσσευσωσιν T

ΨΑΛΜΟΙ

τοῦ ἐρωδιοῦ ἡ οἰκία ἡγεῖται αὐτῷ.
¹⁸ ὄρη τὰ ὑψηλὰ ταῖς ἐλάφοις,　18
πέτρα καταφυγὴ τοῖς χοιρογρυλλίοις.
¹⁹ ἐποίησεν σελήνην εἰς καιρούς,　19
ὁ ἥλιος ἔγνω τὴν δύσιν αὐτοῦ.
²⁰ ἔθου σκότος καὶ ἐγένετο νύξ,　20
ἐν αὐτῇ διελεύσονται πάντα τὰ θηρία τοῦ δρυμοῦ,
²¹ σκύμνοι ὠρυόμενοι ἁρπάσαι　21
καὶ ζητῆσαι παρὰ τοῦ θεοῦ βρῶσιν αὐτοῖς.
²² ἀνέτειλεν ὁ ἥλιος καὶ συναχθήσονται,　22
καὶ ἐν ταῖς μάνδραις αὐτῶν κοιτασθήσονται·
²³ ἐξελεύσεται ἄνθρωπος ἐπὶ τὸ ἔργον αὐτοῦ,　23
καὶ ἐπὶ τὴν ἐργασίαν αὐτοῦ ἕως ἑσπέρας.
²⁴ ὡς ἐμεγαλύνθη τὰ ἔργα σου, Κύριε,　24
πάντα ἐν σοφίᾳ ἐποίησας·
ἐπληρώθη ἡ γῆ τῆς κτίσεώς σου.
²⁵ αὕτη ἡ θάλασσα ἡ μεγάλη καὶ εὐρύχωρος·　25
ἐκεῖ ἑρπετὰ ὧν οὐκ ἔστιν ἀριθμός,
ζῷα μικρὰ μετὰ μεγάλων,
²⁶ δράκων οὗτος ὃν ἔπλασας ἐμπαίζειν αὐτῷ.　26
²⁷ πάντα πρὸς σὲ προσδοκῶσιν, δοῦναι τὴν τροφὴν αὐτοῖς εὔ- 27
καιρον·
²⁸ δόντος σου αὐτοῖς συλλέξουσιν,　28
ἀνοίξαντος δέ σου τὴν χεῖρα τὰ σύμπαντα ἐμπλησθήσεται
χρηστότητος.
²⁹ ἀποστρέψαντος δέ σου τὸ πρόσωπον ταραχθήσονται·　29
ἀντανελεῖς τὸ πνεῦμα αὐτῶν καὶ ἐκλείψουσιν,
καὶ εἰς τὸν χοῦν αὐτῶν ἐπιστρέψουσιν.

ℵART　17 ερωδιου] αρωδιου A ηρωδιου T | οικια] κατοικια T | αυτω] αυτων ℵART
18 χοιρογρυλλιοις] λαγωοις ℵ^{c.a}AT　19 εποιησαν R　20 om και εγενετο
νυξ (est litur 3 litt) R | διελευσεται ℵ　21 ορυομενοι ℵ ορνωμενοι T | αρ-
πασαι] pr του ℵ^{c.a}AT | του θεου] om του R　22 συναχθησονται] συνηχθησαν
ℵART | εν ταις μανδραις] επι ταις μανδραις ℵ* εις τας μανδρας ℵ^{c.a}AT
23 εως] μεχρι ℵ* (εως ℵ^{c.a}) | εσπεραν R　26 δρακων] pr εκει πλοια δια-
πορευονται B^{ab}ℵART | επλασας] εφυτευσας R | ενπαιζειν R | αυτω] αυτοις R
27 δουναι] pr του R | την τροφην αυτοις] τ. τροφην αυτων ℵ^{c.a}AT αυτοις
τροφην R | ευκαιρον] εις καιρον A εν ευκαιρα R εις ευκαιρον T　28 αυτοις]
αυτοι T | συλλεξωσιν T | ανυξαντος A* (ανοιξ. A^a) | συμπαντα] ταυτα ℵ*
(συμπ. ℵ^{c.a}) συνπαντα R | εμπλησθησεται] πλησθησονται ℵAT πλησθησεται
R | χρηστοτητος] πιοτητος A　29 εκλειψωσιν T | επιστρεψωσιν T

ΨΑΛΜΟΙ CIV 7

30 ³⁰ἐξαποστελεῖς τὸ πνεῦμά σου καὶ κτισθήσονται, B
καὶ ἀνακαινιεῖς τὸ πρόσωπον τῆς γῆς.
31 ³¹ἤτω ἡ δόξα Κυρίου εἰς τὸν αἰῶνα,
εὐφρανθήσεται Κύριος ἐπὶ τοῖς ἔργοις αὐτοῦ·
32 ³²ὁ ἐπιβλέπων ἐπὶ τὴν γῆν καὶ ποιῶν αὐτὴν τρέμειν,
ὁ ἁπτόμενος τῶν ὀρέων καὶ καπνίζονται.
33 ³³ᾄσω τῷ κυρίῳ ἐν τῇ ζωῇ μου,
ψαλῶ τῷ θεῷ μου ἕως ὑπάρχω·
34 ³⁴ἡδυνθείη αὐτῷ ἡ διαλογή μου,
ἐγὼ δὲ εὐφρανθήσομαι ἐπὶ τῷ κυρίῳ.
35 ³⁵ἐκλίποισαν ἁμαρτωλοὶ ἀπὸ τῆς γῆς
καὶ ἄνομοι, ὥστε μὴ ὑπάρχειν αὐτούς·
εὐλόγει, ἡ ψυχή μου, τὸν κύριον.

ΡΔ'

CIV
(CV) Ἀλληλουιά.

1 Ἐξομολογεῖσθε τῷ κυρίῳ καὶ ἐπικαλεῖσθε τὸ ὄνομα αὐτοῦ,
ἀπαγγείλατε ἐν τοῖς ἔθνεσιν τὰ ἔργα αὐτοῦ.
2 ²ᾄσατε αὐτῷ καὶ ψάλατε αὐτῷ,
διηγήσασθε πάντα τὰ θαυμάσια αὐτοῦ.
3 ³ἐπαινεῖσθε ἐν τῷ ὀνόματι τῷ ἁγίῳ αὐτοῦ·
εὐφρανθήτω καρδία ζητούντων τὸν κύριον.
4 ⁴ζητήσατε τὸν κύριον καὶ κραταιώθητε,
ζητήσατε τὸ πρόσωπον αὐτοῦ διὰ παντός·
5 ⁵μνήσθητε τῶν θαυμασίων αὐτοῦ ὧν ἐποίησεν,
τὰ τέρατα αὐτοῦ καὶ τὰ κρίματα τοῦ στόματος αὐτοῦ·
6 ⁶σπέρμα Ἀβραὰμ δοῦλοι αὐτοῦ,
υἱοὶ Ἰακὼβ ἐκλεκτοὶ αὐτοῦ.
7 ⁷αὐτὸς Κύριος ὁ θεὸς ἡμῶν·
ἐν πάσῃ τῇ γῇ τὰ κρίματα αὐτοῦ.

31 τον αιωνα] τους αιωνας אc.ᵃAT | επι] εν R   32 των ορεων] om אART
των אc.ᵃ   33 om ψαλω...υπαρχω A* (hab A¹⁽ᵐᵍ⁾)   35 εκλειποισαν
BᵃᵇAT | απο της γης) υπαρξειν αυτους R*ᵛⁱᵈ (απο της γης Rᵃ) | υπαρχειν]
υπαρξειν R*ᵛⁱᵈ (-χειν Rᵃ) — Stich 76 B 77 אA 79 R 78 T   CIV 1 αλ-
ληλουια] τ pro α 1° א* (αλλ. א¹) | τω κυριω] pr κα (sic) א* (om א¹) | εργα]
μεγαλα א* (εργα אc.ᵃ)   3 γιω αυτου sup ras A¹   4 το προσωπον]
om το R* (hab Rᵃ)   5 αυτου 1°] του sup ras 3 vel 4 litt Aᵃ   6 δουλου
R* (δουλοι R¹⁽ᵛⁱᵈ⁾) | εκλεκτοι a sup ras A¹

SEPT. II.   353   Z

CIV 8 ΨΑΛΜΟΙ

B ⁸ἐμνήσθη εἰς τὸν αἰῶνα διαθήκης αὐτοῦ, 8
λόγου οὗ ἐνετείλατο εἰς χιλίας γενεάς,
⁹ὃν διέθετο τῷ Ἀβραάμ, 9
καὶ τοῦ ὅρκου αὐτοῦ τῷ Ἰσαάκ·
¹⁰καὶ ἔστησεν αὐτὴν τῷ Ἰακὼβ εἰς πρόσταγμα 10
καὶ τῷ Ἰσραὴλ διαθήκην αἰώνιον,
¹¹λέγων Σοὶ δώσω τὴν γῆν Χανάαν, 11
σχοίνισμα κληρονομίας ὑμῶν·
¹²ἐν τῷ εἶναι αὐτοὺς ἀριθμῷ βραχεῖς, 12
ὀλιγοστοὺς καὶ παροίκους ἐν αὐτῇ.
¹³καὶ διῆλθον ἐξ ἔθνους εἰς ἔθνος 13
ἐκ βασιλείας εἰς λαὸν ἕτερον·
¹⁴οὐκ ἀφῆκεν ἄνθρωπον ἀδικῆσαι αὐτούς, 14
καὶ ἤλεγξεν ὑπὲρ αὐτῶν βασιλεῖς
¹⁵Μὴ ἅψησθε τῶν χριστῶν μου, 15
καὶ ἐν τοῖς προφήταις μου μὴ πονηρεύεσθε.
¹⁶καὶ ἐκάλεσεν λιμὸν ἐπὶ τὴν γῆν, 16
πᾶν στήριγμα ἄρτου συνέτριψεν.
¹⁷ἀπέστειλεν ἔμπροσθεν αὐτῶν ἄνθρωπον, 17
εἰς δοῦλον ἐπράθη Ἰωσήφ.
¹⁸ἐταπείνωσαν ἐν πέδαις τοὺς πόδας αὐτοῦ, 18
σίδηρον διῆλθεν ἡ ψυχὴ αὐτοῦ·
¹⁹μέχρι τοῦ ἐλθεῖν τὸν λόγον αὐτοῦ, 19
τὸ λόγιον τοῦ κυρίου ἐπύρωσεν αὐτόν.
²⁰ἐξαπέστειλεν βασιλεὺς καὶ ἔλυσεν αὐτόν, 20
ἄρχων λαῶν, καὶ ἀφῆκεν αὐτόν·
²¹κατέστησεν αὐτὸν κύριον τοῦ οἴκου αὐτοῦ 21
καὶ ἄρχοντα πάσης τῆς κτήσεως αὐτοῦ,
²²τοῦ παιδεῦσαι τοὺς ἄρχοντας αὐτοῦ ὡς ἑαυτόν, 22
καὶ τοὺς πρεσβυτέρους αὐτοῦ σοφίσαι.

ℵART 9 του ορκου] τω ορκω A | Ισακ ℵ 10 αυτην Bℵ^{c-a}AR^aT] αυτον ℵ* αυτο R* | διαθηκην] pr εις ℵ^{c-a}RT 13 εκ] pr και ℵART | εις 2°] προς R 14 αυτους] αυτοις R* (-τους R^a) om και ℵ* (hab ℵ ℵ^{c-a}) | αυτων] αυτους R* (-των R^a) | βασιλις ℵ 15 αψησθε] απτεσθαι ℵA απτεσθε T | των χριστων] τους χριστους R 16 αρτου] αυτου ℵ* (αρτου ℵ^{c-a}) 17 απεστειλεν] εξαπεστειλεν A^aR 18 εταπεινωσαν] εταπεινωθησαν R* (-νωσαν R^a) 19 του κυριου] om του T 20 εξαπεστειλεν] απεστειλεν ℵ^{c-a}ART | αυτον 1°]+το λογιον του κυ επυρωσεν αυτον ℵ* (om ℵ^{1 c-a}) 21 κτησεως] κτισεως ℵAR^{vid}

354

ΨΑΛΜΟΙ　　　　　　　　　CIV 36

23 ²³καὶ εἰσῆλθεν Ἰσραὴλ εἰς Αἴγυπτον,　　　　B
       καὶ Ἰακὼβ παρῴκησεν ἐν γῇ Χάμ·
24 ²⁴καὶ ηὔξησεν τὸν λαὸν αὐτοῦ σφόδρα,
       καὶ ἐκραταίωσεν αὐτὸν ὑπὲρ τοὺς ἐχθροὺς αὐτοῦ.
25 ²⁵καὶ μετέστρεψεν τὴν καρδίαν αὐτῶν τοῦ μισῆσαι τὸν λαὸν
       αὐτοῦ,
       τοῦ δολιοῦσθαι ἐν τοῖς δούλοις αὐτοῦ.
26 ²⁶ἐξαπέστειλεν Μωυσῆν τὸν δοῦλον αὐτοῦ,
       Ἀαρὼν ὃν ἐξελέξατο αὐτόν·
27 ²⁷ἔθετο αὐτοῖς τοὺς λόγους τῶν σημείων αὐτοῦ
       καὶ τῶν τεράτων ἐν γῇ Χάμ.
28 ²⁸ἐξαπέστειλεν σκότος καὶ ἐσκότασεν,
       καὶ παρεπίκραναν τοὺς λόγους αὐτοῦ.
29 ²⁹μετέστρεψεν τὰ ὕδατα αὐτῶν εἰς αἷμα,
       καὶ ἀπέκτεινεν τοὺς ἰχθύας αὐτῶν·
30 ³⁰ἐξῆρψεν ἡ γῆ αὐτῶν βατράχους,
       ἐν τοῖς ταμείοις τῶν βασιλειῶν αὐτῶν.
31 ³¹εἶπεν, καὶ ἦλθεν κυνόμυια
       καὶ σκνῖπες ἐν πᾶσι τοῖς ὁρίοις αὐτῶν.
32 ³²ἔθετο τὰς βροχὰς αὐτῶν χάλαζαν,
       πῦρ καταφλέγον ἐν τῇ γῇ αὐτῶν·
33 ³³καὶ ἐπάταξεν τὰς ἀμπέλους αὐτῶν καὶ τὰς συκᾶς αὐτῶν,
       καὶ συνέτριψεν πᾶν ξύλον ὁρίου αὐτῶν.
34 ³⁴εἶπεν, καὶ ἦλθεν ἀκρὶς καὶ βροῦχος οὗ οὐκ ἦν ἀριθμός,
35 ³⁵καὶ κατέφαγεν πάντα τὸν χόρτον ἐν τῇ γῇ αὐτῶν,
       καὶ κατέφαγεν τὸν καρπὸν τῆς γῆς αὐτῶν.
36 ³⁶καὶ ἐπάταξεν πᾶν πρωτότοκον ἐκ τῆς γῆς αὐτῶν,
       ἀπαρχὴν παντὸς πόνου αὐτῶν.

25 om και ℵ^{c·a}ART | αυτων] αυτου ℵ^{c·a}AT   26 εξαπεστειλεν] απε- ℵART στειλεν R | αυτον] εαυτω ℵ^{c·a}ART   27 αυτοις] pr εν B^{ab}ℵ^{c·a}ART | τερατων]+αυτου ℵ^{c·a}AT   28 σκοτους R^a (-τος R^a) | και 2°] οτι ℵ^{c·a}AT | παρεπικρανεν ℵ^a (-ναν ℵ^{c·a})   29 μετεστρεψεν] pr και R | απεκτεινε R   30 εξηρψεν] εξηρευξατο R | ταμιοις B^aℵT (ταμειοις B^{ab}A) | βασιλειων Bℵ^{c·a}T] βασιλεων ℵ^aA^aR   31 κυνομυια] a sup ras A^a (seq ras 1 lit) | σκνειπες B^a (σκνιπες B^bA^{a vid}R)] σκνιφες ℵA^aR^aT (-φαις) | πασιν AR   33 om παν ℵ^a (hab ℵ^{c·a}) | οριου] οριων R^{a vid}   35 τον χορτον] om τον ℵ^{c·a}AT | εν τη γη] της γης R | om και κατεφαγεν (2°)...της γης αυτων R | τον καρπον] τον χορτον ℵ^a (των κ. ℵ^{c·a}) pr παντα ℵ^{c·a}AT   36 εκ της γης] εν τη γη ℵART

B ³⁷καὶ ἐξήγαγεν αὐτοὺς ἐν ἀργυρίῳ καὶ χρυσίῳ, 37
καὶ οὐκ ἦν ἐν ταῖς φυλαῖς αὐτῶν ἀσθενῶν·
³⁸εὐφράνθη Αἴγυπτος ἐν τῇ ἐξόδῳ αὐτῶν, 38
ὅτι ἐπέπεσεν ὁ φόβος αὐτῶν ἐπ' αὐτούς.
³⁹διεπέτασεν νεφέλην εἰς σκέπην αὐτοῖς, 39
καὶ πῦρ τοῦ φωτίσαι αὐτοῖς τὴν νύκτα·
⁴⁰ᾔτησαν, καὶ ἦλθεν ὀρτυγομήτρα, 40
καὶ ἄρτον οὐρανοῦ ἐνέπλησεν αὐτούς.
⁴¹διέρρηξεν πέτραν, καὶ ἐρρύησαν ὕδατα, 41
ἐπορεύθησαν ἐν ἀνύδροις ποταμοί.
⁴²ὅτι ἐμνήσθη τοῦ λόγου τοῦ ἁγίου αὐτοῦ, 42
τοῦ πρὸς Ἀβραὰμ τὸν δοῦλον αὐτοῦ·
⁴³καὶ ἐξήγαγεν τὸν λαὸν αὐτοῦ ἐν ἀγαλλιάσει, 43
καὶ τοὺς ἐκλεκτοὺς αὐτοῦ ἐν εὐφροσύνῃ.
⁴⁴καὶ ἔδωκεν αὐτοῖς χώρας ἐθνῶν, 44
καὶ πόνους λαῶν ἐκληρονόμησαν,
⁴⁵ὅπως ἂν φυλάξωσιν τὰ δικαιώματα αὐτοῦ, 45
καὶ τὸν νόμον αὐτοῦ ἐκζητήσωσιν.

ΡΕ'

Ἀλληλουιά.

CV
(CVI)

Ἐξομολογεῖσθε τῷ κυρίῳ, ὅτι χρηστός, 1
ὅτι εἰς τὸν αἰῶνα τὸ ἔλεος αὐτοῦ.
²τίς λαλήσει τὰς δυναστείας τοῦ κυρίου, 2
ἀκουστὰς ποιήσει πάσας τὰς αἰνέσεις αὐτοῦ;
³μακάριοι οἱ φυλάσσοντες κρίσιν καὶ ποιοῦντες δικαιοσύνην ἐν 3
παντὶ καιρῷ.
⁴μνήσθητι ἡμῶν, Κύριε, ἐν τῇ εὐδοκίᾳ τοῦ λαοῦ σου, 4
ἐπίσκεψαι ἡμᾶς ἐν τῷ σωτηρίῳ σου,

ℵART 37 ασθενων] pr o ℵc.a (ras ℵc.b) T 38 o φοβος] om o R 39 νεφελην] νεφελη ℵ* (-λην ℵc.a) | om αυτοις 2° ℵ* (hab αυτους ℵc.a) T 41 διερηξεν T | ερυησαν T | ποταμοις ART 43 εγλεκτους B* (εκλ. Bᵇ) | om αυτου 2ᶜ A 44 εκληρονομησαν] κατεκληρονομησαν ℵc.a (εκληρ. ℵc.b) AT 45 εκζητησουσιν AR — Stich 89 BℵA 90 RT   CV 1 χρηστος] os sup ras Aᵃ   2 δυναστιας ℵT | ακουστα ℵ | αινεσις ℵA   4 επισκεψαι] pr και R

ΨΑΛΜΟΙ CV 17

5 ⁵τοῦ ἰδεῖν ἐν τῇ χρηστότητι τῶν ἐκλεκτῶν σου, B
τοῦ εὐφρανθῆναι ἐν τῇ εὐφροσύνῃ τοῦ ἔθνους σου,
τοῦ ἐπαινεῖσθαι μετὰ τῆς κληρονομίας σου.
6 ⁶ἡμάρτομεν μετὰ τῶν πατέρων ἡμῶν,
ἠνομήσαμεν, ἠδικήσαμεν·
7 ⁷οἱ πατέρες ἡμῶν ἐν Αἰγύπτῳ οὐ συνῆκαν τὰ θαυμάσιά σου,
καὶ οὐκ ἐμνήσθησαν τοῦ πλήθους τοῦ ἐλέους σου,
καὶ παρεπίκραναν ἀναβαίνοντες ἐν τῇ ἐρυθρᾷ θαλάσσῃ.
8 ⁸καὶ ἔσωσεν αὐτοὺς ἕνεκεν τοῦ ὀνόματος αὐτοῦ,
τοῦ γνωρίσαι τὴν δυναστείαν αὐτοῦ·
9 ⁹καὶ ἐπετίμησεν τῇ ἐρυθρᾷ θαλάσσῃ καὶ ἐξηράνθη,
καὶ ὡδήγησεν αὐτοὺς ἐν ἀβύσσῳ ὡς ἐν ἐρήμῳ·
10 ¹⁰καὶ ἔσωσεν αὐτοὺς ἐκ χειρῶν μισούντων,
καὶ ἐλυτρώσατο αὐτοὺς ἐκ χειρὸς ἐχθροῦ·
11 ¹¹καὶ ἐκάλυψεν ὕδωρ τοὺς θλίβοντας αὐτούς,
εἷς ἐξ αὐτῶν οὐχ ὑπελείφθη.
12 ¹²καὶ ἐπίστευσαν ἐν τοῖς λόγοις αὐτοῦ,
καὶ ᾔνεσαν τὴν αἴνεσιν αὐτοῦ.
13 ¹³ἐτάχυναν, ἐπελάθοντο τῶν ἔργων αὐτοῦ,
οὐχ ὑπέμειναν τὴν βουλὴν αὐτοῦ·
14 ¹⁴καὶ ἐπεθύμησαν ἐπιθυμίαν ἐν τῇ ἐρήμῳ,
καὶ ἐπείρασαν τὸν θεὸν ἐν ἀνύδρῳ.
15 ¹⁵καὶ ἔδωκεν αὐτοῖς τὸ αἴτημα αὐτῶν,
καὶ ἐξαπέστειλεν πλησμονὴν εἰς τὴν ψυχὴν αὐτῶν.
16 ¹⁶καὶ παρώργισαν Μωυσῆν ἐν τῇ παρεμβολῇ
καὶ Ἀαρὼν τὸν ἅγιον Κυρίου·
17 ¹⁷ἠνοίχθη ἡ γῆ καὶ κατέπιεν Δαθάν,
καὶ ἐκάλυψεν ἐπὶ τὴν συναγωγὴν Ἀβειρών·

5 μετα της κληρονομιας] εν τη κληρονομια ℵ* (μετα της κληρονομα [sic] ℵᶜ⁻ᵃ) ℵART
7 om και 1° ℵAT | παραπικραναν ℵ* (παρεπ. ℵ¹) | αναβαινοντας R | ερυθα
A* (superscr ρ A¹) | θααασση T* (superscr λ T¹)   8 δυναστιαν ℵT   9 επε-
τιμησεν] ε 2° sup ras Aᵇ | ερημω] pr τη R   10 χειρων] χειρος ART |
μισουντων (μισουντ rescr ℵ¹)] μισουντοι ℵᶜ⁻ᵃART | εχθρου] εχθρων ℵᶜ⁻ᵃ
11 om και AT   12 επιστευσαν] ηπιστησαν R | εν τοις λογοις] τω λογω
ℵᶜ⁻ᵃ | ηνεσαν] ησαν ℵᶜ⁻ᵃT | την αινεσιν] τας αινεσεις R   13 εταχυνεν R*
(-ναν Rᵃ)   15 το αιτημα] τα αιτηματα R | om και 2° AT | εξαπεστειλεν
(εξαποστ. A)] εισηγαγεν R | την ψυχην] τας ψυχας ℵᶜ⁻ᵃART   16 Μωυσην
(Μωσ. A)] pr τον ℵAT | om και 2° ℵᶜ⁻ᵃAT | Ααρων] pr τον ℵ* (om ℵᶜ⁻ᵃ)
AT   17 ηνυχθη ℵ | συναγωγην] συ sup ras Aᵃ¹

¹⁸καὶ ἐξεκαύθη πῦρ ἐν τῇ συναγωγῇ αὐτῶν,
καὶ φλὸξ κατέφλεξεν ἁμαρτωλούς.
¹⁹καὶ ἐποίησαν μόσχον ἐν Χωρήβ,
καὶ προσεκύνησαν τῷ γλυπτῷ·
²⁰καὶ ἠλλάξαντο τὴν δόξαν αὐτῶν
ἐν ὁμοιώματι μόσχου ἔσθοντος χόρτον.
²¹ἐπελάθοντο τοῦ θεοῦ τοῦ σώζοντος αὐτούς,
τοῦ ποιήσαντος μεγάλα ἐν Αἰγύπτῳ,
²²θαυμαστὰ ἐν γῇ Χάμ,
καὶ φοβερὰ ἐπὶ θαλάσσης ἐρυθρᾶς.
²³καὶ εἶπεν τοῦ ἐξολεθρεῦσαι αὐτούς,
εἰ μὴ Μωυσῆς ὁ ἐκλεκτὸς αὐτοῦ ἔστη
ἐν τῇ θραύσει ἐνώπιον αὐτοῦ,
τοῦ ἀποστρέψαι ἀπὸ θυμοῦ ὀργῆς αὐτοῦ
τοῦ μὴ ἐξολεθρεῦσαι.
²⁴καὶ ἐξουδένωσαν γῆν ἐπιθυμητήν,
καὶ οὐκ ἐπίστευσαν τῷ λόγῳ αὐτοῦ·
²⁵καὶ ἐγόγγυσαν ἐν τοῖς σκηνώμασιν αὐτῶν,
οὐκ εἰσήκουσαν τῆς φωνῆς Κυρίου.
²⁶καὶ ἐπῆρεν τὴν χεῖρα αὐτοῦ αὐτοῖς,
τοῦ καταβαλεῖν αὐτοὺς ἐν τῇ ἐρήμῳ,
²⁷καὶ τοῦ καταβαλεῖν τὸ σπέρμα αὐτῶν ἐν τοῖς ἔθνεσιν
καὶ διασκορπίσαι αὐτοὺς ἐν ταῖς χώραις.
²⁸καὶ ἐτελέσθησαν τῷ Βεελφεγώρ,
καὶ ἔφαγον θυσίας νεκρῶν·
²⁹καὶ παρώξυναν αὐτὸν ἐν τοῖς ἐπιτηδεύμασιν αὐτῶν,
καὶ ἐπληθύνθη ἐπ' αὐτοὺς ἡ πτῶσις.

ΨΑΛΜΟΙ   CV 43

30   ³⁰καὶ ἔστη Φινεὲς καὶ ἐξιλάσατο,   ℞
     καὶ ἐκόπασεν ἡ θραῦσις·
31   ³¹καὶ ἐλογίσθη αὐτῷ εἰς δικαιοσύνην
     εἰς γενεὰν καὶ γενεὰν ἕως τοῦ αἰῶνος.
32   ³²καὶ παρώργισαν ἐφ' ὕδατος 'Αντιλογίας,
     καὶ ἐκακώθη Μωυσῆς δι' αὐτούς,
33   ³³ὅτι παρεπίκραναν τὸ πνεῦμα αὐτοῦ,
     καὶ διέστειλεν τοῖς χείλεσιν αὐτοῦ.
34   ³⁴οὐκ ἐξωλέθρευσαν τὰ ἔθνη ἃ εἶπεν Κύριος,
35   ³⁵καὶ ἐμίγησαν ἐν τοῖς ἔθνεσιν
     καὶ ἔμαθον τὰ ἔργα αὐτῶν·
36   ³⁶καὶ ἐδούλευσαν τοῖς γλυπτοῖς αὐτῶν,
     καὶ ἐγενήθη αὐτοῖς εἰς σκάνδαλον·
37   ³⁷καὶ ἔθυσαν τοὺς υἱοὺς αὐτῶν
     καὶ τὰς θυγατέρας αὐτῶν τοῖς δαιμονίοις,
38   ³⁸καὶ ἐξέχεαν αἷμα ἀθῷον,
     αἷμα υἱῶν αὐτῶν καὶ θυγατέρων·
     ἔθυσαν τοῖς γλυπτοῖς Χανάαν·
     καὶ ἐφονοκτονήθη ἡ γῆ ἐν τοῖς αἵμασιν,
39   ³⁹καὶ ἐμιάνθη ἐν τοῖς ἔργοις αὐτῶν·
     καὶ ἐπόρνευσαν ἐν τοῖς ἐπιτηδεύμασιν αὐτῶν.
40   ⁴⁰καὶ ὠργίσθη θυμῷ Κύριος ἐπὶ τὸν λαὸν αὐτοῦ,
     καὶ ἐβδελύξατο τὴν κληρονομίαν αὐτοῦ·
41   ⁴¹καὶ παρέδωκεν αὐτοὺς εἰς χεῖρας ἐθνῶν,
     καὶ ἐκυρίευσαν αὐτῶν οἱ μισοῦντες αὐτούς·
42   ⁴²καὶ ἔθλιψαν αὐτοὺς οἱ ἐχθροὶ αὐτῶν,
     καὶ ἐταπεινώθησαν ὑπὸ τὰς χεῖρας αὐτῶν.
43   ⁴³πλεονάκις ἐρρύσατο αὐτούς,
     αὐτοὶ δὲ παρεπίκραναν ἐν τῇ βουλῇ αὐτῶν,
     καὶ ἐταπεινώθησαν ἐν ταῖς ἀνομίαις αὐτῶν.

32 παρωργισαν]+αυτον אᶜ·ᵃART | εφ] επι A   33 τοις χειλεσιν] pr εν ART
אᶜ·ᵃART   34 εξολεθρ. T | Κυριος]+αυτοις אᶜ·ᵃART   36 εισκανδαλον A
38 εθυσαν] ων εθυσ אᶜ·ᵃ ων εθυσαν AT και εθυσαν R | εφονοκτονηθη] εφο-
νοκτηνηθη א* (εφονοκτον. א¹) ονοκτονη sup ras Aᵃ εφονοκτη (? -κθη) Rᵛⁱᵈ |
αιμασιν]+αυτων A   39 om και εμιανθη...αυτων 2° A (not adscr A¹ᵐᵍ) |
εμιανθη]+η γη R   40 επι] εις R   41 εθνων] εχθρων Aᵃ (sup ras)
42 θησαν υπο τας χειρας αυτω̄| sup ras Aᵃ   43 ερυσατο T | παρεπικραναν]
+αυτον אᶜ·ᵃART   43—48 εν τη βουλη...γενοιτο rescr Rᵃ

ΨΑΛΜΟΙ

⁴⁴ καὶ ἴδεν ἐν τῷ θλίβεσθαι αὐτούς, 44
ἐν τῷ αὐτὸν εἰσακοῦσαι τῆς δεήσεως αὐτῶν·
⁴⁵ καὶ ἐμνήσθη τῆς διαθήκης αὐτοῦ, 45
καὶ μετεμελήθη κατὰ τὸ πλῆθος τοῦ ἐλέους αὐτοῦ,
⁴⁶ καὶ ἔδωκεν αὐτοὺς. εἰς οἰκτιρμοὺς 46
ἐναντίον πάντων αἰχμαλωτισάντων αὐτούς.
⁴⁷ σῶσον ἡμᾶς, Κύριε ὁ θεὸς ἡμῶν, 47
καὶ ἐπισυνάγαγε ἡμᾶς ἐκ τῶν ἐθνῶν,
τοῦ ἐξομολογήσασθαι τῷ ὀνόματι τῷ ἁγίῳ σου,
τοῦ ἐνκαυχᾶσθαι ἐν τῇ αἰνέσει σου.
⁴⁸ εὐλογητὸς Κύριος ὁ θεὸς Ἰσραὴλ 48
ἀπὸ τοῦ αἰῶνος καὶ ἕως τοῦ αἰῶνος·
καὶ ἐρεῖ πᾶς ὁ λαός Γένοιτο.

ART 44 ιδεν]+ κϲ AR^{b(vid)} T | της δεησεως] ras δεησεις R^a 45 om αυτου 1°
A* (hab A^{a(mg)}) | μετεμεληθη] pr ras 1 lit (ε ut vid) A 46 οικτειρμους
A | εναντιον] ενωπιον R^a | αιχμαλωτισαντων] των αιχμαλωτισ. A των αιχμα-
λωτευσαντων R^aT 47 ημας κε ο θϲ ημων sup ras et in mg A^a (om ημας
A*) | σου τω αγιω AT 48 θϲ (sic) A | Ισραηλ] pr του R^a | γενοιτο]
+γενοιτο AR^aT — Stich 100 א 104 AT 105 R^{vid}

V

PF′

CVI (CVII)

Ἀλληλουιά.

1 Ἐξομολογεῖσθε τῷ κυρίῳ, ὅτι χρηστός,
ὅτι εἰς τὸν αἰῶνα τὸ ἔλεος αὐτοῦ.
2 ²εἰπάτωσαν οἱ λελυτρωμένοι ὑπὸ Κυρίου,
οὓς ἐλυτρώσατο ἐκ χειρὸς ἐχθροῦ.
3 ³ἐκ τῶν χωρῶν συνήγαγεν αὐτούς,
ἀπὸ ἀνατολῶν καὶ δυσμῶν καὶ βορρᾶ καὶ θαλάσσης.
4 ⁴ἐπλανήθησαν ἐν τῇ ἐρήμῳ ἐν ἀνύδρῳ,
ὁδὸν πόλιν κατοικητηρίου οὐχ εὗρον·
5 ⁵πεινῶντες καὶ διψῶντες,
ἡ ψυχὴ αὐτῶν ἐν αὐτοῖς ἐξέλιπεν.
6 ⁶καὶ ἐκέκραξαν πρὸς Κύριον ἐν τῷ θλίβεσθαι αὐτούς,
καὶ ἐκ τῶν ἀναγκῶν αὐτῶν ἐρρύσατο αὐτούς·
7 ⁷καὶ ὡδήγησεν αὐτοὺς εἰς ὁδὸν εὐθεῖαν
τοῦ πορευθῆναι εἰς πόλιν κατοικητηρίου.
8 ⁸ἐξομολογησάσθωσαν τῷ κυρίῳ τὰ ἐλέη αὐτοῦ
καὶ τὰ θαυμάσια αὐτοῦ τοῖς υἱοῖς τῶν ἀνθρώπων,
9 ⁹ὅτι ἐχόρτασεν ψυχὴν κενήν,
καὶ ψυχὴν πεινῶσαν ἐνέπλησεν ἀγαθῶν.
10 ¹⁰καθημένους ἐν σκότει καὶ σκιᾷ θανάτου,
πεπεδημένους ἐν πτωχίᾳ καὶ ἐν σιδήρῳ·
11 ¹¹ὅτι παρεπίκραναν τὰ λόγια τοῦ θεοῦ,
καὶ τὴν βουλὴν τοῦ ὑψίστου παρώξυναν·
12 ¹²καὶ ἐταπεινώθη ἐν κόποις ἡ καρδία αὐτῶν,
ἠσθένησαν καὶ οὐκ ἦν ὁ βοηθῶν.
13 ¹³καὶ ἐκέκραξαν πρὸς Κύριον ἐν τῷ θλίβεσθαι αὐτούς,
καὶ ἐκ τῶν ἀναγκῶν αὐτῶν ἔσωσεν αὐτούς·
14 ¹⁴καὶ ἐξήγαγεν αὐτοὺς ἐκ σκότους καὶ ἐκ σκιᾶς θανάτου,
καὶ τοὺς δεσμοὺς αὐτῶν διέρρηξεν.

CVI 1—2 rescr Rᵃ   2 Κυριω Rᵃ | εχθρου] εχθρων ℵᶜ·ᵃ   3 εκ] pr ART και ℵᶜ·ᵃT   4 πολιν] πολεως ℵᶜ·ᵃART   5 εξελειπεν AT   6 ερυσατο AT   8 τοις υιοις] om τοις R   9 κενην] καινην ℵA πεινην R*ᵛⁱᵈ (κεν. Rᵃ) 10 om εν 3° ℵᶜ·ᵃART   11 του θεου] Κυριου R   12 ησθενησαν] pr και A 14 εξηγαγεν] ωδηγησεν R | εκ 1° ℵᶜ·ᵃ (εν ℵ*) | om εκ 2° ART

ΨΑΛΜΟΙ

15 ἐξομολογησάσθωσαν τῷ κυρίῳ τὰ ἐλέη αὐτοῦ
   καὶ τὰ θαυμάσια αὐτοῦ τοῖς υἱοῖς τῶν ἀνθρώπων.
16 ὅτι συνέτριψεν πύλας χαλκᾶς,
   καὶ μοχλοὺς σιδηροῦς συνέκλασεν.
17 ἀντελάβετο αὐτῶν ἐξ ὁδοῦ ἀνομίας αὐτῶν,
   διὰ γὰρ τὰς ἀνομίας αὐτῶν ἐταπεινώθησαν.
18 πᾶν βρῶμα ἐβδελύξατο ἡ ψυχὴ αὐτῶν,
   καὶ ἤγγισαν ἕως τῶν πυλῶν τοῦ θανάτου.
19 καὶ ἐκέκραξαν πρὸς Κύριον ἐν τῷ θλίβεσθαι αὐτούς,
   καὶ ἐκ τῶν ἀναγκῶν αὐτῶν ἔσωσεν αὐτούς,
20 ἀπέστειλεν τὸν λόγον αὐτοῦ καὶ ἰάσατο αὐτούς,
   καὶ ἐρρύσατο αὐτοὺς ἐκ τῶν διαφθορῶν αὐτῶν.
21 ἐξομολογησάσθωσαν τῷ κυρίῳ τὰ ἐλέη αὐτοῦ
   καὶ τὰ θαυμάσια αὐτοῦ τοῖς υἱοῖς τῶν ἀνθρώπων,
22 καὶ θυσάτωσαν θυσίαν αἰνέσεως,
   καὶ ἐξαγγειλάτωσαν τὰ ἔργα αὐτοῦ ἐν ἀγαλλιάσει.
23 οἱ καταβαίνοντες εἰς τὴν θάλασσαν ἐν πλοίοις,
   ποιοῦντες ἐργασίαν ἐν ὕδασι πολλοῖς,
24 αὐτοὶ εἴδοσαν τὰ ἔργα Κυρίου
   καὶ τὰ θαυμάσια αὐτοῦ ἐν τῷ βυθῷ.
25 εἶπεν, καὶ ἔστη πνεῦμα καταιγίδος,
   καὶ ὑψώθη τὰ κύματα αὐτῆς·
26 ἀναβαίνουσιν ἕως τῶν οὐρανῶν,
   καὶ καταβαίνουσιν ἕως τῶν ἀβύσσων·
   ἡ ψυχὴ αὐτῶν ἐν κακοῖς ἐτήκετο,
27 ἐταράχθησαν, ἐσαλεύθησαν ὡς ὁ μεθύων,
   καὶ πᾶσα ἡ σοφία αὐτῶν κατεπόθη.
28 καὶ ἐκέκραξαν πρὸς Κύριον ἐν τῷ θλίβεσθαι αὐτούς,
   καὶ ἐκ τῶν ἀναγκῶν αὐτῶν ἐξήγαγεν αὐτούς,
29 καὶ ἔστησεν καταιγίδα αὐτῆς,
   καὶ ἐσίγησαν τὰ κύματα αὐτῆς·
30 καὶ εὐφράνθησαν ὅτι ἡσύχασαν,

ART 15 και τα] κατα R   16 συνεκλασεν] συνεθλασεν AT   17 αυτων 1°]
αυτους R   20 ερυσατο T   22 θυσατωσαν]+αυτω AT   23 om εις R*
(hab R*) | την θαλασσαν] om την RT | ποιουντες] pr οι A*¹ | υδασιν RT
24 ειδοσαν] ειδον א*·ᵃ ιδον AT | Κυριου] pr του R | τω βυθω] om τω R
27 εσαλευθησαν] pr και א*·ᵃ R   29 εστησεν καταιγιδα αυτης] επετιμησεν
(+τη R) καταιγιδι και εστη εις αυραν א*·ᵃ R επεταξεν τη καταιγιδι και εστη
εις αυραν AT   30 ηυφρανθησαν AT | ησυχασαν] ησυ sup ras A*¹

καὶ ὡδήγησεν αὐτοὺς ἐπιμελίᾳ θελήματος αὐτοῦ. א

31 ³¹ἐξομολογησάσθωσαν τῷ κυρίῳ τὰ ἐλέη αὐτοῦ
καὶ τὰ θαυμάσια αὐτοῦ τοῖς υἱοῖς τῶν ἀνθρώπων,
32 ³²ὑψωσάτωσαν αὐτὸν ἐν ἐκκλησίαις λαοῦ,
καὶ ἐν καθέδραις πρεσβυτέρων αἰνεσάτωσαν αὐτόν.
33 ³³ἔθετο ποταμοὺς εἰς ἔρημον,
καὶ ἐξόδους ὑδάτων εἰς δίψαν,
34 ³⁴γῆν καρποφόρον εἰς ἅλμην,
ἀπὸ κακίας τῶν κατοικούντων ἐν αὐτῇ.
35 ³⁵ἔθετο ἔρημον εἰς λιμένας ὑδάτων,
36 ³⁶καὶ κατῴκισεν ἐκεῖ πεινῶντας,
καὶ συνεστήσαντο πόλιν κατοικεσίας,
37 ³⁷καὶ ἔσπειραν ἀγροὺς καὶ ἐφύτευσαν ἀμπελῶνας,
καὶ ἐποίησαν καρπὸν γενήματος.
38 ³⁸καὶ εὐλόγησεν αὐτοὺς καὶ ἐπληθύνθησαν σφόδρα,
καὶ τὰ κτήνη αὐτῶν οὐκ ἐσμίκρυνεν.
39 ³⁹καὶ ὠλιγώθησαν καὶ ἐκακώθησαν
ἀπὸ θλίψεως κακῶν καὶ ὀδύνης.
40 ⁴⁰ἐξεχύθη ἐξουδένωσις ἐπ' ἄρχοντας,
καὶ ἐπλάνησεν αὐτοὺς ἐν ἀβάτῳ καὶ οὐχ ὁδῷ.
41 ⁴¹καὶ ἐβοήθησεν πένητι ἐκ πτωχίας,
καὶ ἔθετο ὡς πρόβατα πατριάς.
42 ⁴²ὄψονται εὐθεῖς καὶ εὐφρανθήσονται,
καὶ πᾶσα ἀνομία ἐμφράξει τὸ στόμα αὐτῆς.
43 ⁴³τίς σοφὸς καὶ φυλάξει ταῦτα,
καὶ συνήσουσιν τὰ ἐλέη τοῦ κυρίου;

PZ'

CVII
(CVIII)

Ὠδὴ ψαλμοῦ τῷ Δαυείδ.

2 ²Ἑτοίμη ἡ καρδία μου, ὁ θεός, ἑτοίμη ἡ καρδία μου,
ᾄσομαι καὶ ψαλῶ ἐν τῇ δόξῃ μου·

30 επιμελια] επι λιμερα אᶜ·ᵃ ART | αυτου] αυτων R   32 εκκλησια ART אᶜ·ᵃ AT | καθεδρα אᶜ·ᵃ T | πρεσβυτην (?τεν) R   33 εξοδους] διεξοδους אᶜ·ᵃ ART   34 αυτη] αυταις Rᵛⁱᵈ   35 λιμενας] λιμνας ART | υδατων] + και γην ανυδρον εις διεξοδους υδατων אᶜ·ᵃ ART   36 κατωκισεν (-κησεν A*)] κατεσκηνωσεν R | πολιν] πολεις אᶜ·ᵃ⁽ᵛⁱᵈ⁾ART   38 εσμηκρυναν A 40 αρχοντας]+αυτων AT | ουχ οδω] ουκ εν οδω R   41 εκ] απο R
42 εμφραξει T | το στομα] om το A   43 φυλαξει] συνησει R — Stich
83 א 87 A 81 R 86 T   CVII 1 ωδη ψαλμου] ψαλμος A   2 ασωμαι T | μου 3°]+εξεγερθητι (εξηγ. אᶜ·ᵃ) η δοξα μου אᶜ·ᵃ T

363

ΨΑΛΜΟΙ

א   ³ἐγέρθητι, ψαλτήριον καὶ κιθάρα· ἐξεγερθήσομαι ὄρθρου.   3
⁴ἐξομολογήσομαί σοι ἐν λαοῖς, Κύριε,   4
  καὶ ψαλῶ σοι ἐν ἔθνεσιν·
⁵ὅτι μέγα ἐπάνω τῶν οὐρανῶν τὸ ἔλεός σου,   5
  καὶ ἕως τῶν νεφελῶν ἡ ἀλήθειά σου.
⁶ὑψώθητι ἐπὶ τοὺς οὐρανούς, ὁ θεός,   6
  καὶ ἐπὶ πᾶσαν τὴν γῆν ἡ δόξα σου.
⁷ὅπως ἂν ῥυσθῶσιν οἱ ἀγαπητοί σου,   7
  σῶσον τῇ δεξιᾷ σου καὶ ἐπάκουσόν μου.
⁸ὁ θεὸς ἐλάλησεν ἐν τῷ ἁγίῳ αὐτοῦ   8
  Ὑψωθήσομαι καὶ διαμεριῶ Σίκιμα,
  καὶ τὴν κοιλάδα τῶν σκηνωμάτων ἐκμετρήσω.
⁹ἐμός ἐστιν Γαλαάδ, καὶ ἐμός ἐστιν Μανασσή,   9
  καὶ Ἐφράιμ ἀντίλημψις τῆς κεφαλῆς μου·
  Ἰούδας βασιλεύς μου,
¹⁰Μωὰβ λέβης τῆς ἐλπίδος μου·   10
  ἐπὶ τὴν Ἰδουμαίαν ἐκτενῶ τὸ ὑπόδημά μου,
  ἐμοὶ οἱ ἀλλόφυλοι ὑπετάγησαν.
¹¹τίς ἀπάξει με εἰς πόλιν περιοχῆς;   11
  τίς ὁδηγήσει με ἕως τῆς Ἰδουμαίας;
¹²οὐχὶ σύ, ὁ θεός, ὁ ἀπωσάμενος ἡμᾶς;   12
  καὶ οὐχὶ ἐξελεύσῃ, ὁ θεός, ἐν ταῖς δυνάμεσιν ἡμῶν;
¹³δὸς ἡμῖν βοήθειαν ἐκ θλίψεως,   13
  καὶ ματαία σωτηρία ἀνθρώπου.
¹⁴ἐν τῷ θεῷ ποιήσομεν δύναμιν,   14
  καὶ αὐτὸς ἐξουδενώσει τοὺς ἐχθροὺς ἡμῶν.

PH′

Εἰς τὸ τέλος· τῷ Δαυεὶδ ψαλμός.   CVIII
                                   (CIX)

Ὁ θεός, τὴν αἴνεσίν μου μὴ παρασιωπήσῃς·   1
²ὅτι στόμα ἁμαρτωλοῦ καὶ στόμα δολίου ἐπ' ἐμὲ ἠνοίχθη,   2

ART   3 εγερθητι] εξεγερθητι א$^{c.a}$ART   4 om και א$^{c.a}$ART   5 μεγα] εμεγαλυνθη R | επανω] εως R   8 υψωθησομαι] αγαλλιασομαι R | σκηνωματων] σκηνων ART | εκμετρησω] διαμετρησω ART   9 Γαλααδ] δ sup ras A^a | Μανασσης ART | Εφρεμ (? R) T | αντιλημψις] κραταιωσις R | βασιλευς] pr ο R   10 εκτενω] επιβαλω א$^{c.a}$AT | οι αλλοφυλοι] om οι א$^{c.a}$ART   11 απαξη T | τις 2°] pr η א$^{c.a}$ART | οδηγηση T   12 ουχι 2°] ουκ א$^{c.a}$ART   13 βοηθιαν AT   14 ποιησωμεν AT | εξουδενωση T | εχθρους ημων] θλιβοντας ημας A^1 — Stich 27 א 29 A 28 R 30 T   CVIII 1 ψαλμος τω Δ. ART   2 ηνοιχθη] οι sup ras A^a

ἐλάλησαν κατ' ἐμοῦ γλώσσῃ δολίᾳ·   א
3 ³καὶ λόγοις μίσους ἐκύκλωσάν με,
   καὶ ἐπολέμησάν με δωρεάν.
4 ⁴ἀντὶ τοῦ ἀγαπᾶν με ἐνδιέβαλλόν με,
   ἐγὼ δὲ προσευχόμην·
5 ⁵καὶ ἔθεντο κατ' ἐμοῦ κακὰ ἀντὶ ἀγαθῶν,
   καὶ μῖσος ἀντὶ τῆς ἀγαπήσεώς μου.
6 ⁶κατάστησον ἐπ' αὐτὸν ἁμαρτωλόν,
   καὶ διάβολος στήτω ἐκ δεξιῶν αὐτοῦ·
7 ⁷ἐν τῷ κρίνεσθαι αὐτὸν ἐξέλθοι καταδεδικασμένος,
   καὶ ἡ προσευχὴ αὐτοῦ γενέσθω εἰς ἁμαρτίαν.
8 ⁸γενηθήτωσαν αἱ ἡμέραι αὐτοῦ ὀλίγαι,
   καὶ τὴν ἐπισκοπὴν αὐτοῦ λάβοι ἕτερος·
9 ⁹γενηθήτωσαν οἱ υἱοὶ αὐτοῦ ὀρφανοί,
   καὶ ἡ γυνὴ αὐτοῦ χήρα·
10 ¹⁰σαλευόμενοι μεταναστήτωσαν οἱ υἱοὶ αὐτοῦ καὶ ἐπαιτησάτωσαν,
    ἐκβληθήτωσαν ἐκ τῶν οἰκοπέδων αὐτῶν.
11 ¹¹καὶ ἐξερευνησάτω δανιστὴς πάντα ὅσα ὑπάρχει αὐτῷ·
    διαρπασάτωσαν ἀλλότριοι πάντας τοὺς πόνους αὐτοῦ·
12 ¹²μὴ ὑπαρξάτω αὐτῷ ἀντιλήμπτωρ,
    μηδὲ γενηθήτω οἰκτίρμων τοῖς ὀρφανοῖς αὐτοῦ·
13 ¹³γενηθήτω τὰ τέκνα αὐτοῦ εἰς ἐξολέθρευσιν,
    ἐν γενεᾷ μιᾷ ἐξαλειφθήτω τὸ ὄνομα αὐτοῦ.
14 ¹⁴ἀναμνησθείη ἡ ἁμαρτία τῶν πατέρων αὐτοῦ ἔναντι Κυρίου,
    καὶ ἡ ἁμαρτία τῆς μητρὸς αὐτοῦ μὴ ἐξαλειφθείη·
15 ¹⁵γενηθήτωσαν ἔναντι Κυρίου διὰ παντός,
    καὶ ἐξολεθρευθείη ἐκ γῆς τὸ μνημόσυνον αὐτῶν.
16 ¹⁶ἀνθ' ὧν οὐκ ἐμνήσθη τοῦ ποιῆσαι ἔλεος,
    καὶ κατεδίωξεν πένητα καὶ πτωχὸν
    καὶ κατανενυγμένον τῇ καρδίᾳ τοῦ θανατῶσαι.

2 γλωσσαν δολιαν R   4 ενδιαβαλλον א* (ενδιεβ. א¹) | προσευχομην] ART προσηυχομην AT προσευχομαι R   5 κακα] πονηρα R   8 λαβοι] λαβετω R   9 οι υιοι] om οι R   10 οι υιοι] om οι R | om αυτου R
11 om και א^c.a A* (hab A^a) RT | εξερευνησατω RT | διαρπασατωσαν] pr και AT | om παντας א^c.a AT | αυτου] υ sup ras A^a1   12 οικτειρμων A| ορφανοις] pr φοβουμ (sic) א* punctis et uncis improb א¹   13 εξαλειφθητω] εξαλιφθιη א^c.a T (-φθειη) | αυτου 2°] αυτων R   14 αμαρτια 1°] ανομια א^c.a ART
15 εναντι] εναντιον א^c.a AT | εξολθρ. T* (εξολεθρ. T¹) | αυτων] αυτου AR
16 εμνησθησαν RT | του ποιησαι] om του א^c.a T.| κατεδιωξαν RT | πενητα] pr ανον א^c.a ART | κατανυγμενον R | post θανατωσαι ras 2 vel 3 litt A¹

365

ΨΑΛΜΟΙ

¹⁷καὶ ἠγάπησεν κατάραν, καὶ ἥξει αὐτῷ· 17
καὶ οὐκ ἠθέλησεν εὐλογίαν, καὶ μακρυνθήσεται ἀπ' αὐτοῦ.
¹⁸καὶ ἐνεδύσατο κατάραν ὡς ἱμάτιον, 18
καὶ εἰσῆλθεν ὡς ὕδωρ εἰς τὰ ἔνκατα αὐτοῦ
καὶ ὡς ἔλαιον ἐν τοῖς ὀστέοις αὐτοῦ·
¹⁹γενηθήτω αὐτῷ ὡς ἱμάτιον ὃ περιβάλλεται, 19
καὶ ὡσεὶ ζώνη ἣν διὰ παντὸς ζώννυται.
²⁰τοῦτο τὸ ἔργον τῶν ἐνδιαβαλλόντων με παρὰ Κυρίῳ 20
καὶ τῶν λαλούντων πονηρὰ κατὰ τῆς ψυχῆς μου.
²¹καὶ σύ, Κύριε Κύριε, ποίησον μετ' ἐμοῦ ἔλεος ἕνεκα τοῦ ὀνό- 21
ματός σου,
ὅτι χρηστὸν τὸ ἔλεός σου, ῥῦσαί με·
²²ὅτι πτωχὸς καὶ πένης ἐγώ εἰμι, 22
καὶ ἡ καρδία μου τετάρακται ἐντός μου.
²³ὡσεὶ σκιὰ ἐν τῷ ἐκκλῖναι αὐτὴν ἀντανῃρέθη, 23
ἐξετινάχθην, ὡσεὶ ἀκρίδες.
²⁴τὰ γόνατά μου ἠσθένησαν ἀπὸ νηστείας, 24
καὶ ἡ σάρξ μου ἠλλοιώθη δι' ἔλαιον.
²⁵καὶ ἐγὼ ἐγενήθην ὄνειδος αὐτοῖς· 25
εἴδοσάν με, ἐσάλευσαν κεφαλὰς αὐτῶν.
²⁶βοήθησόν μοι, Κύριε ὁ θεός μου, 26
σῶσόν με κατὰ τὸ μέγα ἔλεός σου·
²⁷καὶ γνώτωσαν ὅτι ἡ χείρ σου αὕτη, 27
καὶ σύ, Κύριε, ἐποίησας αὐτήν.
²⁸καταράσονται αὐτοί, καὶ σὺ εὐλογήσεις· 28
οἱ ἐπανιστανόμενοί μοι αἰσχυνθήτωσαν,
ὁ δὲ δοῦλός σου εὐφρανθήσεται.
²⁹ἐνδυσάσθωσαν οἱ ἐνδιαβάλλοντές με ἐντροπήν, 29
καὶ περιβαλέσθωσαν αἰσχύνην ὡσεὶ διπλοΐδα αὐτῶν.
³⁰ἐξομολογήσομαι τῷ κυρίῳ σφόδρα τῷ στόματί μου, 30

ART 17 καταραν] a 2° sup ras Aᵃ 18 εισηλθε R | ως 2°] ωσει AT | ως 3°] ωσει ℵ^(c.a)ART 19 ζωπη ℵ^(c.a)TR] ζωνην ℵ*A | ζωννυται] περιζωννυται ℵ^(c.a) ART 20 Κυριου R 21 om ελεος 1° ℵ^(c.a)A* (hab Aᵃ¹) R | ενεκεν ℵ^(c.a)ART 22 ειμι εγω ART | τεταρακται] εταραχθη R 23 εκκλινειν R | αντανῃρεθη] αντανηρεθην ℵ^(c.a)RT ανταναιρεθην A 24 νηστειαις A | ελεον ℵ 25 ιδοσαν AT 26 σωσον] pr και AT | om μεγα ℵ^(c.a)ART 28 ευλογησῃς T | επανισταμενοι T | αισχυνθητωσαν] αισχυνθησονται R 29 με] μοι R | περιβαλεσθωσαν ART | αισχυνην ωσει διπλοιδα (-δαν ℵ)] ωσει διπλ. αισχ. ℵ^(c.a)R ως διπλ. αισχ. AT 30 τω κυριω] om τω ℵ^(c.a) | τω στοματι] pr εν ℵ^(c.a)ART

ΨΑΛΜΟΙ

καὶ ἐν μέσῳ πολλῶν αἰνέσω αὐτόν· ℵ
31 ³¹ ὅτι παρέστη ἐκ δεξιῶν πένητος,
τοῦ σῶσαι ἐκ τῶν διωκόντων τὴν ψυχήν μου.

ΡΘ´

CIX
(CX)
              Τῷ Δαυείδ ψαλμός.

1 Εἶπεν ὁ κύριος τῷ κυρίῳ μου Κάθου ἐκ δεξιῶν μου
ἕως ἂν θῶ τοὺς ἐχθρούς σου ὑποπόδιον τῶν ποδῶν σου.
2 ²ῥάβδον δυνάμεως ἐξαποστελεῖ Κύριος ἐκ Σιών·
καὶ κατακυρίευε ἐν μέσῳ τῶν ἐχθρῶν σου.
3 ³μετὰ σοῦ ἀρχὴ ἐν ἡμέρᾳ τῆς δυνάμεώς σου,
ἐν τῇ λαμπρότητι τῶν ἁγίων·
ἐκ γαστρὸς πρὸ ἑωσφόρου ἐξεγέννησά σε.
4 ⁴ὤμοσεν Κύριος καὶ οὐ μεταμεληθήσεται
Σὺ εἶ ἱερεὺς εἰς τὸν αἰῶνα κατὰ τὴν τάξιν Μελχισέδεκ.
5 ⁵κύριος ἐκ δεξιῶν σου συνέθλασεν ἐν ἡμέρᾳ ὀργῆς αὐτοῦ βασιλεῖς·
6 ⁶κρινεῖ ἐν τοῖς ἔθνεσιν, πληρώσει πτώμα,
συνθλάσει κεφαλὰς ἐπὶ γῆν πολλήν.
7 ⁷ἐκ χειμάρρου ἐν ὁδῷ πίεται·
διὰ τοῦτο ὑψώσει κεφαλήν.

ΡΙ´

CX
(CXI)
              Ἀλληλουιά.

1 Ἐξομολογήσομαί σοι, Κύριε, ἐν ὅλῃ καρδίᾳ μου,
ἐν βουλῇ εὐθείων καὶ συναγωγῇ.
2 ²μεγάλα τὰ ἔργα Κυρίου,
ἐξεζητημένα εἰς πάντα τὰ θελήματα αὐτοῦ·
3 ³ἐξομολόγησις καὶ μεγαλοπρέπεια τὸ ἔργον αὐτοῦ,
καὶ ἡ δικαιοσύνη αὐτοῦ μένει εἰς τὸν αἰῶνα τοῦ αἰῶνος.

31 διωκοντων] καταδιωκοντων ℵ^{c.a}ART — Stich 64 ℵAR 62 T   CIX 1 ο ART κυριος] om ο R   2 δυναμεως]+σου R | εξαποστελει] εξαποστελλει R +σοι ℵ^{c.a}T | Σειων T   3 αρχη] pr η ℵ^{c.a}ART | τη λαμπροτητι] ταις λαμπροτεσι ℵ^{c.a}T ταις λαμπροτησιν A | αγιων]+σου ℵ^{c.a}AT | εξεγεννησα] εγεννησα ℵ^{c.a}AT   4 om ου AT   5 οργης] pr της R   6 κρινει εν ART] κρινω ℵ* κρινι ε ℵ^{c.a vid} | πληρωση ART | πτωματα ART | συνθλαση T | γην πολλην] γης πολλην (sic) ℵ^{c.a} γης πολλων ART   7 πιεται]+υδωρ A | υψωση T — Stich 14 ℵT 15 A 13 R   CX 1 ευθιων ℵAT   2 Κυριου] pr του R | εξεζητημενα] εξητημενα R   3 εξομολογησεις ℵA | μεγαλοπρεπια T

367

ΨΑΛΜΟΙ

⁴μνείαν ἐποίησατο τῶν θαυμασίων αὐτοῦ,   4
ἐλεήμων καὶ οἰκτίρμων ὁ κύριος·
⁵τροφὴν ἔδωκεν τοῖς φοβουμένοις αὐτόν,   5
μνησθήσεται εἰς τὸν αἰῶνα διαθήκης αὐτοῦ.
⁶ἰσχὺν ἔργων ἑαυτοῦ ἀνήγγειλεν τῷ λαῷ ἑαυτοῦ,   6
τοῦ δοῦναι αὐτοῖς κληρονομίαν ἐθνῶν.
⁷ἔργα χειρῶν αὐτοῦ ἀλήθεια καὶ κρίσις·   7
πισταὶ πᾶσαι αἱ ἐντολαὶ αὐτοῦ,
⁸ἐστηριγμέναι εἰς τὸν αἰῶνα τοῦ αἰῶνος,   8
πεποιημέναι ἐν ἀληθείᾳ καὶ εὐθύτητι.
⁹λύτρωσιν ἀπέστειλεν τῷ λαῷ αὐτοῦ·   9
ἐνετείλατο εἰς τὸν αἰῶνα διαθήκην αὐτοῦ·
ἅγιον καὶ φοβερὸν τὸ ὄνομα αὐτοῦ.
¹⁰ἀρχὴ σοφίας φόβος Κυρίου,   10
σύνεσις ἀγαθὴ πᾶσι τοῖς ποιοῦσιν αὐτήν·
ἡ αἴνεσις αὐτοῦ μένει εἰς τὸν αἰῶνα τοῦ αἰῶνος.

ΡΙΑ'
Ἀλληλουιά.

Μακάριος ἀνὴρ ὁ φοβούμενος τὸν κύριον,   1
ἐν ταῖς ἐντολαῖς αὐτοῦ θέλει σφόδρα·
²δυνατὸν ἐν τῇ γῇ ἔσται τὸ σπέρμα αὐτοῦ,   2
γενεὰ εὐθείων εὐλογηθήσεται·
³δόξα καὶ πλοῦτος ἐν τῷ οἴκῳ αὐτοῦ,   3
καὶ ἡ δικαιοσύνη αὐτοῦ μένει εἰς τὸν αἰῶνα τοῦ αἰῶνος.
⁴ἐξανέτειλεν ἐν σκότει φῶς τοῖς εὐθέσι·   4
ἐλεήμων καὶ οἰκτίρμων καὶ δίκαιος.
⁵χρηστὸς ἀνὴρ ὁ οἰκτίρμων καὶ κιχρῶν,   5
οἰκονομήσει τοὺς λόγους αὐτοῦ ἐν κρίσει·

ART   4 οικτειρμων A   5 αυτον] αυτου R   6 εαυτου bis] αυτου ℵ^(c.a) ART | επηγγειλεν R   7 αληθια ℵ (item 8)   8 στηριγμεναι R   9 απεστειλας] + κς ℵ^(c.a) T | διαθηκης ℵ^(c.a)   10 συνεσις (-σεις A)] + δε ℵ^(c.a) (ras ℵ^(c.b)) | πασιν ℵ^(c.a) AR — Stich 21 ℵ ART   CXI 1 αλληλουια] + της επιστροφης Αγγαιου και Ζαχαριου R + Ζαχαριου T | θελει] θελησει ℵ^(c.a) ART | om σφοδρα A*^(vid) (hab A^a)   2 εσται εν τη γη R | ευθιων ℵT (ευθειων A)   4 εξανετειλεν (seq ras 4 litt [τοις ut vid] in A) | ευθεσιν RT | οικτειρμων A | δικαιος] + κς ο θς A + ο κυριος R   5 οικτιρμων] οικτειρων A (? R) οικτιρων (? R) T | οικονομηση T

368

ΨΑΛΜΟΙ

6 ⁶ὅτι εἰς τὸν αἰῶνα οὐ σαλευθήσεται· ℵ
   εἰς μνημόσυνον αἰώνιον ἔσται δίκαιος.
7 ⁷ἀπὸ ἀκοῆς πονηρᾶς οὐ φοβηθήσεται·
   ἑτοίμη ἡ καρδία αὐτοῦ ἐλπίζειν ἐπὶ τὸν κύριον.
8 ⁸ἐστήρικται ἡ καρδία αὐτοῦ, οὐ φοβηθήσεται,
   ἕως οὗ ἐφίδῃ τοὺς ἐχθροὺς αὐτοῦ.
9 ⁹ἐσκόρπισεν, ἔδωκεν τοῖς πένησιν,
   ἡ δικαιοσύνη αὐτοῦ μένει εἰς τὸν αἰῶνα τοῦ αἰῶνος·
   τὸ κέρας αὐτοῦ ὑψωθήσεται ἐν δόξῃ.
10 ¹⁰ἁμαρτωλὸς ὄψεται καὶ ὀργισθήσεται,
    τοὺς ὀδόντας αὐτοῦ βρύξει καὶ τακήσεται·
    ἐπιθυμία ἁμαρτωλῶν ἀπολεῖται.

ΡΙΒ´

CXII
(CXIII)   Ἀλληλουιά.
1 Αἰνεῖτε, παῖδες, Κύριον,
   αἰνεῖτε τὸ ὄνομα αὐτοῦ.
2 ²εἴη τὸ ὄνομα Κυρίου εὐλογημένον
   ἀπὸ τοῦ νῦν καὶ ἕως τοῦ αἰῶνος·
3 ³ἀπὸ ἀνατολῶν ἡλίου μέχρι δυσμῶν
   αἰνεῖται τὸ ὄνομα Κυρίου.
4 ⁴ὑψηλὸς ἐπὶ πάντα τὰ ἔθνη ὁ κύριος,
   ἐπὶ τοὺς οὐρανοὺς ἡ δόξα αὐτοῦ.
5 ⁵τίς ὡς Κύριος ὁ θεὸς ἡμῶν;
   ὁ ἐν ὑψηλοῖς κατοικῶν,
6 ⁶καὶ τὰ ταπεινὰ ἐφορῶν
   ἐν τῷ οὐρανῷ καὶ ἐν τῇ γῇ·
7 ⁷ὁ ἐγείρων ἀπὸ γῆς πτωχόν,
   καὶ ἀπὸ κοπρίας ἀνυψῶν πένητα,
8 ⁸τοῦ καθίσαι αὐτὸν μετὰ ἀρχόντων,
   μετὰ ἀρχόντων λαοῦ αὐτοῦ·
9 ⁹ὁ κατοικίζων στεῖραν ἐν οἴκῳ,
   μητέρα τέκνων εὐφραινομένων.

7 τον κυριον] om τον ART   8 ου φοβηθησεται] ου μη φοβηθη ℵ^c.a AT ART
ου μη σαλευθησεται R | εως] pr ετοιμη η καρδια αυτου ελπιζειν επι τον κν ℵ*
(om ℵ^1 c.a) | εφιδη] επιδη AR^vid | τους εχθρους] pr επι ℵ^c.a (ras ℵ^c.b) ART
— Stich 23 ℵ 22 ART   CXII 1 αινειται bis ℵA | Κυριον] pr τον AR |
αυτου] κυ ℵ^c.a ART   3 μεχρι] pr και AR | αινειται ℵ*R^vid] αιναιτον
A αινετον ℵ^c.a T   8 λαου] pr του R   9 τεκνων] επι τεκνοις ℵ^c.a AT |
ευφραινομενη ℵ^c.a edit ευφραινομενην ART — Stich 11 ℵ 17 AT 16 R

א   ΡΙΓ´
                  Ἀλληλουιά.   CXIII
                                                                (CXIV)
¹Ἐν ἐξόδῳ Ἰσραὴλ ἐξ Αἰγύπτου,   1
  οἴκου Ἰακὼβ ἐκ λαοῦ βαρβάρου,
²ἐγενήθη ἡ Ἰουδαία ἁγίασμα αὐτοῦ,   2
  Ἰσραὴλ ἡ ἐξουσία αὐτοῦ.
³ἡ θάλασσα εἶδεν καὶ ἔφυγεν,   3
  ὁ Ἰορδάνης ἐστράφη εἰς τὰ ὀπίσω·
⁴τὰ ὄρη ἐσκίρτησαν ὡς κριοί,   4
  καὶ οἱ βουνοὶ ὡς ἀρνία προβάτων.
⁵τί ἐστιν, θάλασσα, ὅτι ἔφυγες;   5
  καὶ σύ, Ἰορδάνη, ὅτι ἀνεχώρησας εἰς τὰ ὀπίσω;
⁶τὰ ὄρη, ἐσκιρτήσατε ὡς κριοί;   6
⁷ἀπὸ προσώπου Κυρίου ἐσαλεύθη ἡ γῆ,   7
  ἀπὸ προσώπου τοῦ θεοῦ Ἰακώβ,
⁸τοῦ στρέψαντος τὴν πέτραν εἰς λίμνας ὑδάτων   8
  καὶ τὴν ἀκρότομον εἰς πηγὰς ὑδάτων.
⁹μὴ ἡμῖν, Κύριε, μὴ ἡμῖν   9 (1) (CXV)
  ἀλλ᾽ ἢ τῷ ὀνόματί σου δὸς δόξαν
  ἐπὶ τῷ ἐλέει σου καὶ τῇ ἀληθείᾳ σου.
¹⁰μή ποτε εἴπωσιν τὰ ἔθνη   10 (2)
  Ποῦ ἐστιν ὁ θεὸς αὐτῶν;
¹¹ὁ δὲ θεὸς ἡμῶν ἐν τῷ οὐρανῷ ἄνω·   11 (3)
  ἐν τοῖς οὐρανοῖς καὶ ἐπὶ τῆς γῆς
  πάντα ὅσα ἠβούλετο ἐποίησεν.
¹²τὰ εἴδωλα τῶν ἐθνῶν ἀργύριον καὶ χρυσίον,   12 (4)
  ἔργα χειρῶν ἀνθρώπων.

ART   CXIII 1 εξοδου A | οικου] οικοι ℵ   2 η Ιουδαια] om η ℵ^{c.a} ART |
Ισραηλ η εξουσια] Ιηλ εξουσια A* vid (Ιηλ εις εξουσια [sic] Aᵃ) R^{vid} T
3 η θαλασσα] om η R | ιδεν AT | ο Ιορδανη A* (ο Ιορδανης Aᵃ†) Ιορδα-
νης R   4 ως 1°] ωσει ART   5 τι]+σοι ℵ^{c.a} ART | Ιορδανης R |
ανεχωρησας] εστραφης ℵ^{c.a} A (·φη A* -φης Aᵃ) T   6 εσκιρτησατε] pr
οτι ℵ^{c.a} Aᵃ (τα ορη οτι εσκι sup ras) RT | ως] ωσει ℵ^{c.a} ART | κριοι]+και
οι βουνοι ως αρνια προβατων ℵ^{c.a} ART   8 την πετραν] om την R
9 αληθια ℵA   10 τα εθνη] εν τοις εθνεσιν R   11 om ανω εν τοις
ουρανοις ℵ^{c.a} AT (hab ανω εν τω ουρανω R) | επι της γης] εν τη γη ℵ^{c.a} ART |
ηβουλετο] ηθελησεν ℵ^{c.a} ART

370

ΨΑΛΜΟΙ CXIII 26

(5) 13   ¹³στόμα ἔχουσιν καὶ οὐ λαλοῦσιν,   א
      ὀφθαλμοὺς ἔχουσιν καὶ οὐκ ὄψονται·
(6) 14   ¹⁴ὦτα ἔχουσιν καὶ οὐκ ἀκούσονται,
      ῥῖνας ἔχουσιν καὶ οὐκ ὀσφρανθήσονται·
(7) 15   ¹⁵χεῖρας ἔχουσιν καὶ οὐ ψηλαφήσουσιν,
      πόδας ἔχουσιν καὶ οὐ περιπατήσουσιν·
      οὐ φωνήσουσιν ἐν τῷ λάρυγγι αὐτῶν.
(8) 16   ¹⁶ὅμοιοι αὐτοῖς γένοιντο οἱ ποιοῦντες αὐτὰ
      καὶ πάντες οἱ πεποιθότες ἐπ' αὐτοῖς.
(9) 17   ¹⁷οἶκος Ἰσραὴλ ἤλπισεν ἐπὶ Κύριον·
      βοηθὸς αὐτῶν καὶ ὑπερασπιστὴς αὐτῶν ἐστιν.
(10) 18   ¹⁸οἶκος Ἀαρὼν ἤλπισεν ἐπὶ Κύριον·
      βοηθὸς αὐτῶν καὶ ὑπερασπιστὴς αὐτῶν ἐστιν.
(11) 19   ¹⁹οἱ φοβούμενοι τὸν κύριον ἤλπισαν ἐπ' αὐτόν·
      βοηθὸς αὐτῶν καὶ ὑπερασπιστὴς αὐτῶν ἐστιν.
(12) 20   ²⁰Κύριος ἐμνήσθη ἡμῶν καὶ εὐλόγησεν ἡμᾶς,
      εὐλόγησεν τὸν οἶκον Ἰσραήλ,
      εὐλόγησεν τὸν οἶκον Ἀαρών·
(13) 21   ²¹εὐλόγησεν τοὺς φοβουμένους τὸν κύριον,
      τοὺς μικροὺς μετὰ τῶν μεγάλων.
(14) 22   ²²προσθείη Κύριος ἐφ' ὑμᾶς,
      ἐφ' ὑμᾶς καὶ ἐπὶ τοὺς υἱοὺς ὑμῶν·
(15) 23   ²³εὐλογημένοι ὑμεῖς ἐστε τῷ κυρίῳ,
      τῷ ποιήσαντι τὸν οὐρανὸν καὶ τὴν γῆν.
(16) 24   ²⁴ὁ οὐρανὸς τοῦ οὐρανοῦ τῷ κυρίῳ,
      τὴν δὲ γῆν ἔδωκεν τοῖς υἱοῖς τῶν ἀνθρώπων.
(17) 25   ²⁵οὐχ οἱ νεκροὶ αἰνέσουσίν σε, Κύριε,
      οὐδὲ πάντες οἱ καταβαίνοντες εἰς ᾅδου·
(18) 26   ²⁶ἀλλ' ἡμεῖς οἱ ζῶντες εὐλογήσωμεν τὸν κύριον
      ἀπὸ τοῦ νῦν καὶ ἕως τοῦ αἰῶνος.

13 λαλησουσιν ART   15 φωνησωσιν T   16 αυτοις 1°] αυτων ART AT | οι ποιουντες] pr. παντες RT | επ] εν R   17 om αυτων 1° א^{c.a}AT | υπερασπις R (item 18, 19)   18 om αυτων 1° א^{c.a}AT   19 τον κυριον] om τον A | επ αυτον] επι κ͞ν ART | om αυτων 1° א^{c.a}AT   20 εμνησθη ημων και] μνησθεις ημων א^{c.a} (-θις) AT   21 τους φοβουμενους] pr παντας R | των μεγαλων] μεγαλους R   22 υμας 1°] ημας A   23 om εστε (εσται א*) א^{c.a}ART | του ποιησαντος R   24 τω ουρανω AR   25 ουχι T   26 ευλογησομεν R^{for} — Stich 48 א 54 A 51 R 53 T

א

ΡΙΔ´

Ἀλληλουιά.

ΟΧΙV
(CXVI)

Ἠγάπησα ὅτι εἰσακούσεται ὁ θεὸς 1
τῆς φωνῆς τῆς δεήσεώς μου,
²ὅτι ἔκλινεν τὸ οὖς αὐτοῦ ἐμοί, 2
καὶ ἐν ταῖς ἡμέραις αὐτοῦ ἐπεκαλεσάμην.
³περιέσχον με ὠδῖνες θανάτου, 3
κίνδυνοι ᾅδου εὕροσάν με·
θλίψιν καὶ ὀδύνην εὗρον.
⁴καὶ τὸ ὄνομα Κυρίου ἐπεκαλεσάμην 4
Ὦ Κύριε, ῥῦσαι τὴν ψυχήν μου.
⁵ἐλεήμων καὶ δίκαιος ὁ κύριος, 5
καὶ Κύριος ὁ θεὸς ἡμῶν ἐλεᾷ.
⁶φυλάσσων τὰ νήπια ὁ κύριος· 6
ἐταπεινώθην, καὶ ἔσωσέν με.
⁷ἐπίστρεψον, ἡ ψυχή μου, εἰς τὴν ἀνάπαυσίν σου, 7
ὅτι Κύριος εὐηργέτησέν σε·
⁸ὅτι ἐξείλατο τὴν ψυχήν μου ἐκ θανάτου, 8
τοὺς ὀφθαλμούς μου ἀπὸ δακρύων,
καὶ τοὺς πόδας μου ἀπὸ ὀλισθήματος.
⁹εὐαρεστήσω ἐναντίον Κυρίου ἐν χώρᾳ ζώντων. 9

ΡΙΕ´

Ἀλληλουιά.

CXV
(CXVI)

Ἐπίστευσα, διὸ ἐλάλησα· 1 (10)
ἐγὼ δὲ ἐταπεινώθην σφόδρα.
²ἐγὼ εἶπα ἐν τῇ ἐκστάσει μου 2 (11)
Πᾶς ἄνθρωπος ψεύστης.
³τί ἀνταποδώσω τῷ κυρίῳ 3 (12)
περὶ ὧν ἀνταπέδωκέν μοι;

ART   CXIV 1 ο θεος] κϲ אᶜ·ᵃART   2 αυτου 2°] μου אᶜ·ᵃART | επεκαλεσαμην] επικαλεσομαι אᶜ·ᵃAR επικαλεσωμαι T   3 περιεσχον] περιεκυκλωσαν R   4 επεκαλεσαμην] επεκαλεσα Aᵃ επικαλεσομαι R   5 και δικαιος ο κυριος] ο κς και δικ. אᶜ·ᵃAT Κυριος και δικ. R | om κυριος 2° אᶜ·ᵃART | ελεει AT   7 η ψυχη) om η אᶜ·ᵃAT | ευεργετησεν T | σε] με AR   8 εξειλατο] ερρυσατο R   9 εναντιον] ενωπιον אᶜ·ᵃAT — Stich 15 א 18 ART   CXV 2 εγω]+δε RT | ειπα] ειπον T   3 ων] pr παντων אᶜ·ᵃART

ΨΑΛΜΟΙ CXVII 3

(13) 4 ⁴ποτήριον σωτηρίου λήμψομαι,
        καὶ τὸ ὄνομα Κυρίου ἐπικαλέσομαι.
(15) 6 ⁶τίμιος ἐναντίον Κυρίου
        ὁ θάνατος τῶν ὁσίων αὐτοῦ.
(16) 7 ⁷ὢ Κύριε, ἐγὼ δοῦλος σός,
        ἐγὼ δοῦλος σὸς καὶ υἱὸς τῆς παιδίσκης σου·
        διέρρηξας τοὺς δεσμούς μου.
(17) 8 ⁸σοὶ θύσω θυσίαν αἰνέσεως·
(18) 9 ⁹τὰς εὐχάς μου ἀποδώσω τῷ κυρίῳ
        ἐναντίον παντὸς τοῦ λαοῦ αὐτοῦ,
(19) 10 ¹⁰ἐν αὐλαῖς οἴκου Κυρίου,
        ἐν μέσῳ σου, Ἰερουσαλήμ.

PIF'

CXVI
(CXVII)
                Ἀλληλουιά.

1   Αἰνεῖτε τὸν κύριον, πάντα τὰ ἔθνη,
    αἰνεσάτωσαν αὐτὸν πάντες οἱ λαοί·
2   ²ὅτι ἐκραταιώθη τὸ ἔλεος αὐτοῦ ἐφ' ἡμᾶς,
    καὶ ἡ ἀλήθεια τοῦ κυρίου μένει εἰς τὸν αἰῶνα.

PIZ'

CXVII
(CXVIII)
                Ἀλληλουιά.

1   Ἐξομολογεῖσθε τῷ κυρίῳ, ὅτι ἀγαθός,
    ὅτι εἰς τὸν αἰῶνα τὸ ἔλεος αὐτοῦ.
2   ²εἰπάτω δὴ οἶκος Ἰσραὴλ ὅτι ἀγαθός,
    ὅτι εἰς τὸν αἰῶνα τὸ ἔλεος αὐτοῦ·
3   ³εἰπάτω δὴ οἶκος Ἀαρὼν ὅτι ἀγαθός,
    ὅτι εἰς τὸν αἰῶνα τὸ ἔλεος αὐτοῦ.

4 ληψομαι T | επικαλεσωμαι T   7 εγω δουλος σος (2°) και υιος sup ras et ART in mg Aᵃ | διερηξας T   8 σοι] συ T | αινεσεως]+και εν ονοματι κῡ και επικαλεσομαι ℵᶜ·ᵃ + και εν ονοματι κῡ επικαλεσομαι A (και...κῡ sup ras Aᵃ) + και εν ον. κῡ επικαλεσωμαι T   9 τω κω αποδωσω ℵᶜ·ᵃART   9—10 εν αυλαις οικου Κυριου εναντιον παντος του λαου αυτου R   10 κυ (sic) Tᵉᵈⁱᵗ — Stich 14 ℵT 16 A 13 R   CXVI 1 αινεσατωσαν] επαινεσαται ℵᶜ·ᵃT (-τε) 5 (Aᵃ¹⁽ᵐᵍ⁾) επεναισατωσαν A και επαινεσατε R   2 εφ ημας το ελαιος (? ελεος R) αυτου AR | η αληθεια (-θια ℵ)] om η Rᵃ (hab Rᵃ) | του κυριου] om του T — Stich 4 ℵART   CXVII 3 αυτου]+(4) ειπατωσαν δη παντες οι φοβουμενοι τον κν̄| οτι εις τον αιωνα το ελαιος αυτου A ειπατωσαν δη π. οι φοβ. τον κυριον οτι αγαθος οτι εις τ. αιωνα το ελεος αυτου RT

373

ℵ ⁵ἐν θλίψει ἐπεκαλεσάμην τὸν κύριον,
καὶ ἐπήκουσέν μοι εἰς πλατυσμόν.
⁶Κύριος ἐμοὶ βοηθός, οὐ φοβηθήσομαι·
τί ποιήσει μοι ἄνθρωπος;
⁷Κύριος ἐμοὶ βοηθός,
κἀγὼ ἐπόψομαι τοὺς ἐχθρούς μου.
⁸ἀγαθὸν πεποιθέναι ἐπὶ Κύριον
ἢ πεποιθέναι ἐπ' ἄνθρωπον·
⁹ἀγαθὸν ἐλπίζειν ἐπὶ Κύριον
ἢ ἐλπίζειν ἐπ' ἄρχοντας.
¹⁰πάντα τὰ ἔθνη ἐκύκλωσάν με,
καὶ τῷ ὀνόματι Κυρίου ἡμυνάμην αὐτούς·
¹¹κυκλώσαντες ἐκύκλωσάν με,
καὶ τῷ ὀνόματι Κυρίου ἡμυνάμην αὐτούς·
¹²ἐκύκλωσάν με ὡσεὶ μέλισσαι κηρίον,
καὶ ἐξεκαύθησαν ὡσεὶ πῦρ ἐν ἀκάνθαις,
καὶ τῷ ὀνόματι Κυρίου ἡμυνάμην αὐτούς.
¹³ὠσθεὶς ἀνετράπην τοῦ πεσεῖν,
καὶ Κύριος ἀντελάβετό μου.
¹⁴ἰσχύς μου καὶ ὕμνησίς μου ὁ κύριος,
καὶ ἐγένετό μοι εἰς σωτηρίαν.
¹⁵φωνὴ ἀγαλλιάσεως καὶ σωτηρίας ἐν σκηναῖς δικαίων.
δεξιὰ Κυρίου ἐποίησεν δύναμιν,
¹⁶δεξιὰ Κυρίου ὕψωσέν με.
¹⁷οὐκ ἀποθανοῦμαι ἀλλὰ ζήσομαι,
καὶ ἐκδιηγήσομαι τὰ ἔργα Κυρίου.
¹⁸παιδεύων ἐπαίδευσέν με Κύριος,
καὶ τῷ θανάτῳ οὐ παρέδωκέν με.
¹⁹ἀνοίξατέ μοι πύλας δικαιοσύνης·
εἰσελθὼν ἐν αὐταῖς ἐξομολογήσομαι τῷ κυρίῳ.
²⁰αὕτη ἡ πύλη τοῦ κυρίου,
δίκαιοι εἰσελεύσονται ἐν αὐτῇ.

ART   5 εν θλιψει] εκ θλιψαιως AT (-ψεως) | μοι] μου ℵ^{c.a}ART   6 ου] pr και ℵ^{c.a}AT | ποιηση T   7 καγω] και εγω AT   9 αρχοντας ℵ*A^aR] αρχουσιν ℵ^{c.a}A*T   12 ωσει 2°] ως T   13 ωθεις R | Κυριος] pr o ℵ^{c.a}ART | αντιλαβετο R   14 ισχυς] pr η R | υμνησεις A   16 με] + δεξια κυ εποιησεν δυναμιν ℵ^{c.a}ART   17 εκδιηγησομαι] διηγησομαι ℵ^{c.a}RT | Κυριου] pr του R   18 καιδευων ℵ* (παιδ. ℵ^{c.a}) | Κυριος] pr o ART

ΨΑΛΜΟΙ   CXVIII 4

21   ²¹ἐξομολογήσομαί σοι, ὅτι ἐπήκουσάς μου   א
     καὶ ἐγένου μοι εἰς σωτηρίαν.
22   ²²λίθον ὃν ἀπεδοκίμασαν οἱ οἰκοδομοῦντες,
     οὗτος ἐγενήθη εἰς κεφαλὴν γωνίας·
23   ²³παρὰ Κυρίου ἐγένετο αὕτη,
     καὶ ἔστιν θαυμαστὴ ἐν ὀφθαλμοῖς ἡμῶν.
24   ²⁴αὕτη ἡμέρα ἣν ἐποίησεν Κύριος·
     ἀγαλλιασώμεθα καὶ εὐφρανθῶμεν ἐν αὐτῇ.
25   ²⁵ὦ Κύριε, σῶσον δή,
     ὦ Κύριε, εὐόδωσον δή.
26   ²⁶εὐλογημένος ὁ ἐρχόμενος ἐν ὀνόματι Κυρίου·
     εὐλογήκαμεν ὑμᾶς ἐξ οἴκου Κυρίου.
27   ²⁷θεὸς Κύριος καὶ ἐπέφανεν ἡμῖν·
     συστήσασθε ἑορτὴν ἐν τοῖς πυκάζουσιν
     ἕως τῶν κεράτων τοῦ θυσιαστηρίου.
28   ²⁸θεός μου εἶ σύ, καὶ ἐξομολογήσομαί σοι·
     θεός μου εἶ σύ, καὶ ὑψώσω σε·
     ἐξομολογήσομαί σοι, ὅτι ἐπήκουσάς μου
     καὶ ἐγένου μοι εἰς σωτηρίαν.
29   ²⁹ἐξομολογεῖσθε τῷ κυρίῳ, ὅτι ἀγαθός,
     ὅτι εἰς τὸν αἰῶνα τὸ ἔλεος αὐτοῦ.

                        ΡΙΗ´
CXVIII   Ἀλληλουιά.
(CXIX)
1   Μακάριοι ἄμωμοι ἐν ὁδῷ,
     οἱ πορευόμενοι ἐν νόμῳ Κυρίου.
2   ²μακάριοι οἱ ἐξερευνῶντες τὰ μαρτύρια αὐτοῦ,
     ἐν ὅλῃ καρδίᾳ ἐκζητοῦσιν αὐτόν·
3   ³οὐ γὰρ οἱ ἐργαζόμενοι τὴν ἀνομίαν
     ἐν ταῖς ὁδοῖς αὐτοῦ ἐπορεύθησαν.
4   ⁴σὺ ἐνετείλω· τὰς ἐντολάς σου
     φυλάξασθαι σφόδρα.

21 σοι]+Κυριε R   24 ημερα] pr η RT | Κυριος] pr ο ART   26 υμας] ART
υ sup ras Aᵃ¹ (ημ. A*)   27 θεος] pr ο R   28 om συ 1° A* (superscr
Aᵃ¹) | σοι 2°]+Κυριε R — Stich 48 א 59 A 55 R 56 T   CXVIII 1 αμω-
μοι] pr οι ART   2 εξερευνωντες T | εκζητησουσιν אᶜ·ᵈ ART   4 φυ-
λαξασθαι] φυλασσεσθαι A¹ (φυλασεσθ. A*) RT

375

CXVIII 5   ΨΑΛΜΟΙ

ה   ⁵ὄφελον κατευθυνθείησαν αἱ ὁδοί μου   5
   τοῦ φυλάξασθαι τὰ δικαιώματά σου·
  ⁶τότε οὐ μὴ ἐπαισχυνθῶ,   6
   ἐν τῷ με ἐπιβλέπειν ἐπὶ πάσας τὰς ἐντολάς σου.
  ⁷ἐξομολογήσομαί σοι, Κύριε, ἐν εὐθύτητι καρδίας,   7
   ἐν τῷ μεμαθηκέναι με τὰ κρίματα τῆς δικαιοσύνης σου.
  ⁸τὰ δικαιώματά σου φυλάξω,   8
   μή με ἐνκαταλίπῃς ἕως σφόδρα.

  ⁹Ἐν τίνι κατορθώσει ὁ νεώτερος τὴν ὁδὸν αὐτοῦ;   9
   ἐν τῷ φυλάσσεσθαι τοὺς λόγους σου.
  ¹⁰ἐν ὅλῃ καρδίᾳ ἐξεζήτησά σε,   10
   μὴ ἀπώσῃ με ἀπὸ τῶν ἐντολῶν σου.
  ¹¹ἐν τῇ καρδίᾳ μου ἔκρυψα τὰ λόγιά σου,   11
   ὅπως ἂν μὴ ἁμάρτω σοι.
  ¹²εὐλογητὸς εἶ, Κύριε,   12
   δίδαξόν με τὰ δικαιώματά σου.
  ¹³ἐν τοῖς χείλεσίν μου ἐξήγγειλα   13
   πάντα τὰ κρίματα τοῦ στόματός σου·
  ¹⁴ἐν τῇ ὁδῷ τῶν μαρτυρίων σου ἐτέρφθην   14
   ὡς ἐπὶ παντὶ πλούτῳ.
  ¹⁵ἐν ταῖς ἐντολαῖς σου ἀδολεσχήσω,   15
   καὶ ἐκζητήσω τὰς ὁδούς σου·
  ¹⁶ἐν τοῖς δικαιώμασίν σου μελετήσω,   16
   οὐκ ἐπιλήσομαι τῶν λόγων σου.

  ¹⁷Ἀνταπόδος τῷ δούλῳ σου·   17
   ζήσομαι, καὶ φυλάξω τοὺς λόγους σου.
  ¹⁸ἀποκάλυψον τοὺς ὀφθαλμούς μου,   18
   καὶ κατανοήσω τὰ θαυμάσιά σου ἐκ τοῦ νόμου σου.
  ¹⁹πάροικός εἰμι ἐν τῇ γῇ,   19
   μὴ ἀποστρέψῃς ἀπ' ἐμοῦ τὰς ἐντολάς σου.
  ²⁰ἐπεπόθησεν ἡ ψυχή μου τοῦ ἐπιθυμῆσαι   20

ART   6 επαισχυνθω (επεσχ. א*)] αισχυνθω א^(c.a) (εσχ.) RT   7 om Κυριε
א^(c.a)T   8 εγκαταλειπης A ενκαταλειπης T   9 κατορθωση T | ο νεωτερος]
om ο א^(c.a)AT | φυλασσεσθαι] φυλαξασθαι R   10 καρδια]+μου א^(c.a)RT |
απωσης R   12 με] μ sup ras A^a   15 εκζητησω] κατανοησω א^(c.a)ART
17 ανταποδος] adscr β' T^(mg)   18 om σου 1° R | νομοις A   19 ειμι|
pr εγω א^(c.a)ART | αποστρεψης] αποκρυψης א^(c.a)ART

CXVIII 35

εἰς τὰ δικαιώματά σου ἐν παντὶ καιρῷ   נ

21 21 ἐπετίμησας ὑπερηφάνοις·
ἐπικατάρατοι οἱ ἐκκλίνοντες ἀπὸ τῶν ἐντολῶν σου.
22 22 περίελε ἀπ' ἐμοῦ ὄνειδος καὶ ἐξουδένωσιν,
ὅτι τὰ μαρτύριά σου ἐξεζήτησα.
23 23 καὶ γὰρ ἐκάθισαν ἄρχοντες, κατ' ἐμοῦ κατελάλουν·
ὁ δὲ δοῦλός σου ἠδολέσχει ἐν τοῖς δικαιώμασίν σου·
24 24 καὶ γὰρ τὰ μαρτύριά σου μελέτη μού ἐστιν,
καὶ αἱ συμβουλίαι μου τὰ δικαιώματά σου.

25 25 Ἐκολλήθη τῷ ἐδάφει ἡ ψυχή μου·
ζῆσόμαι κατὰ τὸ λόγιόν σου.
26 26 τὰς ὁδούς σου ἐξήγγειλα, καὶ ἐπήκουσάς μου·
δίδαξόν με τὰ δικαιώματά σου,
27 27 καὶ ὁδὸν δικαιωμάτων σου συνέτισόν με,
καὶ ἀδολεσχήσω ἐν τοῖς θαυμασίοις σου.
28 28 ἐνύσταξεν ἡ ψυχή μου ἀπὸ ἀκηδίας,
βεβαίωσόν με ἐν τοῖς λόγοις σου·
29 29 ὁδὸν ἀδικίας ἀπόστησον ἀπ' ἐμοῦ,
καὶ τῷ νόμῳ σου ἐλέησόν με.
30 30 ὁδὸν ἀληθείας ᾑρετισάμην·
τὰ κρίματά σου οὐκ ἐπελαθόμην.
31 31 ἐκολλήθην τοῖς μαρτυρίοις σου·
Κύριε, μή με καταισχύνῃς.
32 32 ὁδὸν ἐντολῶν σου ἔδραμον,
ὅταν ἐπλάτυνας τὴν καρδίαν μου.

33 33 Νομοθέτησόν με, Κύριε, τὴν ὁδὸν τῶν δικαιωμάτων σου,
καὶ ἐκζητήσω αὐτὴν διὰ παντός.
34 34 συνέτισόν με, καὶ ἐκζητήσω τὸν νόμον σου,
καὶ φυλάξω αὐτὸν ἐν ὅλῃ καρδίᾳ μου.
35 35 ὁδήγησόν με ἐν τρίβῳ τῶν ἐντολῶν σου,
ὅτι αὐτὸν ἠθέλησα.

20 om εις אc.aART | δικαιωματα] κριματα אc.aART   23 κατ εμου] ART
pr και אc.aART   24 η συμβουλια אc.aART   25 ζησομαι] ζησω με
ART | το λογιον אA·¹R] τον λογον A*T   27 om και 1° אc.aART |
δικαιωματων] pr των R   33 νομοθετησον] adscr γ´ Tmg | με] μοι R
34 εκζητησω] εξεραυνησω אc.aAR εξερευ. T | αυτον] αυτην R   35 τριβω
pr τη אc.aT | αυτον] αυτην אc.aART

377

ℵ ³⁶κλῖνον τὴν καρδίαν μου εἰς τὰ μαρτύριά σου 36
καὶ μὴ εἰς πλεονεξίαν.
³⁷ἀπόστρεψον τοὺς ὀφθαλμούς μου τοῦ μὴ ἰδεῖν ματαιότητα, 37
ἐν τῇ ὁδῷ σου ζῆσόν με.
³⁸στῆσον τῷ δούλῳ σου εἰς τὸ λόγιόν σου, 38
εἰς τὸν φόβον σου.
³⁹περίελε τὸ ὄνειδός μου ὃ ὑπώπτευσα, 39
τὰ γὰρ κρίματά σου χρηστά.
⁴⁰ἰδοὺ ἐπεθύμησα τὰς ἐντολάς σου· 40
ἐν τῇ δικαιοσύνῃ σου ζῆσόν με.

⁴¹Καὶ ἔλθοι ἐπ' ἐμὲ τὸ ἔλεός σου, Κύριε, 41
τὸ σωτήριόν σου κατὰ τὸ ἔλεός σου·
⁴²καὶ ἀποκριθήσομαι τοῖς ὀνειδίζουσί με λόγον, 42
ὅτι ἤλπισα ἐπὶ τοὺς λόγους σου.
⁴³καὶ μὴ περιέλῃς ἐκ τοῦ στόματός μου λόγον ἀληθείας ἕως 43
σφόδρα,
ὅτι ἐπὶ τὰ κρίματά σου ἐπήλπισα.
⁴⁴καὶ φυλάξω τὸν νόμον σου διὰ παντός, 44
εἰς τὸν αἰῶνα καὶ εἰς τὸν αἰῶνα τοῦ αἰῶνος.
⁴⁵καὶ ἐπορευόμην ἐν πλατυσμῷ, 45
ὅτι τὰς ἐντολάς σου ἐξεζήτησα·
⁴⁶καὶ ἐλάλουν ἐν τοῖς μαρτυρίοις σου ἐναντίον βασιλέων, 46
καὶ οὐκ ᾐσχυνόμην·
⁴⁷καὶ ἐμελέτων ἐν ταῖς ἐντολαῖς σου 47
αἷς ἠγάπησα σφόδρα·
⁴⁸καὶ ἦρα τὰς χεῖράς μου πρὸς τὰς ἐντολάς σου αἷς ἠγάπησας 48
σφόδρα,
καὶ ἠδολέσχουν ἐν τοῖς δικαιώμασίν σου.

⁴⁹Μνήσθητι τὸν λόγον σου τῶν δούλων σου 49
ᾧ ἐπήλπισάς με.

ART   36 την ℵ¹ᶜ·ᵃ (τα ην ℵ*)   38 om εις 1° ℵ¹ART   39 το ονειδος] τον ονιδισμον ℵᶜ·ᵃ ART | ο] ον ℵᶜ·ᵃ ART | τα γαρ] οτι τα ℵᶜ·ᵃ AT   40 ζησον με] ζησομαι R   41 το ελεος (2°)] τον λογον ℵᶜ·ᵃ RT λογιον A   42 ονιδιζουσιν ℵᶜ·ᵃ ART | με] μοι ℵᶜ·ᵃ RT   43 τα κριματα] τοις κριμασιν ℵᶜ·ᵃ ART | εφηλπισα AT   45 τας εντολας] τα μαρτυρια R   47 ηγαπησα ART | om σφοδρα ℵᶜ·ᵃ   48 αις] as ℵ¹ᶜ·ᵃ AT | ηγαπησα ART | om σφοδρα Aᵃ ᵛⁱᵈ RT   49 μνησθητι] adscr δ' Tᵐᵍ | των λογων ℵᶜ·ᵃ | των δουλων] τω δουλω ℵᶜ·ᵃ AR του δουλου T | ω] pr σ R | εφηλπισας AT

ΨΑΛΜΟΙ CXVIII 64

50 ⁵⁰αὕτη με παρεκάλεσεν ἐν τῇ ταπεινώσει μου, ℵ
 ὅτι τὸ λόγιόν σου οὐκ ἐξέκλινα.
52 ⁵²ἐμνήσθην τῶν κριμάτων σου, Κύριε, ἀπ' αἰῶνος
 καὶ παρεκλήθην.
53 ⁵³ἀθυμία κατέσχεν με
 ἀπὸ ἁμαρτωλῶν τῶν ἐνκαταλιμπανόντων τὸν νόμον σου.
54 ⁵⁴ψαλτὰ ἦσάν μοι τὰ δικαιώματά σου
 ἐν τόπῳ παροικίας μου.
55 ⁵⁵ἐμνήσθην ἐν νυκτὶ τὸ ὄνομά σου, Κύριε,
 καὶ ἐφύλαξα τὸν νόμον σου.
56 ⁵⁶αὕτη ἐγενήθη μοι,
 τὰ δικαιώματά σου ἐξεζήτησα.

57 ⁵⁷Μερίς μου, Κύριε·
 εἶπα φυλάξασθαι τὰς ἐντολάς σου.
58 ⁵⁸ἐδεήθην τοῦ προσώπου σου ἐν ὅλῃ καρδίᾳ μου,
 ἐλέησόν με κατὰ τὸ λόγιόν σου.
59 ⁵⁹ὅτι διελογισάμην κατὰ τὰς ὁδούς σου,
 καὶ ἀπέστρεψα τοὺς πόδας μου εἰς τὰ μαρτύριά σου.
60 ⁶⁰ἡτοιμάσθην καὶ οὐκ ἐταράχθην
 φυλάξασθαι τὰς ἐντολάς σου.
61 ⁶¹σχοινία ἁμαρτωλῶν περιεπλάκησάν μοι,
 καὶ τοῦ νόμου σου οὐκ ἐπελαθόμην.
62 ⁶²μεσονύκτιον ἐξηγειρόμην τοῦ ἐξομολογεῖσθαί σοι
 ἐπὶ τὰ κρίματα τῆς δικαιοσύνης σου.
63 ⁶³μέτοχος ἐγώ εἰμι πάντων τῶν φοβουμένων σε
 καὶ φυλασσόντων τὰς ἐντολάς σου.
64 ⁶⁴τοῦ ἐλέους σου, Κύριε, πλήρης πᾶσα ἡ γῆ·
 τὰ δικαιώματά σου, Κύριε, δίδαξόν με.

50 αυται T | παρεκαλεσαν T | ουκ εξεκλινα] εζησεν με ℵ^c.a εζησεν με| (51) ΑΚΤ υπερηφανοι παρηνομουν (παρεν. A) εως σφοδρα| απο δε του νομου σου ουκ εξεκλινα ART   52 απ αιωνος κε ℵ^c.a ART   53 αθυμια] ακηδια R | με] μου R   55 του ονοματος ℵ^c.a ART   56 τα δικ.] pr οτι ℵ^c.a ART 57 μου]+ει ℵ^c.a AR^a T | ειπα] ειπον T | φυλαξασθαι] φυλαξασθε A pr του ℵ^c.a T | τας εντολας] τον νομον ℵ^c.a ART   58 το προσωπον R | το λογιον] om το A   59 om οτι ℵ^c.a AT | om κατα ℵ^c.a RT | επεστρεψα ART 60 φυλαξασθαι] pr του ℵ^c.a ART   62 εξεγειρομην AT (εξεγιρ.) | εξομολογησασθαι AR   63 φυλασσοντων] pr των ℵ^c.a ART   64 το ελεος R | om σου 1° A | Κυριε 1°] κυ A | om πασα ℵ^c.a ART | om Κυριε 2° ℵ^c.a ART

379

ΨΑΛΜΟΙ

⁶⁵Χρηστότητα ἐποίησας μετὰ τοῦ δούλου σου,   65
Κύριε, κατὰ τὸ λόγιόν σου.
⁶⁶χρηστότητα καὶ παιδίαν καὶ γνῶσιν δίδαξόν με,   66
ὅτι ταῖς ἐντολαῖς σου ἐπίστευσα.
⁶⁷πρὸ τοῦ με ταπεινωθῆναι ἐγὼ ἐπλημμέλησα,   67
διὰ τοῦτο τὸ λόγιόν σου ἐγὼ ἐφύλαξα.
⁶⁸χρηστὸς εἶ σύ, Κύριε, καὶ ἐν τῇ χρηστότητί σου   68
δίδαξόν με τὰ δικαιώματά σου.
⁶⁹ἐπληθύνθη ἐπ' ἐμὲ ἀδικία ὑπερηφάνων,   69
ἐγὼ δὲ ἐν ὅλῃ καρδίᾳ μου ἐξεραυνήσω τὰς ἐντολάς σου.
⁷⁰ἐτυρώθη ὡς γάλα ἡ καρδία αὐτῶν,   70
ἐγὼ δὲ τὸν νόμον σου ἐμελέτησα.
⁷¹ἀγαθόν μοι ὅτι ἐταπείνωσάς με,   71
ὅπως ἂν μάθω τὰ δικαιώματά σου.
⁷²ἀγαθόν μοι ὁ νόμος τοῦ στόματός σου   72
ὑπὲρ χιλιάδας χρυσίου καὶ ἀργυρίου.

⁷³Αἱ χεῖρές σου ἔπλασάν με καὶ ἡτοίμασάν με·   73
συνέτισόν με καὶ μαθήσομαι τὰς ἐντολάς σου.
⁷⁴οἱ φοβούμενοί σε ὄψονταί με καὶ εὐφρανθήσονται,   74
ὅτι εἰς τοὺς λόγους σου ἐπήλπισα.
⁷⁵ἔγνων, Κύριε, ὅτι δικαιοσύνη καὶ ἀληθείᾳ   75
τὰ κρίματά σου ἐταπείνωσάν με.
⁷⁶γενηθήτω δὴ τὸ ἔλεός σου τοῦ παρακαλέσαι με   76
καὶ τὸ λόγιόν σου τῷ δούλῳ σου·
⁷⁷ἐλθέτωσάν μοι οἱ οἰκτιρμοί σου καὶ ζήσομαι,   77
ὅτι ὁ νόμος σου μελέτη μοί ἐστιν.
⁷⁸αἰσχυνθήτωσαν ὑπερήφανοι, ὅτι ἀδίκως ἠνόμησαν εἰς ἐμέ·   78
ἐγὼ δὲ ἀδολεσχήσω ἐν ταῖς ἐντολαῖς σου.
⁷⁹ἐπιστρεψάτωσαν οἱ φοβούμενοί σε   79

ART   **65** χρηστοτητα] adscr ε´ T^(me) | το λογιον] τον λογον ℵ^(c.a)T   **66** παιδιαν T   **67** επλημυθ|μελησα (sic) T | om εγω 2° ℵ^(c.a)RT   **69** om συ R   **69** μου] σου ℵ* (improb ℵ¹) | εξερευνησω T   **70** αυτων] αυτονων ℵ* (ου improb ℵ¹) μου R   **72** αγαθον] αγαθος ℵ^(c.a) | σου] μου ℵ* (σου ℵ^(c.a))   **73** αι χειρες] adscr s´ T^(me) | επλασαν]εποιησαν ℵ^(c.a)ART | ητοιμασαν]επλασαν ℵ^(c.a)ART (επλασσαν)   **74** εφηλπισα AT   **75** και αληθεια τα κριματα σου] τα κρ. σου και αληθεια ℵ^(c.a) (·θια ℵ) AT τα κρ. σου και τη αληθεια σου R | εταπινωσας ℵ^(c.a) A (εταπειν.) RT   **76** και] κατα ℵ^(c.a)ART   **77** ελθατωσαν AT | οικτιρμοι A | ζησομαι] ζησον μαι A | μοι 2°] μου ℵ^(c.a)ART   **79** επιστρεψατωσαν] +με ℵ^(c.a)AT +εις εμε R

ΨΑΛΜΟΙ   CXVIII 93

καὶ οἱ γινώσκοντες τὰ μαρτύριά σου.   ℞
80 ⁸⁰γενηθήτω ἡ καρδία μου ἄμωμος ἐν τοῖς δικαιώμασίν σου,
    ὅπως ἂν μὴ αἰσχυνθῶ.

81 ⁸¹Ἐκλείπει εἰς τὸ σωτήριόν σου ἡ ψυχή μου,
    καὶ εἰς τὸν λόγον σου ἐπήλπισα.
82 ⁸²ἐξέλιπον οἱ ὀφθαλμοί μου εἰς τὸ λόγιόν σου,
    λέγοντες Παρεκάλεσάν με.
83 ⁸³ὅτι ἐγενήθην ὡς ἀσκὸς ἐν πάχνῃ·
    τὰ δικαιώματά σου οὐκ ἐπελαθόμην.
84 ⁸⁴πόσαι εἰσὶν αἱ ἡμέραι τοῦ δούλου σου;
    πότε ποιήσεις μοι ἐκ τῶν καταδιωκόντων με κρίσιν;
85 ⁸⁵διηγήσαντό μοι παράνομοι ἀδολεσχίας,
    ἀλλ' οὐχ ὡς ὁ νόμος σου, Κύριε.
86 ⁸⁶πᾶσαι αἱ ἐντολαί σου ἀλήθεια·
    ἀδίκως κατεδίωξάν με, βοήθησόν μοι.
87 ⁸⁷παρὰ βραχὺ συνετέλεσάν με ἐν τῇ γῇ,
    ἐγὼ δὲ οὐκ ἐνκατέλειπον τὰς ἐντολάς σου.
88 ⁸⁸κατὰ τὸ ἔλεός σου ζήσομαι,
    καὶ φυλάξω τὰ μαρτύρια τοῦ στόματός σου.

89 ⁸⁹Εἰς τὸν αἰῶνα, Κύριε,
    ὁ λόγος σου διαμένει ἐν τῷ οὐρανῷ.
90 ⁹⁰εἰς γενεὰν καὶ γενεὰν ἡ ἀλήθειά σου·
    ἐθεμελίωσας τὴν γῆν καὶ διαμένει.
91 ⁹¹τῇ διατάξει σου διαμένει ἡ ἡμέρα,
    ὅτι τὰ σύμπαντα δοῦλά σου.
92 ⁹²εἰ μὴ ὅτι ὁ νόμος σου μελέτη μού ἐστιν,
    τότε ἂν ἀπωλόμην ἐν τῇ ταπεινώσει μου·
93 ⁹³εἰς τὸν αἰῶνα οὐ μὴ ἐπιλάθωμαι τῶν δικαιωμάτων σου,
    ὅτι ἐν αὐτοῖς ἔζησάς με, Κύριε.

80 οπως αν] ινα R   81 εκλειπει] adscr ϛ´ Tᵐᵍ | η ψυχη μου εις το ART σωτ. σου T | om και ℵ^(c.a)AT | τον λογον] τους λογους ℵ^(c.a)T το λογιον R | εφηλπισα AT   82 εξελιπον AT | om λεγοντες παρεκ. με A | παρεκαλεσαν] ποτε παρακαλεσεις ℵ¹RT   83 ως] ωσει AR   84 ποσται R^vid | ποιησης T | om μοι R   85 παρανομοι] αμαρτωλοι R | αδολεσχια R^a (-χιας R^(a(vid))) | ως] ουτως R   88 ζησομε ℵ ζησον με ART | του στομ.] σου στομ. ℵ^a (του ℵ¹)   89 διαμενει ο λ. σου R   90 αληθια ℵA
91 τη διαταξει σου c seqq coniung ART | συνπαντα A | σου 2°] σα ℵ^(c.a)AT
92 ο νομος] om ο R   93 om Κυριε AT

381

ΨΑΛΜΟΙ

א ⁹⁴σός εἰμι, Κύριε, σῶσόν με, 94
ὅτι τὰ δικαιώματά σου ἐξεζήτησα·
⁹⁵τὰ δὲ μαρτύριά σου συνῆκα. 95
⁹⁶πάσης συντελείας εἶδον πέρας, 96
πλατεῖα ἡ ἐντολή σου σφόδρα.

⁹⁷Ὡς ἠγάπησα τὸν νόμον σου, Κύριε· 97
ὅλην τὴν ἡμέραν μελέτη μού ἐστιν.
⁹⁸ὑπὲρ τοὺς ἐχθρούς μου ἐσόφισάς με τὰς ἐντολάς σου, 98
ὅτι εἰς τὸν αἰῶνά·μοί ἐστιν.
⁹⁹ὑπὲρ πάντας τοὺς διδάσκοντάς με συνῆκα, 99
ὅτι τὰ μαρτύριά σου μελέτη μού ἐστιν.
¹⁰⁰ὑπὲρ πρεσβυτέρους συνῆκα, 100
ὅτι τὰς ἐντολάς σου ἐζήτησα.
¹⁰¹ἐκ πάσης ὁδοῦ πονηρᾶς ἐκώλυσα τοὺς πόδας μου, 101
ὅπως ἂν φυλάξω τοὺς λόγους σου·
¹⁰²ἀπὸ τῶν κλιμάτων σου οὐκ ἐξέκλινα, 102
ὅτι σὺ ἐνομοθέτησάς μοι.
¹⁰³ὡς γλυκέα τῷ λάρυγγί μου τὰ λόγιά σου, 103
ὑπὲρ μέλι καὶ κηρίον τῷ στόματί μου.
¹⁰⁴ἀπὸ τῶν ἐντολῶν σου συνῆκα· 104
διὰ τοῦτο ἐμίσησα πᾶσαν ὁδὸν ἀδικίας, ὅτι σὺ ἐνομοθέτησάς
μοι.

¹⁰⁵Λύχνος τοῖς ποσίν μου ὁ νόμος σου, 105
καὶ φῶς ταῖς τρίβοις μου.
¹⁰⁶ὀμώμοκα καὶ ἔστησα 106
τοῦ φυλάξασθαι τὰ κρίματα τῆς δικαιοσύνης σου.
¹⁰⁷ἐταπεινώθην ἕως σφόδρα· 107
Κύριε, ζῆσόν με κατὰ τὸ λόγιόν σου.
¹⁰⁸τὰ ἑκούσια τοῦ στόματός μου εὐλόγησον, Κύριε, 108

ART 94 ειμι]+εγω א^{c.a}ART | om Κυριε א^{c.a}ART 95 τα δε μαρτ.] om δε ART pr εμε υπεμειναν (υπεμιναν א^{c.a} υπεμεινα Α) αμαρτωλοι του ατολεσαι με א^{c.a}ART 96 συντελιας T | ιδον AT | πλατια T 97 ως] adscr η' T^{mg} 98 υπερ] επι R | τας εντολας] την εντολην א^{c.a}ART | μοι] εμοι א^{c.a}R εμη T 100 εξητησα] εξεξητησα ART 102 κλιματων] κριματων א^{c.a}ART | μοι] με AT μου R^{vid} 103 γλυκεια א^{c.a}(? R) γλυκια A(? R)T | om και κηριον א^{c.a}AT 104 om οτι συ ενομοθ. μοι א^{c.a}T | μοι] με AR 106 ομωμοκα] ωμοσα ART 107 το λογιον] τον λογον א^{c.a}AT 108 ευλογησον] ευδοκησον δη א^{c.a}AT ευδοκησον R

ΨΑΛΜΟΙ CXVIII 122

καὶ τὰ κρίματά σου δίδαξόν με. נ

109 ¹⁰⁹ἡ ψυχή μου ἐν ταῖς χερσὶ διὰ παντός,
καὶ τὸν νόμον σου οὐκ ἐπελαθόμην.
110 ¹¹⁰ἔθεντο ἁμαρτωλοὶ παγίδα μοι,
καὶ ἐκ τῶν ἐντολῶν σου οὐκ ἐπλανήθην.
111 ¹¹¹ἐκληρονόμησα τὰ μαρτύριά σου εἰς τὸν αἰῶνα,
ὅτι ἀγαλλίαμα τῆς καρδίας μού εἰσιν·
112 ¹¹²ἔκλινα τὴν καρδίαν μου τοῦ ποιῆσαι τὰ δικαιώματά σου
εἰς τὸν αἰῶνα διὰ παντὸς ἄμειψιν.

113 ¹¹³Παρανόμους ἐμίσησα,
καὶ τὸν νόμον σου ἠγάπησα.
114 ¹¹⁴βοηθός μου καὶ ἀντιλήμπτωρ μου εἶ σύ,
καὶ εἰς τὸν λαόν σου ἤλπισα.
115 ¹¹⁵ἐκκλίνατε ἀπ' ἐμοῦ, οἱ πονηρευόμενοι,
καὶ ἐξεραυνήσω τὰς ἐντολὰς τοῦ θεοῦ μου.
116 ¹¹⁶ἀντιλαβοῦ κατὰ τὸ λόγιόν σου καὶ ζῆσόν με,
καὶ μὴ καταισχύνῃς με ἀπὸ τῆς προσδοκίας μου.
117 ¹¹⁷βοήθησόν μοι καὶ σωθήσομαι,
καὶ μελετήσω ἐν τοῖς δικαιώμασίν σου διὰ παντός.
118 ¹¹⁸ἐξουδένωσας πάντας τοὺς ἀποστατοῦντας ἀπὸ τῶν δικαιωμά-
των σου,
ὅτι ἄδικον τὸ ἐνθύμημα αὐτῶν.
119 ¹¹⁹παραβαίνοντας ἐλογισάμην πάντας τοὺς ἁμαρτωλοὺς τῆς γῆς,
διὰ τοῦτο ἠγάπησα τὰ μαρτύριά σου διὰ παντός.
120 ¹²⁰καθήλωσον ἐκ τοῦ φόβου σου τὰς σάρκας μου,
ἀπὸ γὰρ τῶν κριμάτων σου ἐφοβήθην.

121 ¹²¹Ἐποίησα κρίμα καὶ δικαιοσύνην,
μὴ παραδῷς με τοῖς ἀδικοῦσίν με.
122 ¹²²ἔκδεξαι τὸν δοῦλόν σου εἰς ἀγαθά,
μὴ συκοφαντησάτωσάν με ὑπερήφανοι.

109 χερσι] χερσιν σου ℵ^{c.a}RT χερσιν μου A | του νομου ℵ^{c.a}ART ART
110 εκ] απο R   111 εισιν] εστιν T   112 δια παντος αμειψιν (αμψειν ℵ*)]
δι ανταμειψιν ℵ^{c.a} (-μιψειν) A (-μιμψιν) R^{vid}T (-μιψιν)   113 παρανομους]
adscr θ' T^{mg} | και τον νομον] τον δε ν. ℵ^{c.a}ART   114 συ] σοι A | om
και 2° ℵ^{c.a}AT | τον λαον] τους λογους ℵ^{c.a}AT τον λογον R | ηλπισα] εφηλ-
πισα ℵ^{c.a}AT επηλπισα R   115 οι πονηρευομενοι] om οι ART | εξερευνησω
T   116 αντιλαβου]+μου ℵ^{c.a}ART | ζησον με] ζησομαι RT   119 om
παντας R | om δια παντος ℵ^{c.a}AT   122 αγαθον ART | με] μοι R

383

CXVIII 123 ΨΑΛΜΟΙ

א ¹²³ οἱ ὀφθαλμοί μου ἐξέλιπον εἰς τὸ σωτήριόν σου   123
καὶ εἰς τὸ λόγιον τῆς δικαιοσύνης σου.
¹²⁴ ποίησον μετὰ τοῦ δούλου σου κατὰ τὸ λόγιόν σου,   124
καὶ κατὰ τὰ δικαιώματά σου δίδαξόν με.
¹²⁵ δοῦλός σού εἰμι ἐγώ· συνέτισόν με,   125
καὶ γνώσομαι τὰ μαρτύριά σου.
¹²⁶ καιρὸς τοῦ ποιῆσαι τῷ κυρίῳ·   126
διεσκέδασαν τὸν νομον σου.
¹²⁷ διὰ τοῦτο ἠγάπησα τὰς ἐντολάς σου   127
ὑπὲρ τὸ χρυσίον καὶ τοπάζιον·
¹²⁸ διὰ τοῦτο πρὸς πάσας τὰς ἐντολάς σου κατωρθούμην,   128
πᾶσαν ὁδὸν ἄδικον ἐμίσησα.

¹²⁹ Θαυμαστὰ τὰ μαρτύριά σου,   129
διὰ τοῦτο ἐξηρεύνησεν αὐτὰ ἡ ψυχή μου.
¹³⁰ ἡ δήλωσις τῶν λόγων σου φωτιεῖ,   130
καὶ συνετιεῖ νηπίους.
¹³¹ τὸ στόμα μου ἤνοιξα καὶ ἥλκυσα πνεῦμα,   131
ὅτι τὰς ἐντολάς σου ἐπεπόθουν.
¹³² ἐπίβλεψον ἐπ᾽ ἐμὲ καὶ ἐλέησόν με   132
κατὰ τὸ κρίμα τῶν ἀγαπώντων τὸ ὄνομά σου.
¹³³ τὰ διαβήματά μου κατεύθυνον κατὰ τὸ λόγιόν σου,   133
καὶ μὴ κατακυριευσάτω μου πᾶσα ἀνομία·
¹³⁴ λύτρωσαί με ἀπὸ συκοφαντίας ἀνθρώπων,   134
καὶ φυλάξω τὰς ἐντολάς σου.
¹³⁵ τὸ πρόσωπόν σου ἐπίφανον ἐπὶ τὸν δοῦλόν σου,   135
καὶ δίδαξόν με τὰ δικαιώματά σου.
¹³⁶ διεξόδους ὑδάτων κατέβησαν οἱ ὀφθαλμοί μου,   136
ἐπεὶ οὐκ ἐφύλαξαν τὸν νόμον σου.

¹³⁷ Δίκαιος εἶ, Κύριε,   137
καὶ εὐθὴς ἡ κρίσις σου·

ΑΚΤ   123 εξελειτον AT   124 σου 1°]+κε A | λογιον] ελεος א^c.a RT | om κατα 2° ΑΚΤ   127 σου ΑΚΤ] το א* (om א¹) συ א^c.a | το χρυσιον] om το א^c.a T | τοπαδιον R* (-ζιον R^a)   128 κατορθουμην T   129 δια τουτο] δια του A | εξηραυνησεν AR   131 ηλκυσα] ειλκυσα א^c.a RT (ιλκ.)   132 επιβλεψον] adscr ι´ T^mg | αγαπωντων A   133 om και μη...ανομια A* (subscr A^a)   134 φυλαξαι א* (φυλαξω א¹ ΑΚΤ)   136 κατεβησαν] διεβησαν A | εφυλαξαν] εφυλαξα א^c.a AT   137 ευθεις A | η κρισις] αι κρις (sic) A

384

138 ¹³⁸ἐνετείλω δικαιοσύνην τὰ μαρτύριά σου ℵ
καὶ ἀλήθειαν σφόδρα.
139 ¹³⁹ἐξέτηξέν με ὁ ζῆλος τοῦ οἴκου σου,
ὅτι ἐπελάθοντο τῶν ἐντολῶν σου οἱ ἐχθροί μου.
140 ¹⁴⁰πεπυρωμένον τὸ λόγιόν σου σφόδρα,
καὶ ὁ δοῦλός σου ἠγάπησεν αὐτό.
141 ¹⁴¹νεώτερός εἰμι ἐγὼ καὶ ἐξουδενωμένος·
τὰ δικαιώματά σου οὐκ ἐπελαθόμην.
142 ¹⁴²ἡ δικαιοσύνη σου δικαιοσύνη εἰς τὸν αἰῶνα,
καὶ ὁ λόγος σου ἀλήθεια.
143 ¹⁴³θλίψεις καὶ ἀνάγκη εὕροσάν με·
αἱ ἐντολαί σου μελέτη μου.
144 ¹⁴⁴δικαιοσύνη τὰ μαρτύριά σου εἰς τὸν αἰῶνα·
συνέτισόν με καὶ ζῆσόν με.

145 ¹⁴⁵Ἐκέκραξα ἐν ὅλῃ καρδίᾳ, ἐπάκουσόν μου, Κύριε,
τὰ δικαιώματά σου ἐκζητήσω.
146 ¹⁴⁶ἐκέκραξά σε, σῶσόν με,
καὶ φυλάξω τὰ μαρτύριά σου.
147 ¹⁴⁷προέφθασάν με ἐν ἀωρίᾳ καὶ ἐκέκραξα,
εἰς τοὺς λόγους σου ἐπήλπισα.
148 ¹⁴⁸προέφθασαν οἱ ὀφθαλμοί μου πρὸς σὲ ὀρθροῦν,
τοῦ μελετᾶν τὰ λόγιά σου.
149 ¹⁴⁹τῆς φωνῆς μου ἄκουσον, Κύριε, κατὰ τὸ λόγιόν σου,
κατὰ τὸ κρίμα σου ζῆσόν με.
150 ¹⁵⁰προσήγγισαν οἱ καταδιώκοντές με ἀνομίᾳ,
ἀπὸ δὲ τοῦ νόμου σου ἐμακρύνθησαν.
151 ¹⁵¹ἐγγὺς εἶ, Κύριε,
καὶ πᾶσαι αἱ ὁδοί σου ἀλήθεια.
152 ¹⁵²κατ' ἀρχὰς ἔγνων ἐκ τῶν μαρτυρίων σου,
ὅτι εἰς τὸν αἰῶνα ἐθεμελίωσας αὐτά.

138 αληθεια R   139 εξετηξεν] κατεφαγεν R | om του οικου ℵ^{c.a}A*^{vid} ART (hab A^a) T | εντολων] λογων ℵ^{c.a}RT   141 νεωτερο ℵ* (ς superscr ℵ¹) ! εγω ειμι ART   142 λογος] νομος ℵ^{c.a}ART   143 αναγκαι AT | μευ] +εισιν R   144 ζησον με] ζησομαι T   145 εκεκραξα] adscr ια' T^{mg} | καρδια]+μου ℵ^{c.a}ART   146 σε] σοι ℵ^{c.a}T om R   147 προεφθασαν με] προεφθασα ℵ^{c.a}ART | εφηλπισα AT   148 προς σε ορθρουν] προς ορθρον ℵ^{c.a}AT προς σε ορθρου R   149 λογιον] ελεος ℵ¹A (ελαιος) RT | κατα 2°] pr και R   150 ανομια] αδικως R   151 ει]+συ AT   152 κατ αρχας] απ αρχης R | om εγνων ℵ* (hab ℵ^{c.a}ART)

ℵ ¹⁵³Ἴδε τὴν ταπείνωσίν μου καὶ ἐξελοῦ με, 153
ὅτι τὸν νόμον σου οὐκ ἐπελαθόμην.
¹⁵⁴κρῖνον τὴν κρίσιν μου καὶ λύτρωσαί με· 154
διὰ τὸν λόγον σου ζῆσόν με.
¹⁵⁵μακρὰν ἀπὸ ἁμαρτωλῶν ἡ σωτηρία, 155
ὅτι τὰ δικαιώματά σου οὐκ ἐξεζήτησαν.
¹⁵⁶οἱ οἰκτιρμοί σου πολλοί, Κύριε, σφόδρα· 156
κατὰ τὰ κρίματά σου ζῆσόν με.
¹⁵⁷πολλοὶ οἱ ἐκδιώκοντές με καὶ ἐκθλίβοντές με· 157
ἐκ τῶν μαρτυρίων σου οὐκ ἐξέκλινα.
¹⁵⁸εἶδον ἀσυνθετοῦντας καὶ ἐξετηκόμην, 158
ὅτι τὰ λόγιά σου οὐκ ἐφυλάξαντο.
¹⁵⁹ἴδε ὅτι τὰς ἐντολάς σου ἠγάπησα, Κύριε· 159
ἐν τῷ ἐλέει σου ζῆσόν με.
¹⁶⁰ἀρχὴ τῶν λόγων σου ἀλήθεια, 160
καὶ εἰς τὸν αἰῶνα πάντα τὰ κρίματα τῆς δικαιοσύνης σου.

¹⁶¹Ἄρχοντες κατεδίωξάν με δωρεάν, 161
καὶ ἀπὸ τῶν λόγων σου ἐδειλίασεν ἡ καρδία μου.
¹⁶²ἀγαλλιάσομαι ἐγὼ ἐπὶ τὰ λόγιά σου, 162
ὡς ὁ εὑρίσκων σκῦλα πολλά.
¹⁶³ἀδικίαν ἐμίσησα καὶ ἐβδελυξάμην, 163
τὸν δὲ νόμον σου ἠγάπησα.
¹⁶⁴ἑπτάκις τῆς ἡμέρας ᾔνεσά σοι 164
ἐπὶ τὰ κρίματα τῆς δικαιοσύνης σου.
¹⁶⁵εἰρήνη πολλὴ τοῖς ἀγαπῶσιν τὸν νόμον σου, 165
καὶ οὐκ ἔστιν αὐτοῖς σκάνδαλον.
¹⁶⁶προσεδόκων τὸ σωτήριόν σου, Κύριε, 166
καὶ τὰς ἐντολάς σου ἠγάπησα·
¹⁶⁷καὶ ἐφύλαξεν ἡ ψυχή μου τὰ μαρτύριά σου, 167
καὶ ἠγάπησεν αὐτὰ σφόδρα·

ART 153 του νομου ℵ[c.a]AT 155 η σωτηρια] om η ℵ[c.a]ART | om σου R* (hab R[a]) 156 οικτειρμοι A | πολλαι R[vid] | om σφοδρα ℵ[c.a]ART | τα κριματα] το κριμα ℵ[c.a]ART 157 εκθλιβοντες] θλιβοντες ℵ[c.a]T 158 ιδον AT | ασυνθετουντας] ασυνετουντας ℵ[c.a]ART 159 Κυριε c seqq coniung ART 160 παντα] απαντα R 161 αρχοντες] adscr ιβ′ T[mg] 163 om και ℵ* (hab ℵ[1]) 164 ηνεσα] αινεσω R 165 αγαπωσι T | του νομον] το ονομα A 166 προσεδοκουν A 167 om και 1° ℵ[c.a]ART

ΨΑΛΜΟΙ CXIX 4

168 ¹⁶⁸ἐφύλαξα τὰς ἐντολάς σου καὶ τὰ μαρτύριά σου, ℵ
ὅτι πᾶσαι αἱ ὁδοί μου ἐναντίον σου.

169 ¹⁶⁹Ἐγγισάτω δὴ ἡ δέησίς μου ἐνώπιόν σου, Κύριε, Κύριε·
κατὰ τὸ λόγιόν σου συνέτισόν με.
170 ¹⁷⁰εἰσέλθοι τὸ ἀξίωμά μου ἐνώπιόν σου·
κατὰ τὸ λόγιόν σου ῥῦσαί με.
171 ¹⁷¹ἐξηρεύξαντο τὰ χείλη μου ὕμνον,
ὅταν διδάξῃς με τὰ δικαιώματά σου·
172 ¹⁷²φθέγξαιτο ἡ γλῶσσά μου τὸ λόγιόν σου,
ὅτι πᾶσαι αἱ ἐντολαί σου δικαιοσύνη ἐστίν.
173 ¹⁷³γενέσθω ἡ χείρ σου τοῦ σῶσαί,
ὅτι τὰς ἐντολάς σου ᾑρετισάμην.
174 ¹⁷⁴ἐπεπόθησα τὸ σωτήριόν σου, Κύριε,
καὶ ὁ νόμος σου μελέτη μού ἐστιν.
175 ¹⁷⁵ζήσεται ἡ ψυχή μου καὶ αἰνέσει σε,
καὶ τὰ κρίματά σου βοηθήσει μοι.
176 ¹⁷⁶ἐπλανήθην ὡσεὶ πρόβατον ἀπολωλός·
ζήσον τὸν δοῦλόν σου, ὅτι τὰς ἐντολάς σου οὐκ ἐπελαθόμην.

ΡΙΘ´

CXIX
(CXX) Ὠδὴ τῶν ἀναβαθμῶν.

1 Πρὸς Κύριον ἐν τῷ θλίβεσθαί με ἐκέκραξα, καὶ εἰσήκουσέν
μου.
2 ²Κύριε, ῥῦσαι τὴν ψυχήν μου ἀπὸ χειλέων ἀδίκων καὶ ἀπὸ
γλώσσης δολίας.
3 ³τί δοθείη σοι καὶ τί προστεθείη σοι πρὸς γλῶσσαν δολίαν;
4 ⁴τὰ βέλη τοῦ δυνατοῦ ἠκονημένα σὺν τοῖς ἄνθραξιν τοῖς
ἐρημικοῖς.

168—169 εφυλαξα...σου (4°) sup ras pl litt Aᵃ¹   168 εναντιον] ενω- ART
πιον Aᵃ¹ | σου 3°]+κε ℵᶜ·ᵃAᵃ¹RT   169 om δη ℵᶜ·ᵃAᵃ¹RT | ενωπιον]
εναντιον Aᵃ¹R | om Κυριε 1° Aᵃ¹ | om Κυριε 2° ℵᶜ·ᵃAᵃ¹RT | κατα] pr κ̅ε̅ A
170 σου 1°]+κ̅ε̅ ℵᶜ·ᵃRT | κατα] pr κ̅ε̅ A | λογιον] κριμα A | ρυσαι] ζησον A
171 εξερευξονται AT   172 φθεγξαιτο] φθεγξοιτο ℵᶜ·ᵃ φθεγξεται AR
φθεγξηται T | μου]+Κυριε R | τα λογια ℵᶜ·ᵃRT | om εστιν ℵᶜ·ᵃART
173 γενεσθω] γενηθητω R | σωσαι]+με ART   174 επεποθα ℵ   175 αι-
νεση T | βοηθηση T   176 ωσει] ως ℵᶜ·ᵃART | ζησον] ζητησον ART —
Stich 241 ℵ 330 A 314 R 331 T   CXIX 2 αδικιων R   3 και] η R
4 τη βελη Rᵛⁱᵈ | ηκονωμενα R

387   BB 2

ΨΑΛΜΟΙ

⁵οἴμοι ὅτι ἡ παροικία μου ἐμακρύνθη,   5
κατεσκήνωσα μετὰ τῶν σκηνωμάτων Κηδάρ.
⁶πολλὰ παρῴκησεν ἡ ψυχή μου   6
μετὰ τῶν μισούντων τὴν εἰρήνην. ⁷ἤμην εἰρηνικός·   7
ὅταν ἐλάλουν αὐτοῖς, ἐπολέμουν με δωρεάν.

ΡΚ΄

'Ωδὴ τῶν ἀναβαθμῶν.   CXX (CXXI)

¹Ἦρα τοὺς ὀφθαλμούς μου εἰς τὰ ὄρη· πόθεν ἥξει ἡ βοήθειά 1
μου;
²ἡ βοήθειά μου παρὰ Κυρίου τοῦ ποιήσαντος τὸν οὐρανὸν 2
καὶ τὴν γῆν.
³μὴ δῷς εἰς σάλον τὸν πόδα σου, μηδὲ νυστάξει ὁ φυλάσσων σε. 3
⁴ἰδοὺ οὐ νυστάξει οὐδὲ ἐξυπνώσει ὁ φυλάσσων τὸν Ἰσραήλ. 4
⁵Κύριος φυλάξει σε, Κύριος σκέπη σου ἐπὶ χεῖρα δεξιάν σου· 5
⁶ἡμέρας ὁ ἥλιος οὐκ ἐκκαύσει σε, καὶ ἡ σελήνη τὴν νύκτα. 6
⁷Κύριος φυλάξει σε ἀπὸ παντὸς κακοῦ, φυλάξαι τὴν ψυχήν σου. 7
⁸Κύριος φυλάξει τὴν εἴσοδόν σου καὶ τὴν ἔξοδόν σου ἀπὸ 8
τοῦ νῦν καὶ ἕως τοῦ αἰῶνος.

ΡΚΑ΄

'Ωδὴ τῶν ἀναβαθμῶν· τῷ Δαυείδ.   CXXI (CXXII)

¹Εὐφράνθην ἐπὶ τοῖς εἰρηκόσιν μοι Εἰς οἶκον Κυρίου πορευσό- 1
μεθα·
²ἑστῶτες ἦσαν οἱ πόδες ἡμῶν ἐν ταῖς αὐλαῖς Ἰερουσαλήμ. 2
³Ἰερουσαλὴμ οἰκοδομουμένη ὡς πόλις ἧς ἡ μετοχὴ αὐτῆς ἐπὶ 3
τὸ αὐτό.
⁴ἐκεῖ γὰρ ἀνέβησαν αἱ φυλαὶ Κυρίου, μαρτύριον τοῦ Ἰσραήλ, 4
τοῦ ἐξομολογήσασθαι τῷ ὀνόματι Κυρίου·

ART   5 οιμμοι ℵAT | εμακρυνθη] seq ras 2 vel 3 litt in A   6 την ειρηνην] om την A — Stich 9 ℵ 11 A 10 RT   CXX 2 τον ουραν rescr A¹   3 δωης ℵ^(c-a) AR | νυσταξη T (item 4)   4 εξυπνωσει] υπνωσει ART (-ση)   5 φυλαξη T | δεξιαν ℵA*^vid T] δεξιας A*R 6 ουκ εκκαυσει] ου συνκαυσει ℵ^(c-a) RT (-ση) | και] ουδε ℵ^(c-a) ART   7 φυλαξαι] φυλαξει ART | σου] + ο κ̄ς̄ ℵ^(c-a) AR + κ̄ς̄ T   8 om Κυριος R | φυλαξεις ℵ* (φυλαξει ℵ^(1c-a)) — Stich 8 ℵ 13 ART   CXXI 1 om τω Δαυειδ ART | πορευσωμεθα A(?R)T   2 αυλαις] + σου ℵ^(c-a) ART   3 οικοδομουμενη] κ rescr A¹ pr η R ωκοδομουμ. T | η μετοχη] οι μετοχοι A   4 φυλαι] + φυλαι ℵ^(c-a) T + αι φυλαι AR | κυ μαρτυριον sup ras A^a | του Ισρ.] τω Ισρ. ART

ΨΑΛΜΟΙ CXXIII 3

5 ⁵ὅτι ἐκεῖ ἐκάθισαν θρόνοι εἰς κρίσιν, θρόνοι ἐπὶ οἶκον Δαυείδ, ℵ
6 ⁶καὶ εὐθηνία τοῖς ἀγαπῶσίν σε·
ἐρωτήσατε δὴ τὰ εἰς εἰρήνην τῇ Ἰερουσαλήμ.
7 ⁷γενέσθω δὴ εἰρήνη σου ἐν τῇ δυνάμει σου,
καὶ εὐθηνία ἐν τοῖς πυργοβάρεσίν σου,
8 ⁸ἕνεκα τῶν ἀδελφῶν μου καὶ τῶν πλησίον μου.
ἐλάλουν δὲ εἰρήνην περὶ σοῦ·
9 ⁹ἕνεκα τοῦ οἴκου Κυρίου τοῦ θεοῦ ἡμῶν ἐξεζήτησά σοι.

ΡΚΒ′

CXXII
(CXXIII)
Ὠδὴ τῶν ἀναβαθμῶν.
1 Πρὸς σὲ ἦρα τοὺς ὀφθαλμούς μου, τὸν κατοικοῦντα ἐν τῷ οὐρανῷ.
2 ²ἰδοὺ ὡς ὀφθαλμοὶ δούλων εἰς χεῖρας τῶν κυρίων αὐτῶν,
ὡς ὀφθαλμοὶ παιδίσκης εἰς χεῖρας τῆς κυρίας αὐτῆς,
οὕτως οἱ ὀφθαλμοὶ ἡμῶν πρὸς Κύριον τὸν θεὸν ἡμῶν,
ἕως οὗ οἰκτειρῆσαι ἡμᾶς.
3 ³ἐλέησον ἡμᾶς, Κύριε, ἐλέησον ἡμᾶς,
ὅτι ἐπὶ πολὺ ἐπλήσθημεν ἐξουδενώσεως·
4 ⁴ἐπὶ πλεῖον ἐπλήσθη ἡ ψυχὴ ἡμῶν·
τὸ ὄνειδος τοῖς εὐθηνοῦσιν
καὶ ἡ ἐξουδένωσις τοῖς ὑπερηφάνοις.

ΡΚΓ′

CXXIII
(CXXIV)
Ὠδὴ τῶν ἀναβαθμῶν· τῷ Δαυείδ.
1
2
Εἰ μὴ ὅτι Κύριος ἦν ἐν ἡμῖν, εἰπάτω δὴ Ἰσραήλ, ²εἰ μὴ ὅτι
Κύριος ἦν ἐν ἡμῖν,
3 ἐν τῷ ἐπαναστῆναι ἀνθρώπους ἐφ᾽ ἡμᾶς, ³ἄρα ζῶντας ἂν κατέπιον ἡμᾶς,
ἐν τῷ ὀργισθῆναι τὸν θυμὸν αὐτῶν ἐφ᾽ ἡμᾶς.

5 επι] εν A   6 ερωτησατε δη τα εις ειρ. τη (om τη R την T) Ιερ. ART
και ευθηνια (-νιαν T) τοις αγ. σε ℵ^c·a ART   7 γενεσθω] γενηθητω R |
δη] δε A om R | om σου 1° ART | ταις πυργοβ. ℵ^c·a ART   8 ενεκεν A |
δε] δη T   9 ενεκεν A | ημων] μου RT | εξεζητησα] εξητησα T | σοι] αγαθα
A pr αγαθα ℵ^c·a RT — Stich 13 ℵ 18 AT 17 R   CXXII 2 ως 2°] pr και
R | οικτειρησει (?-ση) R οικτιρηση T   3 επληθυνθημεν] επλησθημεν
ℵ^c·a ART   4 επληθυνθη] επλησθη ART | η ψυχη] η ψυ rescr A¹ —
Stich 10 ℵT 11 A 9 R   CXXIII 1 om τω Δαυειδ ART

CXXIII 4 ΨΑΛΜΟΙ

א ⁴ἄρα τὸ ὕδωρ κατεπόντισεν ἡμᾶς, 4
χείμαρρον διῆλθεν ἡ ψυχὴ ἡμῶν·
⁵ἄρα διῆλθεν ἡ ψυχὴ ἡμῶν τὸ ὕδωρ τὸ ἀνυπόστατον. 5
⁶εὐλογητὸς Κύριος ὃς οὐκ ἔδωκεν ἡμᾶς εἰς θήραν τοῖς ὀδοῦσιν 6
αὐτῶν.
⁷ἡ ψυχὴ ἡμῶν ὡς στρουθίον ἐρρύσθη 7
ἐκ τῆς παγίδος τῶν θηρευόντων·
ἡ παγὶς συνετρίβη, καὶ ἡμεῖς ἐρύσθημεν.
⁸βοήθεια ἡμῶν ἐν ὀνόματι Κυρίου τοῦ ποιήσαντος τὸν οὐρανὸν 8
καὶ τὴν γῆν.

ΡΚΔ´

Ὠδὴ τῶν ἀναβαθμῶν. CXXIV (CXXV)

Οἱ πεποιθότες ἐπὶ Κύριον ὡς ὄρος Σιών· 1
οὐ σαλευθήσεται εἰς τὸν αἰῶνα ὁ κατοικῶν Ἰερουσαλήμ.
²ὄρη κύκλῳ αὐτῆς, καὶ Κύριος κύκλῳ τοῦ λαοῦ αὐτοῦ 2
ἀπὸ τοῦ νῦν καὶ ἕως τοῦ αἰῶνος.
³ὅτι οὐκ ἀφήσει τὴν ῥάβδον τῶν ἁμαρτωλῶν ἐπὶ τὸν κλῆρον 3
τῶν δικαίων,
ὅπως ἂν μὴ ἐκτείνωσιν οἱ δίκαιοι ἐν ἀνομίᾳ χεῖρας αὐτῶν.
⁴ἀγάθυνον, Κύριε, τοῖς ἀγαθοῖς καὶ τοῖς εὐθέσι τῇ καρδίᾳ· 4
⁵τοὺς δὲ ἐκκλίνοντας εἰς τὰς στραγγαλιὰς 5
ἀπάξει Κύριος μετὰ τῶν ἐργαζομένων τὴν ἀνομίαν.
εἰρήνη ἐπὶ τὸν Ἰσραήλ.

ΡΚΕ´

Ὠδὴ τῶν ἀναβαθμῶν. CXXV (CXXVI)

Ἐν τῷ ἐπιστρέψαι Κύριον τὴν αἰχμαλωσίαν Σιὼν 1
ἐγενήθημεν ὡς παρακεκλημένοι.
²τότε ἐπλήσθη χαρᾶς τὸ στόμα ἡμῶν 2
καὶ ἡ γλῶσσα ἡμῶν ἀγαλλιάσεως·

ART **4** υδωρ] + αν א^c.a (ras א^c.b) T **7** ωστρουθιον אA | ερυσθη AT | της παγιδος] om της R | θηρευοντων] υοντων sup ras A^a | ερρυσθημεν R **8** βοηθεια (-θια T)] pr η ART — Stich 11 א 15 AR 13 T   CXXIV **1** Σειων T | Ιερουσαλημ] pr εν R   **2** Κυριος] pr o R   **3** αφησει (-ση T)] + κτ א^c.a RT | αρομαις T   **4** αγαθοις] pr ευθες א* (om א¹)   **5** ταστραγγαλιας A | απαξη T — Stich 10 אT 14 A 11 R   CXXV **1** Σειων T [ωτ] ωσει א^c.a T   **2** χαρα A

ΨΑΛΜΟΙ

τότε ἐροῦσιν ἐν τοῖς ἔθνεσιν   א
Ἐμεγάλυνεν Κύριος τοῦ ποιῆσαι μετ' αὐτῶν.
3 ³ἐμεγάλυνεν Κύριος τοῦ ποιῆσαι μεθ' ἡμῶν,
ἐγενήθημεν εὐφραινόμενοι.
4 ⁴ἐπίστρεψον, Κύριε, τὴν αἰχμαλωσίαν ἡμῶν
ὡς ὁ χειμάρρους ἐν τῷ νότῳ.
5 ⁵οἱ σπείροντες ἐν δάκρυσιν
ἐν ἀγαλλιάσει θεριοῦσιν.
6 ⁶πορευόμενοι ἐπορεύοντο, καὶ ἔκλαιον αἴροντες τὰ σπέρματα
αὐτῶν·
ἐρχόμενοι δὲ ἥξουσιν ἐν ἀγαλλιάσει αἴροντες τὰ δράγματα
αὐτῶν.

PKZ'

CXXVI
(CXXVII)
    Ὠδὴ τῶν ἀναβαθμῶν.
1 Ἐὰν μὴ Κύριος οἰκοδομήσῃ οἶκον, εἰς μάτην ἐκοπίασαν οἱ οἰκο-
δομοῦντες αὐτόν·
ἐὰν μὴ Κύριος φυλάξῃ πόλιν, εἰς μάτην ἠγρύπνησεν ὁ φυ-
λάσσων.
2 ²εἰς μάτην ἐστὶν ὑμῖν τοῦ ὀρθρίζειν,
ἐγείρεσθαι μετὰ τὸ καθῆσθαι,
οἱ ἔσθοντες ἄρτον ὀδύνης,
ὅταν δῷ τοῖς ἀγαπητοῖς αὐτοῦ ὕπνον.
3 ³ἰδοὺ ἡ κληρονομία Κυρίου υἱοί,
ὁ μισθὸς τοῦ καρποῦ τῆς γαστρὸς αὐτῆς.
4 ⁴ὡσεὶ βέλη ἐν χειρὶ δυνατοῦ,
οὕτως οἱ υἱοὶ τῶν ἐκτετιναγμένων.
5 ⁵μακάριος ὃς πληρώσει τὴν ἐπιθυμίαν αὐτοῦ ἐξ αὐτῶν·
οὐ καταισχυνθήσεται, ὅταν λαλῶσι τοῖς ἐχθροῖς αὐτῶν ἐν
πύλῃ.

2—3 om μετ αυτων...του ποιησαι (2°) R   3 του ποιησαι] τι ποιησαι R ART
4 ο χειμαρρους] om ο א$^{c.a}$ 6 αιροντες 1°] βαλλοντες א$^{c.a}$T | αιροντες 2°
(ep. T)] φεροντες R — Stich 14 א 15 AT 12 R   CXXVI 1 ανα-
βαθμων]+τω Σαλωμων R | Κυριος 1°] pr o A | οικοδομησει AR^{vid} | om
αυτον א$^{c.a}$T | Κυριος 2°] pr o A | ηγρυπνισεν T   2 υμιν εστιν א$^{c.a}$ART |
ορθιξιν א | εγειρεσθε R^{vid}T (εγιρ.) | εσθιωντες א$^{c.a}$RT (αισθ.)   3 om
αυτης א$^{c.a}$ART   5 ος] pr ανθρωπος AR | πληρωση T | αυτου] αυτο
R | καταισχυνθησεται] καταισχυνθησονται א$^{c.a}$ (κατεσχ.) T καταισχυνθωσιν
A | λαλωσιν ART | αυτων 2°] αυτου R | πυλη] πυλαις א$^{c.a}$ — Stich 12 א
14 AT 13 R

ΨΑΛΜΟΙ

ΡΚΖ΄

Ὠδὴ τῶν ἀναβαθμῶν.

CXXVII
(CXXVIII)

Μακάριοι πάντες οἱ φοβούμενοι τὸν κύριον, 1
οἱ πορευόμενοι ἐν ταῖς ὁδοῖς αὐτοῦ.
²τοὺς καρποὺς τῶν πόνων σου φάγεσαι, 2
μακάριος εἶ καὶ καλῶς σοι ἔσται.
³ἡ γυνή σου ὡς ἄμπελος εὐθηνοῦσα ἐν τοῖς κλίτεσι τῆς οἰκίας 3
σου·
οἱ υἱοί σου ὡς νεόφυτα ἐλαιῶν κύκλῳ τῆς τραπέζης σου.
⁴ἰδοὺ οὕτως εὐλογηθήσεται ὁ ἄνθρωπος ὁ φοβούμενος τὸν κύριον. 4
⁵εὐλογήσαι σε Κύριος ἐκ Σιών, καὶ ἴδοις τὰ ἀγαθὰ Ἱερουσαλὴμ 5
πάσας τὰς ἡμέρας τῆς ζωῆς σου,
⁶καὶ ἴδοις υἱοὺς τῶν υἱῶν σου. 6
εἰρήνη ἐπὶ τὸν Ἰσραήλ.

ΡΚΗ΄

Ὠδὴ τῶν ἀναβαθμῶν.

CXXVIII
(CXXIX)

Πλεονάκις ἐπολέμησάν με ἐκ νεότητός μου, 1
εἰπάτω δὴ Ἰσραήλ·
²πλεονάκις ἐπολέμησάν με ἐκ νεότητός μου, 2
καὶ γὰρ οὐκ ἠδυνήθησάν μοι.
³ἐπὶ τοῦ νώτου μου ἐτέκταινον οἱ ἁμαρτωλοί, 3
ἐμάκρυναν τὴν ἀνομίαν αὐτῶν·
⁴Κύριος δίκαιος συνέκοψεν αὐχένα ἁμαρτωλῶν. 4
⁵αἰσχυνθήτωσαν καὶ ἀποστραφήτωσαν εἰς τὰ ὀπίσω πάντες οἱ 5
μισοῦντες Σιών·
⁶γενηθήτωσαν ὡς χόρτος δωμάτων, 6
ὃς πρὸ τοῦ ἐκσπασθῆναι ἐξηράνθη·
⁷οὗ οὐκ ἐπλήρωσεν τὴν χεῖρα αὐτοῦ ὁ θερίζων, 7
καὶ τὸν κόλπον αὐτοῦ ὁ τὰ δράγματα συλλέγων·

ART   CXXVII 2 καρπους των πονων] τονους των καρπων ℵ^c.a RT   3 τοις κλιτεσιν A ταις κλιτεσιν ℵ^c.a ταις κλιτεσι RT | νεοφυτα] θ pro ε ℵ*vid 4 ο ανθρωπος] πας ανθρωπος ℵ^c.a T ανθρωπος AR   5 ευλογησει AR^vid ευλογηση T | Σειων AT   6 ιδης ℵ — Stich 11 ℵ 14 A 12 RT CXXVIII 1 ειπατω δη Ιηλ c seqq coniung A   2 εδυνηθησαν A   3 του νωτου] τω νωτου A τον νωτον (?των νωτων) R | om μου A   4 αυχενας ℵ^c.a ART   5 Σειων T   6 ως] ωσει ℵ^c.a AT | δοματων A | εκπασθηναι ℵ* (εκσπ. R^a)   7 συνλεγων A*vid (συλλ. A^a)

ΨΑΛΜΟΙ CXXX 2

8 ⁸καὶ οὐκ εἶπαν οἱ παράγοντες Εὐλογία Κυρίου ἐφ' ἡμᾶς, א
εὐλογήσομεν ὑμᾶς ἐν ὀνόματι Κυρίου.

ΡΚΘ'

CXXIX
(CXXX)

Ὠδὴ τῶν ἀναβαθμῶν.

1 Ἐκ βαθέων ἐκέκραξά σε, Κύριε·
2 ²Κύριε, εἰσάκουσον τῆς φωνῆς μου·
γενηθήτω τὰ ὦτά σου προσέχοντα εἰς τὴν φωνὴν τῆς δεήσεώς
μου.
3 ³ἐὰν ἀνομίας παρατηρήσῃ, Κύριε, Κύριε, τίς ὑποστήσηται;
4 ⁴ὅτι παρὰ σοὶ ὁ ἱλασμός ἐστιν.
5 ἕνεκεν τοῦ ὀνόματός σου ⁵ὑπέμεινα, Κύριε·
ὑπέμεινεν ἡ ψυχή μου εἰς τὸν νόμον αὐτοῦ.
6 ⁶ἤλπισεν ἡ ψυχή μου ἐπὶ τὸν κύριον
ἀπὸ φυλακῆς πρωίας μέχρι νυκτός·
7 ⁷ὅτι παρὰ τῷ κυρίῳ τὸ ἔλεος, καὶ πολλὴ παρ' αὐτῷ λύτρωσις,
8 ⁸καὶ αὐτὸς λυτρώσεται τὸν Ἰσραὴλ ἐκ πασῶν τῶν ἀνομιῶν αὐτοῦ.

ΡΛ'

CXXX
(CXXXI)

Ὠδὴ τῶν ἀναβαθμῶν· τῷ Δαυειδ.

1 Κύριε, οὐχ ὑψώθη μου ἡ καρδία,
οὐδὲ ἐμετεωρίσθησαν οἱ ὀφθαλμοί μου·
οὐδὲ ἐπορεύθην ἐν μεγάλοις
2 οὐδὲ ἐν θαυμασίοις ὑπὲρ ἐμέ, ²εἰ μὴ ἐταπεινοφρόνουν.
καὶ ὕψωσα τὴν ψυχήν μου,
ὡς τὸ ἀπογεγαλακτισμένον ἐπὶ τὴν μητέρα αὐτοῦ,
ἕως ἀνταποδώσεις ἐπὶ ψυχήν μου.

8 ειπον T | ημας] υμας AR | ευλογησομεν] ευλογηκαμεν א^c.a ART ART
— Stich 14 א T 13 A 15 R   CXXIX 1 σε] σοι א^c.a T προς σε R   2 της
φωνης] της προσευχης A την προσευχην R   4 ενεκεν] pr και R | ονο-
ματος] νομου R   5 υπεμεινα]+σε א^c.a ART | νομον αυτου] λογον αυτου
א^c.a λογον σου ART   6 απο φυλακης] pr απο φυλακης πρωιας ελπισατω Ἰηλ
επι τον κν א^c.a | νυκτος]+απο φυλακης πρωιας ελπισατω Ἰηλ επι τον κν
ART   7 ελεος]+εστιν A | αυτω] αυτου R   8 λυτρωσηται T — Stich
11 א 16 A 13 RT   CXXX 1 om τω Δαυειδ T | η καρδια μου T
1—2 ουδε εν θαυμ. υ. ε. ει μη εταπ. ουδε επορ. εν μεγαλοις א* (transp א¹)
2 εταπεινοφορουν A | και] αλλα א^c.a ART | ψυχην 1°] καρδιαν A | εως] ως
א^c.a ART | ανταποδοσεις A ανταποδοσις R^vid T | ψυχην 2°] pr την א^c.a ART

ΨΑΛΜΟΙ CXXX 3

א ³ἐλπισάτω Ἰσραὴλ ἐπὶ τὸν κύριον 3
ἀπὸ τοῦ νῦν καὶ ἕως τοῦ αἰῶνος.

ΡΛΑ΄

Ὠδὴ τῶν ἀναβαθμῶν. CXXXI
(CXXXII)

Μνήσθητι, Κύριε, τοῦ Δαυεὶδ καὶ πάσης τῆς πραΰτητος αὐτοῦ· 1
²ὡς ὤμοσεν τῷ κυρίῳ, ηὔξατο τῷ θεῷ Ἰακώβ 2
³Εἰ εἰσελεύσομαι εἰς σκήνωμα οἴκου μου, 3
εἰ ἀναβήσομαι ἐπὶ κλίνης στρωμνῆς μου,
⁴εἰ δώσω ὕπνον τοῖς ὀφθαλμοῖς μου καὶ τοῖς βλεφάροις μου 4
νυσταγμὸν
καὶ ἀνάπαυσιν τοῖς κροτάφοις μου,
⁵ἕως οὗ εὕρω τόπον τῷ κυρίῳ, σκήνωμα τῷ θεῷ Ἰακώβ. 5
⁶ἰδοὺ ἠκούσαμεν αὐτὴν ἐν Ἐφραθά, 6
εὕρομεν αὐτὴν ἐν ταῖς δασέσι τοῦ δρυμοῦ·
⁷εἰσελεύσομαι εἰς τὰ σκηνώματα αὐτοῦ, 7
προσκυνήσομεν εἰς τὸν τόπον οὗ ἔστησαν οἱ πόδες αὐτοῦ.
⁸ἀνάστηθι, Κύριε, εἰς τὴν ἀνάπαυσίν σου, 8
σὺ καὶ ἡ κιβωτὸς τοῦ ἁγιάσματός σου·
⁹οἱ ἱερεῖς σου ἐνεδύσαντο δικαιοσύνην, 9
καὶ οἱ ὅσιοί σου ἀγαλλιάσονται.
¹⁰ἕνεκεν Δαυεὶδ τοῦ δούλου σου, 10
μὴ ἀποστρέψῃς τὸ πρόσωπον τοῦ χριστοῦ σου.
¹¹ὤμοσεν Κύριος τῷ Δαυεὶδ ἀλήθειαν, καὶ οὐ μὴ ἀθετήσει αὐτήν 11
Ἐκ καρποῦ τῆς κοιλίας σου θήσομαι ἐπὶ τὸν θρόνον σου.
¹²ἐὰν φυλάξωνται οἱ υἱοί σου τὴν διαθήκην μου, 12
καὶ τὰ μαρτύριά μου ταῦτα ἃ διδάξω αὐτούς,
καὶ οἱ υἱοὶ αὐτῶν ἕως αἰῶνος καθιοῦνται ἐπὶ τὸν θρόνον σου.

ART 3 Ιηλ (sic) T^edit — Stich 9 אAT 10 R   CXXXI (ρλε΄ א) 1 του Δαυειδ] τω Δ. R | πραοτητος T   2 ως] ος T   3 ει 1°] η A | εισκηνωμα A | ωμα οικου μου sup ras A^a   4 μου 2°] υοι A* (μου A^a)   5 τω κυριω] τω ω א* (τω κω א¹)   6 Ευφραθα A Ευφρατα R^vid | ευραμεν AT | ταις δασεσι (-σει A)] τοις πεδιοις א^c.a (παιδ.) RT   7 εισελευσομαι (-με א*)] εισελευσομεθα א^c.a AR^vid εισελευσωμεθα T | αυτου 1°] ου sup ras A^a | προσκυνησωμεν AT | τον τοπον] om τον AR   9 ενεδυσαντο] ενδυσονται א^c.a ART | αγαλλιασονται] pr αγαλλιασει A   11 αθετηση T | αυτην] αυτον ART | κοιλιας] οσφυος R | του θρονου א^c.a T   12 οι υιοι (1°)] om οι A | μου 2° (μ sup ras A^b)] σου A* | εως αιωνος καθιουνται] εως του αιωνος καθ. א^c.a RT καθειουνται εως του αιωνος A | τον θρονον] του θρονου א^c.a A^a (sup ras) RT

394

ΨΑΛΜΟΙ CXXXIII 2

13 ¹³ὅτι ἐξελέξατο Κύριος τὴν Σιών, Ν
ᾑρετίσατο αὐτὴν εἰς κατοικίαν ἑαυτῷ·
14 ¹⁴αὕτη ἡ κατάπαυσίς μου εἰς αἰῶνα αἰῶνος·
ὧδε κατοικήσω, ὅτι ᾑρετισάμην αὐτήν.
15 ¹⁵τὴν χήραν αὐτῆς εὐλογῶν εὐλογήσω,
τοὺς πτωχοὺς αὐτῆς χορτάσω ἄρτων·
16 ¹⁶τοὺς ἱερεῖς αὐτῆς ἐνδύσω σωτηρίαν,
καὶ οἱ ὅσιοι αὐτῆς ἀγαλλιάσει ἀγαλλιάσονται.
17 ¹⁷ἐκεῖ ἐξανατελῶ κέρας τῷ Δαυειδ,
ἡτοίμασα λύχνον τῷ χριστῷ σου·
18 ¹⁸τοὺς ἐχθροὺς αὐτοῦ ἐνδύσω αἰσχύνην,
ἐπὶ δὲ αὐτὸν ἐξανθήσει τὸ ἁγίασμά μου.

ΡΛΒ´

CXXXII
(CXXXIII)

Ὠδὴ τῶν ἀναβαθμῶν· τῷ Δαυειδ.

1 Ἰδοὺ δὴ τί καλὸν ἢ τί τερπνόν, ἢ τὸ κατοικεῖν ἀδελφοὺς ἐπὶ τὸ αὐτό;
2 ²ὡς μύρον ἐπὶ κεφαλὴν τὸ καταβαῖνον ἐπὶ πώγωνα,
τὸν πώγωνα τὸν Ἀαρών,
τὸ καταβαῖνον ἐπὶ τὴν ᾤαν τοῦ ἐνδύματος αὐτοῦ·
3 ³ὡς δρόσος Ἀερμὼν ἡ καταβαίνουσα ἐπὶ τὰ ὄρη Σιών·
ὅτι ἐκεῖ ἐνετείλατο Κύριος τὴν εὐλογίαν καὶ ζωὴν ἕως τοῦ αἰῶνος.

ΡΛΓ´

CXXXIII
(CXXXIV)

Ὠδὴ τῶν ἀναβαθμῶν.

1 Ἰδοὺ δὴ εὐλογεῖτε τὸν κύριον, πάντες οἱ δοῦλοι Κυρίου,
οἱ ἑστῶτες ἐν αὐλαῖς οἴκου θεοῦ ἡμῶν·
2 ²ἐν ταῖς νυξὶν ἐπάρατε χεῖρας ὑμῶν εἰς τὰ ἅγια, καὶ εὐλογεῖτε τὸν κύριον.

13 οτι]+εκει A | εξελαξατο ℵ* (εξελεξ. ℵ¹) | Σειων T   14 αιωνα] pr ART του A*ᵛⁱᵈ   15 χηραν] θηραν ℵᶜ·ᵃT | τους πτωχους] pr και R | αρτους R
16 αυτης 2°] αυτου R   17 κερας] pr το R | ητοιμασας A   17—18 χω σου, δυσω αι, ησει τ inst ℵ¹   17 λυχνον τω χρ. σου] τω χω μου λυχνον A
λ. τω χρ. μου RT   18 εξανθηση T — Stich 34 ℵ 39 A 35 R 36 T
CXXXII 1 om τω Δαυειδ A*ᵛⁱᵈT | η 1°] και R | η 2°] pr αλλ ℵᶜ·ᵃ ART
2 κεφαλης ℵᶜ·ᵃRT | επι πωγωνα sup ras pl litt Aᵃ | καταβαινων (2°) ℵ
3 Σειων T | ευλογιαν]+αυτου A | om και ℵᶜ·ᵃT — Stich 6 ℵ 8 ART
CXXXIII 1 δη] νυν R | εν αυλαις] pr εν οικω κυ ℵ¹ART   2 χειρας] pr τας ℵᶜ·ᵃART

395

CXXXIII 3   ΨΑΛΜΟΙ

א ³εὐλογήσει σε Κύριος ἐκ Σιών,   3
ὁ ποιήσας τὸν οὐρανὸν καὶ τὴν γῆν.

P.ΛΔ´
Ἀλληλουιά.   CXXXIV
                         (CXXXV)

Αἰνεῖτε τὸ ὄνομα Κυρίου, αἰνεῖτε δοῦλοι Κύριον,   1
²οἱ ἑστῶτες ἐν οἴκῳ Κυρίου, ἐν αὐλαῖς οἴκου θεοῦ ἡμῶν.   2
³αἰνεῖτε τὸν κύριον, ὅτι ἀγαθὸς Κύριος·   3
ψάλατε τῷ ὀνόματι αὐτοῦ, ὅτι καλόν·
⁴ὅτι τὸν Ἰακὼβ ἐξελέξατο ἑαυτῷ ὁ κύριος,   4
Ἰσραὴλ εἰς περιουσιασμὸν αὐτοῦ.
⁵ὅτι ἔγνων ὅτι μέγας Κύριος,   5
καὶ ὁ κύριος ἡμῶν παρὰ πάντας τοὺς θεούς·
⁶πάντα ὅσα ἠθέλησεν ἐποίησεν ὁ κύριος   6
ἐν τῷ οὐρανῷ καὶ ἐν τῇ γῇ,
ἐν ταῖς θαλάσσαις καὶ ἐν ταῖς ἀβύσσοις·
⁷ἀνάγων νεφέλας ἐξ ἐσχάτου γῆς,   7
ἀστραπὰς εἰς ὑετὸν ἐποίησεν·
ὁ ἐξάγων ἀνέμους ἐκ θησαυρῶν αὐτοῦ.
⁸ὃς ἐπάταξεν τὰ πρωτότοκα Αἰγύπτου   8
ἀπὸ ἀνθρώπου ἕως κτήνους·
⁹ἐξαπέστειλεν σημεῖα καὶ τέρατα ἐν μέσῳ σου, Αἴγυπτε,   9
ἐν Φαραὼ καὶ ἐν πᾶσι τοῖς δούλοις αὐτοῦ.
¹⁰ἐπάταξεν ἔθνη πολλά, καὶ ἀπέκτεινεν βασιλεῖς κραταιούς,   10
¹¹τὸν Σηὼν βασιλέα τῶν Ἀμορραίων,   11
καὶ τὸν Ὢγ βασιλέα τῆς Βασάν,
καὶ πάσας τὰς βασιλείας Χανάαν·
¹²καὶ ἔδωκεν τὴν γῆν αὐτῶν κληρονομίαν,   12
κληρονομίαν Ἰσραὴλ δούλῳ αὐτοῦ.
¹³Κύριε, τὸ ὄνομά σου εἰς τὸν αἰῶνα,   13
Κύριε, τὸ μνημόσυνόν σου εἰς γενεὰν καὶ γενεάν.

ART   3 ευλογησει] ευλογησαι A ευλογηση T | Σειων T — Stich 5 א 8 A 4 R
7 T   CXXXIV 1 Κυριον] pr τον R   3 καλον] ηδυ Aᵃ (sup ras) R
4 Ισλ c praec coniung A†ᵛⁱᵈ | αυτου] εαυτω אᶜ·ᵃ RT   5 οτι]+εγω אᶜ·ᵃ AR |
εγνων] εγνωκα אᶜ·ᵃ T | Κυριος] pr ο R   6 εποιησεν ο κυριος] om ο κ̅ς̅
אᶜ·ᵃ ο κ̅ς̅ εποιησεν AT Κυριος εποιησεν R | αλασσαις א* (θαλ. א¹) | ταις
αβυσσοις] pr πασαις אᶜ·ᵃ T πασιν τοις αβυσσοις R   7 γης] της ART | ο
εξαγων] om ο R | αυτου] αυτων R   8 πρωτοτοα א* (-τοκα א¹)   9 πασιν
ART   10 επαταξεν א¹ (απεκτινεν א*)) pr ος אᶜ·ᵃ ART   13 Κυριε 2°
א*ᶜ·ᵇ AR] και אᶜ·ᵃ T

ΨΑΛΜΟΙ   CXXXV 5

14 ¹⁴οἰκτείρει Κύριος τὸν λαὸν αὐτοῦ, ℵ
καὶ ἐπὶ τοῖς δούλοις αὐτοῦ παρακληθήσεται.
15 ¹⁵τὰ εἴδωλα τῶν ἐθνῶν ἀργύριον καὶ χρυσίον,
ἔργα χειρῶν ἀνθρώπων.
16 ¹⁶στόμα ἔχουσιν καὶ οὐ λαλοῦσιν,
ὀφθαλμοὺς ἔχουσιν καὶ οὐκ ὄψονται·
17 ¹⁷ὦτα ἔχουσιν καὶ οὐκ ἐνωτισθήσονται,
οὐδὲ γάρ ἐστιν πνεῦμα ἐν τῷ στόματι αὐτῶν.
18 ¹⁸ὅμοιοι αὐτοῖς γένοιντο πάντες οἱ ποιοῦντες αὐτὰ
καὶ πάντες οἱ πεποιθότες ἐν αὐτοῖς.
19 ¹⁹οἶκος Ἰσραήλ, εὐλογήσατε τὸν κύριον,
οἶκος Ἀαρών, εὐλογήσατε τὸν κύριον·
20 ²⁰οἶκος Λευεί, εὐλογήσατε τὸν κύριον,
οἱ φοβούμενοι τὸν κύριον, εὐλογήσατε τὸν κύριον.
21 ²¹εὐλογητὸς Κύριος ἐκ Σιών,
ὁ κατοικῶν Ἰερουσαλήμ.

ΡΛΕ′

CXXXV
(CXXXVI)   Ἀλληλουιά.

1 Ἐξομολογεῖσθε τῷ κυρίῳ, ὅτι χρηστός,
ὅτι εἰς τὸν αἰῶνα τὸ ἔλεος αὐτοῦ.
2 ²ἐξομολογεῖσθε τῷ θεῷ τῶν θεῶν,
ὅτι εἰς τὸν αἰῶνα τὸ ἔλεος αὐτοῦ.
3 ³ἐξομολογεῖσθε τῷ κυρίῳ τῶν κυρίων,
ὅτι εἰς τὸν αἰῶνα τὸ ἔλεος αὐτοῦ·
4 ⁴τῷ ποιοῦντι θαυμάσια μεγάλα μόνῳ,
ὅτι εἰς τὸν αἰῶνα τὸ ἔλεος αὐτοῦ·
5 ⁵τῷ ποιήσαντι τοὺς οὐρανοὺς ἐν συνέσει,
ὅτι εἰς τὸν αἰῶνα τὸ ἔλεος αὐτοῦ·

14 οικτειρει (οικτιρι ℵ*)] οτι κρινι ℵc.a οτι κρινει ART | Κυριος τον] ART κs τ rescr A¹   16 λαλουσιν] λαλησουσιν ART   17 ενωτισθησονται] ακουσονται AR+ρινας (ρεινας A) εχουσιν και ουκ οσφρανθησονται| χειρας εχουσιν και ου ψηλαφησουσιν| ποδας εχουσιν και ου περιπατησουσιν| ου φωνησουσιν εν τω λαρυγγι αυτων AR   18 αυτοις 1°] αυτων T | om παντες 1° ℵc.aT | εν] επ ℵc.a ART   19—20 ευλογησατε] ευλογειτε quater R   20 Λευι T   21 ευλογητος] ευλογησει σε R | Σειων T | Ιερουσαλημ] pr εν R — Stich 41 ℵ 51 A 47 R 44 T   CXXXV 1 αλληλουια]+αλληλουια T | χρηστος] αγαθος ℵc.a RT   4 ποιουντι] ποιησαντι ℵc.a AT

ΨΑΛΜΟΙ

א ⁶τῷ στερεώσαντι τὴν γῆν ἐπὶ τὸ ὕδωρ, 6
ὅτι εἰς τὸν αἰῶνα τὸ ἔλεος αὐτοῦ·
⁷τῷ ποιήσαντι φῶτα μεγάλα μόνῳ, 7
ὅτι εἰς τὸν αἰῶνα τὸ ἔλεος αὐτοῦ,
⁸τὸν ἥλιον εἰς ἐξουσίαν τῆς ἡμέρας, 8
ὅτι εἰς τὸν αἰῶνα τὸ ἔλεος αὐτοῦ,
⁹τὴν σελήνην καὶ τὰ ἄστρα εἰς ἐξουσίαν τῆς νυκτός, 9
ὅτι εἰς τὸν αἰῶνα τὸ ἔλεος αὐτοῦ·
¹⁰τῷ πατάξαντι Αἴγυπτον σὺν τοῖς πρωτοτόκοις αὐτῶν, 10
ὅτι εἰς τὸν αἰῶνα τὸ ἔλεος αὐτοῦ·
¹¹καὶ ἐξαγαγόντι Ἰσραὴλ ἐκ μέσου αὐτῶν, 11
ὅτι εἰς τὸν αἰῶνα τὸ ἔλεος αὐτοῦ,
¹²ἐν χειρὶ κραταιᾷ καὶ ἐν βραχίονι ὑψηλῷ, 12
ὅτι εἰς τὸν αἰῶνα τὸ ἔλεος αὐτοῦ·
¹³τῷ καταδιελόντι τὴν ἐρυθρὰν θάλασσαν εἰς διαιρέσεις, 13
ὅτι εἰς τὸν αἰῶνα τὸ ἔλεος αὐτοῦ·
¹⁴καὶ διαγαγόντι τὸν Ἰσραὴλ ἐν μέσῳ αὐτῆς, 14
ὅτι εἰς τὸν αἰῶνα τὸ ἔλεος αὐτοῦ·
¹⁵καὶ ἐκτινάξαντι Φαραὼ καὶ τὴν δύναμιν αὐτοῦ εἰς θάλασσαν 15
ἐρυθράν,
ὅτι εἰς τὸν αἰῶνα τὸ ἔλεος αὐτοῦ·
¹⁶τῷ διαγαγόντι τὸν λαὸν αὐτοῦ ἐν ἐρήμῳ, 16
ὅτι εἰς τὸν αἰῶνα τὸ ἔλεος αὐτοῦ·
¹⁷τῷ πατάξαντι βασιλεῖς μεγάλους, 17
ὅτι εἰς τὸν αἰῶνα τὸ ἔλεος αὐτοῦ·
¹⁸καὶ ἀποκτείναντι βασιλεῖς κραταιούς, 18
ὅτι εἰς τὸν αἰῶνα τὸ ἔλεος αὐτοῦ,
¹⁹τὸν Σηὼν βασιλέα τῶν Ἀμορραίων, 19
ὅτι εἰς τὸν αἰῶνα τὸ ἔλεος αὐτοῦ,
²⁰καὶ τὸν Ὢγ βασιλέα τῆς Βασάν, 20
ὅτι εἰς τὸν αἰῶνα τὸ ἔλεος αὐτοῦ·

ART   6 το υδωρ] των υδατων א^{c.a}AT τα υδατα R | αυτου] υ 1° inst A' 7 λα μονω| οτι εις τον αιωνα το ελεος αυτου sup ras pl litt A^a 9 τα αστρα] τους αστερας א^{c.a}T   11 Ισραηλ] pr τον א^{c.a}ART   14 εν μεσω] δια μεσου א^{c.a}AT εκ μεσου R | αυτης] ης sup ras A^a   15 και εκτιναξαντι] τω εκτιν. A | αυτου 1°] του rescr A¹ | οτι εις τον αιωνα το ελεος αυτου A^{a(mg)} 16—17 τω διαγαγοντι...τω ταταξαντι sup ras A^a   16 ερημω] pr τη א^{c.a}A^aRT | αυτου 2°]+και εξαγαγοντι υδωρ εκ πετρας ακροτομου| οτι εις τον αιωνα το ελεος αυτου R

ΨΑΛΜΟΙ　　　　　　　　　　　　CXXXVI 7

21 ²¹καὶ δόντι τὴν γῆν αὐτῶν κληρονομίαν,　　　　　א
   ὅτι εἰς τὸν αἰῶνα τὸ ἔλεος αὐτοῦ,
22 ²²κληρονομίαν Ἰσραὴλ δούλῳ αὐτοῦ,
   ὅτι εἰς τὸν αἰῶνα τὸ ἔλεος αὐτοῦ.
24 ²⁴καὶ ἐλυτρώσατο ἡμᾶς ἐκ χειρὸς ἐχθρῶν ἡμῶν,
   ὅτι εἰς τὸν αἰῶνα τὸ ἔλεος αὐτοῦ·
25 ²⁵ὁ διδοὺς τροφὴν πάσῃ σαρκί,
   ὅτι εἰς τὸν αἰῶνα τὸ ἔλεος αὐτοῦ.
26 ²⁶ἐξομολογεῖσθε τῷ κυρίῳ τοῦ οὐρανοῦ,
   ὅτι εἰς τὸν αἰῶνα τὸ ἔλεος αὐτοῦ.

PΛΓ′

CXXXVI
(CXXXVII)　　　　　　Τῷ Δαυείδ.

1 Ἐπὶ τῶν ποταμῶν Βαβυλῶνος ἐκεῖ ἐκαθίσαμεν, καὶ ἐκλαύσαμεν
  ἐν τῷ μνησθῆναι ἡμᾶς τῆς Σιών·
2 ²ἐπὶ ταῖς ἰτέαις ἐν μέσῳ αὐτῆς ἐκρεμάσαμεν τὰ ὄργανα ἡμῶν.
3 ³ὅτι ἐκεῖ ἠρώτησαν ἡμᾶς οἱ αἰχμαλωτεύσαντες ἡμᾶς λόγους
  ᾠδῶν,
  καὶ οἱ ἀπαγαγόντες ἡμᾶς Ὑμνήσατε ἡμῖν ἐκ τῶν ᾠδῶν Σιών.
4 ⁴πῶς ᾄσωμεν τὴν ᾠδὴν Κυρίου ἐπὶ γῆς ἀλλοτρίας;
5 ⁵ἐὰν ἐπιλάθωμαί σου, Ἰερουσαλήμ, ἐπιλησθείη ἡ δεξιά μου·
6 ⁶κολληθείη ἡ γλῶσσά μου τῷ λάρυγγί μου, ἐὰν μή σου
  μνησθῶ,
  ἐὰν μὴ προανατάξωμαι τὴν Ἰερουσαλὴμ ἐν ἀρχῇ τῆς εὐφρο-
  σύνης μου.
7 ⁷μνήσθητι, Κύριε, τῶν υἱῶν Ἐδὼμ τὴν ἡμέραν Ἰερουσαλήμ,
  τῶν λεγόντων Ἐκκενοῦτε, ἐκκενοῦτε, ἕως ὁ θεμέλιος ἐν αὐτῇ.

21 δοντι] εδωκεν R　　22 δουλω] λαω ℵ^{c.a}T | αυτου 2°]+(23) οτι εν τη ΑRT ταπεινωσει (ταπιν. ℵ^{c.a}T) ημων εμνησθη ημων ο κ̅ς̅ οτι εις τον αιωνα το ελεος (ελαιος A) αυτου ℵ^{c.a}ART　　24 om χειρος AT | εχθρων] pr των ART 26 κυριω] θω̅ ℵ^{c.a}RT — Stich 25 ℵ 51 A 54 R 52 T　　　CXXXVI 1 Σειων T　　2 εκρεμασαμεν] pr εκει A　　3 ηρωτησαν] επηρωτησαν ℵ^{c.a}ART | αιχμαλωτευσαντες] εκχμαλωτευοντες A | ημας 3°] η sup ras A^a (υμας A*) +υμων| ΑΤ | υμνησατε] υμνον ασατε ℵ^{c.a}R ασατε AT (inc stich) | Σειων T　　5 επιλαθωμαι] επιλαθωμεν A* (επιλαθωμε A¹) | επιλησθειη]+μου R 6 λαρυγγι] post γ 1° ras 2 litt (forte γι) A¹ | προανταξωμεν A* (-ξωμε A¹) | εν αρχη] pr ως ℵ^{c.a}　　7 την ημεραν] εν ημερα R | εκκενουται bis A(?R) T | εως]+ου AR | ο θεμελιος εν αυτη] των θεμελιων αυτης ℵ^{c.a}T θεμελιων αυτης R

CXXXVI 8   ΨΑΛΜΟΙ

(א)(B)   ⁸θυγάτηρ Βαβυλῶνος ἡ ταλαίπωρος,   8
μακάριος ὃς ἀνταποδώσει σοι τὸ ἀνταπόδομά σου ὃ ἀντα-
πέδωκας ἡμῖν·
⁹μακάριος ὃς κρατήσει καὶ ἐδαφιεῖ τὰ νήπιά σου πρὸς τὴν 9
πέτραν.

                  ΡΛΖ'

              Τῷ Δαυείδ.   CXXXVII
                                                      (CXXXVIII)
¹Ἐξομολογήσομαί σοι, Κύριε, ἐν ὅλῃ καρδίᾳ μου,   1
ὅτι ἤκουσας τὰ ῥήματα τοῦ στόματός μου·
καὶ ἐναντίον ἀγγέλων ψαλῶ σοι.
²προσκυνήσω πρὸς ναὸν ἅγιόν σου, καὶ ἐξομολογήσομαι τῷ ὀνό- 2
ματί σου
ἐπὶ τῷ ἐλέει σου καὶ τῇ ἀληθείᾳ σου,
ὅτι ἐμεγάλυνας ἐπὶ πᾶν ὄνομα τὸ ἅγιόν σου.
³ἐν ᾗ ἂν ἡμέρᾳ ἐπικαλέσωμαι, ταχὺ ἐπάκουσόν μου·   3
πολυωρήσεις με ἐν ψυχῇ μου ἐν δυνάμει πολλῇ.
⁴ἐξομολογησάσθωσάν σοι, Κύριε, πάντες οἱ βασιλεῖς τῆς γῆς,   4
ὅτι ἤκουσαν πάντα τὰ ῥήματα τοῦ στόματός σου·
⁵καὶ ᾀσάτωσαν ἐν ταῖς ὁδοῖς Κυρίου,   5
ὅτι ἡ δόξα Κυρίου μεγάλη·
⁶ὅτι ὑψηλὸς Κύριος, καὶ τὰ ταπεινὰ ἐφορᾷ,   6
§B   ⁱκαὶ τὰ ὑψηλὰ ἀπὸ μακρόθεν γινώσκει.
⁷ἐὰν πορευθῶ ἐν μέσῳ θλίψεως, ζήσεις με·   7
ἐπ' ὀργὴν ἐχθρῶν ἐξέτεινας χεῖράς μου,
καὶ ἔσωσέν με ἡ δεξιά σου.
⁸Κύριε, ἀνταποδώσεις ὑπὲρ ἐμοῦ·   8

ART   8 θυγατηρ pr η R^vid — Stich 14 א 16 ART   CXXXVII 1 τω Δαυειδ]+Ζαχαριου A+Ζαχαριας T | om οτι ηκουσας...στομ. μου A | και εναντιον αγγ. ψ. σοι| οτι ηκ. τα ρ. του στ. μου א^{c.a}T | ηκουσας] εισηκουσας R   2 προς] προ R^{edit} | εξομολογησομαι τω] ι τ rescr A¹ | παν] παντας ART | ονομα] pr το א^{c.a}ART | το αγιον σου] σου το αγιον σου A* (ras σου 2° A¹)   3 αν rescr A¹ | επικαλεσωμαι (-σομαι A)]+σε א^{c.a}ART | πολυωρησης T | om εν 3° א^{c.a}T | δυναμει]+σου T | om πολλη א^{c.a}ART   4 βασιλεις] ασιλ sup ras A^{a1}   5 οδοις Κυριου] ωδαις σου κε T | μεγαλη η δοξα κυ א^{c.a}ART   7 εν] ν sup ras A^{a1} | ζησεις] ζωσις A ζησης T | εχθρων]+μου א^{c.a}A*RT | εξετεινας B א^{c.a}A*RT] εξετεινα א*A* fort | χειρας] την χειρα R χειρα T | μου] σου א^{c.a} (σοι א* vid) ART   8 Κυριε 1°] κς א¹AT | ανταποδωσει A ανταποδωση T | εμου] εμε R

ΨΑΛΜΟΙ   CXXXVIII 13

Κύριε, τὸ ἔλεός σου εἰς τὸν αἰῶνα,   B
Κύριε, τὰ ἔργα τῶν χειρῶν σου μὴ παρῇς.

                       ΡΛΗ'
CXXXVIII   Εἰς τὸ τέλος· ψαλμὸς τῷ Δαυείδ.
(CXXXIX)
1   Κύριε, ἐδοκίμασάς με καὶ ἔγνως με·
2   ²σὺ ἔγνως τὴν καθέδραν μου καὶ τὴν ἔγερσίν μου,
     σὺ συνῆκας πάντας τοὺς διαλογισμούς μου ἀπὸ μακρόθεν·
3   ³τὴν τρίβον μου καὶ τὴν σχοῖνόν μου ἐξιχνίασας,
     καὶ πάσας τὰς ὁδούς μου προεῖδες,
4   ⁴ὅτι οὐκ ἔστιν λόγος ἄδικος ἐν γλώσσῃ μου·
5   ἰδού, Κύριε, σὺ ἔγνως πάντα ⁵τὰ ἔσχατα καὶ τὰ ἀρχαῖα·
     σὺ ἔπλασάς με καὶ ἔθηκας ἐπ' ἐμὲ τὴν χεῖρά σου.
6   ⁶ἐθαυμαστώθη ἡ γνῶσίς σου ἐξ ἐμοῦ·
     ἐκραταιώθη, οὐ μὴ δύνωμαι πρὸς αὐτήν.
7   ⁷ποῦ πορευθῶ ἀπὸ τοῦ πνεύματός σου;
     καὶ ἀπὸ τοῦ προσώπου σου ποῦ φύγω;
8   ⁸ἐὰν ἀναβῶ εἰς τὸν οὐρανόν, σὺ εἶ ἐκεῖ·
     ἐὰν καταβῶ εἰς τὸν ᾅδην, πάρει·
9   ⁹ἐὰν ἀναλάβω τὰς πτέρυγάς μου κατ' ὀρθὸν
     καὶ κατασκηνώσω εἰς τὰ ἔσχατα τῆς θαλάσσης,
10   ¹⁰καὶ γὰρ ἐκεῖ ἡ χείρ σου ὁδηγήσει με,
     καὶ καθέξει με ἡ δεξιά σου.
11   ¹¹καὶ εἶπα Ἄρα σκότος καταπατήσει με,
     καὶ νὺξ φωτισμὸς ἐν τῇ τρυφῇ μου·
12   ¹²ὡς τὸ σκότος αὐτῆς, οὕτως καὶ τὸ φῶς αὐτῆς.
13   ¹³ὅτι σὺ ἐκτήσω τοὺς νεφρούς μου, Κύριε,

8 om Κυριε 3° ℵ^{c.a}AT | παρῃς] παριδῃς ℵAT ενπαριδῃς R — Stich 20 ℵART
ℵAR 21 T   CXXXVIII 1 ψαλμος τω Δαυειδ] τω Δαδ ψαλμος A+Ζα-
χαριου A+εν τη διασπορᾳ A^{a(mg)} τω Δ. ψ. Z. εν τη δ. T   2 om ταυτας
ℵ^{c.a}ART | ante μου 3° ras 1 lit (σ ut vid) A¹   3 εξιχνιασας] pr συ ℵA
(σ rescr A^a) RT | προειδες B^{ab}A   4 λογος αδικος] δολος ℵ^{c.a}RT   5 αρ-
χαια Bℵ^{c.a}ART] δικαια ℵ*   6 αυτον ℵ* (αυτην ℵ¹)   7 που απο πρ.
σου φυγω ℵ* (που φ. απο πρ. σου ℵ^{c.a})   8 ει εκει] εκει ει ℵ^{c.a}RT   9 εαν]
ει R | αναλαβω] λαβοιμι ℵ* αναλαβοιμι ℵ^{c.a}T αναλαβω μοι R^{vid} | ορθον]
ορθρον A (o 2° rescr A¹) RT | τας εσχ. A^a (ras s A¹)   10 οδηγηση T |
καθεξη T   11 ειπον T | καταπατηση T   12 ως] pr οτι το (om το
ℵRT) σκοτος ου σκοτισθησεται απο σου | και νυξ ως ημερα φωτισθησεται
B^{ab mg inf}ℵRT pr οτι το σκοτος ου σκοτισθησεται απο σου A   13 om συ A*
(superscr A^a) | κε εκτησω τους νεφρους μου ℵ* (om κε ℵ^{c.a})

SEPT. II.   401   CC

CXXXVIII 14

B ἀντελάβου μου ἐκ γαστρὸς μητρός μου.

14 ἐξομολογήσομαί σοι, ὅτι φοβερῶς ἐθαυμαστώθης· 14
θαυμάσια τὰ ἔργα σου, καὶ ἡ ψυχή μου γινώσκει σφόδρα.

15 οὐκ ἐκρύβη τὸ ὀστοῦν μου ἀπὸ σοῦ, ὃ ἐποίησας ἐν κρυφῇ, 15
καὶ ἡ ὑπόστασίς μου ἐν τοῖς κατωτάτω τῆς γῆς·

16 τὸ ἀκατέργαστόν σου εἴδοσαν οἱ ὀφθαλμοί μου, 16
καὶ ἐπὶ τὸ βιβλίον σου πάντες γραφήσονται·
ἡμέρας πλασθήσονται, καὶ οὐδεὶς ἐν αὐτοῖς.

17 ἐμοὶ δὲ λίαν ἐτιμήθησαν οἱ φίλοι σου, ὁ θεός· 17
λίαν ἐκραταιώθησαν αἱ ἀρχαὶ αὐτῶν·

18 ἐξαριθμήσομαι αὐτοὺς καὶ ὑπὲρ ἄμμον πληθυνθήσονται· 18
ἐξηγέρθην, καὶ ἔτι εἰμὶ μετὰ σοῦ.

19 ἐὰν ἀποκτείνῃς ἁμαρτωλούς, ὁ θεός· 19
ἄνδρες αἱμάτων, ἐκκλίνατε ἀπ' ἐμοῦ.

20 ὅτι ἐρεῖς εἰς διαλογισμόν· 20
λήμψονται εἰς ματαιότητα τὰς πόλεις σου.

21 οὐχὶ τοὺς μισοῦντάς σε, Κύριε, ἐμίσησα, 21
καὶ ἐπὶ τοῖς ἐχθροῖς σου ἐξετηκόμην;

22 τέλειον μῖσος ἐμίσουν αὐτούς, 22
εἰς ἐχθροὺς ἐγένοντό μοι.

23 δοκίμασόν με, ὁ θεός, καὶ γνῶθι τὴν καρδίαν μου· 23
ἔτασόν με καὶ γνῶθι τὰς τρίβους μου·

24 καὶ ἴδε εἰ ἴδες ἀνομίας ἐν ἐμοί, 24
καὶ ὁδήγησόν με ἐν ὁδῷ αἰωνίᾳ.

ΡΛΘ'

Εἰς τὸ τέλος· τῷ Δαυεὶδ ψαλμός.   CXXXIX (CXL)

2 Ἐξελοῦ με, Κύριε, ἐξ ἀνθρώπου πονηροῦ, 2
ἀπὸ ἀνδρὸς ἀδίκου ῥῦσαί με,

ℵART 13 αντελαβου] αντελ sup ras B^vid | μητρος] pr της R   14 σοι]+Κυριε R |
εθαυμαστωθην ℵ* (-θης ℵ^c.a)   15 κατωτατοις ℵART   16 σου 1°] μου
ℵ^c.a RT | ειδοσαν] ειδαν B^ab ℵ^c.a ιδον T | μου] σου ℵ^c.a RT | πλιασθησονται
T* (ι 1° ras T')] ουθεις AT   18 σου]+εγω ℵ* (om ℵ^c.a)   19 απο-
κτενης R (nisi potius -νεις) | εξαμαρτωλους ℵ* (αμ. ℵ^c.a)   20 ερεις
(ερις B^ab)] ερεισται εσται ℵ^c.a ερισται εστε T ερειτε R | εις διαλογισμον] εις
διαλογισμους ℵ^c.a T εν διαλογισμω R | εις ματαιοτητα] εν ματαιοτητι R
21 τους εχθρους RT   23 δοκιμασον] pr δοκιμασον με και γνωθι τας
τριβους μου ℵ* (om ℵ^c.a [prius superscr o θῖ post με]) | ο θεος] κε ART
24 ιδε] ειδε ℵA | ει] η A | ιδες] ειδες B^ab ℵ*A οδον ℵ^c.a RT | ανομιας] pr οδον
A — Stich 46 B 48 ℵT 47 AR   CXXXIX 1 ψαλμος τω Δαδ ART

ΨΑΛΜΟΙ   CXXXIX 14

3 ³οἵτινες ἐλογίσαντο ἀδικίας ἐν καρδίᾳ, B
ὅλην τὴν ἡμέραν παρετάσσοντο πολέμους·
4 ⁴ἠκόνησαν γλῶσσαν αὐτῶν ὡσεὶ ὄφεως,
ἰὸς ἀσπίδων ὑπὸ τὰ χείλη αὐτῶν.   διάψαλμα.
5 ⁵φύλαξόν με, Κύριε, ἐκ χειρὸς ἁμαρτωλοῦ,
ἀπὸ ἀνθρώπων ἀδίκων ἐξελοῦ με,
οἵτινες ἐλογίσαντο ὑποσκελίσαι τὰ διαβήματά μου·
6 ⁶ἔκρυψαν ὑπερήφανοι παγίδα μοι,
καὶ σχοινία διέτειναν, παγίδας τοῖς ποσίν μου·
ἐχόμενα τρίβου σκάνδαλον ἔθεντό μοι.   διάψαλμα.
7 ⁷εἶπα τῷ κυρίῳ Θεός μου εἶ σύ·
ἐνώτισαι Κύριος τὴν φωνὴν τῆς δεήσεώς μου.
8 ⁸Κύριε, Κύριε, δύναμις τῆς σωτηρίας μου,
ἐπεσκίασας ἐπὶ τὴν κεφαλήν μου ἐν ἡμέρᾳ πολέμου.
9 ⁹μὴ παραδῷς με, Κύριε, ἀπὸ τῆς ἐπιθυμίας μου ἁμαρτωλῷ·
διελογίσαντο κατ' ἐμοῦ, μὴ ἐγκαταλίπῃς με, μή ποτε ὑψω-
θῶσιν.   διάψαλμα.
10 ¹⁰ἡ κεφαλὴ τοῦ κυκλώματος αὐτῶν,
κόπος τῶν χειλέων αὐτῶν καλύψει αὐτούς.
11 ¹¹πεσοῦνται ἐπ' αὐτοὺς ἄνθρακες πυρὸς ἐπὶ τῆς γῆς,
καὶ καταβαλεῖς αὐτούς.
ἐν ταλαιπωρίαις οὐ μὴ ὑποστῶσιν·
12 ¹²ἄνδρα ἄδικον κακὰ θηρεύσει εἰς καταφθοράν.
13 ¹³ἔγνων ὅτι ποιήσει Κύριος τὴν κρίσιν τοῦ πτωχοῦ
καὶ τὴν δίκην τῶν πενήτων.
14 ¹⁴πλὴν δίκαιοι ἐξομολογήσονται τῷ ὀνόματί σου,
καὶ κατοικήσουσιν εὐθεῖς ἐν τῷ προσώπῳ σου.

3 αδικιας] ras aliq fort B¹ αδικιαν ℵ^c.a ART   5 om Κυριε ℵ | ανθρωπου ℵART αδικου A | εξελου] ρυσαι A | υποσκελισαι] pr του RT   6 παγιδας] παγιδα RT | σκανδαλα T | om διαψαλμα T   7 ειπα] pr ρμ' errore rubricatoris ℵ (postea om) ειπον T | Κυριος] κε ℵART   9 om με 1° T | ενκαταλειπης A(? R)T | om διαψαλμα AT   10 κοπος...αυτους sup ras et in mg A^a | καλυψη T   11 πυρος] εν πυρι ℵ^c.a ART | και καταβαλεις αυτους επι της γης ℵ* | επι της γης] om ℵ^c.a AT εν τη γη R (c seqq coniung) |. om και ART | εν ταλαιπ. c praec coniung ℵ^c.a | ου μη] pr ς ℵ^c.a   12 ανδρα] pr ανηρ γλωσσωδης ου (+ μη ℵ* om ℵ^c.a) κατευθυνθησεται επι της γης B^ab mg inf ℵART | θηρευσαι T | καταφθοραν] διαφθοραν ℵA^a¹ (διαφθραν A*) RT   13 ποιηση T | των πτωχων ℵ^c.a T | του πενητος ℵ* (των πενητων ℵ^c.a)   14 om και A* (hab ς A^a1(mg) | εν] συν ℵ^c.a ART | προσωπου ℵ — Stich 28 Bℵ AT 27 R

ΡΜ΄

Ψαλμὸς τῷ Δαυείδ.

1 Κύριε, πρὸς σὲ ἐκέκραξα, εἰσάκουσόν μου·
πρόσχες τῇ φωνῇ τῆς δεήσεώς μου
ἐν τῷ κεκραγέναι με πρὸς σέ.
2 κατευθυνθήτω ἡ προσευχή μου ὡς θυμίαμα ἐνώπιόν σου,
ἔπαρσις τῶν χειρῶν μου θυσία ἑσπερινή.
3 θοῦ, Κύριε, φυλακὴν τῷ στόματί μου,
καὶ θύραν περιοχῆς περὶ τὰ χείλη μου.
4 μὴ ἐκκλίνῃς τὴν καρδίαν μου εἰς λόγους πονηρίας,
τοῦ προφασίζεσθαι προφάσεις ἐν ἁμαρτίαις,
σὺν ἀνθρώποις ἐργαζομένοις ἀνομίαν,
καὶ οὐ μὴ συνδοιάσω μετὰ τῶν ἐκλεκτῶν αὐτῶν.
5 παιδεύσει με δίκαιος ἐν ἐλέει καὶ ἐλέγξει με,
ἔλαιον δὲ ἁμαρτωλοῦ μὴ λιπανάτω τὴν κεφαλήν μου·
ὅτι ἔτι καὶ ἔτι ἡ προσευχή μου ἐν ταῖς εὐδοκίαις αὐτῶν.
6 κατεπόθησαν ἐχόμενα πέτρας οἱ κραταιοὶ αὐτῶν·
ἀκούσονται τὰ ῥήματά μου, ὅτι ἡδυνήθησαν.
7 ὡσεὶ πάχος γῆς διερράγη ἐπὶ τῆς γῆς,
διεσκορπίσθη τὰ ὀστᾶ ἡμῶν παρὰ τὸν ᾅδην.
8 ὅτι πρὸς σέ, Κύριε, Κύριε, οἱ ὀφθαλμοί μου,
ἐπὶ σὲ ἤλπισα, μὴ ἀντανέλῃς τὴν ψυχήν μου·
9 φύλαξόν με ἀπὸ παγίδος ἧς συνεστήσαντό μοι,
καὶ ἀπὸ σκανδάλων τῶν ἐργαζομένων τὴν ἀνομίαν.
10 πεσοῦνται ἐν ἀμφιβλήστρῳ αὐτοῦ ἁμαρτωλοί·
κατὰ μόνας εἰμὶ ἐγὼ ἕως οὗ ἂν παρέλθω.

ℵART CXL 1 εκεκραξα προς σε ART | προσχες] προσθες R^{vid} | της φωνης ℵ | om με ℵ 2 επαρσις] pr η R 3 εθου ℵ* (θου ℵ^{c.a}) 4 πονηριας] πονηρους ℵR | ανομιαν] pr την ℵ^{c.a} ART | συνδοιασω (συνδυασω ℵ^{c.a} A^{α(?} R) T)] ενδυασω ℵ* · 5 παιδευση T | om εν ελεει R | ελεγξη T | om δε ℵ* (hab ℵ^{c.a}) | λιπανατω] πιανατω R | om ετι 2° ℵART 6 κραταιοι] κριται ℵ^{c.a} RT | τα ρηματα] om τα ℵ* (hab ℵ^{c.a}) | ηδυνηθησαν B*ℵ^{c.a} RT] ηδυνθησαν B^bℵ*^{c.b (fort)} A 7 διερραγη] ερραγη ℵ^{c.a} R εραγη T | διεσκορτισθησαν ℵ* (-σθη ℵ^{c.a}) | ημων] αυτων B^bℵ^{c.a} A^a RT 8 om Κυριε 2° ℵ*A*T* (hab ℵ^{c.a} A^aT¹) | σε 2°] σοι B^{a(vld)b}ℵ^{c.a} ART 9 σκανδαλου A 10 αμαρτωλοι] pr οι ℵ^{c.a} ART | εγω ειμι R | om αν ℵART —
Stich 24 BT 23 ℵAR

ΨΑΛΜΟΙ

PMA'

CXLI
(CXLI1)

Συνέσεως τῷ Δαυείδ ἐν τῷ εἶναι αὐτὸν ἐν τῷ σπηλαίῳ· προσευχή.

2 ²Φωνῇ μου πρὸς Κύριον ἐκέκραξα,
φωνῇ μου πρὸς Κύριον ἐδεήθην.
3 ³ἐκχεῶ ἐναντίον αὐτοῦ τὴν δέησίν μου,
τὴν θλίψιν μου ἐνώπιον αὐτοῦ ἀπαγγελῶ.
4 ⁴ἐν τῷ ἐκλείπειν ἐξ ἐμοῦ τὸ πνεῦμά μου, καὶ σὺ ἔγνως τὰς τρίβους μου·
ἐν ὁδῷ ταύτῃ ᾗ ἐπορευόμην ἔκρυψάν μοι παγίδα.
5 ⁵κατενόουν εἰς τὰ δεξιὰ καὶ ἐπέβλεπον,
ὅτι οὐκ ἦν ὁ ἐπιγινώσκων με·
ἀπώλετο φυγὴ ἀπ' ἐμοῦ,
καὶ οὐκ ἔστιν ὁ ἐκζητῶν τὴν ψυχήν μου.
6 ⁶πρὸς σέ, Κύριε, ἐκέκραξα, καὶ εἶπα Σὺ εἶ ἡ ἐλπίς μου,
μερίς μου ἐν γῇ ζώντων.
7 ⁷πρόσχες πρὸς τὴν δέησίν μου,
ὅτι ἐταπεινώθην σφόδρα·
ῥῦσαί με ἐκ τῶν καταδιωκόντων με,
ὅτι ἐκραταιώθησαν ὑπὲρ ἐμέ.
8 ⁸ἐξάγαγε ἐκ φυλακῆς τὴν ψυχήν μου,
τοῦ ἐξομολογήσασθαι τῷ ὀνόματί σου, Κύριε·
ἐμὲ ὑπομενοῦσιν δίκαιοι ἕως οὗ ἀνταποδῷς μοι.

PMB'

CXLII
(CXLIII)

Ψαλμὸς τῷ Δαυείδ, ὅτε αὐτὸν ὁ υἱὸς καταδιώκει.

1 Κύριε, εἰσάκουσον τῆς προσευχῆς μου,
ἐνώτισαι τὴν δέησίν μου ἐν τῇ ἀληθείᾳ σου,
ἐπάκουσόν μου ἐν τῇ δικαιοσύνῃ σου·

CXLI 2 φωνη 2°] pr και η A | Κυριον 1°] τον θν AT τον θεον μου R | ℵART
εδηθην] και προσεσχεν μοι A   3 εναντιον] ενωπιον ℵ^{c.a}ART | απαγγελω]
απαγγελλω R   4 εκλιπειν ℵ | παγιδα μοι ℵ^{c.a}AT   5 οτι] και
ℵ^{c.a}RT | απολετο A | εστιν] ην R   6 εκεκραξα προς σε κε ℵ^{c.a}ART | om
και ℵ^{c.a}ART | ειπα] ειπον T | μερις μου]+ει ℵ^{c.a}T   7 προς] εις AR |
εταπεινωθην σφοδρα sup ras R^a   8 om Κυριε ℵ^{c.a}RT | υπομενουσι ℵ | ου
sup ras A^a | ανταποδωσεις R (fort -σῃς) — Stich 19 Bℵ R 20 A 17 T
CXLII 1 ο υιος καταδιωκει] ο υιος κατεδιωξεν A εδιωκεν Αβεσσαλωμ ο υιος
αυτου R ο υιος αυτου κατεδιωκεν T | επακουσον] εισακουσον ART

ΨΑΛΜΟΙ

B ²καὶ μὴ εἰσέλθῃς εἰς κρίσιν μετὰ τοῦ δούλου σου, 2
ὅτι οὐ δικαιωθήσεται ἐνώπιόν σου πᾶς ζῶν.
³ἐταπείνωσεν εἰς τὴν γῆν τὴν ζωήν μου· 3
ἐκάθισέν με ἐν σκοτεινοῖς ὡς νεκροὺς αἰῶνος·
⁴καὶ ἠκηδίασεν ἐπ' ἐμὲ τὸ πνεῦμά μου, 4
ἐν ἐμοὶ ἐταράχθη ἡ καρδία μου.
⁵ἐμνήσθην ἡμερῶν ἀρχαίων, 5
καὶ ἐμελέτησα ἐν πᾶσι τοῖς ἔργοις σου,
ἐν ποιήμασιν τῶν χειρῶν σου ἐμελέτων.
⁶διεπέτασα τὰς χεῖράς μου πρὸς σέ, 6
ἡ ψυχή μου ὡς γῆ ἄνυδρός σοι. διάψαλμα.
⁷ταχὺ εἰσάκουσόν μου, Κύριε, 7
ἐξέλιπεν τὸ πνεῦμά μου·
μὴ ἀποστρέψῃς τὸ πρόσωπόν σου ἀπ' ἐμοῦ,
καὶ ὁμοιωθήσομαι τοῖς καταβαίνουσιν εἰς λάκκον.
⁸ἀκουστὸν ποίησόν μοι τὸ πρωὶ τὸ ἔλεός σου, 8
ὅτι ἐπὶ σοὶ ἤλπισα·
γνώρισόν μοι, Κύριε, ὁδὸν ἐν ᾗ πορεύσομαι,
ὅτι πρὸς σὲ ἦρα τὴν ψυχήν μου.
⁹ἐξελοῦ με ἐκ τῶν ἐχθρῶν μου, Κύριε, 9
ὅτι πρὸς σὲ κατέφυγον.
¹⁰δίδαξόν με τοῦ ποιεῖν τὸ θέλημά σου, ὅτι θεός μου εἶ σύ· 10
τὸ πνεῦμά σου τὸ ἅγιον ὁδηγήσει με ἐν τῇ εὐθείᾳ.
¹¹ἕνεκα τοῦ ὀνόματός σου, Κύριε, ζήσεις με ἐν τῇ δικαιοσύνῃ σου, 11
ἐξάξεις ἐκ θλίψεως τὴν ψυχήν μου·
¹²καὶ ἐν τῷ ἐλέει σου ἐξολεθρεύσεις τοὺς ἐχθρούς μου, 12
καὶ ἀπολεῖς πάντας τοὺς θλίβοντας τὴν ψυχήν μου·
ὅτι δοῦλός σού εἰμι ἐγώ.

ℵΑRT 2 των δουλων ℵ* (τον δουλον ℵ¹) 3 εταπεινωσεν] pr οτι κατεδιωξεν ο εχθρος την ψυχην μου Bᵃᵇ⁽ᵐᵍ⁾ℵRT | την γην] om την ART | εκαθισαν ℵR | σκοτινοις AT | νεκροις A* (νεκρους Aᵃ¹) 4 επ εμε] εν εμοι R 5 εμνησθη R | om και ℵᶜ·ᵃT | πασιν ART 6 προς σε τας χειρας μου ℵᶜ·ᵃART | om διαψαλμα T 7 μου 1° bis scr T | εξελειπεν AT 8 ακουστον]+μοι ℵ* (om ℵᶜ·ᵃ) | πορευσωμαι T | προς σε]+κε ℵᶜ·ᵃ 9 om οτι ℵᶜ·ᵃT | κατεφιγα RT 10 θεος μου ει συ] συ ει ο θς μου ℵᶜ·ᵃRT om A | αγιον] αγαθον ℵᶜ·ᵃRT | τη ευθεια] γη ευθεια ART 11 ενεκεν RT | ζησης T | εν τη δικαιοσ. σου c seqq coniung RT | εξαξης T 12 εξολεθρευσης T | δουλος σου ειμι εγω] εγω δουλος σος ειμι ℵᶜ·ᵃAT δουλος σος ειμι R — Stich 31 B 29 ℵT 30 A 31 R

ΨΑΛΜΟΙ   CXLIII 11

                         ΡΜΓ΄   B

CXLIII   Τῷ Δαυείδ, πρὸς τὸν Γολιάδ.
(CXLIV)
   1   Εὐλογητὸς Κύριος ὁ θεός μου, ὁ διδάσκων τὰς χεῖράς μου εἰς
            παράταξιν,
            τοὺς δακτύλους μου εἰς πόλεμον·
   2   ²ἔλεός μου καὶ καταφυγή μου,
            ἀντιλήμπτωρ μου καὶ ῥύστης μου,
            ὑπερασπιστής μου καὶ ἐπ' αὐτῷ ἤλπισα,
            ὁ ὑποτάσσων τὸν λαόν μου ὑπ' ἐμέ.
   3   ³Κύριε, τί ἐστιν ἄνθρωπος ὅτι ἐγνώσθης αὐτῷ,
            ἢ υἱὸς ἀνθρώπου ὅτι λογίζῃ αὐτόν;
   4   ⁴ἄνθρωπος ματαιότητι ὡμοιώθη,
            αἱ ἡμέραι αὐτοῦ ὡσεὶ σκιὰ παράγουσιν.
   5   ⁵Κύριε, κλῖνον οὐρανούς σου καὶ κατάβηθι,
            ἅψαι τῶν ὀρέων καὶ καπνισθήσονται·
   6   ⁶ἄστραψον ἀστραπὴν καὶ σκορπιεῖς αὐτούς,
            ἐξαπόστειλον τὰ βέλη σου καὶ συνταράξεις αὐτούς.
   7   ⁷ἐξαπόστειλον τὴν χεῖρά σου ἐξ ὕψους,
            ἐξελοῦ με καὶ ῥῦσαί με ἐξ ὑδάτων πολλῶν,
            ἐκ χειρὸς υἱῶν ἀλλοτρίων,
   8   ⁸ὧν τὸ στόμα ἐλάλησεν ματαιότητα,
            καὶ ἡ δεξιὰ αὐτῶν δεξιὰ ἀδικίας.
   9   ⁹ὁ θεός, ᾠδὴν καινὴν ᾄσομαί σοι,
            ἐν ψαλτηρίῳ δεκαχόρδῳ ψαλῶ σοι,
  10   ¹⁰τῷ διδόντι τὴν σωτηρίαν τοῖς βασιλεῦσιν,
            τῷ λυτρουμένῳ Δαυεὶδ τὸν δοῦλον αὐτοῦ.
  11   ἐκ ῥομφαίας πονηρᾶς ¹¹ῥῦσαί με, καὶ ἐξελοῦ με ἐκ χειρὸς υἱῶν
            ἀλλοτρίων,
            ὧν τὸ στόμα ἐλάλησεν ματαιότητα,
            καὶ ἡ δεξιὰ αὐτῶν δεξιὰ ἀδικίας·

        CXLIII 1 om προς τον Γολιαδ A | Γολιαθ T   2 ο υποτασσων] ΝΑΗΤ
        om ο Ν* (hab Νᶜ·ᵃ) | μου 6° Βℵᶜ·ᵃ RT] σου Ν* αυτου A   3 τι] τις AT |
        εγνωσθης] εγνωρισθης Ν | αυτω] αυτον R   4 ωμοιωθη] ομοιοτητι R | σκιαι
        ℵᶜ·ᵃ A* T   5 κε (sic) Tᵉᵈˡᵗ | om σου R | των ορεων] ορη R   6 αστρα-
        πην]+σου Aᵃ'T | σκορπιεις] εις sup ras Bᵃ⁽ᵛⁱᵈ⁾ᵇ | συνταραξει T   8 μαται-
        οτητας T   9 ασωμαι T.   10 την σωτηριαν] om την A | βασιλευσιν
        (βασιλεσουσιν (sic) Rᵛⁱᵈ)]+αυτου R | om τον δουλον αυτου R | εκ ρομφαιας
        πονηρας c praeced coniung ART   11 εξελου με και ρυσαι με R | om
        εξελου με Ν* (hab εξελου μαι ℵᶜ·ᵃ) | ματαιοτητας T

                              407.

ΨΑΛΜΟΙ

B ¹²ὧν οἱ υἱοὶ ὡς νεόφυτα ἡδρυμμένα ἐν τῇ νεότητι αὐτῶν, 12
αἱ θυγατέρες αὐτῶν κεκαλλωπισμέναι, περικεκοσμημέναι ὡς
ὁμοίωμα ναοῦ·
¹³τὰ ταμεῖα αὐτῶν πλήρη, ἐξερευγόμενα ἐκ τούτου εἰς τοῦτο· 13
τὰ πρόβατα αὐτῶν πολύτοκα, πληθύνοντα ἐν ταῖς ἐξόδοις
αὐτῶν,
¹⁴οἱ βόες αὐτῶν παχεῖς· 14
οὐκ ἔστιν κατάπτωμα φραγμοῦ οὐδὲ διέξοδος
οὐδὲ κραυγὴ ἐν ταῖς ἐπαύλεσιν αὐτῶν.
¹⁵ἐμακάρισαν τὸν λαὸν ᾧ ταῦτά ἐστιν, 15
μακάριος ὁ λαὸς οὗ Κύριος ὁ θεὸς αὐτοῦ.

ΡΜΔ´

Αἴνεσις τοῦ Δαυείδ.   CXLIV (CXLV)

Ὑψώσω σε, ὁ θεός μου ὁ βασιλεύς μου, 1
καὶ εὐλογήσω τὸ ὄνομά σου εἰς τὸν αἰῶνα καὶ εἰς τὸν αἰῶνα
τοῦ αἰῶνος·
²καθ' ἑκάστην ἡμέραν εὐλογήσω σε, 2
καὶ αἰνέσω τὸ ὄνομά σου.
³μέγας ὁ κύριος καὶ αἰνετὸς σφόδρα, 3
καὶ τῆς μεγαλωσύνης αὐτοῦ οὐκ ἔστιν πέρας.
⁴γενεὰ καὶ γενεὰ ἐπαινέσει τὰ ἔργα σου, καὶ τὴν δύναμίν σου 4
ἀπαγγελοῦσιν·
⁵καὶ τὴν μεγαλοπρέπειαν τῆς δόξης τῆς ἁγιωσύνης σου λαλή- 5
σουσιν,
καὶ τὰ θαυμάσιά σου διηγήσονται·
⁶καὶ τὴν δύναμιν τῶν φοβερῶν σου ἐροῦσιν, 6

ℵART   12 ων sup ras A^a | οι υιοι] om οι ℵR + αυτων ℵ^{c.a}AT | ηδρυμμενα] ηδρυμμενα B^bR (nisi fort ιδρυμμενα) ιδρυμμενα ℵ^{c.a}T | ως ομοιωμα] εν ομοιωματι R   13 ταμια AT | εξερευομενα A | τουτου] + τον ℵ* (om ℵ¹) | πλυτοκα ℵ* (πολυτ. ℵ¹) | εξοδοις] διεξοδοις R   14 επαυλεσιν] πλατιαις ℵ^{c.a}RT   15 εμακαρισα ℵ^a (-σαν ℵ^{c.a}) | ου] σου ℵ^a (ου ℵ^{c.a}) | αυτου] + εστιν ℵ* (om ℵ^{c.a}) — Stich 35 Bℵ 36 AR 38 T   CXLIV 1 αινεσεως ℵAT | τω Δαδ ART | θε ℵ* (ο θεος ℵ^{c.a}) | om μου 1° A* (hab A^{a†mg}) T | βασιλευ ℵ* (ο βασιλευς ℵ^{c.a})   2 ημερα A | σου] + εις τον αιωνα | και εις τον αιωνα του αιωνος ℵART   3 ο κυριος] om ο ℵ^{c.a} ART | μεγαλοσυνης T   4 γενεα 2°] + a ℵ* | επαινεσει (-ση T)] ασεεσει A^a (αιπενεσει A^{a?}) | δυναμιν] δυναμι sup ras B^{a†} | απαγγελουσιν] αναγγελουσιν A^{a vid}   5 om και 1° ℵ^{c.a} RT | μεγαλοπρεπιαν ℵAT | δοξης] + σου A | της αγιωσυνης (αγιοσ. AT)] s, s sup ras A^a

ΨΑΛΜΟΣ CXLIV 18

καὶ τὴν μεγαλωσύνην σου, διηγήσομαι αὐτήν,
καὶ τὴν δυναστείαν σου λαλήσουσιν.
7 ⁷μνήμην τοῦ πλήθους τῆς χρηστότητός σου ἐξερεύξονται,
καὶ τῇ δικαιοσύνῃ σου ἀγαλλιάσονται.
8 ⁸οἰκτίρμων καὶ ἐλεήμων ὁ κύριος,
μακρόθυμος καὶ πολυέλεος·
9 ⁹χρηστὸς Κύριος τοῖς ὑπομένουσιν,
καὶ οἱ οἰκτειρμοὶ αὐτοῦ ἐπὶ πάντα τὰ ἔργα αὐτοῦ.
10 ¹⁰ἐξομολογησάσθωσάν σοι, Κύριε, πάντα τὰ ἔργα σου,
καὶ οἱ ὅσιοί σου εὐλογησάτωσάν σε·
11 ¹¹δόξαν τῆς βασιλείας σου ἐροῦσιν,
καὶ τὴν δυναστείαν σου λαλήσουσιν,
12 ¹²τοῦ γνωρίσαι τοῖς υἱοῖς τῶν ἀνθρώπων τὴν δυναστείαν σου
καὶ τὴν δόξαν τῆς μεγαλοπρεπείας τῆς βασιλείας σου.
13 ¹³ἡ βασιλεία σου βασιλεία πάντων τῶν αἰώνων,
καὶ ἡ δεσποτία σου ἐν πάσῃ γενεᾷ καὶ γενεᾷ.
14 ¹⁴πιστὸς Κύριος ἐν τοῖς λόγοις αὐτοῦ,
καὶ ὅσιος ἐν πᾶσι τοῖς ἔργοις αὐτοῦ·
ὑποστηρίζει Κύριος πάντας τοὺς καταπίπτοντας,
καὶ ἀνορθοῖ πάντας τοὺς κατερραγμένους.
15 ¹⁵οἱ ὀφθαλμοὶ πάντων εἰς σὲ ἐλπίζουσιν,
καὶ σὺ δίδως τὴν τροφὴν αὐτῶν ἐν εὐκαιρίᾳ·
16 ¹⁶ἀνοίγεις σὺ τὰς χεῖράς σου, καὶ ἐμπιπλᾷς πᾶν ζῶον εὐδοκίας.
17 ¹⁷δίκαιος Κύριος ἐν πάσαις ταῖς ὁδοῖς αὐτοῦ, καὶ ὅσιος ἐν πάσι·
τοῖς ἔργοις αὐτοῦ.
18 ¹⁸ἐγγὺς Κύριος πᾶσιν τοῖς ἐπικαλουμένοις αὐτόν,
πᾶσι τοῖς ἐπικαλουμένοις αὐτὸν ἐν ἀληθείᾳ·

6 και την μεγαλωσυνην σου διηγησομαι αυτην non inst B^b om ℵ* (hab ℵ^ART και την μεγ. σου διηγησονται ℵ^c.a) | την μεγ. σου διηγησωνται sup ras A^a | μεγαλοσυνην T | διηγησομαι αυτην] διηγησονται RT | om και την δυναστειαν σου λαλησουσιν ℵ^c.a RT | δυναστιαν ℵ* A   7 την δικαιοσυνην R | αγαλλιασονται] υψωθησονται sup ras A^a   8 οικτειρμων ℵA   9 υπομενουσιν]+αυτον A συνπασιν ℵ^c.a RT | οικτιρμοι B^bT   10 εξομολογεισθωσαν ℵ   11 βασιλιας B*ℵ (-λειας B^abAT) | δυναστιαν ℵT   12 δυναστειαν (-τιαν ℵT)] δυναμιν A | μεγαλοπρεπιας ℵAT | βασιλιας B* (-λειας B^ab) 13 σου 1°]+Κυριε R | βασιλεια 2°] βαλεια B*ℵ* (βασιλεια [οι superscr] B^ab ℵ^1) | δεσποτεια B^ab   14 τοις λογοις] pr πασιν ℵ^c.a RT | πασι] πασιν RT | κατεραγμενοις T   15 διδοις R   16 απαξεις A | τας χειρας] την χειρα ℵ^c.a RT | επιπλας R εμπιμπλας T   17 αυτου 1°] αν sup ras A^a | οσιοις ℵ* (οσιος ℵ^1) | πασιν] πασι ℵ   18 om πασι τοις επικαλουμενοις αυτον (2°) ℵ*A* (hab πασιν τοις επικ. αυτον ℵ^c.a A^a) | πασι] πασιν RT|

409

CXLIV 19   ΨΑΛΜΟΙ

B ¹⁹θέλημα τῶν φοβουμένων αὐτὸν ποιήσει,   19
   καὶ τῆς δεήσεως αὐτῶν ἐπακούσεται καὶ σώσει αὐτούς.
   ²⁰φυλάσσει Κύριος πάντας τοὺς ἀγαπῶντας αὐτόν, καὶ πάντας 20
   τοὺς ἁμαρτωλοὺς ἐξολεθρεύσει.
   ²¹αἴνεσιν Κυρίου λαλήσει τὸ στόμα μου,   21
   καὶ εὐλογείτω πᾶσα σὰρξ τὸ ὄνομα τὸ ἅγιον αὐτοῦ
   εἰς τὸν αἰῶνα καὶ εἰς τὸν αἰῶνα τοῦ αἰῶνος.

PME'
Ἀλληλουιά· Ἀγγαίου καὶ Ζαχαρίου.
CXLV
(CXLVI)

Αἴνει, ἡ ψυχή μου, τὸν κύριον·   1
²αἰνέσω Κύριον ἐν ζωῇ μου,   2
ψαλῶ τῷ θεῷ μου ἕως ὑπάρχω.
³μὴ πεποίθατε ἐπ᾽ ἄρχοντας καὶ ἐφ᾽ υἱοὺς ἀνθρώπων, οἷς 3
οὐκ ἔστιν σωτηρία·
⁴ἐξελεύσεται τὸ πνεῦμα αὐτοῦ   4
καὶ ἐπιστρέψει εἰς τὴν γῆν αὐτοῦ·
ἐν ἐκείνῃ τῇ ἡμέρᾳ ἀπολοῦνται πάντες οἱ διαλογισμοὶ αὐτῶν.
⁵μακάριος οὗ ὁ θεὸς Ἰακὼβ βοηθός,   5
ἡ ἐλπὶς αὐτοῦ ἐπὶ Κύριον τὸν θεὸν αὐτοῦ·
⁶τὸν ποιήσαντα τὸν οὐρανὸν καὶ τὴν γῆν,   6
τὴν θάλασσαν καὶ πάντα τὰ ἐν αὐτοῖς·
τὸν φυλάσσοντα ἀλήθειαν εἰς τὸν αἰῶνα,
⁷ποιοῦντα κρίμα τοῖς ἀδικουμένοις,   7
διδόντα τροφὴν τοῖς πεινῶσιν.
Κύριος λύει πεπεδημένους·
⁸Κύριος ἀνορθοῖ κατερραγμένους·   8
Κύριος σοφοῖ τυφλούς·
Κύριος ἀγαπᾷ δικαίους·

NART   19 ποιηση T | επακουσεται] επακουσει ℵ* εισακουσει ℵᶜ·ᵃ εισακουσεται RT
20 εξολεθρευει ℵ   21 λαλησει] ει rescr A¹ λαληση T | τω αιωνος R*
(του αι. R¹) — Stich 42 B 36 ℵ 46 ART   CXLV 1 Αγγεου
AT | Ζακκαριου (vel potius Ζαχ.) R   2 ζωη] pr τη R   3 om
και ℵᶜ·ᵃ T | εφ] επι ℵᶜ·ᵃ RT επ A   4 αυτου 2°] αυτος ℵ* (αυτου ℵᶜ·ᵃ) |
αυτων] αυτου T   5 ου] σου ℵ* (ου ℵᶜ·ᵃ) | βοηθος]+αυτου ℵᶜ·ᵃ RT   6 τον
ποιησαντα] του ποιησαντος R | αυτοις] αυτη T | αληθιαν ℵ   8 κ̅ς̅ σοφοι
τυφλους κ̅ς̅ ανορθοι κατερραγμενους (κατεραγμ. T) ℵᶜ·ᵃ T.

ΨΑΛΜΟΙ CXLVI 10

9 ⁹Κύριος φυλάσσει τοὺς προσηλύτους,
ὀρφανὸν καὶ χήραν ἀναλήμψεται,
καὶ ὁδὸν ἁμαρτωλῶν ἀφανιεῖ.
10 ¹⁰βασιλεύσει Κύριος εἰς τὸν αἰῶνα, ὁ θεός σου, Σιών,
εἰς γενεὰν καὶ γενεάν.

PMΓ'

CXLVI   Ἀλληλουιά· Ἀγγαίου καὶ Ζαχαρίου.
(CXLVII)
1 Αἰνεῖτε τὸν κύριον, ὅτι ἀγαθὸν ψαλμός·
τῷ θεῷ ἡμῶν ἡδυνθείη αἴνεσις.
2 ²οἰκοδομῶν Ἰερουσαλὴμ ὁ κύριος,
καὶ τὰς διασπορὰς τοῦ Ἰσραὴλ ἐπισυνάξει·
3 ³ὁ ἰώμενος τοὺς συντετριμμένους τὴν καρδίαν,
καὶ δεσμεύων τὰ συντρίμματα αὐτῶν·
4 ⁴ὁ ἀριθμῶν πλήθη ἄστρων,
καὶ πᾶσιν αὐτοῖς ὀνόματα καλῶν.
5 ⁵μέγας ὁ κύριος ἡμῶν,
καὶ μεγάλη ἡ ἰσχὺς αὐτοῦ,
καὶ τῆς συνέσεως αὐτοῦ οὐκ ἔστιν ἀριθμός.
6 ⁶ἀναλαμβάνων πραεῖς ὁ κύριος,
ταπεινῶν δὲ ἁμαρτωλοὺς ἕως τῆς γῆς.
7 ⁷ἐξάρξατε τῷ κυρίῳ ἐν ἐξομολογήσει,
ψάλατε τῷ θεῷ ἡμῶν ἐν κιθάρᾳ,
8 ⁸τῷ περιβάλλοντι τὸν οὐρανὸν ἐν νεφέλαις,
τῷ ἑτοιμάζοντι τῇ γῇ ὑετόν,
τῷ ἐξανατέλλοντι ἐν ὄρεσι χόρτον
καὶ χλόην τῇ δουλείᾳ τῶν ἀνθρώπων,
9 ⁹καὶ διδόντι τοῖς κτήνεσι τροφὴν αὐτῶν
καὶ τοῖς νοσσοῖς τῶν κοράκων τοῖς ἐπικαλουμένοις αὐτόν.
10 ¹⁰οὐκ ἐν τῇ δυναστείᾳ τοῦ ἵππου θελήσει,
οὐδὲ ἐν ταῖς κνήμαις τοῦ ἀνδρὸς εὐδοκεῖ·

9 αφανισει A   10 αιωνα] seq ras 1 lit in A | Σειων T | εις γενεαν κ. ℵART γενεαν] εν γενεα κ. γενεα R — Stich 23 BℵT 22 AR   CXLVI 1 Αγγεου AT | Ζακχαριου R | τον κυριον] om τον ℵ | αγαθον Bℵ^{c.a}AT] αγαθος ℵ*R | αινεσις] pr η RT   2 om και ℵ^{c.a}T | επισυναξη T   3 τη καρδια ℵ^{c.a}RT
5 αυτου 1°] ου sup ras A¹   6 της γης] om της T   8 om και χλοην τη δουλεια των ανθρ. A | δουλια ℵT   9 om και 1° ℵ^{c.a}RT | διδοντι] pr τω R | κτηνεσιν R | νεοσσοις ℵ^{c.a}ART   10 τη δυναστεια (-τια ℵT)] om τη R | θελησει] seq ras 1 lit in A θεληση T | κνημαις] σκηναις R | ευδοκει] ευδοκησει R

ΨΑΛΜΟΙ

¹¹ εὐδοκεῖ Κύριος ἐν τοῖς φοβουμένοις αὐτὸν   11
καὶ ἐν πᾶσιν τοῖς ἐλπίζουσιν ἐπὶ τὸ ἔλεος αὐτοῦ.

PMZ´

Ἀλληλουιά· Ἀγγαίου καὶ Ζαχαρίου.   CXLVII

Ἐπαίνει, Ἱερουσαλήμ, τὸν κύριον,   1 (12)
αἴνει τὸν θεόν σου, Σειών·
²ὅτι ἐνίσχυσεν τοὺς μοχλοὺς τῶν πυλῶν σου,   2 (13)
εὐλόγησεν τοὺς υἱούς σου ἐν σοί.
³ὁ τιθεὶς τὰ ὅριά σου εἰρήνην,   3 (14)
καὶ στέαρ πυροῦ ἐμπιπλῶν σε·
⁴ὁ ἀποστέλλων τὸ λόγιον αὐτοῦ τῇ γῇ,   4 (15)
ἕως τάχους δραμεῖται ὁ λόγος αὐτοῦ·
⁵τοῦ διδόντος χιόνα ὡσεὶ ἔριον,   5 (16)
ὁμίχλην ὡσεὶ σποδὸν πάσσοντος·
⁶βάλλοντος κρύσταλλον αὐτοῦ ὡσεὶ ψωμούς,   6 (17)
κατὰ πρόσωπον ψύχους αὐτοῦ τίς ὑποστήσεται;
⁷ἀποστελεῖ τὸν λόγον αὐτοῦ καὶ τήξει αὐτά·   7 (18)
πνεύσει τὸ πνεῦμα αὐτοῦ, καὶ ῥυήσεται ὕδατα.
⁸ἀπαγγέλλων τὸν λόγον αὐτοῦ τῷ Ἰακώβ,   8 (19)
δικαιώματα καὶ κρίματα αὐτοῦ τῷ Ἰσραήλ.
⁹οὐκ ἐποίησεν οὕτως παντὶ ἔθνει,   9 (20)
καὶ τὰ κρίματα αὐτοῦ οὐκ ἐδήλωσεν αὐτοῖς.

PMH´

Ἀλληλουιά· Ἀγγαίου καὶ Ζαχαρίου.   CXLVIII

Αἰνεῖτε τὸν κύριον ἐκ τῶν οὐρανῶν,   1
αἰνεῖτε αὐτὸν ἐν τοῖς ὑψίστοις.
²αἰνεῖτε αὐτόν, πάντες οἱ ἄγγελοι αὐτοῦ·   2

ℵART   11 ευδοκει] ευδοκησεν (vel ηυδ.) R | ω bis] ετι R | om τασιν ℵ^{c.a}RT | τους ελπιζοντας R — Stich 25 Bℵ 20 A 23 R 24 T   CXLVII 1 Αγγεου AT | Ζαχχαριου R | αινει ℵ* (s ras ℵ¹) | Σιων B^bA   3 ειρηνην] seq ras 2 vel 3 litt in A | ενπιμπλων R εμπιμπλων T | σε] σοι ℵ^{c.a}   4 ο αποστελλων] om σ ℵ* (hab ℵ^{c.a}) | το λογιον] τον λογον T | ως ταχυς ℵ* (εως ταχους ℵ^{c.a})   5 τον διδοντος] om του T | χιονα]+αυτου ℵ^{c.a}T | ομιχλη ℵ* (-χλην ℵ^{c.a})   6 ψυχους rescr A¹ | υποστησεται] υ rescr A¹   7 αποστελει] εξαποστελλει R εξαποστελει T | πνευσει] πνευσαι ℵ* (-σει ℵ^{c.a}) πνευση T   8 απαγγελλων] απαγγελων A pr ο ℵ^{c.a}RT | τον λογον] το λογιον R | και κριματα αυτου τω Ἰηλ sup ras et in mg A^a — Stich 18 Bℵ ART   CXLVIII 1 Αγγεου AT | Ζαχχαριου R | των κν ℵ* (τον κν ℵ¹)   2 οι αγγελοι] om οι ℵ

ΨΑΛΜΟΙ　　　　　　　　CXLIX 1

αἰνεῖτε αὐτόν, πᾶσαι αἱ δυνάμεις αὐτοῦ.
3 ³αἰνεῖτε αὐτόν, ἥλιος καὶ σελήνη·
αἰνεῖτε αὐτόν, πάντα τὰ ἄστρα καὶ τὸ φῶς.
4 ⁴αἰνεῖτε αὐτόν, οἱ οὐρανοὶ τῶν οὐρανῶν,
καὶ τὸ ὕδωρ τὸ ὑπεράνω τῶν οὐρανῶν.
5 ⁵αἰνεσάτωσαν τὸ ὄνομα Κυρίου·
ὅτι αὐτὸς εἶπεν καὶ ἐγενήθησαν,
αὐτὸς ἐνετείλατο καὶ ἐκτίσθησαν.
6 ⁶ἔστησεν αὐτὰ εἰς τὸν αἰῶνα
καὶ εἰς τὸν αἰῶνα τοῦ αἰῶνος·
πρόσταγμα ἔθετο, καὶ οὐ παρελεύσεται.
7 ⁷αἰνεῖτε τὸν κύριον ἐκ τῆς γῆς,
δράκοντες καὶ πᾶσαι ἄβυσσοι·
8 ⁸πῦρ, χάλαζα, χιών, κρύσταλλος, πνεῦμα καταιγίδος,
τὰ ποιοῦντα τὸν λόγον αὐτοῦ·
9 ⁹τὰ ὄρη καὶ πάντες βουνοί,
ξύλα καρποφόρα καὶ πᾶσαι κέδροι·
10 ¹⁰τὰ θηρία καὶ πάντα τὰ κτήνη,
ἑρπετὰ καὶ πετεινὰ πτερωτά·
11 ¹¹βασιλεῖς τῆς γῆς καὶ πάντες λαοί,
ἄρχοντες καὶ πάντες κριταὶ γῆς·
12 ¹²νεανίσκοι καὶ παρθένοι,
πρεσβῦται μετὰ νεωτέρων·
13 ¹³αἰνεσάτωσαν τὸ ὄνομα Κυρίου,
ὅτι ὑψώθη τὸ ὄνομα αὐτοῦ μόνου,
ἡ ἐξομολόγησις αὐτοῦ ἐπὶ γῆς καὶ οὐρανοῦ·
14 ¹⁴καὶ ὑψώσει κέρας λαοῦ αὐτοῦ,
τοῖς υἱοῖς Ἰσραήλ, λαῷ ἐγγίζοντι αὐτῷ.

ΡΜΘ´
CXLIX　　　　　　　Ἀλληλουιά.
1 Ἄσατε τῷ κυρίῳ ᾆσμα καινόν,
ἡ αἴνεσις αὐτοῦ ἐν ἐκκλησίᾳ ὁσίων.

9 βουνοι] pr οι ℵ^{c.a}ART　　10 θηρια και παντα τα κτηπη rescr A¹ | ΝΑRT
ερπετα] ερπετινα ℵ*　　11 υτες κριται sup ras A^a　　12 και] και και
R^{vid} | πρεσβυται] πρεσβυτεροι ℵT　　14 υψωση T | τοις υιοις] pr υμνος
πασι (-σιν ART) τοις οσιοις αυτου B^{ab(mg)}ℵART | λαω εγγιζοντι] ω ε sup
ras A^a — Stich 31 BℵA 28 R 30 T　　CXLIX 1 om αλληλουια necnon
ρμθ´ rubricator in ℵ | αλληλουια]+Αγγαιου και Ζαχαριου R | ασατω R

R ²εὐφρανθήτω Ἰσραὴλ ἐπὶ τῷ ποιήσαντι αὐτόν,   2
   καὶ υἱοὶ Σειὼν ἀγαλλιάσθωσαν ἐπὶ τῷ βασιλεῖ αὐτῶν·
³αἰνεσάτωσαν τὸ ὄνομα αὐτοῦ ἐν χορῷ,   3
   ἐν τυμπάνῳ καὶ ψαλτηρίῳ ψαλάτωσαν αὐτῷ.
⁴ὅτι εὐδοκεῖ Κύριος ἐν λαῷ αὐτοῦ,   4
   καὶ ὑψώσει πραεῖς ἐν σωτηρίᾳ.
⁵καυχήσονται ὅσιοι ἐν δόξῃ,   5
   καὶ ἀγαλλιάσονται ἐπὶ τῶν κοιτῶν αὐτῶν.
⁶αἱ ὑψώσεις τοῦ θεοῦ ἐν λάρυγγι αὐτῶν,   6
   καὶ ῥομφαῖαι δίστομοι ἐν ταῖς χερσὶν αὐτῶν,
⁷τοῦ ποιῆσαι ἐκδίκησιν ἐν τοῖς ἔθνεσιν,   7
   ἐλεγμοὺς ἐν τοῖς λαοῖς,
⁸τοῦ δῆσαι τοὺς βασιλεῖς αὐτῶν ἐν πέδαις   8
   καὶ τοὺς ἐνδόξους αὐτῶν ἐν χειροπέδαις σιδηραῖς,
⁹τοῦ ποιῆσαι ἐν αὐτοῖς κρίμα ἔγγραπτον·   9
   δόξα αὕτη ἐστὶν πᾶσι τοῖς ὁσίοις αὐτοῦ.

PN'

Ἀλληλουιά.   CL

Αἰνεῖτε τὸν θεὸν ἐν τοῖς ἁγίοις αὐτοῦ,   1
   αἰνεῖτε αὐτὸν ἐν στερεώματι δυνάμεως αὐτοῦ·
²αἰνεῖτε αὐτὸν ἐπὶ ταῖς δυναστείαις αὐτοῦ,   2
   αἰνεῖτε αὐτὸν κατὰ τὸ πλῆθος τῆς μεγαλωσύνης αὐτοῦ.
³αἰνεῖτε αὐτὸν ἐν ἤχῳ σάλπιγγος,   3
   αἰνεῖτε αὐτὸν ἐν ψαλτηρίῳ καὶ κιθάρᾳ·
⁴αἰνεῖτε αὐτὸν ἐν τυμπάνῳ καὶ χορῷ,   4
   αἰνεῖτε αὐτὸν ἐν χορδαῖς καὶ ὀργάνῳ·
⁵αἰνεῖτε αὐτὸν ἐν κυμβάλοις εὐήχοις,   5
   αἰνεῖτε αὐτὸν ἐν κυμβάλοις ἀλαλαγμοῦ.
⁶πᾶσα πνοὴ αἰνεσάτω τὸν κύριον. ἀλληλουιά.   6

ℵART   2 υιοι] pr οι ℵ | Σιων B^b A | βασιλεια A   4 λαω] pr τω ℵ^{c.a}T
B αγαλλιασονται] αγαλλιασθωσαν R* (-σονται R^a)   6 αι υψωσεις του θεου]
υψωσεις θῦ ℵ* υψ. του θῦ ℵ^{c.a} | λαρυγγι] pr τω ℵART | ρομφαιαι] pr αι R
7 om εν 1° T   9 om εν ℵ* (hab ℵ^{c.a}) | εγγραπτον B^{ab} | εστιν αυτη ℵ*
(αυτη εστιν ℵ^{c.a}) | πασιν ℵART | αυτου] αυτων ℵ* (-του ℵ^{c.a}) — Stich 18
BℵAT 17 R   CL 2 δυναστιαις ℵAT | μεγαλοσυνης T   4 οργανοις A
5 ευηχοιοις ℵ* (-χοις ℵ^{c.a}) | αλαλαγμω T   6 αλληλουια] post a 2° ras
aliq B² αλλ. ps seq fort inscr ℵ om ART — Stich 11 BℵART
   Subscr βιβλος ψαλμων ρν' B βιβλος ψαλμῶ Δᾱδ̄ ρν' T

ΨΑΛΜΟΙ [CLI] 7

[CLI]   Οὗτος ὁ ψαλμὸς ἰδιόγραφος εἰς Δαυεὶδ   B
        καὶ ἔξωθεν τοῦ ἀριθμοῦ, ὅτε ἐμονομά-
        χησεν τῷ Γολιάδ.

1   Μικρὸς ἤμην ἐν τοῖς ἀδελφοῖς μου,
    καὶ νεώτερος ἐν τῷ οἴκῳ τοῦ πατρός μου·
    ἐποίμαινον τὰ πρόβατα τοῦ πατρός μου.
2   ²αἱ χεῖρές μου ἐποίησαν ὄργανον,
    οἱ δάκτυλοί μου ἥρμοσαν ψαλτήριον.
3   ³καὶ τίς ἀναγγελεῖ τῷ κυρίῳ μου;
    αὐτὸς Κύριος, αὐτὸς εἰσακούει.
4   ⁴αὐτὸς ἐξαπέστειλεν τὸν ἄγγελον αὐτοῦ,
    καὶ ἦρέν με ἐκ τῶν προβάτων τοῦ πατρός μου,
    καὶ ἔχρισέν με ἐν τῷ ἐλαίῳ τῆς χρίσεως αὐτοῦ.
5   ⁵οἱ ἀδελφοί μου καλοὶ καὶ μεγάλοι,
    καὶ οὐκ εὐδόκησεν ἐν αὐτοῖς Κύριος.
6   ⁶ἐξῆλθον εἰς συνάντησιν τῷ ἀλλοφύλῳ,
    καὶ ἐπικατηράσατό με ἐν τοῖς εἰδώλοις αὐτοῦ·
7   ⁷ἐγὼ δὲ σπασάμενος τὴν παρ' αὐτοῦ μάχαιραν
    ἀπεκεφάλισα αὐτόν, καὶ ἦρα ὄνειδος ἐξ υἱῶν Ἰσραήλ.

[CLI] 1 ιδιωταγραφος R* (ιδιογρ. Rᵃ) | εις Δαυειδ] του Δ. RT | τω Γο- ℵART
λιαδ] προς τον Γολιαθ AT προs τον Γολιαδ R   3 αναγγελλει ℵ
αναγγελω R | εισακουει] pr παντων ℵ εισακουσεται μου A   4 om
εν R | ελαιω] ελεει ℵAR | της χρισεως] pr της χρισεν (sic) με εν τω ελαιω
T* (om T¹)   5 ηυδοκησεν T | Κυριος] pr ο ARTᵛⁱᵈ   6 συναν-
τησι A* (-συν A¹) απαντησιν R | επηκατηρασατο A*ᵛⁱᵈ (επικατηρ. A¹) επι-
καταρασατο R επεκατηρασατο T   7 αυτον] εκεινου A — Stich 16 Bℵ
17 A 14 Rᵛⁱᵈ

Subscr ψαλμοι Δαα (sic) ρνα' ℵ ψαλμοι ρν' και ιδιογραφος α' A

ἵνα μή τι ἀπόληται

APPENDIX

ΨΑΛΜΟΙ

I

I 5 εμβουλη R^a || 6 γεινωσκει B* (γιν. B^u)
II 3 αποραιψωμεν B* (απορριψ. B^b) || 9 ωσκειη A | συντρειψεις B || 10 συνεται A | κρεινοντες B || 11 αγαλλιασθαι A
III 2 θλειβοντες B || 6 αντιλημψετε A || 8 συνετρειψας B
IV 3 αγαπαται A | ζητειται A || 5 οργιζεσθαι A | αμαρτανεται A | λεγεται A || 7 διξει A | εσημωθη B* (εσημειωθη B^ab) א A || 8 σειτου B* (σιτ. B^b)
V 5 ουχει A || 6 εμεισησας א || 8 ελαιου A || 11 ασεβιων A || 12 κατασκηνωσις A
VI 5 ελαιους A || 7 κλεινην א || 11 αισχυνθιησαν (1°) A | ταραχθιησαν A
VII 8 κυκλωσι A || 14 κεομενοις A || 15 ωδεινησεν א
VIII 8 ετει A | παιδιου A
IX 6 επετειμησας B* (επετιμ. B^b) | εξηλιψας B* (εξηλειψ. B^ab) א || 7 καθιλες A || 10 ευκεριαις A || 11 γεινωσκοντες B || 14 ταπινωσιν B* (ταπειν. B^a) א || 15 αινεσις A || 22 ευκεριαις B* (ευκαιρ. B^ab) א || 23 συλλαμβανοντε B* (-ται B^ab) || 24 επαινειτε B* (-ται B^ab) επενειται A | ενευλογιται A || 26 αντανεριται A || 29 αποκτιναι A || 35 ενκαταλελιπται B* (-λειπται B^ab) א ενκαταλελιππε A^vid || 36 συντρειψον B*

(συντριψ. B^b) || 38 αιτοιμασιαν A || 39 κρειναι א | ταπινω B* (ταπειν. B^j)
X 1 ερειται A || 2 ενετιναן A |̓̔ 5 μεισει B* (μισ. B^b) א
XI 5 εστιν (1°) U
XII 4 υπνωσω] επνωσω U || 5 θλειβοντες B || 6 η] ε U
XIII 3 εξεκλειναν B* (-κλιναν B^b) א U | ενος] αινος A | εκχεε B* (-αι B^ab) | και (1°) bis scr U || 5 εδιλιασαν A || 6 κατησχυναται A | εισπιν U || 7 εχμαλωσιαν U
XIV 3 ονιδισμον B* (ονειδ. B^ab) א A || 4 εξουδενωτε B* (-ται B^ab) A
XV 3 θαυμαστωσεν U || 4 πληνθυνθησαν U* (ras ν 1° U^1) | χειλεων] χιλαιων A || 6 σχοινεια U | κρακρατιστοις U | εστιν U (item 8) || 9 ελπειδι A
XVI 6 κλεινον א || 10 συνεκλισαν B* (-κλεισαν B^ab) A || 11 οθεντο U | εκκλειναι א || 12 αιτοιμος A || 13 υποσκελεισον U
XVII 3 αντιλημπτωρ U || 5 ωδεινες B* (ωδιν. B^u) א | χιμαρροι B* (χειμ. B^ab) א || 6 ωδεινες אA || 7 θλιβεσθαι B || 8 η] ε U | οραιων A | εισαλευθησαν U || 10 εκλειναν B* (εκλιν. B^u) א || 16 επιτειμησεως B^a fort (επιτιμ. B*) || 18 ρυσαιτε A | μεισουντων B* (μισ. B^b) א || 21 ανταποδωσι (1°) B* (-σει B^ab) | ανταποδωσι (2°) A || 25 των 1° bis scr U || 28 ταπινον, ταπιρωσεις B* (ταπειν. B^ab) || 30 πι-

DD

ΨΑΛΜΟΙ [APP.

ρατηριου B* (πειρ. B^ab) | υπερβησονμαι U || 31 ειστιν U || 36 η 1°, 3°] ε U || 37 εσθηνησαν U || 39 εκθλειψω B || 41 μεισουντας א || 43 πλατιων A || 51 ελαιος A

XVIII 10 αληθεινα A || 14 φισαι A
XIX 2 θλειψεως B || 4 μνησθιη B* (-θειη B^ab)
XX 4 ευλογειαις A || 7 ευλογειαν A || 9 μεισουντας א || 12 εκλειναν Bא || 14 δυναμι B* (-μει B^ab) אA
XXI 5 ηρεες U || 7 ειμι] εμι U | ααvος U | ονιδος B* (ονειδ. B^a†b) | 8 εκεινησαν B* (εκιν. B^b) אA || 11 εμμου U || 14 ηνεξαν U || 15 ωσοι (1°) R^vid || 16 καικολληται U || 19 αιματια U | αιματισμον U || 20 βοηθιαν א || 21 εκ χειρος] εχειρος U || 22 ταπινωσιν B* (ταπειν. B^ab) א || 23 της αδελφοις U | εμμεσω B* (εν μ. B^b) || 25 προσωχθεισαν U || 27 πενηται A || 28 επιστρανφησονται R* | προσκυνησουσειν U || 29 κυριου (sic) U
XXII 1 με 1°] μαι A | υστερησι B* (-σει B^ab) || 4 εμμεσω A || 5 οιτοιμασας U | των] τον U | θλειβοντων B || 6 ελαιος A
XXIII 1 κατεκουντες U || 4 ελαβεν] αλαβεν A || 5 λημψαι U || 7 επαρθηται B* (-τε B^ab : item 9) || 10 δυναμαιων A | ειστιν 2° U
XXIV 7 ελαιος A (item 11) | της χρηστοτης A || 11 καιλαση B* (και ιλ. B^ab(vid)) και ειλαση א || 12 ειστιν U | ανθρωπως U || 18 ταπινωσιν B* (ταπειν. B^ab) א || 19 μεισος, εμεισησαν א || 22 θλειψεων B θλιψαιων A
XXV 1 κρεινον א || 2 πιρασον B* (πειρ. B^ab) || 3 ελαιος A | ειστιν U || 5 εμεισησα א || 10 η] ε U || 12 ειστη U
XXVI 1 χρεισθηναι B | φοβηθησομαι] φοβηθησονμαι U | διλιασω B* (δειλ. B^ab) אAT || 5 ενβοντες B || 3 πολεμον U || 5 εν ημερα] ειν εμερα U || 6 ασομε A || 7 ειακουσον U || 9 εκκλεινης BאA || 11 νομοθητησον U* (νομοθετ. U^†) || 12 θλειβοντων B || 14 υπομινον B* (υπομειν. B^ab) bis : A (2°)
XXVII 1 καταβα|νουσιν B^edit || 2 ερειν AT

XXVIII 1 κρειων א || 3 εβρωντησεν U || 4 ισχυει א || 5 Λιβανους U || 7 Κηριου U || 10 κατοικειει A
XXIX 1 ενκενισμου A || 3 ειασω A | με] μαι A || 5 εξομολογεισθαι B* (-σθε B^ab) A εξομολογισθε U* (-γεισθε U^1) || 6 αγαλλιασεις A || 8 καλλι B* (-λει B^ab) אA
XXX 2 καταισχυνθιην אA κατησχινθειην U | ρυσε A | με 2°] μαι A || 3 κλεινον א || 7 εμεισησας א | ματαιωτητας U || 8 ταπινωσιν B* (ταπειν. B^ab) א ταπεινωσειν U || 9 συνεκλισας AU || 10 η bis] ε U || 11 ετη] αιτη A | εσθενησεν U || 12 γιτοσιν אA || 14 κυκλοθην U || 16 εκ χειρος] εχειρος U || 18 καταισχυνθιην A κατεσχυνθειην U | επικαλεσαμην U | αισχυνθισαν A | καταχθισαν A || 22 ελαιος A || 23 εκεκοτασει U | απερριμμε A | κεκραγενε A [κ]εκραγενη U || 24 τοις] της U || 25 ανδριζεσθαι B* (-σθε B^ab) AU
XXXI 2 ειστιν U || 4 ταλυπωριαν U || 5 ειγνωρισα U || 7 θλειψεως B | λιτρωσε A || 9 γεινεσθε B γινεσθαι AU | συνεσεις A συνε|εις U || 10 ελαιος A || 11 αγαλλιασθαι B* (-σθε B^ab) A | καυχασθαι B* (-σθε B^ab) A
XXXII 1 αγαλλιασθαι B* (-σθε B^ab) A | ευθεσει A | αινεσεις A || 2 εξομολογισθαι B* (-γεισθε B^ab(vid)) εξομολογεισθαι A εξομολογισθε U* (-γεισθε U^1) || 11 γεναιαν (2°) A || 12 ειστιν U (item 20) || 13 ανθροπων U || 14 κατηκητηριον U || 17 ψευδεις A || 18 ελαιος A || 19 ρυσασθε U
XXXIII 2 αινεσεις A || 3 ακουσατοσαν U || 7 θλειψεων B (item 18) θλιψαιων A (item 18) || 8 αυτον] αυτων U || 9 γευσασθαι B* (-σθε B^ab) A | ιδεται A || 10 οι] ε U || 11 επιναιασαν B* (επειν. B^a) אAU (επινα[σαν]) || 15 εκκλεινον אA | ερηνην U || 19 ταπινους א | σωσι B* (-σει B^a) || 20 αι] ε U | θλειψεις B || 22 μεισουντες א
XXXIV 2 θυραιου A | αναστηθει A || 3 εκχαιον A | συνκλισον AU | ειμι] εμι U || 5 εκθλειβων B || 7 δωραιαν A (item 19) | ωνιδισαν B*

[2]

APP.] ΨΑΛΜΟΙ

(ωνειδ. B^{ab}) ‖ 11 εγεινωσκον B ‖ 13 εταπινουν B* (εταπειν. B^{ab}) א ‖ 14 εταπινουμην B* (εταπειν. B^{ab}) א ‖ 16 επιρασαν B* (επειρ. B^{ab}) ‖ 19 μεισουντες א ‖ 23 κρισι B* (-σει B^{ab})
XXXV 3 μεισησαι א ‖ 6 ελαιος (item 8, 11) ‖ 9 χιμαρρουν B* (χειμ. B^{ab}) א ‖ 11 παρατινον B* (παρατειν. B^{ab}) אA | ευθεσει A
XXXVI 7 υποταγηθει A ‖ 8 παυσε A ‖ 16 κρισσον B* (κρεισσ. B^{ab}) A ‖ 18 γινωσκι B* (-σκει B^{ab}) ‖ 21 αποτησει A | οικτειρι B* (-ρει B^{ab}) οικτιρι A οικτιρει T ‖ 27 εκκλεινον א ‖ 28 ενκαταλιψει א εγκαταλειψι A ‖ 30 κρισει֯ A ‖ 31 ουκ B* (ουχ B^{ab}) א ‖ 34 υπομινον B* (υπομειν. B^{ab}) A ‖ 35 επερομενον A ‖ 37 ιρηνικω

B* (ειρ. B^{ab}) ‖ 39 θλειψεως B θλιψαιως A ‖ 40 εξελιται B* (-λειται B^{ab})
XXXVII 4 ιασεις A (item 8) ‖ 9 εταπινωθην B* (εταπειν. B^{ab}) אAT ‖ 18 αιτοιμος A ‖ 20 μεισουντες אT
XXXVIII 3 εταπινωθην B* (εταπειν. B^{ab}) אT | εσειγησα B* (εσιγ. B^{b}) | ανεκενισθη A ‖ 7 ικονι AT ‖ 9 ονιδος B* (ονειδ. B^{ab}) T | αφρονει A ‖ 10 ηνυξα B* (ηνοιξ. B^{ab}) ‖ 12 ελλεγμοις A
XXXIX 9 εμμεσω AT ‖ 11 ελαιος A (item 12) ‖ 12 οικτειρμους א ‖ 15 εντραπιησαν (1°) T ‖ 17 ευφρανθιησαν A
XL 4 κλεινης Bא ‖ 5 ιασε A ‖ 10 αισθιων T ‖ 13 εβαιβεωσας A

II

XLI 7 μεικρου B* (μικρ. B^{ab}) א ‖ 9 ελαιος A ‖ 10 ει] ι A ‖ 11 θλειβοντες B | καθ εκαστην] κατ εκ. א ‖ 12 συνταρασσις B* (-σεις B^{ab})
XLII 1 κρεινον א ‖ 2 μαι B* (με B^{ab}) A | εκθλειβειν B* (εκθλιβ. B^{ab}) ‖ 4 ναιοτητα A ‖ 5 συνταρασσις B* (-σεις B^{ab})
XLIII 7 σωσι B* (-σει B^{ab}) ‖ 11 οπεισω A | μεισουντες אT ‖ 12 διεσπιρας T ‖ 14 ονιδος B* (ονειδ. B^{ab}) AT | γιτοσιν B* (γειτ. B^{ab}) אAT ‖ 15 κεινησιν B* (κιν. B^{ab}) אAT ‖ 17 ονιδιζοντος B* (ονειδ. B^{b}) אT ‖ 20 εταπινωσας B* (εταπειν. B^{ab}) אT ‖ 21 ει 2°] ι A ‖ 24 αναστηθει A ‖ 26 εταπινωθη B* (εταπειν. B^{ab}) אT
XLIV 2 γραμματαιως AT ‖ 3 καλλι A ‖ 4 δυναται A (item 5) | καλλι B* (καλλει B^{ab}) אA ‖ 5 εντινον AT ‖ 8 εμεισησας אT | εχρεισεν B* (εχρισ. B^{ab}) א | ελεον B* (ελαιον B^{ab}) ‖ 9 βαραιων A ‖ 10 βασιλεισσα א ‖ 11 κλεινον Bא ‖ 16 απενχθησονται T
XLV 2 βοηθς T | θλειψεσιν B ‖ 6 εμμεσω T ‖ 7 εκλειναν א ‖ 8 δυναμαιων A (item 12) ‖ 10 θυραιους AT

XLVI 7 ψαλαται (4°) A
XLVII 4 γηνωσκεται A ‖ 7 ωδεινες א ‖ 10 ελαιος A | εμμεσω T ‖ 13 διηγησασθαι B* (-σθε B^{ab}) A ‖ 14 θεσθαι B* (-σθε B^{ab}) A | καταδιελεσθαι B* (-σθε B^{ab}) A | διηγησασθε T
XLVIII 2 ενωτισασθαι B* (-σθε B^{ab}) A ‖ 3 γιγενεις A ‖ 5 κλεινω א | αινιξω A ‖ 7 δυναμ אA ‖ 8 εξειλασμα Bא ‖ 9 τειμην B* (τιμ. B^{b}) ‖ 10 ουχ B* (ουκ B^{ab}) ‖ 12 γεναιαν (1°) A | γαιων] γεων A ‖ 18 αποθνησκω א ‖ 20 ουχ B* (ουκ B^{ab}) T
XLIX 5 συναγαγεται A ‖ 9 χιμαρρους B* (χιμαρους B^{b}) א χειμαρρους AT ‖ 12 πιπασω B* (πειν. B^{b}) אAT ‖ 13 αιμα] εμα A | πειομαι T ‖ 14 αινεσαιως A ‖ 15 θλειψεως B θλιψαιως A | δοξασις B* (-σεις B^{ab}) A ‖ 16 αναλαμβανις A ‖ 17 εμεισησας אT ‖ 23 διξω B* (δειξ. B^{ab}) T
L 3 εξαλιψον B* (εξαλειψ. B^{ab}) אT ‖ 4 πλιον B* (πλειον B^{ab}) ‖ 9 πλυνις B* (πλυνεις B^{ab}) | χειονα T ‖ 10 τεταπινωμενα B* (τεταπειν. B^{ab}) אT ‖ 11 εξαλιψον B* (εξαλειψ. B^{ab}) אT ‖ 19 τεταπινωμενην B* (τεταπειν. B^{ab}) אT
LI 2 αναγγιλαι T

[3]

ΨΑΛΜΟΙ [APP.

LII 4 εξεκλειναν Bא
LIII 2 ουχ B* (ουκ B^{ab}) RT |
3 δυναμι B* (-μει B^{ab}) | κρεινον א* ||
9 θλειψεως B
LIV 4 εξεκλεωαν Bא || 5 διλια B*
(δειλ. B^{ab}) T || 11 εμμεσω T (item
16) || 12 πλατιων T || 13 μεισων T ||
15 αιδεσματα T || 20 ταπινωσει אT ||
21 εξετινεν T || 22 ελεον B* (ελαιον B^{ab})
LV 9 εξηγγιλα T
LVI 4 εξαπεστιλεν T | ονιδος T ||
5 οξια T
LVII 1 διαφθιρης T || 2 ευθια T ||
3 εργαζεσθαι B || 8 εντενι B* (-νει
B^{ab}) || 9 τακις B* (τακεις B^{ab}) | αντα-
νερεθησονται T
LVIII 1 διαφθιρης T || 2 με 1°] μαι
B* (με B^{ab}) א || 9 εξουδενωσις B*
(-σεις B^{ab}) || 12 αποκτινης T | δυ-
ναμι B* (-μει B^{ab}) item 17 || 17 θλει-
ψεως B
LIX 2 χειλιαδας B || 4 συνεσισας
B* (συνεσεισ. B^{ab}) א || 5 εδιξας B*
(εδειξ. B^{ab}) || 6 σημιωσιν B* (ση-
μειωσιν B^{ab}) א || 13 βοηθιαν T ||
14 θλειβονται B
LXI 4 επιτιθεσθαι B* (-σθε B^{ab}) ||
8 βοηθιας T || 11 προστιθεσθαι B*
(-σθε B^{ab})

LXII 4 κρισσον T || 6 πειστητος T
LXIII 4 ενετιναν B* (ενετειν. B^{ab})
T || 7 βαθια T || 10 ανηγγιλαν T
LXIV 4 ειλαση Bא || 7 ισχυει א ||
9 σημων B* (-μειων B^{ab}) | τερψις B ||
12 παιδια B* (πεδ. B^{ab})
LXV 11 θλιψις B* (-ψεις B^{ab}) ||
15 χιμαρρων Bא
LXVII 2 μεισουντες א || 5 αγαλ-
λιασθαι B* (-σθε B^{ab}) || 15 χειοπω-
θησονται B* (χιον. B^{ab}) || 18 χει-
λιαδες א || 29 δυναμι B* (-μει B^{ab}) ||
31 αποκλισθηναι B* (αποκλεισθ. B^{ab})
LXVIII 7 εντραπιησαν B* (-πει-
ησαν B^{ab}) א || 8 ονιδισμον א (item
11, 21) || 10 ονιδισμοι B* (ονειδ.
B^{ab}) || 13 πεινοντες B* (πιν. B^b) ||
15 μεισουντων א || 17 οικτιρμων B^b ||
18 θλειβομαι B || 20 ονιδισμον B*
(ονειδ. B^{ab}) | θλειβοντες B || 29 εξα-
λιφθητωσαν B* (εξαλειφθ. B^{ab}) א
LXIX 3 αποστραφιησαν א (item
4) | καταισχυνθιησαν א
LXX 2 κλεινον א || 19 μεγαλια B*
(μεγαλεια B^{ab}) || 20 θλιψις B* (-ψεις
B^{ab}) || 22 αληθιαν B* (-θειαν B^{ab}) א
LXXI 4 ταπινωσει T || 7 ανταπε-
ρεθη B* (ανταναιρ. B^{ab}) T || 13 φισε-
ται T

III

LXXII 20 ικονα T || 28 εξαγγιλαι
T | αινεσις B* (-σεις B^{ab}) א
LXXIII 4 μεισουντες אT | εμμεσω
T || 5 αξειναις א || 6 πελεκι B* (-κει
B^{ab}) א || 10 ονιδιει B* (ονειδ. B^{ab})
אT || 13 δυναμι B* (-μει B^{ab}) ||
15 χιμαρρους B* (χειμ. B^{ab}) א ||
18 ωνιδισεν T || 21 τεταπινωμενος
B* (τεταπειν. B^{ab}) אT || 22 ονιδισ-
μων א*T || 23 μεισουντων א*T
LXXIV 1 διαφθιρης T || 3 κρεινω
א || 6 επερετε B* (εχαιρ. B^{ab}) T |
λαλιτε T || 8 ταπινοι B* (ταπειν.
B^{ab}) אT || 9 εκλειπεν א | πειονται T
LXXV 11 εορτασι B* (-σει B^{ab}) ||
12 ευξασθαι B* (-σθε B^{ab})
LXXVII 1 κλειρατε א || 4 τας αι-
νεσις B* (-σεις B^{ab}) ταυεσεις R ||

5 επετιλατο T (item 23) || 9 εντεινοντες
T || 11 εδιξεν T || 12 παιδιω B* (πεδ.
B^{a τ b}) || 18 εξεπιρασαν אT || 20 επι
B* (επει B^{ab}) T | χιμαρροι B* (χειμ.
B^{ab}) א || 25 απεστιλε T || 27 πετινα
T || 31 απεκτεινεν B* (απεκτειν. B^{ab})
T | πλιοσιν (πλει. B^{ab}) || 38 ειλασεται
B || 43 σημια B* (-μεια B^t) || 44 πει-
ωσιν T || 45 εξαπεστιλεν T (item 49) |
διεφθιρεν T || 47 απεκτινεν אT | συ-
καμεινους B* (συκαμιν. B^b) א || 50
εφισατο T | συνεκλισεν T (item 62) ||
51 απαρχημ R || 53 εδιλιασεν אT ||
66 ονιδος T || 72 συνεσι א*
LXXVIII 2 πετινοις T || 4 ονιδος
T | γιτοσιν (item 12) אT || 9 ει-
λασθητι Bא || 12 ονιδισμον, ωνιδι-
σαν T

[4]

APP.] ΨΑΛΜΟΙ

LXXIX 3 εξεγιρον T ‖ 7 γιτοσιν B* (γειτ. B') אT ‖ 12 εξετιπεν אT ‖ 15 δυναμαιων A (item 20)
LXXX 2 αγαλλιασθαι A ‖ 7 αρσαιων A ‖ 8 θλειψει B | με] μαι אA ‖ 13 εξαπεστιλα T ‖ 15 εταπιτωσα אA T | θλειβοντος B
LXXXI 1 εμμεσω B* (εν μ. B^b) | διακρεινει B ‖ 2 κρεινετε B | λαμβανεται A ‖ 3 κρεινατε אא | ταπινον T ‖ 4 εξελεσθαι A | ρυσασθαι A ‖ 5 σκοτι AT | θεμελεια A ‖ 6 εσται A ‖ 7 αποθνησκεται A | πιπτεται A ‖ 8 κρεινον אא
LXXXII 3 μεισουντες B* (μισ. B^b "et alias") אT ‖ 10 χιμαρρω B* (χειμ. B^ab) אT
LXXXIII 2 δυναμαιων A (item 4; 9, 13) ‖ 3 εκλεπει א εκλειπι A ‖ 6 αντιλημψεις A ‖ 7 ευλογειας A ‖

8 δυναμαιως A ‖ 11 χειλιαθας BN ‖ 12 ελαιον A
LXXXIV 6 γεναιαν A ‖ 8 διξον AT | ελαιος A (item 11) ‖ 12 ανετιλεν T
LXXXV 1 κλεινον BN ‖ 5 πολυελαιος A (item 15) ‖ 7 θλειψεως B ‖ 11 φοβισθαι T ‖ 13 ελαιος A ‖ 15 αληθεινος AT ‖ 17 μεισουντες BNT
LXXXVII 2 νυκιτ T^edit ‖ 3 σου 1°] σι T | κλεινον BN ‖ 7 σκοτινοις AT ‖ 12 ελαιος A ‖ 13 σκοτι אAT ‖ 16 εταπινωθην אT
LXXXVIII 3 ελαιος (item 15, 25, 29, 34) ‖ 5 αιτοιμασω A | γεναιαν (1°) A ‖ 9 δυναμαιων A ‖ 11 εταπινωσας אT ‖ 21 εχρεισα B* (εχρισ. B^b) א ‖ 24 μεισουντας B* (μισ. B^b) אT ‖ 41 διλιαν אAT ‖ 42 ονιδος T | γιτοσιν B* (γειτ. B^ab) אAT ‖ 49 ουχ T ‖ 51 ονιδισμου T ‖ 52 ωνιδισαν bis T

IV

LXXXIX 3 ταπινωσιν B* (ταπειν. B^ab) אAT ‖ 4 χειλια BN ‖ 10 ετη 1°] αιτη A ‖ 15 εταπινωσας B* (εταπειν. B^ab) אAT
XC 4 επισκιασι A ‖ 6 σκοτι AT ‖ 7 πεσειτε A | χειλιας B ‖ 11 εντελειτε A | διαφυλαξε A ‖ 13 λαιοντα A ‖ 15 θλειψει A ‖ 16 διξω AT
XCI 2 εξομολογεισθε A^vid εξομολογισθαι T | ψαλλιν A ‖ 3 αναγγελλιν A | ελαιος A ‖ 8 ανατιλαι T ‖ 11 πεισονι A ‖ 15 γηρι (ι sup ras) A'T | πεισονι T ‖ 16 αναγγιλαι T
XCII 1 κατωκεισται A
XCIII 1 εκδικησαιων bis A ‖ 2 κρεινων B ‖ 5 εταπινωσαν B* (εταπειν. B^ab) אA ‖ 19 παρακλησις A
XCIV 4 οραιων A ‖ 8 ακουσηται A | σκληρυνηται A | πιρασμου B* (πειρ. B^ab) א
XCV 1 καιρον] κενον A ‖ 2 ευαγγελιζεσθαι A ‖ 3 αναγγιλατε T ‖ 8 εισπορευεσθαι A ‖ 10 κρεινει B (item 13) ‖ 11 ευφρενεσθωσαν A ‖ 12 παιδα A ‖ 13 κρειναι B
XCVI 6 ανηγγιλαν T ‖ 7 ιδωλοις T ‖ 10 μεισειτε B* (μισ. B^bc) אT μι-

σιται A ‖ 11 ανετιλεν T | ευθεσει A ‖ 12 εξομολογεισθαι A
XCVII 1 καιρον] κενον A ‖ 3 ελαιους אA ‖ 4 αγαλλιασθαι A ‖ 8 χειρει B* (χειρι B^b) אχιρι A ‖ 9 κρεινει B
XCVIII 5 προσκυπιτε T (item 9) ‖ 8 ευειλατος B* (ευιλ. B^b) אA | εγειρου B ‖ 9 προσκυπειται אA
XCIX 2 αγαλλιασι א ‖ 3 ημις א ‖ 4 εξομολογεισθαι אA | αιπειται א αινιτε T ‖ 5 ελαιος A
C 2 εμμεσω BAT ‖ 3 παραβασις A | εμεισησα T ‖ 4 εκκλεινοντος BA ‖ 6 ελιτουργει B* (ελειτ. B^ab) אAT ‖ 7 εμμεσω BT
CI 3 θλειβωμαι B | κλεινον B ‖ 5 φαγιν א ‖ 7 οικοπαιδω A ‖ 9 ωνιδιζον T ‖ 12 εκλιθισαν A ‖ 13 μερις א | γεναιαν (2°) A ‖ 14 οικτιρησεις א | οικτιρησαι אT ‖ 18 ταπινων T א ‖ 24 αναγγιλον אT ‖ 25 ημισι א ημειει A | γεπαιων A ‖ 27 ειματιον אA ‖ 28 εκλιψουσιν T א
CII 1 ευλογι א (item 2, 22) ‖ 3 ευειλατευοντα B* (ευιλ. B^b) א ‖ 4 οικτιρμοις T ‖ 5 ανακενισθησεται A ‖ 8 πολυελαιος A ‖ 11 ελαιος A (item 17) ‖

[5]

ΨΑΛΜΟΙ [APP.

13 οικτιρει אT οικτειρι A | οικτιρησεν T || 20 ευλογειται אA ευλογιτε T | ισχυει B* (ισχυι B^b) | ακουσε A || 21 ευλογειται אA ευλογιτε T | δυναμις א | λιτουργοι B* (λειτ. B^ab) AT || 22 ευλογειται א ευλογιτε T
CIII 1 ευλογι א || 2 εκτινων אT | ωσι א || 4 λιτουργους B* (λειτ. B^ab) אAT || 6 οραιων A (item 10, 32) || 7 δειλειασουσιν B* (δειλιασ. B^b) διλιασουσιν אA || 8 παιδια אA || 11 δειψαν B || 12 πετινα אT || 15 ευφρενει A | στηριξι א || 16 παιδιου A || 17 ηγιται AT || 22 ανετιλεν אT || 26 εμπεξειν A || 29 ελιψουσιν א || 30 ανακενιεις A || 32 τρεμιν א || 34 ηδυνθιη א | ευφρανθησομε א || 35 ευλογι א | υπαρχιν A
CIV 1 εξομολογεισθαι A | επικαλεισθαι אA | απαγγειλαται א απαγγιλατε T αναγειλλατε R || 2 διηγησασθαι אA || 3 επαινεισθαι A επαινισθε T || 4 ζητησαται bis || 8 εν-

ετιλατο אT | χειλιας B || 14 βασιλις א || 15 χρειστων B* (χριστ. B^b) א | πονηρευεσθαι A || 17 απεστιλεν אT || 18 εταπινωσαν B* (εταπειν. B^ab) אT | πεδαις] παιδες A || 20 εξαπεστιλεν א* απεστιλεν א^c.aT || 25 μεισησαι T || 26 εξαπεστιλεν אT || 27 σημιων א || 28 εξαπεστιλεν א || 29 απεκτινεν אT || 43 αγαλλιασι א
CV 1 εξομολογεισθαι A εξομολογισθε T | ελαιος A || 4 ευδοκεια A | επισκεψε א || 5 επαινισθαι T || 7 ελαιους אA || 10 μεισουντων B* (μισ. B^b) μεισουντος T || 11 θλειβοντας B | εις] ις T | υπελιφθη B* (υπελειφθ. B^ab) א || 13 υπεμιναν א || 14 επιρασαν א || 15 εξαπεστιλεν א || 30 εξειλασατο א | θραυσεις A || 33 διεστιλεν אT | χιλεσιν א || 41 χιρας א (item 42) | μεισουντες T || 42 εταπινωθησαν (item 43) אT || 43 πλεονακεις A || 44 θλιβεσθε א || 45 ελαιους A || 47 αινεσι אA || 48 γενοιτγεονοιτο T^edit

V

CVI 1 εξομολογεισθαι A εξομολογισθε T | ελαιος A || 2 χιρος א || 5 πινωσαν אAT || 7 ευθιαν אT || 9 πινωσαν אAT || 10 σκοτι אAT || 12 εταπινωθη אT || 17 εταπινωθησαν אAT || 20 απεστιλεν אT || 22 εξαγγιλατωσαν T | αγαλλειασει A || 36 πινωντας אAT || 37 εσπιραν AT || 39 θλιψαιως A
CVII 5 ελαιος A | αληθια א || 13 θλιψαιως A || 14 εξουδενωσι א
CVIII 2 ηνυχθη א || 3 μεισους T | δωραιαν A || 5 μεισος אT || 10 επετησατωσαν אA | οικοπαιδων A || 13 εξαλιφθητω א*A || 14 αναμνησθιη א | εξαλιφθειη א εξαλειφθιη A εξαλιφθιη T || 16 ελαιος A (item 21 [A^a1], 26) || 18 ελεον א (item 24) || 21 ρυσε א || 23 εκκλειναι A || 25 ονειδος אT || 27 χιρ א
CIX 2 εξαποστελι א || 5 βασιλις A || 7 πεεται T
CX 4 μνιαν AT || 6 ανηγγιλεν T || 9 απεστιλεν אT | ενετιλατο אT

CXI 2 εστε א || 4 εξανετιλεν אT | σκοτι אAT | ευθεσει A || 7 αιτοιμη A
CXII 1 αινιτε bis T || 6 ταπινα אT || 7 εγιρων אT || 9 στιραν אT
CXIII 4 εσκειρτησαν A || 6 εσκιρτισατε A || 12 ιδωλα T || 13 ουκ] οιχ T || 14 ρεινας א || 22 προσθιη א || 23 υμις א | εσται א
CXIV 3 ωδεινες A || 5 ελαιημων א || 6 εταπινωθην אAT || 8 εξιλατο T
CXV 4 επικαλεσωμην אT || 2 εκστασι א || 10 εμμεσω A
CXVI 1 αινειται א || 2 μενι א
CXVII 1 εξομολογεισθαι אA εξομολογεισθε T | ελαιος A (item 2, 3, 29) || 12 μελισσε A || 13 ωσθις A || 19 ανυξατε A || 27 συστησασθαι אA || 29 εξομολογισθαι אA
CXVIII 4 ενετιλω אT || 5 κατευθυνθιησαν א || 6 επιβλεπιν א || 13 χιλεσιν א | εξηγγιλα אT || 22 ονιδος אT || 25 εδαφι א || 26 εξηγγιλα אT || 36 κλεινον A || 39 ονιδος א || 41 ελαιος

[6]

APP.] ΨΑΛΜΟΙ

(1°) A (item 76, 88) ‖ 42 ονιδιζουσι ℵ ‖ 46 βασιλαιων A ‖ 48 χιρας ℵ ‖ 50 ταπινωσει ℵT ταπινωσι A ‖ 62 μεσονυκτειον ℵ | εξομολογισθαι T ‖ 64 ελαιους A | με] μαι A ‖ 67 ταπινωθηναι ℵT ‖ 71 εταπινωσας ℵT ‖ 81 εκλιτει ℵ ‖ 89 διαμενι ℵ ‖ 91 διαταξι ℵA ‖ 92 ει] ι ℵ* (ει ℵ¹) | ταπινωσι ℵT ‖ 103 μελει ℵA ‖ 104 εμεισησα T (item 113, 128, 163) ‖ 107 εταπινωθην ℵT ‖ 115 εκκλειματε A ‖ 130 δηλωσεις ℵA ‖ 131 ηνυξα ℵ*A ‖ 136 επι AT ‖ 138 ενετιλω ℵ T ‖ 142 αληθια ℵ (item 151) ‖ 153 ταπινωσιν ℵT | με] μαι A ‖ 161 δωραιαν A | εδιλιασεν ℵAT ‖ 164 επτακεις A ‖ 171 χιλη ℵ

CXIX 1 θλειβεσθαι A ‖ 2 χιλαιων A ‖ 6 μεισουντων AT ‖ 7 ιρηηκος ℵ | δωραιαν AT

CXX 1 ηξι ℵ | βοηθια ℵT ‖ 2 βοηθια T

CXXI 3 πολεις A ‖ 7 δυναμι A

CXXII 2 δυλων T | χιρας ℵ bis ‖ 4 πλιον ℵA | ονιδος T | εξουδενωσεις A

CXXIII 2 εφ ημας] φημεμας T^edit

CXXIV 3 αφησι ℵ | εκτινωσιν ℵT

CXXV 1 επιστρεψε ℵ ‖ 4 χιμαρρους ℵ ‖ 5 σκιροντες ℵT

CXXVI 1 φυλξαη T^edit ‖ 4 ωσι ℵ ‖ 5 κατεσχυνθησεται ℵ

CXXVII 2 φαγεσε A ‖ 3 ελεων ℵ

CXXVIII 1 πλεονακεις A (item 2) ‖ 3 ετεκτενον ℵA ‖ 5 μεισουντες ℵT ‖ 8 ευλογεια A

CXXIX 3 υποστησητε ℵ ‖ 4 ειλασμος ℵ ‖ 5 υπεμνεν ℵ ‖ 7 ελαιος A | λυτρωσεις A

CXXX 2 εταπινοφρονουν ℵT

CXXXI 3 κλεινης A ‖ 6 δασεσει A ‖ 8 αναστηθει A | κειβωτος A ‖ 11 αληθιαν ℵ | θησομε ℵ ‖ 14 καταπαυσεις ℵA

CXXXII 3 ενετιλατο ℵT | ευλογειαν A

CXXXIII 1 ευλογειται ℵ ευλογιτε T ‖ 2 επαραται ℵ | ευλογιται ℵ ευλογειται A ευλογιτε T

CXXXIV 1 αινειται (1°) ℵA αινιτε T | αινιται (2°) ℵ αινειται A αινιτε T ‖ 3 αινειται ℵA αινιτε T ‖ 9 εξαπεστιλεν ℵT | σημια ℵ | εμμεσω T | Αιγυπται A ‖ 10 απεκτινεν ℵT | κρατεους T ‖ 15 ιδωλα ℵT ‖ 16 ουκ] ουχ T

CXXXV 1 εξομολογεισθαι A (item 2, 3, 26) εξομολογισθε T (item 2, 3, 26) | ελαιος A (item vicies bis) ‖ 2 εξομολογεισθαι ℵ (item 3) ‖ 5 συνεσι ℵ ‖ 13 διερεσεις ℵ ‖ 18 αποκτιναντι ℵAT ‖ 19 βασιλαια A ‖ 24 χιρος ℵ

CXXXVI 1 εκαθεισαμεν A ‖ 2 εμμεσω T ‖ 5 επιλησθιη ℵA ‖ 6 κοληθιη A ‖ 8 ανταποδωσι ℵ

CXXXVII 2 αληθια ℵ ‖ 3 δυναμι ℵ ‖ 6 ταπινα ℵAT | γινωσκι ℵ ‖ 7 εμμεσω B* (εν μ. B^{a†b}) T | θλειψεως B θλιψαιως A | εξετινα ℵ* | εξετινας ℵ^{c.a}T ‖ 8 ελαιος A | χιρων ℵ

CXXXVIII 3 σχινον A ‖ 8 παρι T ‖ 14 γινωσκι A ‖ 16 ουδις A ‖ 17 λειαν B* (λιαν B^b) bis ‖ 19 αποκτινης ℵT | εκκλειατε B ‖ 20 πολις ℵA ‖ 21 μεισουντας, εμεισησα B* (μισ., εμισ. B^b) T ‖ 22 τελιον T | μεισος ℵT | εμεισουν AT

CXXXIX 2 με 1°] μαι ℵA | ανδικου ℵ* (αδ. ℵ¹) ‖ 4 ωσι A | χιλη ℵ ‖ 5 αμαρτολου B^edit ‖ 6 διετιναν AT ‖ 8 δυναμεις A ‖ 13 ποιησι ℵ

CXL 2 χιρων ℵ ‖ 4 εκκλεινης B* (εκκλιν. B^b) | προφασις ℵA | αμαρτιαις] αρμαιαις A

CXLI 3 εκχαιω A ‖ 7 εταπινωθην B* (εταπειν. B^b) ℵT

CXLII 1 αληθια ℵ ‖ 3 εταπινωσεν B* (εταπειν. B^{aLi}) ℵAT ‖ 8 ελαιος A | πορευσομε ℵ ‖ 9 με] μαι A ‖ 10 ευθια ℵT ‖ 11 ζησις A | θλιψαιως A ‖ 12 θλειβοντας B

CXLIII 1 χιρας ℵ ‖ 2 ελαιος A ‖ 4 ωσι ℵ* (ωσει ℵ^{c.a}) ‖ 5 κλεινον B | καταβηθει B* (-θι B^b) | οραιων A ‖ 6 εξαποστιλον (item 7) ℵT ‖ 7 με 1°] μαι A | ρυσε ℵ* (-σαι ℵ^{c.a}) ‖ 11 με 2°] μαι A

CXLIV 4 επαινεσι ℵ ‖ 8 πολυελαιος A ‖ 14 αναρθοι R ‖ 15 ευκερια A ‖ 16 χιρας ℵ ‖ 19 ποιησι ℵ ‖ 21 ευλογιτω ℵT

[7]

ΨΑΛΜΟΙ [APP.

CXLV 4 εκινη ℵ || 6 αληθιαν ℵ || 7 τυνωσιν ℵAT | πεπαιδημενους A || 8 αναρθοι R || 9 φυλασσι A || 10 γεναιαν (2°) A
CXLVI 1 αινειται ℵA | ηδυνθιη ℵA || 3 ειωμενος A || 6 ταπινων ℵT || 8 αιτοιμαζωντι A || 9 θροφην R || 12 ελαιος A
CXLVII 1 αιπαινι ℵ* (επαινι ℵ^{c.a}) αιπενει A || 2 μοκλους B* (μοχλ. B^{ab}) || 5 χειονα T | ωσι (1°) ℵ: (2°) A || 7 αποστελι ℵ | τηξι ℵ
CXLVIII 1 αινειτε 1°] αινειται ℵT | αινειτε 2°] αινειται ℵAT (item 2 bis, 4, 7, ℵ: 2 bis, 3 bis, 4, 7, T) || 2 δυναμις ℵ || 5 ενετιλατο ℵT || 8 χειων ℵT || 10 πετινα ℵT || 13 εξομολογησεις ℵA
CXLIX 1 αινεσεις A || 8 πεδαις] παιδες A | χιροπεδαις A
CL 1 αινειται (bis: item 2 bis, 3 bis, 4 bis, 5 bis) ℵ αινιτε T
[**CLI**] 1 μεικρος ℵ || 2 χειραις ℵ || 4 εξαπεστιλεν T | εχρεισεν, χρεισεως B χρισιος R^{vid} || 6 ιδωλοις ℵT || 7 ονιδος AT

CAMBRIDGE: PRINTED BY C. J. CLAY, M.A. AND SONS, AT THE UNIVERSITY PRESS.

THEOLOGICAL PUBLICATIONS OF

The Cambridge University Press.

THEOLOGY—(ANCIENT).

Theodore of Mopsuestia's Commentary on the Minor Epistles of S. Paul. The Latin Version with the Greek Fragments, edited from the MSS. with Notes and an Introduction, by H. B. SWETE, D.D. Vol. I., containing the Introduction, and the Commentary upon Galatians—Colossians. Demy Octavo. 12s.
Volume II., containing the Commentary on 1 Thessalonians—Philemon, Appendices and Indices. 12s.

The Greek Liturgies. Chiefly from original Authorities. By C. A. SWAINSON, D.D., late Master of Christ's College. Cr. 4to. 15s.

Sayings of the Jewish Fathers, comprising Pirqe Aboth and Pereq R. Meir in Hebrew and English, with Critical Notes. By C. TAYLOR, D.D., Master of St John's College. 10s.

Sancti Irenæi Episcopi Lugdunensis libros quinque adversus Hæreses, edidit W. WIGAN HARVEY, S.T.B. Collegii Regalis olim Socius. 2 Vols. Demy Octavo. 18s.

The Palestinian Mishna. By W. H. LOWE, M.A., Lecturer in Hebrew at Christ's College, Cambridge. Royal Octavo. 21s.

M. Minucii Felicis Octavius. The text newly revised from the original MS. with an English Commentary, Analysis, Introduction, and Copious Indices. By H. A. HOLDEN, LL.D. Cr. 8vo. 7s. 6d.

Theophili Episcopi Antiochensis Libri Tres ad Autolycum. Edidit Prolegomenis Versione Notulis Indicibus instruxit GULIELMUS GILSON HUMPHRY, S.T.B. Post Octavo. 5s.

Theophylacti in Evangelium S. Matthæi Commentarius Edited by W. G. HUMPHRY, B.D. Demy Octavo. 7s. 6d.

Tertullianus de Corona Militis, de Spectaculis, de Idololatria with Analysis and English Notes, by GEORGE CURREY, D.D., Master of the Charter House. Crown Octavo. 5s.

Fragments of Philo and Josephus. Newly edited by J. RENDEL HARRIS, M.A. With two Facsimiles. Demy 4to. 12s. 6d.

The Teaching of the Apostles. Newly edited, with Facsimile Text and Commentary, by J. R. HARRIS, M.A. Demy 4to. 21s.

THEOLOGY—(ENGLISH).

Works of Isaac Barrow, compared with the original MSS. A new Edition, by A. NAPIER, M.A. 9 Vols. Demy 8vo. £3. 3s.

Treatise of the Pope's Supremacy, and a Discourse concerning the Unity of the Church, by I. BARROW. Demy 8vo. 7s. 6d.

Pearson's Exposition of the Creed, edited by TEMPLE CHEVALLIER, B.D. Third Edition revised by R. SINKER, M.A., Librarian of Trinity College. Demy Octavo. 12s.

London: Cambridge Warehouse, Ave Maria Lane.

2 THEOLOGICAL PUBLICATIONS OF

An Analysis of the Exposition of the Creed, written by the Right Rev. Father in God, JOHN PEARSON, D.D. Compiled by W. H. MILL, D.D. Demy Octavo. 5s.

Wheatly on the Common Prayer, edited by G. E. CORRIE, D.D. late Master of Jesus College. Demy Octavo. 7s. 6d.

The Homilies, with Various Readings, and the Quotations from the Fathers given at length in the Original Languages. Edited by G. E. CORRIE, D.D. late Master of Jesus College. Demy 8vo. 7s. 6d.

Two Forms of Prayer of the time of Queen Elizabeth. Now First Reprinted. Demy Octavo. 6d.

Select Discourses, by JOHN SMITH, late Fellow of Queens' College, Cambridge. Edited by H. G. WILLIAMS, B.D. late Professor of Arabic. Royal Octavo. 7s. 6d.

De Obligatione Conscientiæ Prælectiones decem Oxonii in Schola Theologica habitæ a ROBERTO SANDERSON, SS. Theologiæ ibidem Professore Regio. With English Notes, including an abridged Translation, by W. WHEWELL, D.D. Demy 8vo. 7s. 6d.

Cæsar Morgan's Investigation of the Trinity of Plato, and of Philo Judæus. 2nd Ed., revised by H. A. HOLDEN, LL.D. Cr. 8vo. 4s.

Archbishop Usher's Answer to a Jesuit, with other Tracts on Popery. Edited by J. SCHOLEFIELD, M.A. Demy 8vo. 7s. 6d.

Wilson's Illustration of the Method of explaining the New Testament, by the early opinions of Jews and Christians concerning Christ. Edited by T. TURTON, D.D. Demy 8vo. 5s.

Lectures on Divinity delivered in the University of Cambridge By JOHN HEY, D.D. Third Edition, by T. TURTON, D.D. late Lord Bishop of Ely. 2 vols. Demy Octavo. 15s.

S. Austin and his place in the History of Christian Thought. Being the Hulsean Lectures for 1885. By W. CUNNINGHAM, D.D. Demy 8vo. Buckram, 12s. 6d.

THE HOLY SCRIPTURES, &c.

The Cambridge Paragraph Bible of the Authorized English Version, with the Text revised by a Collation of its Early and other Principal Editions, the Use of the Italic Type made uniform, the Marginal References remodelled, and a Critical Introduction, by F. H. A. SCRIVENER, M.A., LL.D. Crown 4to. cloth gilt, 21s.

THE STUDENT'S EDITION of the above, on *good writing paper*, with one column of print and wide margin to each page for MS. notes. Two Vols Crown 4to., cloth, gilt, 31s. 6d.

The Lectionary Bible, with Apocrypha, divided into Sections adapted to the Calendar and Tables of Lessons of 1871. Crown 8vo., cloth, 3s. 6d.

London: Cambridge Warehouse, Ave Maria Lane.

THE CAMBRIDGE UNIVERSITY PRESS. 3

The Old Testament in Greek according to the Septuagint. Edited by H. B. SWETE, D.D. Vol. I. Genesis—IV Kings. Crown 8vo. 7s. 6d. Vol. II. By the same Editor. [*In the Press.*

The Book of Psalms in Greek according to the Septuagint. Being a portion of Vol. II. of above. Crown 8vo. 2s. 6d.

The Book of Ecclesiastes. Large Paper Edition. By the Very Rev. E. H. PLUMPTRE, Dean of Wells. Demy 8vo. 7s. 6d.

Breviarium ad usum insignis Ecclesiae Sarum. Juxta Editionem maximam pro CLAUDIO CHEVALLON et FRANCISCO REGNAULT A.D. MDXXXI. in Alma Parisiorum Academia impressam: labore ac studio FRANCISCI PROCTER, A.M., et CHRISTOPHORI WORDSWORTH, A.M.

FASCICULUS I. In quo continentur KALENDARIUM, et ORDO TEMPORALIS sive PROPRIUM DE TEMPORE TOTIUS ANNI, una cum ordinali suo quod usitato vocabulo dicitur PICA SIVE DIRECTORIUM SACERDOTUM. Demy 8vo. 18s.

FASCICULUS II. In quo continentur PSALTERIUM, cum ordinario Officii totius hebdomadae juxta Horas Canonicas, et proprio Completorii, LITANIA, COMMUNE SANCTORUM, ORDINARIUM MISSAE CUM CANONE ET XIII MISSIS, &c. &c. Demy 8vo. 12s.

FASCICULUS III. In quo continetur PROPRIUM SANCTORUM quod et Sanctorale dicitur, una cum Accentuario. Demy 8vo. 15s.

FASCICULI I. II. III. complete £2. 2s.

Breviarium Romanum a FRANCISCO CARDINALI QUIGNONIO editum et recognitum iuxta editionem Venetiis A.D. 1535 impressam curante JOHANNE WICKHAM LEGG. Demy 8vo. 12s.

The Pointed Prayer Book, being the Book of Common Prayer with the Psalter or Psalms of David, pointed as they are to be sung or said in Churches. Embossed cloth, Royal 24mo, 2s.
The same in square 32mo. cloth, 6d.

The Cambridge Psalter, for the use of Choirs and Organists. Spe cially adapted for Congregations in which the "Cambridge Pointed Prayer Book" is used. Demy 8vo. cloth, 3s. 6d. Cloth limp cut flush, 2s. 6d.

The Paragraph Psalter, arranged for the use of Choirs by B. F. WESTCOTT, D.D., Canon of Westminster. Fcp. 4to. 5s.
The same in royal 32mo. Cloth, 1s. Leather, 1s. 6d.

The Authorised Edition of the English Bible (1611), its Subsequent Reprints and Modern Representatives. By F. H. A. SCRIVENER, M.A., D.C.L., LL.D. Crown 8vo. 7s. 6d.

The New Testament in the Original Greek, according to the Text followed in the Authorised Version, together with the Variations adopted in the Revised Version. Edited by F. H. A. SCRIVENER, M.A., D.C.L., LL.D. Small Crown 8vo. 6s.

London: Cambridge Warehouse, Ave Maria Lane.

THEOLOGICAL PUBLICATIONS.

The Parallel New Testament Greek and English. The New Testament, being the Authorised Version set forth in 1611 Arranged in Parallel Columns with the Revised Version of 1881, and with the original Greek, as edited by F. H. A. SCRIVENER, M.A., D.C.L., LL.D. Crown 8vo. 12s. 6d. (*The Revised Version is the joint Property of the Universities of Cambridge and Oxford.*)

Greek and English Testament, in parallel columns on the same page. Edited by J. SCHOLEFIELD, M.A. *New Edition, with the marginal references as arranged and revised by* DR SCRIVENER. 7s. 6d.

Greek and English Testament. THE STUDENT'S EDITION of the above on *large writing paper*. 4to. 12s.

Greek Testament, ex editione Stephani tertia, 1550. Sm. 8vo. 3s. 6d.

The Gospel according to St Matthew in Anglo-Saxon and Northumbrian Versions. By Rev. Prof. SKEAT, Litt.D. New Edition. Demy Quarto. 10s.

The Gospels according to St Mark—St Luke—St John, uniform with the preceding. Edited by the Rev. Prof. SKEAT. Demy Quarto. 10s. each.

The four Gospels (as above) bound in one volume. 30s.

The Missing Fragment of the Latin Translation of the Fourth Book of Ezra, discovered and edited with Introduction, Notes, and facsimile of the MS., by Prof. BENSLY, M.A. Demy 4to. 10s.

The Harklean Version of the Epistle to the Hebrews, Chap. XI. 28—XIII. 25. Now edited for the first time with Introduction and Notes on this version of the Epistle. By ROBERT L. BENSLY. Demy 8vo. [*Immediately.*

Codex S. Ceaddae Latinus. Evangelia SSS. Matthaei, Marci, Lucae ad cap. III. 9 complectens, circa septimum vel octavum saeculum scriptvs, in Ecclesia Cathedrali Lichfieldiensi servatus. Cum codice versionis Vulgatae Amiatino contulit, prolegomena conscripsit, F. H. A. SCRIVENER, A.M., LL.D. Imp. 4to. £1. 1s.

The Origin of the Leicester Codex of the New Testament. By J. R. HARRIS, M.A. With 3 plates. Demy 4to. 10s. 6d.

The Rest of the Words of Baruch: A Christian Apocalypse of the year 136 A.D. The Text revised with an Introduction by J. RENDEL HARRIS, M.A. Royal 8vo. 5s.

The Gospel History of our Lord Jesus Christ in the Language of the Revised Version, arranged in a Connected Narrative, especially for the use of Teachers and Preachers. By Rev. C. C. JAMES, M.A., formerly Fellow of King's College. [*In the Press.*

Complete Catalogues forwarded on application.

London: C. J. CLAY AND SONS,
CAMBRIDGE UNIVERSITY PRESS WAREHOUSE,
AVE MARIA LANE.

www.ingramcontent.com/pod-product-compliance
Lightning Source LLC
Chambersburg PA
CBHW020812230426
43666CB00007B/984